재일 디아스포라 시문학의 역사적 이해

지은이 하상일(河相一, Ha, Sang-il)은 부산대학교 국어국문학과를 졸업하고 같은 대학원에서 『1960년대 현실주의 문학비평 연구』로 문학박사 학위를 받았다. 1997년 『오늘의 문예비평』으로 비평 활동을 시작했으며, 평론집으로 『타락한 중심을 향한 반역』(2002), 『주변인의 삶과 시』(2005), 『전망과 성찰』(2005), 『서정의 미래와 비평의 윤리』(2008), 『생산과 소통의 시대를 위하여』(2009), 『리얼리즘'들'의 혼란을 넘어서』(2011)가 있고, 연구서로 『1960년대 현실주의 문학비평과 매체의 비평전략』(2008), 『한국문학과 역사의 그늘』(2009)이 있으며, 공저로는 『주례사 비평을 넘어서』, 『한국문학 권력의 계보』, 『비평, 90년대 문학을 묻다』, 『탈식민주의를 넘어서』, 『강경애, 시대와 문학』, 『2000년대 한국문학의 징후들』, 『문학과 문화, 디지털을 만나다』, 『김현 신화 다시 읽기』 등이 있고, 공동편저로 『고석규 문학의 재조명』, 『소설 이천년대』, 『일제 말기 문인들의 만주체험』 등이 있다. 『오늘의 문예비평』 편집주간, 『비평과 전망』 편집위원을 역임했고, 현재 동의대학교 문예창작학과 교수로 재직하고 있으며 민족문학연구소 연구원으로 활동하고 있다. 고석규비평문학상(2003), 애지문학상(2007)을 수상하였다.

재일 디아스포라 시문학의 역사적 이해

초판 인쇄 2011년 5월 20일 **초판 발행** 2011년 5월 25일
지은이 하상일 **펴낸이** 박성모 **펴낸곳** 소명출판 **출판등록** 제13-522호
주소 서울시 서초구 서초동 1621-18 란빌딩 1층
전화 02-585-7840 **팩스** 02-585-7848 **전자우편** somyong@korea.com **홈페이지** www.somyong.co.kr

값 22,000원

ISBN 978-89-5626-592-6 93810

재일 디아스포라 시문학의 역사적 이해

Historical Understanding of the Korean-Japanese's Diaspora Poetry

하상일

소명출판

책머리에

최근 들어 민족과 국가의 경계에서 발생하는 여러 가지 문제들을 분석하고 이해하는 의미 있는 방법론으로 '디아스포라'적 관점이 상당히 주목받고 있다. 탈민족, 탈국가 담론의 확산으로 전지구적 차원에서 현실의 단면들을 심층적으로 읽어내는 가장 체계적이고 유효한 가능성으로 '디아스포라'적 시선이 문제적인 담론으로 수용되고 있는 것이다. 특히 식민과 분단을 직접적으로 경험한 우리 민족에게 디아스포라의 문제의식은 재외동포들의 이산(離散)의 상처와 고통을 이해하고 분석하는 실증적인 노력을 담아낸다는 점에서 상당히 의미 있는 방법론이라고 할 수 있다. 물론 민족과 국가의 경계가 점점 약화되어 가는 현실에서, 디아스포라의 문제의식은 민족과 국가의 경계를 넘어서는 다양하고 개별화된 문학 활동마저 특정 민족이나 국가의 이데올로기 안에서 획일화하는 위험성을 지니고 있을지도 모른다. 왜냐하면 디아스포라의 문제를 민족과 국가의 경계 안에서 전유하거나 동일화하려는 태도는 상당히 이데올로기적이고 보수적인 발상이 될 수도 있기 때문이다. 따라서 디아스포라의 문제의식은 무엇보다도 이러한 민족주의의 폐단을 철저하게 경계함으로써 민족과 국가의 대립과 경계를 허무는 탈국가적이고 탈민족적인 관점에서 그 본질적 의미를 재구성하는 새로운 방법론으로 나아갈 필요가 있다.

이 책은 이와 같은 문제의식으로 식민과 분단이라는 우리 역사의 그늘을 누구보다도 뼈저리게 경험했고, 지금까지도 이러한 역사의 그늘을 온전히 벗어나지 못한 재일조선인들의 문학을 실증적으로 살펴본 것이다. 특히 그동안 재일 디아스포라 문학 연구가 일본의 권위 있는 문학상을 수상한 재일 작가들의 소설이나 식민과 분단을 서사화한 일본어 소설을 대상으로 한 논의가 거의 대부분을 차지하였다는 점을 비판적으로 바라보면서, 해방 이후 재일 디아스포라 시문학의 역사를 매체와 시인을 중심으로 통시적으로 살펴보는 데 궁극적인 목표를 두었다. 이러한 문제의식은 현재 일본 내에 거주하는 우리 민족의 실상과 디아스포라적 현실을 반영하고자 한 것이다. 즉 지금까지 재일 디아스포라 문학 연구가 이념적으로든 언어적으로든 한쪽 면만을 보여주는 한계가 명백했을 뿐만 아니라, 장르에 있어서도 식민과 분단 그리고 재일의 상처와 고통을 직접적으로 서사화한 소설문학에 압도되어 시문학을 지나치게 소외시킨 측면이 있었음을 비판적으로 성찰한 결과이다. 따라서 이 책은 지금까지 재일 디아스포라 문학 연구에 있어서 상대적으로 소외되어 있었던 시문학 분야를 역사적이고 실증적인 차원에서 접근함으로써 재일 디아스포라 문학 연구의 종합적인 토대를 마련하고자 한 데 의의가 있다고 하겠다.

전체적인 논의 과정은 크게 세 부분으로 나누었다. 지금까지 재일 디아스포라 문학 연구에서 시문학 분야는 사실상 거의 논의가 이루어지지 않았다는 점에서, 제1부는 총론으로 해방 이후 재일 디아스포라 시문학의 현황을 전체적으로 소개하고 자료를 정리하여 역사적 맥락을 세우고자 했다. 이를 위해서는 당시 재일 디아스포라 문단 조직의 변화 과정과 그 역사적 전개 속에서 어떤 매체들이 출현했는가에 대한 실증적인 확인 작업이 일차적으로 요구되었다. 이러한 기초적인 작업 위에서 앞으로 재일 디아스포라 시문학 연구의 방향을 제시하는 시론(試論)을 체계화했다. 제1부 총론에서의 기초 작업을 토대로 제2부는 매체론을 전개하였다. 즉 재일 디아스포라 시문학 연구에 있어서 반드시 함께 논의해야만 하는 주요 매체를 집중적으로 살펴보고자 했다. 특히 1962년 일본 동경에서 창간되어 1984년까지 발간된 『한양』, 해방 직후 재일 조선인들이 발간한 일본어 문예지 『조선문예』를 비롯하여 『삼천리』, 『청구』 등의 잡지, '재일조선인총연합'에서 발간한 『문학예술』, 『겨레문학』, 그리고 '종소리시인회'에서 발간한 『종소리』 등을 주된 연구대상으로 삼았다. 이외에도 수많은 잡지들이 출간과 폐간을 거듭하며 재일 디아스포라 시문학의 역사를 이어나갔다. 어쩌면 이들 잡지에 대한 실증적 고찰은 재일 디아스포라 시문학의 역사를 이해하는 가장 구체적인 방법인지도 모르겠다. 앞으로 재일 디아스포라 시문학 연구는 이와 같은 다양한 매체들에 대한 더욱 정밀한 접근을 통해 양적으로든 질적으로든 문학사적으로 중요한 논의가 이어질 수 있기를 기대한다. 제3부는 시인론이다. '재일 디아스포라 시문학사'를 서술하겠다는 궁극적인 목표로 가는 과정을 보여주는 결과물이다. 허남기, 강순, 남시우, 김시종, 정화흠, 정화수, 김윤, 김학렬 등 모두 8명의 시인을 대상으로

하였다. 8명의 시인들에 대한 시인론을 차례로 쓰면서, 해방 이후부터 지금에 이르는 60여 년의 세월동안 재일 디아스포라 시문학이 어떻게 발전하고 변모해왔는지를 구체적으로 확인할 수 있었다. 이념과 언어 그리고 남북으로 이원화된 조직으로 인해 이들이 겪어왔던 상처와 고통은, 식민과 분단의 역사적 고통을 안고 살아온 우리 민족의 수난의 역사 그 자체였다. 그러므로 재일 디아스포라 시문학은 식민과 분단의 역사를 치유함으로써 우리 민족의 통합의 역사를 열어가는 문학적 가능성을 보여주었다는 점에서 역사적으로든 문학적으로든 상당히 중요한 의미를 지닌다고 평가할 수 있다.

지난 3년간 재일 디아스포라 시문학 연구에 집중적으로 매달려 왔다. 연구를 시작할 때만해도 '재일 디아스포라 시문학사'를 서술해 보겠다는 원대한 계획을 세웠었는데, 그 결과를 보니 원래의 계획에 턱없이 미치지 못하는 것 같아 부끄러울 따름이다. 거의 알려지지 않은 자료를 일본에서 입수하여 그것을 정리하고 소개하는 데만 해도 상당한 공력이 들었기 때문이라는 변명을 해본다. 본 연구를 진행하면서 많은 분들의 도움을 받았다. 특별히 일본의 '종소리시인회'의 직접적인 도움은 연구의 시야를 넓히는 결정적인 계기가 되었다. 연구를 진행하는 동안 지병으로 타계하신 정화수 선생님, '총련'계 재일 조선인 시문학 연구의 방향을 처음부터 끝까지 가르쳐주신 김학렬 선생님, 특정 이념의 경계를 넘어서 재일 조선인 시문학 연구의 필요성을 일깨워주신 김윤 선생님의 도움이 없었다면 이 책은 그 자체로 엉성하기 짝이 없었을 것이다. 그리고 연구를 진행하는 동안 와세다대학 도서관을 자유롭게 열람하도록 도와주고 후배 연구자를 위해 숙식까지 제공해주신 김응교 선생님께도 이 자리를 빌어 진심으로 감사를 드린다. 수년 전 한국연구재단 프로젝트에 참여하여 『한양』의 전모를 확인할 수 있게 도와주신 부산대학교의 이헌홍, 이재봉 선생님의 격려도 큰 힘이 되었다. 필자가 재일 디아스포라 시문학 연구의 중요성과 방향을 찾을 수 있었던 것은 두 분의 영향이 컸음을 밝혀두지 않을 수 없다.

요즘 들어 한국문학을 공부하는 연구자로서 살아간다는 것이 참으로 힘겹고 벅차다는 생각을 할 때가 많다. 누구보다도 열심히 앞만 보고 달려왔지만, 문학 연구는 무조건 앞을 향해 전속력으로 달리는 것만이 전부는 아니라는 사실을 새삼스럽게 깨닫는다. 어쩌면 학문의 길은 천천히 속도를 늦추며 전방위를 둘러보며 나아갈 때 비로소 성취될 수 있는 것이 아닐까 조심스럽게 생각해본다. 이 책의 출간이 진정성을 가지고 학문하는 방법을 실천하는 또 다른 출발점이 되기를 기대한다. 이 책 역시 가족 모두의 든든한 지원이 있어 이루어진 결과이다. 이번 연구를 시작할 때 엄마 뱃속에 있었던 경훈이가 잘 자라 어느새 두 돌이 지났고 올해 어린이집에 들어갔다. 그동안 아이들을 건강하게 키워주신 어머님과 장모님께 깊은 감사를 드린다. 학생들을 가르치는 교사의 역할과 엄마의 역할을 동시에 하느라 무척 힘들었을 사랑하는 아내와 이제는 의젓한 형으로 성장한 큰아들 경빈에게도 고맙다는 말을 전한다. 동의대학교에서 강의를 한 지도 벌써 만 6년이 흘렀다. 함께 대학에 들어와 지금까지, 한참 후배임에도 불구하고 격의 없이 형제처럼 대해주신 정준식, 이호규 두 분 선생님께도 특별히 고마움을 전하고 싶다. 대학원에 진학해서 두 분의 지도교수님에게 가르침을 받았다. 한국 시문학에 커다란 족적을 남기고 떠나신 김준오 선생님과 일찍부터 천천히 공부하는 진정성 있는 학문의 자세를 몸소 일깨워주신 김중하 선생님께 큰 절을 올린다. 어려운 여건에도 불구하고 이번에도 책의 출간을 허락해주신 소명출판 식구들 모두에게 고마움을 전한다. 이 모든 분들의 따뜻한 격려에 조금이라도 보답하도록 앞으로 더욱 정진할 것을 약속드린다.

2011년 5월

하상일

차례

제1부

총론

해방 이후 재일 디아스포라 시문학의 역사와 의미

1. 머리말

최근 들어 민족과 국가의 경계를 넘어서는 탈민족, 탈국가 담론이 급부상하면서 '디아스포라(diaspora)'의 문제의식이 크게 주목받고 있다. 전지구적 자본주의의 확산 속에서 민족 혹은 국가에 대한 경계의식은 점점 희미해지고 이주노동자, 무국적자, 다문화가족, 언어의 혼종성 등 초국가적(transnational)인 문제들이 정치·사회적으로 쟁점화되고 있기 때문이다. 디아스포라적 사유는 이와 같은 급격한 세계의 변화를 이해하고 분석하는 아주 유효한 담론으로 부각되고 있는 것이다. 즉 디아스포라는 전지구적인 탈영토화 과정, 국적을 초월한 이주와 문화적 혼종성 등을 내재한 복합적이고 중층적인 개념으로, 문학, 역사학, 사회학 등 다양한 분야에서 학문적 관심을 불러일으키고 있다.

디아스포라는 본래 팔레스타인 지역을 떠나 세계 각지에 흩어져 거주하는 유대인과 그 공동체를 가리키는 협의적 개념으로 사용되었다. 그런데 지금은 이러한 지역적이고 종교적인 제한성을 넘어서 자신이 속한 공동체로부터 떠남을 강요당한 세계 여러 민족의 구성원들을 두루 포괄하는 확장된 개념으로 받아들여지고 있다.[1] 현재 디아스포라의 개념과 의미는 크게 두 가지 관점에서 논의되는데, 사프란은 디아스포라를 국외로 추방된 소수 집단 공동체라고 정의하면서, 그 특성으로 첫째, 특정한 기원지로부터 외국의 주변적인 장소로의 이동, 둘째, 모국에 대한 집합적인 기억, 셋째, 거주국 사회에서 수용될 수 있다는 희망의 포기와 그로 인한 거주국 사회에서의 소외와 격리, 넷째, 조상의 모국을 후손들이 결국 회귀할 진정하고 이상적인 땅으로 보는 견해, 다섯째, 모국에 대한 정치적 · 경제적 헌신, 여섯째, 모국과의 지속적인 관계 유지로 정리하였다.[2] 반면에 클리포드는 강요된 분산이나 국외 추방, 손실 등의 의미보다 중재하는 문화들(mediating culture)로서의 디아스포라의 건설적인 잠재력에 초점을 맞춤으로써, 모국으로 귀환하려는 의지를 포기 내지 유보하거나 그러한 생각을 처음부터 갖지 않은 이주자 집단들까지도 디아스포라의 범주에 포함시키고 있다.[3] 전

1 대문자의 디아스포라(Diaspora)라는 말은 본래 "'이산(離散)'을 의미하는 그리스어"이자 "팔레스타인 땅을 떠나 세계 각지에 거주하는 이산 유대인과 그 공동체를 가리킨다"라고 한다. 그러나 그것은 물론 사전상의 의미에 지나지 않는다. 오늘날 '디아스포라'라는 말은 유대인뿐 아니라 아르메니아인, 팔레스타인인 등 다양한 '이산의 백성'을 좀더 일반적으로 지칭하는 소문자 보통명사(diaspora)로 사용하는 경우가 많아졌다. 서경식, 「디아스포라 기행－추방당한 자의 시선」, 돌베개, 2006, 13면.

2 W. Safran, "Diasporas in Modern Societies : Myths of Homeland and Return", *Diaspora*, Vol. 1, No. 1, 1991. 본고에서는 윤인진, 「코리안 디아스포라－재외한인의 이주, 적응, 정체성」, 『한국사회학』 제37집 4호, 한국사회학회, 2003.9, 102~103면에서 재인용.

3 Clifford James, "Diaspora", Cultural Anthropology, 9(3), 1994, 본고에서는 임유경, 「디아

자의 경우는 이산 민족의 공동체적 경험과 정체성의 형성에 초점을 두고 디아스포라의 의미를 역사적 · 정치적 · 이념적인 차원에서 이해하려는 측면이 강하고, 후자의 경우는 국가 혹은 민족 간의 대립과 경계를 허무는 통합적 시각을 강조함으로써 문화적 교섭의 차원에서 디아스포라의 의미를 현실적으로 재구성하려는 의도가 두드러진다.

이처럼 디아스포라의 개념은 일률적으로 정의하기 어려운 중층성과 복합성을 지니고 있다. 게다가 식민지와 분단을 경험한 우리 민족에게 디아스포라는 역사적이고 이념적인 성격을 벗어나서는 생각할 수 없는 특수성을 지니고 있음도 간과해서는 안 된다. 특히 본고의 연구대상인 재일 디아스포라의 시문학을 이해하는 데 있어서는 해방 이후 재일동포의 역사적 경험과 모어(母語)와 모국어(母國語)의 갈등이라는 이중언어의 모순을 구체화하는 실증적인 연구방법의 정립이 무엇보다도 필요하다. 하지만 이러한 연구방법의 정립에 있어서도 재일 디아스포라의 실체를 민족 혹은 국가의 범주 안에서 전유하거나 동일화하려는 위험성에 대해서만큼은 철저하게 경계할 필요가 있다. 즉 국가주의의 호출을 거부하고 '재일'의 독자성을 유지해온 재일 디아스포라의 개별적 특수성마저 민족 혹은 국가의 관념적 테두리 안에서 획일화해서는 안 되는 것이다. 식민과 분단을 직접적인 경험으로 내면화한 재일 1세대, 2세대와 민족과 국가의 현실을 경험적 실체로 공유하지 못한 재일 3세대 이후의 지금 세대가 지닌 디아스포라적 사유는 크게 다를 수밖에 없다. 그리고 이러한 차이를 반영하고 있는 세대간의 문학적 양상 또한 확연하게 다른 지향성을 드러내고 있음을 결코 간과해서는 안 된

스포라의 정치학」, 『한국문학연구학회 제2회 국제학술대회자료집』, 2008.7.2, 연변대학교, 138면에서 재인용.

다. 따라서 재일 디아스포라 문학 연구는 분단조국의 현실로 인해 남과 북 어느 한 국가로의 선택을 강요당했을 뿐만 아니라, 우리말의 명분과 일본어의 실제 사이에서 심각한 갈등을 겪어야만 했던 재일동포 내부의 이질성을 바라보는 열린 시각이 요구된다. 이런 점에서 본고는 민족, 국가, 언어의 이데올로기적 구속을 뛰어 넘어 객관적이고 중립적인 위치에서 재일 디아스포라 시문학의 역사와 의미를 종합적으로 고찰하고, 이를 역사적으로 개괄하여 각 시기별로 주요 시인들의 활동과 주요 매체들의 현황을 정리하는 데 우선적인 목표를 두고자 한다.

지금까지 재일 디아스포라 문학을 대상으로 한 연구는 국문학, 일문학계를 중심으로 활발하게 전개되어 왔다. 그런데 일본에 거주하는 우리 민족이 창작한 문학을 명명하는 용어의 통일에서부터 많은 논란이 거듭되었고, 일본어와 한국어의 이중언어 현실을 바라보는 입장에 있어서도 상당한 격차를 보여 왔다. 현재 일본에 거주하는 우리 민족은 재일동포, 재일교포, 재일 한인, 재일한국인, 재일조선인, 재일한국·조선인, 재일코리안, 재일(자이니치) 등 다양한 명칭으로 불린다. 이러한 혼란은 국적, 이념, 정체성을 둘러싼 복잡한 이해 관계와 일본에서의 역사적 경험의 차이에서 비롯된 세대적 변별성이 주된 원인이 되었다고 할 수 있다. 물론 이들에게 확정된 명칭을 부여한다는 것은 크게 중요한 문제는 아니다. 더욱 본질적인 문제는 여러 측면에서 이질성과 다양성을 보이는 이들의 문학활동을 '재일'의 특수성 속에서 통합적으로 인식하고 바라볼 수 있는 관점의 재정립에 있다. 따라서 본고에서는 이들을 일컫는 대부분의 용어에 내재된 이데올로기적 제약과 구속을 벗어나 디아스포라적 관점과 방법의 중요성을 환기시킨다는 점에서 이들의 문학을 '재일 디아스포라 문학'이라고 부르고자 한다. 이 또한 명백한 한계를 지닌 명칭이지만, 현재 일본에 거주하는 우리 민족의 다양성과 이질성을 포괄하는 객관적인 명칭으로는 가장 최선의 것이라고 생각한다.

재일문인들의 언어적 이중성 또한 가장 큰 쟁점사항이 되고 있는데, 대체로 일문학계에서는 재일 디아스포라 문학을 재일동포가 일본인 독자들을 대상으로 일본어로 창작한 문학으로 그 범주를 제한하는 반면, 국문학계의 입장은 우리 동포들의 일본어 작품뿐만 아니라 '재일본조선인총연합회'('총련') 산하 '재일조선인 문학예술가동동맹'('문예동') 출신 문인들을 중심으로 한 우리말 작품까지 모두 아우르고 있어 뚜렷한 차이를 보인다. 사실 재일 디아스포라 문학 연구는 일본문학 전공자들을 중심으로 일본문학 연구의 한 분야로 시작되었다가 최근에 이르러 비교문학적 관점에서 국문학 연구자들의 관심을 불러일으켰다고 할 수 있다. 그러다 보니 대부분의 연구가 아쿠타가와상, 나오키상 등 일본의 권위 있는 문학상을 수상한 재일 작가들의 소설이나 식민과 분단을 서사화한 일본어 소설을 대상으로 한 연구가 절대적인 영역을 차지하였다. 이는 현재 일본 내에 거주하는 우리 민족의 실상과 재일 디아스포라로서의 사회적 현실을 온전히 반영하지 못한 것으로, 이념적으로든 언어적으로든 한쪽 면만을 보여주는 한계가 명백하다. 게다가 장르에 있어서도 식민과 분단 그리고 재일의 상처와 고통을 직접적으로 서사화한 소설문학에 압도된 나머지 시문학을 지나치게 소외시킨 측면이 있음을 지적하지 않을 수 없다. 이런 점에서 본고는 지금까지 재일 디아스포라 문학 연구에 있어서 상대적으로 소외되어 있었던 시문학 분야를 역사적이고 실증적인 차원에서 접근함으로써 재일 디아스포라 문학의 연구의 종합적인 토대를 마련하고자 한다.[4]

---

4 필자의 궁극적인 연구목표는 '재일 디아스포라 시문학사'를 쓰는 데 있다. 본고는 이를

2. 재일 디아스포라 시문학의 역사와 현황

해방 이후 재일 디아스포라 시문학의 역사와 현황을 이해하기 위해서는 크게 세 가지 방향에서의 논의가 필요하다. 첫째, 재일 디아스포라 문인들이 주축이 되어 발간한 신문, 잡지 등 매체의 성격과 문단 조직과의 관계에 대한 분석, 둘째, 재일 1세대부터 지금에 이르기까지 각 시기별 주요 시인들의 활동과 작품에 대한 정리, 셋째, 재일 디아스포라 시문학사의 시대구분과 서술방법 정립 등이 그것이다. 이를 위해서는 재일 디아스포라 시문학 관련 자료 전체를 일목요연하게 정리하는 작업이 무엇보다도 우선되어야 할 것이다. 하지만 현재 재일 디아스포라 시문학에 관한 역사적 자료의 상당수가 소실되어 직접 확인할 수 없는 것이 많다. 또한 재일 3세대 이후 세대들은 민족 정체성의 급격한 약화로 인해 관련 자료들의 중요성을 전혀 인식하지 못하기 때문에 재일 1세대와 2세대들이 남긴 중요 자료들이 무분별하게 버려지거나 일본의 대학 도서관 창고 등과 같은 곳에 그대로 방치되고 있는 실정이다. 본고에서는 이와 같은 현실적 한계를 무릅쓰고 제한된 영역 내에서나마 관련 자료들을 최대한 입수하고 그 결과를 정리하였다. 그러다 보니 아직까지 여러 가지 부분에서 미완성인 상태로 남아 있는 경우가 대부분이다. 이러한 문제점은 앞으로 관련 자료들을 찾는 대로 깁고 더하여 재일 디아스포라 시문학사

위한 기초적인 작업으로, 재일 디아스포라 시문학의 전반적인 현황을 점검하는 데 우선적인 목표를 두었다. 앞으로 본고에서 개괄적으로 정리한 재일 디아스포라 시문학의 전체적 현황을 토대로 시대, 매체, 시인, 작품 등을 두루 초점화한 개별 연구를 지속적으로 수행함으로써 '재일 디아스포라 시문학사'라는 총체적 결실을 거두고자 한다. 이러한 결과는 더 나아가 재일 디아스포라 문학사를 종합적으로 기술하는 데 있어서 가장 기본적인 토대가 되는 자료적 의미가 있을 것으로 기대된다.

의 실증성을 더욱 배가시킬 것임을 미리 밝혀둔다.

1) 주요 매체의 성격과 문단 조직과의 관계

해방 이후 1945년 8월부터 1946년 3월까지 약 200만 명에 달하던 재일동포 가운데 140만 명 정도가 귀국하고 대략 60만 명 정도가 일본에 잔류하였다. 그토록 간절히 염원했던 해방이 찾아왔음에도 불구하고 60만 명 이상이 귀국을 선택하지 않은 이유는, 무엇보다도 좌우의 극심한 대립으로 정치적 · 사회적 혼란에 휩싸인 조국의 혼란스러운 정세와 귀국 후 생활의 전망이 불투명한 경제적 상황을 고려한 불가피한 결정이었다고 할 수 있다. 게다가 곧이어 한국전쟁이 발발하였고 그 결과 남북 분단이 고착화되면서 이원화된 국가이데올로기의 장막에 갇혀 조국으로의 귀환이 사실상 불가능한 상황에 이르기도 하였다.[5] 이러한 복잡한 현실 속에서 일본 잔류를 선택한 재일동포들은 분단된 조국의 통일과 일본의 차별정책에 적극적으로 대응하는 공동전선을 확보하는 것이 가장 시급한 과제였다. 따라서 '재일조선인연맹중앙위원회'(1945.9)를 시작으로 재일조선인연맹(1945.10), 조선건국촉진청년동맹(1945.11), 신조선건설동맹(1946.1), 재일조선거류민단(1946.10), '재일조선문화단체연합회'(1947.2), '재일본조선민주청년동맹'(1947.3), '재일조선문학회'(1948.1) 등을 잇달아 결성함으로써 우리 민족의 주체적 역량을 지켜나가는 조직활동을 지속적으로 전개하였다. 그리고 이러한 조직의 이념과 주장을 구체적으로 실천하기 위해 신문, 잡지 등을 창간함으로써 재일동포들의 권익을 보장하는 다양한 언로를

5 『역사교과서 재일 코리언의 역사』 작성위원회 편, 신준수 · 이봉숙 옮김, 『재일 한국인의 역사』, 역사넷, 2007, 106~115면 참조.

확보하고자 하였다. 그 현황을 대략적으로 살펴보면, 재일조선인연맹에서 발간한 『민중신문』(→『우리신문』(1946.8) →『해방신문』(1946.9) →『조선민보』(1957.1)→『조선신보』(1961.1~현재))과 조선건국촉진청년동맹에서 발간한 『조선신문』(1946.3) 등의 신문,[6] 『고려문예』(1946.11), 『조선시』(1946.3), 『조련문화』(1946.4), 『우리문학』(1948.8) 등의 한글잡지, '조선신보사'에서 발간한 종합지 『민주조선』(1946.10)과 문예지 『조선문예』(1947.10), 그리고 『자유조선』(1946) 등의 일본어 잡지가 있다.[7] 이 가운데 해방 직후 재일 디아스포라 시문학의 형성과 전개에 상당한 영향을 미친 매체로는 『민주조선』과 『조선문예』를 주목할 필요가 있다.

『민주조선』은 종합지임에도 불구하고 문학 지면이 전체의 반 이상을 차지할 정도로 문예지로서의 성격이 두드러졌고, 김달수, 허남기, 이은직 등 일본에 거주하는 문인들과 김태준, 임화, 이태준 등 조선문학가동맹에 속하는 사람들이 주축이 되어 발간하였다. 10호의 경우에는 『문화조선』이라는 잡지명으로 발간되었고, 출판사의 교체도 잦아서 민주조

6 1946년 당시 전국지와 지방지를 합해 재일동포들이 주축이 되어 발행한 신문은 무려 170종에 달했다고 한다. 「해방 5년, 동포신문 사정 - ⑤ 170종의 재일동포신문」, 『조선신보』, 2006.4.11.

7 지금까지 조사한 바로는 해방 이후 일본에서 가장 먼저 출간된 문예지는 『고려문예』이다. 1945년 11월 27일 창간호를 냈고, 4호(1946.1.15)까지 한 달에 두 번 간행되었다. 『조선시』(1946.3.1)는 발행인 이화석, 편집인 길원성을 중심으로 창간된 시 전문 잡지이고, 『조련문화』(1946.4.5)는 재일조선인연맹의 기관지로 창간되었으며, 『우리문학』(1948.8.1)은 이은직을 발행인으로 '재일본조선문학회'에서 창간한 잡지이다. 그리고 『민주조선』은 1946년 4월부터 1950년 7월까지 통권 33호에 이르는 일본어 종합지이고, 『조선문예』는 『민주조선』이 14호를 간행하고 15호를 준비하던 무렵인 1947년 10월 창간된 종합문예지로, 박삼문이 발행·편집을 맡고, 김달수, 이은직, 허남기, 강순 등을 중심으로 간행되었다. 마지막으로 『자유조선』은 1946년 창간되어 잠시 휴간되었다가 1947년 9월 복간된 잡지로, 『민주조선』, 『조선문예』가 대체로 좌파적 성향의 잡지라면, 『자유조선』은 이와 정반대로 우파적 성향의 잡지였다고 할 수 있다. 호테이 토시히로, 「해방 후 재일 한국인 문학의 형성과 전개 - 1945년~60년대 초를 중심으로」, 『인문논총』 제47호, 서울대 인문학연구소, 2002, 79~103면 참조.

선사(1~3호), 조선문화사(4~9호), 문화조선사(10호), 조선문화사(11~22호)로 계속 변경되다가 23호부터 민주조선사에서 종간호까지 발간하였다. 『조선문예』는 재일조선인연맹의 하위조직이었던 '재일조선문학자회'에 소속된 문인들과 이들 가운데 김달수, 허남기 등이 관여하였던 일본 프롤레타리아문학 계열의 『신일본문학』 출신 일본 문인들을 주요 필자로 하여 발간된 잡지이다. 따라서 대체로 『조선문예』가 표방한 문학이념은 프롤레타리아문학의 성격을 일관되게 견지하였고, 재일문인들의 일본어 글쓰기 등과 같은 첨예한 문제를 쟁점화함으로써 재일 디아스포라 시문학의 정체성을 형성하는 데 있어서 상당히 중요한 역할을 했다고 평가할 수 있다. 그 후로도 허남기의 개인잡지였던 『맥』(1951.3.26), 『민주조선』의 후계지 역할을 모색한 『조선평론』(1951.12.~1954.8, 제9호까지 간행), 김시종을 주축으로 한 오사카 조선시인집단의 기관지 『진달래』(1953.2.16, 창간 이후 문예동 결성 이전까지 20여 호를 발간하였던 것으로 추정됨) 등이 있었고, '문예동' 결성 무렵을 전후하여 『계림』(1958.11~1959.11, 5호까지 발간), 『조선문화』(1962.7~1962.10, 4호까지 발간), 『조양』(1963.1.3, 2호까지 발간) 등이 간행되었으나 현재까지 자료의 전모가 확인되지 않아 그 구체적 사항을 확인할 수는 없다.

1948년 남북한이 각각 단독정부를 수립한 이후 일본에 거주하는 우리 민족의 구성원들 역시 두 개의 조직, 즉 북의 노선을 지지했던 '재일조선인연맹'('조련')과 남의 이념을 추종했던 '재일본대한민국거류민단'('민단')으로 이원화되고 말았다. 그런데 두 조직은 일본 내에 거주하는 우리 민족의 권익을 보호하려는 본래의 목적보다는 정치적 성격을 더욱 강화함으로써 남북의 대립만큼이나 심각한 갈등을 유발하였고, 급기야는 일본에 거주하는 우리 민족의 분열을 조장하는 결과를 가져오고 말았다. '조련'은 1949년 한신(阪神) 교육투쟁으로 미군정에 의해 강제해산을 당한 이후 일부 맹원들이 일본공산당 산하기관인 '재일조선통일민주전선('민전')'에 가담함으로써 한동안 명맥을 유지하다가 1955년 '민전'을 해체하고 '재일본조선인총연합회('총련')을' 결성하였다. 이때부터 일본 내의 우리 민족은 '민단'과 '총련'의 두 조직과 이들 단체가 지지하는 남한과 북한 사이에서 선택을 강요당하는 이중의 고통에 직면하게 되었다. 문학 활동 또한 이러한 두 조직과의 관계 속에서 이원화되었을 뿐만 아니라, 1959년 '총련' 산하 '문예동' 결성 이후 창작활동에 있어서 일본어 쓰기를 금지시키고 우리말 쓰기를 공식화[8]함으로써 내부의 분열을 초래하기도 하였다. 즉 당시 '총련'의 지도노선에 반발해 김달수, 김시종, 양석일 등의 문인들이 '총련'과 '문예동'의 노선을 이탈하는 사태가 발생하였던 것이다.[9] 그 결과 이후 전개된 재일 디아

---

8 1955년, 민족적 주체를 지키려 '총련'이 결성된 후 비로소 우리 작가도 일본어문학이 아니라 모국어 문학 창조에 나서야 한다는 자각을 가슴 깊이 가다듬게 되었다. 당시 일본문단의 총아로 이름이 높았던 시인 허남기(초대 문예동 위원장)도 일본말 창작에서부터 우리말 창작으로 전환하였다. (…중략…) 우리 작가가 우리 민족어로 문학을 한다는 '정상'의 일이 그러나 '이상'의 우경화 바람이 휩쓰는 여기 일본 땅에서는 역풍을 뚫고 나가야 할 힘든 투쟁의 매시각을 새기지 않으면 안 되는 것이었다. 때문에 우리는 재일조선문학, 그 본질적 특징은 첫째로 일제 식민지시기 빼앗긴 우리말을 도로 찾고 민족어에 담긴 민족정신과 민족의 숨결로 살려는, 즉 재일동포들의 '자기회복'의 문학이라고 간주하고 있다. 김학렬, 「시지 『종소리』가 나오기까지—재일조선시문학이 지향하는 것」, 『치마저고리』, 219~220면.

9 이들이 해방 이후에도 여전히 일본어 글쓰기를 선택할 수밖에 없었던 사정을 김시종의 경우를 통해 들어보면 이러하다. 김시종은 일본어를 '국어'로 배웠고 우리말을 전혀 모르는 상태에서 해방을 맞았다. 해방을 계기로 뒤늦게 민족의식에 눈을 뜨고 우리말을 채 익히기도 전에, 그는 다시 도망치듯 조국을 떠나 일본에서 일본어로 시를 쓰는 시인의 길을 걷게 되었다. 과거 역사의 지배자의 나라에서 지배자의 언어로 문학을 한다는 것은 어떤 의미가 있을 것인가에 대해 그는, "나는 내 요람 시절의 꿈을 가득 품고 있는 일본어를 버릴 마음이 전혀 없다. 과중한 규제를 받으며 습득한 일본어를, 일본인을 향한 최대의 무기로서 나는 구사하고 싶다. 일본인의 시각, 일본인의 감성, 일본인의 사유를 깨뜨리는 무기로 삼는 것이다"라고 하였다. 김시종이 구사하는 시어는 우선 일본의 전통시 와카[和歌]가 지닌 서정적 운율을 탈피하는 데서 출발한다. 그의 표현은 일본어이면서 일본어와는 다른 독특한 울림을 띤다. 유숙자, 「틈새」의 실존을 묻는다—재일

스포라 문학의 양상은 '문예동'의 작품 활동과 '문예동' 이외의 작품 활동으로 양분되는 양상을 드러냈다.

우선 '문예동'에서 발간한 매체 가운데 주목해야 하는 것은 『문학예술』, 『겨레문학』, 『종소리』 등이다. 『문학예술』은 '문예동'의 기관지로 1960년 1월 창간되어 1999년 6월까지 총 109호를 발간했는데, '문예동'의 이념과 성격을 가장 충실히 반영한 한글 잡지이다. 김일성의 교시를 바탕으로 '총련'의 지향성과 '문예동'의 창작 방향을 제시하는 데 집중함으로써, 사실상 북한의 문예이론에 입각한 '총련'계 재일문인들의 문학 활동 지침서 역할을 했다고 할 수 있다. 창간 당시에는 김석범이 편집을 맡았고, 이후 홍윤표, 소영호, 정화흠 등이 편집을 맡아 '공산주의적 전형' 창조와 '사회주의건설'에 이바지하는 혁명적 작품 창작에 주력하였다.[10] 『겨레문학』은 『문학예술』 휴간 이후 '문예동'의 기관지로 새로 창간된 순수 문예잡지로, 2000년 5월 여름호를 창간호로 2002년 8월 제7호까지 발간하고 종간되었다. 시와 단편소설을 중심으로 게재하였고, 특이한 사항은 재일 조선인 문학사를 정리하는 두 가지 기획물[11]을 싣고 있다는 점과 매호 '신인작품'란을 두어 여러 명의 신인들의 시와 단편소설을 소개하였다는 점이다. 이러한 기획은 2000년대 이후 세계 정치질서의 변화와 남북 관계의 개선에 따라 '총련'의 문학 창

시인 김시종의 시세계」, 『경계의 시』, 소화, 2008, 182~183면 참조.

10 '문예동'은 북한의 '조선문학예술총동맹'의 창작 지침을 그대로 수용, 마르크스레닌주의에 입각한 사회주의리얼리즘을 북한식의 사회주의 이념에 근거하여 '주체사실주의' 창작방법론으로 정초해간다. 대부분의 평론은 김일성과 조국(북한)에 대한 충성심을 일방적으로 강조하고, 이를 위해 '총련애국사업'에 적극 나설 것을 주문하는 것도 이 때문이다. 김일성의 교시, 북한노동당의 노선, 그리고 조직 강령 등이 평론의 준거가 되는 것이다. 이상갑, 「재일조선인 문학비평의 민족문학적 의미」, 『한국언어문학』 제68집, 한국언어문학회, 2009.3, 413면.

11 손지원, 「조국을 노래한 재일조선시문학 연구」, 『겨레문학』 1~4호; 려운산, 「재일조선인연극운동일지」, 5~6호.

작 방침에도 상당한 변화가 있었음을 암시하는 것으로, 『겨레문학』을 통해 『문학예술』의 시대와는 다른 재일 조선인 문학의 새로운 방향을 정립하여 다음 세대로 이어나가겠다는 의지를 드러낸 것으로 볼 수 있다. 최근 '문예동'의 활동에서 상당히 중요한 위치를 차지하는 것은 시전문지 『종소리』이다. '문예동'이 주장하는 재일 조선인 문학의 정체성과 지향성은, 일제 식민지 시기에 빼앗긴 아름다운 우리말을 되찾아 민족어에 담긴 민족정신을 회복하는 것, 식민지 노예상태를 거절하고 일본의 동화정책에 맞서 당당하게 살아가는 재일동포들의 생활상을 표현하는 것, 그리고 통일민족과 통일문학의 미래를 위해 헌신하는 것으로 정리할 수 있는데,[12] 『종소리』는 이러한 '문예동'의 입장을 충실히 반영함으로써 2000년대 이후 재일 조선인 시문학의 변화와 갱신을 선도하는 매체로 자리매김했다고 할 수 있다.[13]

다음으로 '문예동'의 노선에 반기를 들고 조직에서 이탈했거나 처음부터 '문예동'과는 전혀 다른 입장에 있었던 재일문인들에 의해 발간된 잡지로는, 『한양』, 『삼천리』, 『청구』 등을 주목할 필요가 있다.[14] 『한양』은 1962년 3월 일본 동경에서 창간되어 1984년 3・4월호(통권 177호)

---

12 김학렬, 「재일조선문학이란?」, 『종소리』 23호, 2005. 여름, 58~62면 참조.

13 『종소리』는 2000년 1월 창간되어 2009년 1월 신년호까지 총 37호를 발간한, 정화수, 김학렬, 홍윤표, 정화흠, 김두권, 김윤호 등 재일 1세대와 2세대 문인들이 주축이 된 시전문지이다. 2004년 11월에는 『종소리』 20호 발간을 기념하여 『종소리 시인집』이라는 시선집을 출간했고, 2008년 2월에는 남한에서 종소리대표시선집 『치마저고리』(김응교 편, 화남)를 출간하기도 했다. 김응교, 「재일조선인 조선어 시전문지 『종소리』 연구」, 『현대문학의 연구』 34호, 한국문학연구학회, 2008. 2, 237~276면; 하상일, 「재일 조선인 시문학 연구—『종소리』를 중심으로」, 『한국문학논총』 제48집, 한국문학회, 2008. 4, 171~192면 참조.

14 이 외에도 『아리랑』, 『우리』, 『우리생활』, 『해협』, 『한국문예』, 『사이』, 『현대코리아』, 『마당』, 『민도』, 『친화』, 『코리아평론』, 『코리아 마이너리티 연구』, 『국민총력』, 『국민문학』, 『호르몬문화』, 『제주도』, 『봉선화』, 『나그네』, 『도라지』 등 다양한 매체가 있으나 재일 디아스포라 시문학을 중점적으로 소개하는 문예지가 아니라는 점에서 논의 대상에서 제외하였다.

로 종간된 한글 종합지이다. 『한양』은 당시 변혁기에 있었던 1960년대 한국 사회와도 밀접한 관계를 형성하면서 4월혁명 이후 한국문학의 변화와 혁신에 크게 영향력을 발휘한 중요한 매체이다. 『한양』의 창간은 크게 두 가지 점에서 이유를 찾을 수 있는데, 첫째는 일본에서 대학을 졸업한 지식인들이 그들의 생각을 자유롭게 발표할 만한 매체가 없었다는 점이고, 둘째는 재일동포로서 남한과의 문화적 교류와 비판적 연대가 절실하게 필요하다는 시대적 요구 때문이었다. 특히 1960년대 남한 사회의 이데올로기적 억압으로부터 비교적 자유로운 위치에서 조국의 역사적 현실에 비판적으로 대응하는 실천적 성격을 분명하게 견지하였다.[15] 『삼천리』는 1975년 2월 창간하여 1987년 5월 제50호로 종간된 일본어 계간 종합문예지이다. 역사학자와 문인들이 연합하여 만든 데서 짐작할 수 있듯이, 남한 사회의 역사적 현실을 예의주시하면서 한일관계, 조선의 역사와 문화, 재일조선인들의 실상 등을 중점적으로 다루었다. 그리고 「오적」 필화사건에 휘말렸던 김지하의 문학을 창간호 특집으로 내세움으로써, 남북의 평화적 통일에 대한 염원과 남한 사회의 민주화에 대한 열망을 제시하는 역사와 문학의 통합적 시각을 줄곧 견지하였다. 『청구』는 1989년 8월에 창간하여 1996년 2월 통권 25호까지 발간되었는데, 편집진 가운데 상당수가 『삼천리』와 겹친다는 점에서 사실상 『삼천리』의 정신을 계속해서 이어받은 잡지였다고 할 수 있다. 즉 『삼천리』가 재일 1세대를 주축으로 발간한 잡지였다면, 『청구』는 그 이후 세대를 이어줌으로써 재일동포 사회의 세대적 연속성을 확보하는 가교(架橋)로서의 역할을 담당했다고 할 수 있는 것이다.[16]

15 하상일, 「1960년대 문학비평과 『한양』」, 『어문논집』 50호, 민족어문학회, 2004, 287~325면; 하상일, 「1960년대 『한양』 소재 재일 한인 시문학 연구」, 『한국문학논총』 제47집, 2007, 201~227면.

2) 주요 시인의 활동과 작품 발표 현황

해방 이후 재일 디아스포라 시문학의 초석을 닦은 시인으로는 허남기, 강순, 남시우,[17] 김시종 등이 있다. 이들을 시작으로 김윤, 정화흠, 김학렬, 정화수, 홍윤표, 김두권, 김윤호, 김리박 등의 활동과 작품이 주목된다. 이 가운데 허남기의 초기시와 김시종의 시는 일본어로 이루어졌고, 현재 '종소리시인회'에 참여하고 있는 '총련'계 시인들은 모두 한글로 창작했으며, '총련' 계열이 아니지만 한글 시쓰기를 지금까지 지켜온 시인으로 김윤, 김리박이 있다. 앞서 언급한 대로 지금까지 재일 디아스포라 문학 연구는 장혁주, 김사량, 김달수, 김석범, 이회성 등 소설가들을 대상으로 한 것이 대부분이었다. 이러한 결과는 재일 디아스포라 문학에 대한 관심이 서사문학의 대중성에 기댄 일본 소설계의 유행적 흐름에 지나치게 편승해 있었다는 점과 재일문학의 범주를 일본어문학에 한정시킨 일문학계의 연구가 무비판적으로 수용되었다는 점, 그리고 시문학의 경우 한글로 창작을 한 '문예동' 문인들의 활동이 두드러져 이념적인 이유로 연구대상에서 제외되었다는 데 결정적인

---

16 하상일, 「재일 한인잡지 소재 시문학과 비평문학의 현황과 의미」, 『한국문학논총』 42집, 한국문학회, 2006, 391~417면 참조.

17 김학렬은 "해방 직후에는 지식층 속에서 많은 사람들이 시를 쓰려고 나섰으나 그 후 정치분야, 교육분야 등에 진출하여 사회과학분야에 나선 사람들도 있고, 시집을 낸 사람은 강순(『조선부락시초』)과 남시우(『봄소식』), 허남기(일어시 『朝鮮冬物語』) 뿐이며, 조국(북한－필자 주)에서 나온 첫 시집 『조국에 드리는 노래』에는 허남기, 남시우, 강순의 3인만이 있었다. 따라서 해방직후 1950년대까지는 엄격히 말해서 시문학역량이 형성되기 시작했으나 그 핵심에는 단 3인밖에 없었다는 점에서 이 시기를 허남기, 남시우, 강순의 3인 시대라 해도 무방할 것이다"라고 하였다. 「재일 조선인 조선어 시문학 개요」, 와세다대학 조선문화연구회 · 해외동포문학편찬사업 추진위원회 · 재일본조선문학예술가동맹 공동 주최, 『재일 조선인 조선어문학의 현황과 과제 심포지움 자료집』, 2004.12.11, 와세다대학교, 3~4면. 김시종의 경우에는 『진달래』 사건 이후 '총련' 조직과는 무관하게 활동하였으므로 대상에서 제외한 것으로 보인다.

이유가 있다. 하지만 해방 이후 재일 디아스포라 문학의 역사를 실증적으로 재구해 보면, 당시 문학적 양상은 김달수, 이은직 등의 소설가와 허남기, 강순 등의 시인을 주축으로 시와 소설 두 분야에 걸쳐 활발하게 이루어졌음을 확인할 수 있다. 따라서 앞으로 재일 디아스포라 문학 연구는 시와 소설을 모두 망라한 종합적인 지형 속에서 총체적인 연구의 방향을 모색해야 할 것이다.[18]

허남기(1918.6.24~1988.11.17)는 부산 구포에서 태어나 부산제2상업학교(현재 부산개성고등학교)을 졸업하고 1939년 일본으로 건너가 일본대학 예술과에 입학하여 조선연극단체 〈형상좌(形象座)〉를 통해 희곡을 쓰고 연극 공연도 하면서 문학 활동을 시작하였다. 그러나 조선말로 연극을 했다는 이유로 대학에서 퇴학을 당하고 극단도 해산되어[19] 다음해 중앙대학 법학부로 학적을 옮겨 졸업하였다. 재일조선연맹('조련') 중앙문화부 부부장(1948.10), 『민주조선』 편집장(1949.2), 재일조선문학회 위원장(1957.7), 문예동 위원장(1974.3)을 역임했고, 일본어시집 『朝鮮冬物語』(朝日書房, 1949), 『日本時事詩集』(朝日書房, 1950), 『화승총의 노래』(朝日書房, 1951), 『허남기시집』(東京書林, 1955), 『조선해협』(國文社, 1959) 등을 출간했으며, 우리말시집으로 『조국을 향하여』(조선작가동맹, 1962), 『돌에

18 해방 이후 출간된 『조선문예』(1947.10 창간)만 보더라도, 김달수, 이은직, 허남기, 강순 등이 필자로 참여하여 시와 소설 모두를 아우르고 있음을 알 수 있다. 이 가운데 허남기, 강순의 시문학은 해방 이후 재일 디아스포라 시문학의 초석을 닦은 중요한 의미를 지녔음에도 불구하고 동시대의 다른 소설가들에 비해 연구의 대상으로 거의 주목받지 못하였다. 이러한 편향된 연구 결과로 인해 현재까지 재일 디아스포라 문학 연구는, 장르로는 소설 중심, 언어로는 일본어 중심의 텍스트에 압도된 연구의 불균형을 해소하지 못하고 있는 실정이다.

19 이른바 형상좌(形象座)사건으로 불리는데, 1939년 12월 일본 경찰들은 당시 도쿄 조선인 학생 연극단이 조선말로 한 연극활동을 '치안유지법' 위반이라고 하여 연극단과 연극 공연에 관계한 학생들을 검거하였다. 손지원, 「시인 허남기와 그의 작품 연구」, 사에구사 도시카쓰 외, 『한국 근대문학과 일본』, 소명출판, 2003, 270면.

깃든 이야기』(문예동, 1967), 「낙동강』(문예동중앙, 1978), 『조국의 하늘 우러러』(평양문예출판사, 1980) 등을 펴냈으며, 유고 시선집 『조국에 바치여』(평양출판사, 1992)가 출간되기도 했다.

> 해내외에 널리 알려진 시인 허남기는 20세의 청춘시절부터 70세를 일기로 일본 땅에서 생을 마칠 때까지 조국의 통일과 인민의 행복을 위해 살며 싸운 애국적이며 혁명적인 시인이였고 저명한 사회활동가이기도 하였다.
>
> 그는 오랜 세월 애수와 비탄의 주제로 되고 있는 이국살이를 낙천과 투쟁의 주체로 전환시킨 첫 시인 대렬에 속하며 지난 조국해방전쟁을 전후한 시기에는 남반부에서 활동하던 진보적인 시인, 작가들이 대거 월북 등의 사정으로 비우게 되었던 사실주의문학의 공간을 메꾼 시인이기도 했다.

인용문(『조국에 바치여』 표 2)에서 알 수 있듯이, 허남기는 애국적이고 혁명적인 시인, 해방 이후 월북 문인들의 빈자리를 메운 사실주의 시인으로 북한문학계의 찬사를 한 몸에 받았다. 물론 이러한 북한문학계의 평가는 그가 생전에 '총련' 부의장을 지낼 정도로 핵심적인 활동을 했고, 문예동 위원장으로 재일 조선인 문학의 기틀을 마련한 장본인이라는 외적 영향력이 크게 작용했을 것이다. 그렇다 하더라도 이러한 외적 측면이 그의 시세계의 중요성을 훼손시킬만한 근거는 결코 되지 못한다. 남한문학계에서도 그의 서사시 『화승총의 노래』가 민영 시인에 의해 번역 출판된 바 있고, "동포시인 가운데 제일 문학적 성과가 뛰어난 분"[20]이라는 평가를 받을 정도로 작품성이 아주 탁월했음은 부인할 수 없는 사실인 것이다.[21]

---

20 민영, 「허남기 선생에게 — 역자로부터 저자에게」, 『화승총의 노래』, 동광출판사, 1988, 107면.

강순(1918.2~1987.12.18)[22]은 경기도 강화에서 태어나 1936년 일본으로 건너가 1937년 와세다대학 불문과에 입학했고, 해방 이후에는 교사 생활을 하다가 '조선신보사' 편집국 기자로 활동하였다. 1964년 '조선신보사'에서 『강순시집』을 내놓고서는 조총련 내부에서 벌어지기 시작한 좌경적인 비판사업에 반발하여 '조선신보사'를 퇴직하고, 이후 어떤 단체에도 가입하지 않은 채 김지하, 양성우, 신경림, 김수영, 신동엽, 조태일, 이성부 등 남한의 진보적 시인들의 작품을 일본어로 번역 소개하는 데 매달렸다. 그가 낸 시집으로는 한글시집으로 『조선부락』(1953), 『불씨』(등사판, 1956), 『강순시집』(강순시집발간회 편, 조선신보사, 1964), 『강바람』(강순 국문시집간행위원회, 梨花書房, 1984), 일본어 시집 『날라리[なるなり]』(思潮社, 1970), 『단장(斷章)』(書舍かいおん, 1986)을 출간하였다. 강순의 시세계는 일본에 거주하는 우리 민족의 근원적인 정서인 조국에 대한 그리움을 기조로 하는데, 『강순시집』의 시와 『강바람』의 시는 그 경향에 있어서 일정한 차이를 드러낸다. 즉 전자의 경우에는 일본에서 우리 민족이 겪은 시련과 고통을 다루면서도 북한에 대한 찬양이나 남한에 대한 비판 등 '총련'의 일원으로서의 정치성을 강하게 보여준 반면, 주로 '총련'을 탈퇴한 이후 창작한 시를 수록한 『강바람』에는 '총련'과 '민단' 어느 쪽에도 가담하지 않은, 그야말로 재일 지식인의 중립적 위치에서 비판적이고 사실주의적인 경향의 작품세계를 두드러지게 보여주었다.[23]

---

21 허남기 시인에 대한 연구논문으로는, 손지원의 「시인 허남기와 그의 작품 연구」(앞의 책)와 하상일의 「해방 직후 재일 조선인 시문학 연구－허남기의 시를 중심으로」(『우리말글』 37집, 우리말글학회, 2006.8)가 있다.

22 강순의 본명은 강면성(姜冕星)이다. 이는 필자가 2009년 1월 일본 동경 외곽에 있는 그의 묘소를 직접 참배하고 묘비명을 통해 확인하였다. 해방 직후 발간된 『백민(白民)』의 핵심 인물이 김경식, 강면성이고 『백민』이 1948년 결성된 '재일조선문학회'의 주축 가운데 한 그룹이라는 점에서, 해방 이후 재일 디아스포라 시문학의 형성 과정에 있어서 강순의 역할이 상당히 컸던 것으로 짐작할 수 있다.

남시우(1926.7.15~2007.3.22)는 경북 안동에서 태어나 1948년 와세다대학 노문과에 입학했다가 중퇴하고 동경조선고급학교 교원을 거쳐 '재일조선문화단체연합회(문단련)' 사무국장, '총련' 중앙 부의장 등을 역임했다. 1956년부터 조선대학교 문학부에서 후학을 양성하기 시작했고, 1979년부터는 조선대학교 학장을 역임하며 '총련'계 재일 지식인들과 문인들을 양성하는 데 매진하였다. 시집으로 『길』(1949), 『조국의 품안에로』(재일조선문학회, 1959; 조선작가동맹출판사, 1960), 『조국에 드리는 송가』(평양문예출판사, 1982), 동시집으로 『봄소식』(도쿄조고어머니회연합회, 1953), 일본어 평론집으로 『주체적예술론(主體的藝術論)』(未來社, 1983)이 있다. 그의 시는 "남성적인 허남기의 시풍과 대조적인 여성적 서정성"을 지녔다고 평가되는데, 특히 동시집 『봄소식』의 규칙적이고 정형적인 격조에서 잘 드러나듯이, "유순한 음악성을 지닌 멋있는 율조가 섬세한 서정과 맞물리는 독특한 격조"[24]를 지닌 것으로 평가된다.

김시종(1929~)은 함경도 원산에서 태어나 제주도에서 초등학교를 다녔고, 1949년 일본으로 건너가 일본공산당에 가입하면서 재일조선인운동의 조직적 활동을 시작하였다. 1950년 5월 26일 『신오사카신문』에 첫

---

23 강순 시의 사실주의적 경향에 대해서 윤의섭은, 1930년대 카프시와의 영향 관계를 통해 살펴볼 필요가 있다고 지적한다. 강순의 시가 카프시의 이념적 지향을 그대로 따르고 있지는 않지만, 카프시의 사실주의적 창작 방식을 보여주고 있기 때문에, 그의 시를 1920~30년대 카프시의 영향 관계 속에서 논의할 수 있을 것으로 보는 것이다. 이러한 관점은 재일 디아스포라 시문학을 식민지 시기 항일저항시의 계보와도 관련시켜 이해하는 가능성을 열어두게 한다는 점에서 문제적인 시각으로 받아들여진다. 윤의섭, 「재일동포 강순 시 연구」, 김학렬 외, 『재일동포 한국어문학의 전개양상과 특징 연구』, 국학자료원, 2007, 223~254면 참조. 이 외에도 강순 시인을 대상으로 한 연구로는, 김학렬의 「재일 민족시인 강순—시집 『강바람』, 애통과 사랑과 격정의 세계」(미발표원고)와 사이토 마모루, 「望鄕の 詩人 姜舜」(『植民地と祖國分斷わた生詩人たち』, 일본; 토요미술사출판사, 2002)이 있다.

24 김학렬, 앞의 책, 5면.

일본어 시 「꿈같은 일」을 발표하면서 시 창작 활동을 시작했고, 1951년 오사카 재일조선인문화협회에서 발간한 종합지 『조선평론』에 참가했으며, 1953년에는 시동인지 『진달래』를 창간하기도 했다. 1957년 발표한 에세이 「장님과 뱀의 입씨름」과 시 「오사카 총련」을 통해 김일성주의를 맹신하는 '총련' 조직의 문학적 노선을 비판했다가 조직의 정치적 비판[25]을 받고 이후 '총련' 조직과는 거리를 둔 채 일본어 시 창작 활동에 매진하였다.

> 김시종에게 '재일'은 북이냐 남이냐 라는 선택지가 아니며, 남북이 동시에 수용 가능한 열린 공간이자 실존의 장(場)으로 받아들여진다. 이러한 복안(複眼)적 사고에서 출발된 그의 재일은 미래 지향적이고 생산적인 재일의 역할과 가능성의 길을 터 놓는다.
>
> 그에게 "재일조선인이란 자신의 나라, 즉 북조선과 남조선을 동일한 시야, 하나의 시야에 수용할 수 있는 입지 조건을 의지적으로 살아가는 생활 집단이어야 하는 것"이며, "다시 말해 정치 신조의 차이가 반드시 동떨어진 서식

25 현재 '총련'계 재일 조선인 문학에서는 당시의 상황을 다음과 같이 정리하고 있다. "김시종의 창작과 평론의 주된 주장을 종합해보면, ① 사회주의적 사실주의 창작방법은 곧 도식주의, 교조주의를 낳는다. 따라서 재일이라는 상황의 특수성에 맞는 창작방법이 필요하다는 수정주의적 견해를 퍼뜨리고, ② 작품의 내용에서 조선적이고 애국적이고 사실주의적인 것보다 '현실적'이고 '부정적'이고 자연주의적인 것을 더 많이 추구해야 한다는 것이다. 이와 같은 주장을 둘러싸고 당시 '재일조선문학회'를 중심으로 평론, 좌담회를 통하여 치열한 논전이 전개되었다." 당시 허남기는 「김시종 동무의 일문시집 『지평선』에 관련하여」(『조선문예』 1957년 6월)에서 김시종의 희망을 잃고 난 공허한 어두운 시세계에 대한 참을 수 없는 저항을 표시하면서 그 요인을 작가 자신의 지향성에서 찾았는데, "일본의 반제반미투쟁을 그려서 안 된다는 것은 아니다. 그러나 일본인의 그것과 조선인 김시종의 그것은 분명히 다른 각도가 있어야 한다. 시에서 가장 중요한 것은 우리가 서 있는 발의 위치고 각도에 있다. 자기 발판을 다시 살펴볼 때가 아닐까? 그리고 발의 위치와 발의 각도를 다시 확실히 점검할 필요가 있지 않을까?"라고 하였다. 맹복실, 「재일조선문학의 주체확립을 위한 투쟁－1955~1959년 평론을 중심으로」, 『조선대학교 학보』 16호, 1999.6.25, 50~51면.

장소, 따로 떨어져 살아야 하는 장소를 필요로 하지 않는 한곳의 필연을 살고 있다는 의미이다. 현재의 조선에서 남북이 동거할 수 있는 단 하나의 장소로 '재일'이 있음은 거듭 중요한 의미를 띠게 되는 것"이다. 곧 시인에게는 '재일'이 이미 하나의 '조선'이라는 말이다.[26]

이처럼 그는 재일 1세대이면서 누구보다 먼저 '재일하다'[27]라는 실존적 문제에 깊이 천착한 시인이다. 일본에 의한 식민지 지배와 한국전쟁으로 인한 민족분단의 현실에서 비롯된 '재일'의 실존적 상황을 직시함으로써 '재일'의 존재 의의와 삶의 방향을 적극적으로 모색하고자 한 것이다. 그는 1955년 첫 시집 『지평선』을 출간한 것을 시작으로 두 번째 시집 『일본풍토기』(1957)를 발간했고, 세 번째 시집으로 기획되었던 『일본풍토기 II』는 조총련과의 갈등, 「진달래」의 해산 등을 겪는 와중에 중단되었고 그 원고마저 분실되었다고 한다. 그래서 세 번째 시집은 1970년에 와서야 장편시집으로 『니가타[新潟]』를 출간할 수 있었고, 『삼천리』에 연재하였던 『이카이노시집[猪飼野詩集]』은 1978년에 출간되었다. 이후 그는 『광주시편』(1983), 『들판[原野]의 시』(1991), 『화석의 여름』(1998) 등의

26 유숙자, 「'틈새'의 실존을 묻는다—재일 시인 김시종의 시세계」, 앞의 책, 180~181면.

27 자이니찌스루(재일하다, 在日する)라는 말은 1980년대 이후 재일 한국인(조선인) 사이에서 사용되어 온 말이다. 한국어로 번역해놓고 나면 문법적으로 어색해 보이는 이 말에서 '자이니찌'란 전후에 만들어진 신조어로서 일반적으로 재일 한국인(조선인)을 지칭한다. 이 말은 기존의 피동적인 '재일'의 의미에서 벗어나 변화가능한 정체성과 그 실천의 차원에서 사용된 말이라 할 수 있다. 이미 태어나면서부터 기정사실화된 국적이 아닌 '가정적(假定的)인 생활'(필자 주: 김달수의 용어)을 영위하는 존재로서의 '재일'은 그런 면에서 능동적 의미를 지닌다. 예를 들어 모어(=현실)와 모국어(=동경)의 갈등은 '재일한다'는 말의 능동성을 창조한다. 주체인식과 사회적 환경변화에 따라 '재일한다'라는 용어를 만들어낸 현실처럼 '재일'은 결국 본질적이기보다 가변적이다. 박광현, 「국민문학의 반어법, 재일문학의 '기원'—김달수의 소설을 중심으로」, 『창작과비평』, 2004. 가을, 319~320면.

시집을 지속적으로 출간함으로써 재일 디아스포라 시문학에서 가장 활발한 시작 활동을 한 시인으로 평가할 수 있다.[28]

정화흠(1923.3~)은 경북 영일에서 태어나 1937년 일본으로 건너가 1950년 중앙대학 경제학부를 졸업하고 조선 초중고급학교 교원을 거쳐 1981년부터 조선대학교에서 교원으로 재직하였다. '문예동' 기관지 『문학예술』 편집장을 역임했고, 시집으로 『감격의 이날』(평양문예출판사, 1980), 『념원』(문예동, 1985), 『민들레꽃』(종소리시인회, 2000) 등이 있다. 그의 시는 "'유희'의 문학(부르죠아 순수문학)이나 '취미'의 문학(개인의 틀에 박힌 문학), 또 용감한 언설(정치적 교조)같은 '말'만의 문학을 거절하고 재일동포들의 '눈물 젖은 가슴'을 설레게 하는 '미풍', 즉 서정의 바람이 되어주"[29]는 경향을 드러낸다.

김윤(1932~)은 경남 남해에서 태어나 진주에서 성장하였고 동국대학을 중퇴했다. 1950년대 전쟁 중에 부산에 모여 있었던 대학생들이 중심이 되어 발간한 『신작품』의 동인(고석규, 천상병, 송영택, 김재섭, 김소파, 이동준)으로 활동했다. 1951년 한국전쟁 중에 일본으로 건너가 명치[明治]대학 농학부를 졸업하고 '민단' 중앙본부 선전국장 등을 역임했고, 『현대문학』의 동경지사장을 역임하면서 두 권의 시집 『멍든 계절』(현대문학사, 1968)과 『바람과 구름과 태양』(현대문학사, 1971)을 출간하였다. 그는

---

28 김시종의 시가 일본어로 씌어졌기 때문인지 그에 관한 연구는 다른 시인들에 비해 비교적 많은 편이다. 유숙자, 「민족, 在日 그리고 문학 在日 시인 김시종의 시세계」, 『한림일본학연구』 제7집, 2002; 유숙자, 「재일 시인 김시종의 시세계」, 『실천문학』, 2002. 겨울; 호소미 카즈유키, 「세계문학의 가능성-첼란, 김시종, 이시하라 요시로의 언어체험」, 『실천문학』, 1998. 가을; 마츠바라 신이치, 「김시종론」, 홍기삼 편, 『재일한국인문학』, 솔, 2001; 유숙자, 「'틈새'의 실존을 묻는다-재일 시인 김시종의 시세계」, 앞의 책 해설; 고명철, 「식민의 내적 논리를 내파하는 경계의 언어」, 『문학들』, 2008. 여름.

29 김학렬, 「재일조선시문학의 근황」, 『재일동포 한국어문학의 전개양상과 특징 연구』, 22면.

'총련' 계열이 아니면서도 지금까지 우리말로 시를 쓰고 있는데, 이러한 그의 특이한 이력은 북한문학의 입장을 반영한 '총련'의 문학과도 분명 다르고, 일본어 글쓰기를 통해 재일의 독자성을 드러낸 문학과도 전혀 다르다는 점에서, 재일 디아스포라 시문학의 독특한 정체성을 보여준다고 평가할 수 있다.[30]

김학렬(1935.1~)은 1935년 교토에서 태어나 조선대학교 문학부를 졸업하고, 1962년 조선신보에 「일어나라, 한강 사나운 물결아!」가 당선되면서 시작 활동을 하였다. 1996년 「조선프롤레타리아문학운동연구」로 조선민주주의공화국 교수 칭호와 문학박사 학위를 받았고, 1963년부터 조선대학교 문학부 교수를 역임하는 등 '총련'계 재일 디아스포라 문학의 이론적 기수 역할을 담당해왔다. 그리고 동경외국어대와 와세다대학 등에도 강의를 나가면서 재일 문학의 대외적 교류와 소개에도 정열적인 활동을 펼쳐왔다. 시집으로는 『삼지연』(문예동, 1979), 『아, 조국은』(평양문예출판사, 1990)이 있다.[31]

정화수(1935.9~2009.12)는 부산 기장 출생으로 조선대학교 노문과를 졸업하고 1961년부터 1983년까지 '조선신보사' 기자로 일했으며, 문예동 위원장을 역임하면서 '총련' 계열 문학활동을 선도적으로 이끌었다. 특히 '문예동' 소속 재일 조선인 시인들의 모임인 '종소리시인회' 대표

---

30 재일동포 한국어 시문학의 다수를 차지하고 있는 '재일 조선인 시문학'('문예동' 계열의 작품들) 작품들은 북한체제의 사상적 영향 하에 개인의 서정과 미의식의 중시보다는 사회주의적 이념의 설파와 민족의 주체성 확립만이 지나치게 강조되어 창작된 경향이 없지 않았다. 이처럼 '총련' 산하의 '문예동'이 재일동포 문학 활동의 중심 거점을 형성했던 당시에 이에 소속되지 않은 비동맹원의 문학 활동은 극소수에 불과했다. 이 시기 독자적으로 문학 활동을 하던 문인들로서는 김리박, 리승순 등과 '민단'계의 김파우, 김경식(소설), 김희명(평론), 황명동, 김윤(시) 등이 있다. 김은영, 「김윤 시 연구」, 김학렬 외, 위의 책, 192~193면.

31 김학렬의 시에 대한 연구, 홍용희의 「재일조선시와 조국의 노래－김학렬의 시세계를 중심으로」(『시작』, 2005. 가을)가 있다.

를 맡아 시전문지 『종소리』의 발행과 편집을 책임지면서, 2000년대 이후 '총련'계 재일 디아스포라 시문학의 변화를 주도하는 핵심적 역할을 담당했다.[32] 그가 낸 시집으로는 『영원한 사랑 조국의 품이여』(평양문예출판사, 1980), 『쑥은 쑥국이요』(부산; 삼아출판사, 2010)가 있다.[33]

3) 재일 디아스포라 시문학의 시대구분과 서술방법

모든 문학사의 전개 과정이 그러하듯, 재일 디아스포라 시문학을 연구하는 데 있어서도 시대구분과 서술방법을 어떻게 할 것인가를 결정하는 것은 무엇보다도 선결되어야 할 과제이다. 특히 분단된 조국의 현실로 인해 '민단'과 '총련'으로 사실상 이원화되어 있는 재일 디아스포라의 역사적 현실에서, 두 경향을 아우르는 보편적이고 종합적인 체계를 세우는 것은 상당히 중요한 문제가 아닐 수 없다. 또한 한국어와 일본어라는 이중언어의 선택 사이에서 문자의 이원성마저 노골화되어 한국문학으로의 귀속 여부마저 논란거리가 되는 상황, 재일 1세대에서 3세대 이후로의 시대의 변화에 따라 사실상 민족이나 국가에 대

32 2006년 1월과 2007년 1월에 연구자는 일본 동경에 있는 정화수 시인의 집을 두 번 방문했는데, 그 때 그는 앞으로 『종소리』를 통해 재일 조선인 시문학의 이념적 경직성을 극복하는 새로운 변화를 이끌어낼 것이라는 입장을 분명하게 밝혔다. 현재 지금까지 발간한 『종소리』의 시작품들을 객관적으로 분석해 보면, 그가 밝힌 대로 북한의 이념에 경도된 지난 시절의 재일 조선인의 시적 경향으로부터 상당히 변화되어 서정의 본령에 가까운 작품들을 많이 발표하고 있음을 확인할 수 있다.

33 이 외에도 해방 이후 재일 디아스포라 시문학을 연구하는 데 있어서 중요하게 언급해야 할 시인으로 종추월, 김리박, 김두권, 김윤호, 홍윤표, 오상홍, 이승순 등 상당수가 있다. 하지만 지면 관계상 모두를 일일이 열거할 수는 없어 대표적 시인들만 개략적으로 언급하였고, 더욱 자세한 사항은 개별 시인들을 연구하는 별도의 논문에서 더욱 구체화시킬 것임을 미리 밝혀 둔다.

한 의식이 현저히 약화되어 재일 디아스포라 문학이라는 정체성의 성립 여부가 불투명한 현재적 지형도 심각하게 고려해야 한다.

그동안 재일 디아스포라 문학에 대한 문학사적 서술이 식민지 시기와 해방 이후를 구분하여 논의하는 데는 대체로 동의하였다. 하지만 해방 이후의 문학에 대한 시대구분과 서술방법에 대해서는 연구자들마다 서로 다른 입장을 보여 왔다. 재일 디아스포라 시문학을 문학사적으로 연구한 가장 대표적인 성과물로는 손지원의 『조국을 노래한 재일 조선시문학 연구』(김일성종합대학출판사, 1996)[34]가 있다. 이 책은 1948년부터 1990년까지 발표된 재일 조선인 시문학을 총망라하여 세 단계로 나누고, 각 시대별로 특징과 시인 및 시집들의 현황을 아주 상세하게 정리하였다.

> 조국을 노래한 재일조선시문학의 발전과정은 재일조선인 운동과 문예운동의 발전 단계와 특성에 따라 세 단계로 나누어볼 수 있다. 즉 공화국 창건 이후 총련이 결성되기 이전까지의 시기(1948.9~1955.4)와 총련 결성 이후 위대한 수령님의 교시를 높이 받들고 주체를 확고히 세워 작품창작에서 일대 개화기를 열어놓은 시기(1955.5~1973) 그리고 위대한 수령님과 친애하는 지도자 동지의 현명한 령도 밑에 높은 사상예술성을 가진 작품을 활발하게 창작한 시기(1970년대 중엽 이후~1990)로 나누어볼 수 있다.[35]

손지원의 연구는 해방 이후 재일 조선인 시문학의 전체적 양상을 월 단위로까지 구분하여 상당히 구체적으로 서술하고 있는 장점이 있지

34 이 책의 내용은 『겨레문학』 창간호(2000.여름)부터 제4호(2001.봄)까지 나누어 연재되기도 했다.

35 손지원, 앞의 책, 17면.

만, 북한문학과의 관계를 일방적으로 강요한 틀 위에서 재일 디아스포라 시문학의 특수성을 전혀 살피지 못한 한계가 너무도 뚜렷하다. 게다가 '총련' 내부의 시문학적 흐름만을 연구대상으로 삼고 있어서 재일 디아스포라 시문학 전반을 아우르는 종합적 체계를 갖추지도 못한 결정적 단점이 있다.

김학렬은 이와 같은 재일 디아스포라 시문학의 시대구분에 대해 부정적인 입장을 분명히 한다. 그는 북한문학과의 관계를 전혀 도외시할 수는 없지만, 그렇다 하더라도 재일 조선인 문학의 독자적 성격과 활동 양상을 북한문학사에 전적으로 기대어 서술해서는 안 된다고 보았다. 따라서 그는 재일 디아스포라 시문학사의 전개과정을 해방 이후부터 1960년대까지, 1970년대부터 1980년대까지, 1990년대부터 현재까지의 세 시기로 크게 나누었다. 그리고 각 시대별 세부 특징으로, 1950년대까지는 '시문학 역량의 형성기', 1960년대는 '시문학 역량의 정비기', 1970년대는 '시문학 역량의 확대기', 1980년대는 '창작의 앙양 · 발전기', 1990년대는 '시련 속의 창작의 심화기', 그리고 2000년대는 '새로운 전환 지향기'로 명명하였다.[36] 하지만 김학렬의 시대구분 역시 우리말로 이루어진 시문학만을 연구대상으로 삼았다는 점, 십 년 단위의 시대구분이라는 일반적인 시문학사의 체계 위에서 각 시대별 주요 시인과 작품을 열거하는 평면적인 서술방법을 취하고 있다는 점은 한계로 지적하지 않을 수 없다.

남한 연구자들의 관점을 살펴보면, 임헌영은 '편의상'이란 전제를 달고서 재일 디아스포라 문학을 출생지와 세대를 고려하여 식민지 시기, 제1세

36 김학렬, 「재일 조선인 조선어 시문학 개요」, 『재일동포 한국어문학의 전개양상과 특징 연구』, 1~2면.

대, 제2세대 혹은 과도기, 신세대, 귀화인으로 구분하였고,[37] 이경수는 김학렬의 구분에 기대어 해방 직후부터 1960년대에 이르는 형성기의 시문학, 1970~80년대에 이르는 발전기의 시문학, 1990년대에서 2000년대에 이르는 전환기의 시문학으로 나누었다.[38] 이한창은 재일동포문학의 역사를 초창기(구한말~1930년대 이전), 저항과 전향문학기(1930년대 이후~해방 전), 조국 현실기(해방 후~1960년까지), 사회고발 문학기(1960년 말부터 1970년대까지), 주체성 탐색문학기(1980년대 이후)로 구분하였다.[39] 이러한 시대구분 역시 국적, 세대, 언어 등의 제한적 조건 안에서 정리된 것이므로 재일 디아스포라 문학 전반을 종합적으로 이해하는 데는 한계가 있다.

이상에서 알 수 있듯이, 지금까지 재일 디아스포라 시문학 연구는 '누가', 어떤 '언어'로 '무엇'을 썼느냐 하는 문제가 주된 쟁점이었고, 문학사적 시대구분과 서술방법은 연구자들마다 편의적인 방식을 드러냈기 때문에 일관성을 찾는 것이 사실상 불가능하였다. 게다가 이중언어의 현실, 조직의 이원화 등과 같은 현실적 · 제도적 장벽과 국문학계와 일문학계의 연구대상과 범주의 차이로 인해 모두를 아우르는 종합적 체계를 세우지도 못하였다. 물론 모든 문학사가 그러하듯, 문학사적 사실이나 결과물 자체를 전부 포괄하는 문학사를 서술한다는 것은 지나친 욕심이 아닐 수 없다. 하지만 언어, 이념, 세대 등과 같은 외적 문제로 인해 문학사의 불구성이 심화되는 것에 대해서만큼은 단호한 문제제기가 필요하다. 이런 점에서 필자는 다음과 같은 입장으로 재일 디아스포라 시문학의 시대구분과 서술방법을 정립하고자 한다.

---

37 임헌영, 「일본 근현대사와 재일동포문학」, 『치마저고리』, 210면.

38 이경수, 「재일동포 한국어 시문학의 전개과정」, 『재일동포 한국어 문학의 전개양상과 특징 연구』, 105면.

39 이한창, 「재일 동포문학의 역사와 그 연구 현황」, 전북대학교 재일동포연구소 편, 『재일 동포문학과 디아스포라』, 제이앤씨, 2008, 7~27면.

첫째, 재일 디아스포라 시문학의 연구대상은 '민단'과 '총련' 그리고 어디에도 속하지 않은 재일동포가 창작한 시문학 모두를 포괄하여 그 범주를 정한다.

둘째, 일본어로 된 시문학만을 재일동포문학으로 보는 일문학계의 견해와 일본어로 쓰여진 시문학은 재일동포문학으로 볼 수 없다는 '총련'계의 입장 모두를 비판적으로 성찰함으로써, 이중언어의 현실을 뛰어 넘는 재일 디아스포라 시문학의 전체적인 지형을 조감한다.

셋째, 남북한 문학사와의 직접적 연계에 지나치게 얽매여 재일의 특수성을 구체적으로 반영하지 못하는 관념적 시대구분을 지양하고, 재일의 실존성이 현실적으로 구체화되는 양상인 '세대'적 변별성을 중심으로 재일 디아스포라 시문학사의 서술체계를 재정립한다.

넷째, 서술방법에 있어서 세대별로 전개되어 온 재일 디아스포라 시문학의 특수성을 고려하여 각 세대별 시문학의 특징을 개괄적으로 정리하고, 시인론과 매체론의 두 가지 방향을 병행하는 종합적 서술이 되도록 한다.

3. 재일 디아스포라 시문학의 언어의식과 주제의식

해방 이후 재일 디아스포라 시문학의 정체성(identity)을 규명하는 데 있어서 가장 큰 문제는 언어의식과 주제의식 두 가지이다. 언어의식의 문제는 모어(母語)로서의 일본어와 모국어(母國語)로서의 우리말 사이에서 갈등하고 대립해온 재일 디아스포라의 이중언어 현실에서 비롯된 것이고, 주제의식의 방향은 식민과 분단이라는 특수한 역사적 상처의 결과인 재일 디아스포라의 실존적 자기인식과 현실인식의 문제와 관련된다. 물론 이러한 정체성의 문제는 민족과 국가라는 이데올로기에 얽매일 수밖에 없었던 재일 1세대와 2세대의 경우에는 상당히 절실한 현안이 되지 않을 수 없었다. 하지만 재일 3세대 이후가 주도하는 현재의 상황만 놓고 볼 때는 민족과 국가를 초점화한 재일 디아스포라의 정체성에 대한 접근과 이해 방식은 달라져야 할 것이다. 언어의 문제만 생각한다 해도 재일 3세대 이후의 세대들에게는 우리말이 모국어(母國語)라는 인식조차 추상적인 관념으로 자리하고 있을 뿐인 현실을 전혀 도외시할 수 없기 때문이다. 따라서 앞으로 재일 디아스포라의 정체성에 대한 규명은 민족성과 저항성의 도식화된 틀을 넘어서 당면한 재일의 실존적 상황과 현실을 객관적으로 바라봄으로써 '재일성(在日性)'이 무엇이고 또 그것이 어떻게 현실화되는가를 살펴보는 데 초점을 맞추어야 할 것이다.

1) 재일 디아스포라의 이중언어 현실과 언어의식

재외 한민족 문학 전체에 있어서 언어의 문제, 즉 모국어로서의 우리말과 재외민(在外民)으로서의 생활언어인 현지 언어 사이의 갈등은 디아스포라 문학의 정체성을 형성하는 가장 중요한 문제로 남아 있다. 특히 식민지배의 이데올로기인 황민화 정책과 동화주의 정책을 실현하기 위해 조선어 사용을 금지하고 일본어를 국어로 강요한 일본의 제국주의 언어 정책[40]을 생각할 때, 재일 디아스포라 문학의 형성에 있어서 일본어의 선택은 표기수단의 문제를 넘어서 정치적이고 역사적인 의미를 내재한 정체성의 문제로 바라보지 않을 수 없다. 즉 해방을 맞이했다는 것은 일본어가 아닌 우리말을 국어로 다시 사용할 수 있게 되었다는 것을 의미하는데, 그럼에도 불구하고 해방 이후에도 계속해서 일본어를 선택한다는 사실은 반민족적인 자괴감을 안겨주는 결과가 되지 않을 수 없었던 것이다. 그러나 해방이 되었지만 여전히 식민지 지배국에 정주할 수밖에 없었던 재일 디아스포라의 현실에서 생활언어로서의 일본어를 완전히 버리는 것이 가능했을까 하는 문제를 깊이 따져보지 않을 수 없다. 즉 해방 이후 재일 디아스포라에게 있어서 우리말의 사용은 관념적 실체로서의 민족과 국가가 강제적으로 요구하는 당위적 선택일 수도 있었다는 사실을 전혀 배제할 수는 없기 때문이다. 이러한 이중언어의 현실은 재일 디아스포라 문학의 형성 과정에 있어서 이념적 · 조직적 대립과 반목의 불씨가 될 수밖에 없었고, 그 결과 언어의 선택이 곧 문학적 지향의 차이를 결정하고 판단하는 왜곡된 양상으로 심화되기도 하였다.

> 나의 종전, 나의 해방이라는 것은 자신의 나라를 빼앗길 때에도 자신의 힘과는 아무런 상관없이 빼앗겼고, 나라가 돌아왔을 때도 그랬습니다. 그리고 단번에 이것이 너의 나라다 하고 나라를 받았지요. 저에게는 억지로 떠맡겨진 것과 같은 것이었지요, 자신의 조국이라는 것이. 그리고 완전히 어찌할

40 1911년(메이지 44)의 조선교육령에 의하여 설치된 것은 「조선어 및 한문[朝鮮語及漢文]」이라는 기만적인 과목이었으며, 거기에서는 실제로는 한문만이 혹은 한문 해석의 단순한 보조 수단으로서 조선어가 가르쳐진 데 지나지 않았다. 게다가 '조선어'는 '국어(일본어)' 교육을 위한 보조 수단이기도 했다. 이것은 제10조인 "조선어 및 한문을 가르치는 데는 항상 국어와 연락을 유지하며 때로는 국어로 해석하게 하여야 한다"라는 규정에서도 알 수 있다. 이연숙, 고영진 · 임경화 옮김, 『국어라는 사상－근대 일본의 언어 인식』, 소명출판, 2006, 295~296면.

바를 몰랐습니다. 글자는 하나도 알지 못했고, 한자 이외에는 몰랐으니까. 그런 자신이 어떤 관여도 하지 않고 맞은 해방이, 실제로 저에게 있어서 해방이란 무엇인가, 결국 자신은 무엇으로부터 해방된 것인가 라는 것은, 제자신의 언어 문제로서 지금도 붙들고 있는 것입니다. (…중략…) 그야말로 저는 벽을 긁는 듯한 심정으로 자기 나라의 글자와 읽기 쓰기를 2개월 정도 공부해서 우선 습득했습니다. 정말 필사적이었습니다. 崔賢 선생님이라는 세상에 드문 인생의 스승, 대단한 선생님과 만났습니다. 그 선생님에게 글자를 배우고 역사를 알아가는 기쁨을 배워 겨우 자신의 나라를 알게 되었습니다. (…중략…) 제 안에서 해방이란 무엇인가 라는 것은 지금도 붙들고 있는 문제. 그것은 당시 고국의 말조차 몰랐던 자신, 저의 심정과 관련해서 자신의 해방이란 무엇인가를 지금도 생각합니다.[41] (굵은 글씨 : 필자 강조)

김시종의 고백에서 알 수 있듯이, 그는 식민지 시기 일본어를 국어로 공부하여 일본어로 생각하고 말을 하고 글을 쓰는, 그래서 일본어의 정서가 자연스럽게 내면을 지배하도록 교육받은 세대였다. 그 결과 해방을 맞이했지만 우리말을 전혀 알지 못한다는 심한 자괴감 속에서 정체성의 혼란을 심각하게 경험하지 않을 수 없었다. 아마도 이러한 내적 방황은 재일 1세대가 보편적으로 경험한 혼란과 혼돈의 상황을 대변하고 있다고 해도 과언이 아닐 것이다. 해방 이후 민족과 국가에 호명되어 "벽을 긁는 듯한 심정으로" "필사적"으로 우리말 공부에 매달렸지만, 이미 가슴 깊이 내면화되어 버린 일본어를 버리지 못하는 자괴감 속에서 진정한 해방의 의미를 발견한다는 것은 사실상 불가능한

41 김석범 · 김시종(대담), 문경수 편, 이경원 · 오정은 역, 『왜 계속 써왔는가 왜 침묵해 왔는가』, 제주대출판부, 2007, 19~20면.

일이었던 것이다. 결국 그는 일본어로 사고하고 행동하는 자신의 현실적 한계를 일본인을 향한 최대의 무기로 재인식하는,[42] 그래서 일본인의 시각과 감성과 사유를 깨뜨리는 재일 디아스포라의 실존적 언어로 자신이 사용하는 일본어의 의미를 재발견하고자 하였다.[43] 물론 이러한 선택은 해방이 되었음에도 불구하고 여전히 일본어로 글을 쓰는 자신의 언어적 현실을 합리화하려는 지식인의 전형적 모습으로 비쳐질 수도 있다. 하지만 해방 이후에도 조국으로 귀환하지 못한 채 여전히 식민지 지배국의 그늘 아래에서 살아가야만 했던 재일 디아스포라에게 있어서 이러한 이중언어의 현실은 정말로 불가피한 선택이었음을 전혀 부정할 수도 없는 것이 사실이다.[44]

---

42 이러한 문제의식은 해방 이후 재일문인들에게 보편적인 언어의식으로 작용했다고 볼 수 있다. 김달수는 식민지 정책을 역이용해서 우리들은 일본어를 공격의 무기로 바꾸어 일본인 독자에게 우리들의 정당성을 주장해야 한다고 말했고, 허남기는『火縄銃のうた』후기에서 식민지 백성, 망국민으로서의 괴로운 시련을 일본보다 앞서 겪어 온 조선인민의 한 사람으로서, 조국 조선이 일본제국주의의 독니에 걸려 조국의 독립을 완전히 상실해 온 과정을 일본의 독자 제군에게 알려야 할 필요, 그보다도 오히려 의무에 가까운 것을 느낀다고 밝혔다. 김달수,「植民地のなかからの作家」,『わが文學』, 筑摩書房, 1976, 113면; 이소가이 지로,「'在日'文學の變容と繼承」,『靑丘』13, 1992.秋, 57면. 본고에서는 이재봉,「국어와 일본어의 틈새, 재일 한인문학의 자리」,『한국문학논총』제47집, 2007.12, 184면에서 재인용.

43 최근 김시종은 일본어로 시를 쓰는 자신의 언어의식에 대해 다음과 같이 고백한 바 있다. "나는 언어를 펼치기보다 자신을 형성해온 언어를, 의식의 웅덩이 같은 일본어를 시의 필터로 걸러내는 작업에 몰두합니다. 그렇게 시를 쓰고 있습니다. 따라서 언어는 자꾸만 딱딱하게 굳어지고 문장은 점점 짧아집니다. 그래서 에세이 하나 쓰는 데에도 필요 이상으로 자신을 힘겹게 하여 어깨만 결릴 뿐입니다. 에세이를 쓰면서도 실은 시 쓰기와 비슷합니다. 좀 더 가벼운 마음으로 다변투로 글을 써도 좋으련만, 그러면 단박에 능숙한 일본어를 구사하는 자신으로 되돌아갈까 봐 그럴 수 없습니다. '그렇게 된다면 나의 시는 이미 없다'라고 스스로 만들어 자신에게 강요한 강박관념에 얽매여 있습니다. 이것은 나의 사고 질서에 완고하게 눌러앉은 일본어에 대한 나의 자학적인 대응 방식입니다." 김시종,「내 안의 일본과 일본어」,『아시아』, 2008.봄, 113면.

44 이와 같은 언어적 현실은 재일 2~3세대로 넘어오면서 더욱 심각한 갈등과 모순을 불러왔는데, 처음부터 일본어를 모어(母語)로 받아들인 그들에게 있어서 모국어(母國語)로서의 우리말은 사실상 관념어에 지나지 않았기 때문이다. 이러한 문제에 대해 재일 3세

하지만 이러한 입장에는 일본어로 이루어진 문학만을 재일 디아스포라 문학의 연구 대상으로 수용하는 외국문학으로서의 일본문학 연구자들의 관점에 국문학계의 연구가 다소 경도된 측면이 있음을 결코 간과해서는 안 된다. 즉 재일 디아스포라 문학의 현재를 가늠하는 중요한 기준으로 일본문학 내부의 평가나 이미 일본화가 되어 버린 재일동포 독자들의 평가만을 절대화해서는 안 되는 것이다. 비록 소수이지만 여전히 우리말로 글을 쓰는, 그래서 일본문학계의 평가로부터 사실상 소외되어 있는 '총련'계 시인, 소설가들의 작품도 동등한 위치에서 중요하게 평가되어야 한다. 그럼에도 불구하고 지금 재일 디아스포라 문학 연구의 현실은 일본문학계의 평가 유무에 지나치게 의존함으로써 그 독자성이나 주체성의 자리를 스스로 외면하고 있다고 해도 과언이 아니다. 이런 상황에서 최근 국문학계에서 전개되는 재일 디아스포라 문학 연구의 방향마저 재일동포 문학을 사실상 일본어 문학으로 이해하려는, 그래서 일본어로 쓰여진 작품만을 재일 디아스포라 문학으로 규정하는 일본문학 연구자들의 시각을 추종하는 측면이 있어 문제가 아닐 수 없다. 일본어로 된 문학이 주류이고 우리말로 된 문학은 비주류라는 관점이나, 일본어로 된 문학은 질적 수준이 담보되지만 우리말로 된 문학은 질적 수준이 떨어진다는 이분법적 판단은, 사실 여부를 떠나서 재일 디아스포라 문학을 주체적으로 바라보는 관점이라고 할 수는 없다. 이러한 가름과 판단에는 이미 재일 디아스포라 문학의 이중언어 현실을 편향되게 바라보는 관점이 깊숙이 내재되어 있기 때문이다.

대 작가 이양지는 다음과 같이 말하기도 했다. "명분상 또는 관념상으로는 한국어는 모국어이며, 저의 아이덴티티의 중심에 위치해야만 하는 언어임에는 틀림없습니다. 그러나 실체로는 모국어인 한국어는 어디까지나 외국어이며 이국의 언어로밖에 받아들일 수 없었습니다." 이양지, 「한 재일동포 작가의 자전적 이야기－나에게 있어서의 모국과 일본」, 『한국논단』, 1990.12, 226면.

물론 우리말 쓰기만을 고집하는 '총련'계의 입장 역시 민족과 국가의 이데올로기에 지나치게 종속된 나머지 재일 디아스포라의 변화된 현실을 맹목적으로 거부한다는 점에서 비판적으로 보지 않을 수 없다. 이러한 완고한 태도가 오히려 일본 내에서 재일동포들의 자유로운 활동과 위상을 제약하고 있음은 물론이거니와, 민족과 국가의 경계를 넘어서려는 재일 디아스포라 문학의 미래조차 협소하게 만들어 버리는 한계를 노골적으로 드러내고 있기 때문이다. 이런 점에서 재일 디아스포라 문학은 특정한 언어와 민족의 경계를 뛰어 넘어 '재일'의 실존성에 뿌리내린 새로운 위상의 정립이 시급하다. 일본어로 쓰는 것이 타당한가, 그렇지 않은가와 같은 첨예한 논란은 일단 접어두고, 일본어와 우리말로 동시에 쓰여지고 있는 재일 디아스포라 문학의 현실을 그 자체로 인정하는 데서부터 연구의 방향을 새롭게 정립해야만 한다. 일본어로 이루어진 자신의 소설을 향해 던져진 '이것이 조선문학이 맞는가'라는 질문에 대해 김석범은, 자신은 '재일조선인 문학'을 '조선문학'이라고 명명한 적이 없음을 강조하면서, 재일조선인 문학은 '재일'이라는 모순된 상황에 놓인, 말 그대로 '재일조선인의 문학'일 뿐이라고 밝힌 점[45]은 상당히 중요한 문제의식을 담고 있다. 재일 디아스포라의 언어의식은 모어(일본어의 현실)와 모국어(우리말의 당위) 사이의 긴장된 모순을 뛰어 넘는, 그래서 재일 디아스포라의 실존적 조건인 이중언어 현실을 어떠한 편견 없이 수용하는 데서 비로소 적극적인 의미를 발현할 수 있음을 반드시 기억해야 한다.

---

45 김석범, 「〈民族虚無主義の所産〉について」, 『三千里』 20호, 1979.11; 이재봉, 앞의 글에서 재인용.

2) 재일 디아스포라 시문학의 실존적 상황과 주제의식

재일 디아스포라 시문학은 식민과 분단의 상처를 경험한 조국의 현실을 온몸으로 껴안은 재일동포들의 역사의식과 민족의식을 실존적 상황으로 내면화하였다. 따라서 작품의 성격이나 주제가 개인의 정서나 내면성의 확대로 구현되기보다는 정치적이고 사회적인 문제의식을 초점화하거나 심화하는 방향으로 집중되어 온 측면이 두드러진다. 물론 고향의 들판에 핀 꽃이나 식물, 음식, 풍습, 가족, 풍경 등을 제재로 한 전통 서정시의 경향을 드러낸 작품들도 상당히 많다. 하지만 이러한 서정적 지향 역시 나라 잃은 민족으로서 겪을 수밖에 없었던 이산의 아픔과 상처를 개인의 정서를 통해 시적으로 변용한, 그래서 조국을 향한 근원적인 그리움을 형상화한 것이라는 점에서 정치적이고 사회적인 의미를 지닌다. 즉 이러한 개인적 정서의 심화와 확대 역시 분단의 상처에서 비롯된 역사의식을 깊숙이 내재하고 있음을 충분히 고려해야 하는 것이다.

이소가이 지로는 재일 디아스포라 문학을 특징짓는 중요한 요소로 재일 조선인들의 자기정체성, 즉 '아이덴티티의 추구'를 중심에 놓고 논의하였다. 그에 의하면, 식민지 시기부터 해방 이후에 이르기까지 재일 조선인 문학의 성격은 크게 네 가지 아이텐티티로 구분할 수 있는데, 저항적 아이덴티티, 민족적 아이덴티티, 재일적 아이덴티티, 실존적 아이덴티티가 바로 그것이다. 저항적 아이덴티티는 식민지 지배의 역사를 주제로 하고 그것을 고발하는 데서 구현되는 것이고, 민족적 아이덴티티는 조국(조국의 상황)으로의 귀일 감정과 통일 지향에 따라 규정되는 것이며, 재일적 아이덴티티는 일본 국가와 사회가 초래하는 부조리에 대항함으로써 방향지어지는 것이고, 실존적 아이덴티티는 인간 존재를 내면적으로 추구함으로써 찾게 되는 것이다.[46] 물론 이러한 네 가지 지향성은 명확히 구분되는 독립적인 특성이라고 보기는 어려운 것이 사실이다. 재일 디아스포라 사회에서 이 네 가지 지향성은 여러 가지 측면에서 중첩되고 통합되어 있으므로, 오로지 한 가지 지향성만이 개별적으로 발현되는 경우를 찾기는 상당히 어렵기 때문이다. 따라서 이 네 가지 지향성의 구분을 너무 지나치게 의식하면 오히려 재일 디아스포라의 실상을 지나치게 단순화하거나 왜곡시킬 우려가 있다. 그럼에도 불구하고 이러한 지향성의 체계는 재일 디아스포라 사회를 이해하고 설명하는 유효한 길잡이는 될 수 있을 것으로 생각한다.[47] 다만 재일 디아스포라 시문학을 서술하는 데 있어서 세대론적 관점의 중요성을 충분히 고려한다고 할 때, 재일적 아이덴티티와 실존적 아이덴티티의 경우 일본 사회에 뿌리를 내리고자 하는 재일 3세대 이후의 의식에 맞닿아 있으므로 이 두 가지 지향성을 통합해서 살펴보는 것이 타당할 듯하다.[48]

---

46 이소가이 지로, 『'在日'文學論』, 新幹社, 2004, 7~112면. 본고에서는 김환기 편, 『재일 디아스포라 문학』, 새미, 2006, 65~66면에서 재인용.

47 福岡安則이 허트닉(N. Hutnic)의 분류를 비판적으로 검토하여 재일 한인의 정체성을 조선인 피억압 역사의 중시도와 일본에서 성장한 지역에의 애착도를 세로축과 가로축으로 나누어 재일 디아스포라 사회의 모순과 긴장 관계를 공생지향(함께 살기), 조국지향(해외공민), 귀화지향(일본인 되기), 개인지향(자기실현)으로 구분한 점도 상당히 현실적인 해석으로 받아들여진다. 이러한 정체성의 구분은 재일 디아스포라 문학의 지향점과도 긴밀하게 연관되는 중요한 의미를 지닌다. Hutnic, N., "patterns of ethnic minority identification and modes df social adaptation", *Ethinic and Racial Studies*, 9(2), 1986; 福岡安則, 『在日韓國・朝鮮人 : 若い世代のアイデンティティ』, 中公新書, 1993. 본고에서는 윤일성, 「재일 한인의 사회적 적응과 정체성에 관한 연구」, 『한국문학논총』 제34집, 2003.8, 282면에서 재인용.

48 본고에서는 지면 관계상, 그리고 총론격인 이 글의 성격을 감안하여 재일 동포의 정체성을 내면화한 세 가지 주제의식의 대략적인 의미만 밝히고, 자세한 논의는 개별 시인론이나 주제론을 다루는 별도의 글을 통해 구체화할 것임을 미리 밝혀둔다.

(1) 민족공동체의 역사성과 상징성의 구현

해방 이후 재일 디아스포라의 현실에서 민족과 국가는 개인의 의식을 규정하고 지배하는 가장 중요한 기준이었다. 식민지 망국민으로서의 고통의 세월을 뛰어 넘어 해방의 감격을 채 누릴 겨를도 없이, 여전히 일본에 남았다는 이유로 영구적으로 일본인 되기를 강요받았던 재일동포들에게 있어서, 민족과 국가는 비록 관념적인 실체로 남아 있더라도 절대로 놓쳐서는 안 되는 신념이요 이데올로기였다. 따라서 그들은 언어, 민속, 풍물, 자연, 노래, 놀이 등 모든 분야에서 우리 민족의 정신과 문화를 지켜내기 위해 안간힘을 다했다. 이러한 역사의식과 현실인식을 밑바탕으로 재일 디아스포라 문학은 고향 마을의 꽃들과 풀들, 토속적인 음식들,[49] 지역의 특산물 등을 주요 제재로 선택하여 민족공동체의 역사성을 상징적으로 표상하는 데 주력하였다. 그리고 언어와 민족의 관계를 특별히 주목하여 재일 디아스포라 사회에서 우리말의 역사적 의미와 위상을 제고하는 시적 방향을 정립하는 데 혼신의 노력을 아끼지 않았다.

(2) 분단조국의 통일과 저항적 주체의 형성

식민과 분단의 경험을 내면화한 재일 디아스포라 시문학에 있어서 분단된 조국의 통일에 대한 문제의식은 가장 중요한 문제제기로 남아 있다. 특히 해방 이후 '재일조선문학자회' 구성원들을 중심으로 프롤레타리아문학의 정신을 이어온 좌파 계열의 재일문인들은, 분단된 조

49 북한의 평론가 류만은, "민속음식과 관련한 여러 시작품에서 풍기는 정서는 동포시인들이 동포들의 생활을 노래한 데서 줄곧 주체성, 민족성을 놓치지 않고 생활체험과 사색을 심화한 결과 이룩된 결실이다"라고 평하기도 했다. 류만, 「민족의 넋이 높뛰는 애국의 『종소리』—시잡지 『종소리』를 읽고」, 『종소리』 제27호, 2006.여름, 50면.

국의 역사적 현실에 대한 비판적 참여의 목소리를 강하게 드러내는 저항적 주체의 형성을 일관되게 견지하였다. 즉 식민지 잔재의 청산을 통해 진정한 민족해방을 실현하려 했던 해방 이후 우리 민족의 역사의식을 거름으로 삼아, 분단의 모순과 상처를 넘어서 통일조국의 미래를 지향하는 비판적 현실인식을 보여주었다. 남북한의 정치현실에 대한 비판, 6·15 남북작가대회의 감격, 남북정상회담을 바라보는 입장 등을 직접적으로 담아내는 정치시의 양상을 전면화했던 것이다. 대체로 이러한 특징은 '총련'계 '문예동' 출신의 작품에서 두드러진 경향으로 나타난다.

(3) 재일의 실존성 인식과 디아스포라적 사유의 확대

재일 디아스포라 시문학은 세대의 차이가 문학적 지향의 차이를 가져오는 독특한 양상을 드러낸다. 즉 재일 1세대와 2세대가 민족주체성의 확립과 일본에서의 차별적 지위에 대한 민족적 저항, 그리고 분단의식과 통일의식을 목표로 한 비판적 리얼리즘의 양상을 구체화하고 있는 반면, 재일 3세대 이후의 세대는 민족과 국가에 구속된 혈통의식이나 일본어와 우리말 사이의 갈등에 크게 얽매이지 않음으로써 전혀 다른 문학적 관심과 지향을 보이고 있는 것이다. 사실 재일 3세대 이후의 세대에게 있어서 '재일'은 이념의 차원이 아닌 생활의 문제이므로, 재일 1세대와 2세대가 계승하고자 하는 민족의식과 역사의식은 관념적 이상에 불과할 따름이다. 따라서 이들은 민족과 국가를 뛰어 넘어 '재일'의 현실을 일본에서 살아가는 현재적 삶의 방법과 다른 문제로 생각하지 않는다. 이는 민족을 상상의 공동체로 사유함으로써 민족과 국가의 경계를 넘어선 문화의 '틈새(in-between-ness)'[50]를 창조하고자 하는 디아스포라적 사유의 확대로 나타난다. 하지만 이러한 탈민족 혹은 탈국가 담론을 현실추수적으로 바라보는 태도 역시 반드시 경계해야 한다. 자칫 재일의 실존성에 대한 과도한 인식이 재일 1세대부터 지금에 이르는 재일 디아스포라의 연속성을 부정하거나 깨뜨려버리는 단절된 양상으로 심화될 우려도 있기 때문이다.

4. 맺음말

이상에서 해방 이후 재일 디아스포라 시문학의 역사와 의미에 대해 개괄적으로 살펴보았다. 본고는 재일 디아스포라 시문학사 서술을 궁극적 목표로 한 총론의 성격을 지닌 글이다. 따라서 처음부터 재일 디아스포라 시문학 전반의 방대한 자료를 어떻게 분류하고 정리할 것인가 하는 난점에 부딪칠 수밖에 없었다. 우선 모든 자료를 일일이 열거하는 평이한 서술이 되지 않아야 한다는 강박관념이 앞섰지만, 자료의 전모를 펼쳐놓지 않고서는 문학사 전체를 개괄적으로 전개하기 어렵다는 서술상의 어려움을 피할 방법도 없었다. 그러다 보니 자료 정리에 있어서도, 분석의 틀을 제시하는 데 있어서도, 모두 어정쩡한 글이

50 릴라 간디는 제국주의에 의해 강화된 문화와 정체성들이 전지구적으로 혼합되고 있는 현상에 초점을 맞추어 '혼성(hybridity)'과 '이산(diaspora)'이라는 용어의 분석적 다재다능함과 이론적 탄력성을 주목하였다. 그리고 '혼성'이라는 용어에 의해 상정되는 '틈(in-between-ness)'이라는 개념은 이에 수반되는 '이산'이라는 개념에 의해 더욱 정교화된다고 하였다. 이처럼 디아스포라적 사유는 문화적 탈공간(dislocation)의 의미를 생성함으로써 재일의 실존적 상황을 다각적으로 이해하고 생산적으로 모색하는 뚜렷한 방향이 될 수 있을 것이다. 릴라 간디, 이영욱 옮김, 『포스트식민주의란 무엇인가』, 현실문화연구, 2000, 161~167면 참조.

되고 말았다. 이러한 서술상의 문제점은 본고 이후에 전개될 개별 시인론과 주제론에서 좀더 깁고 더하여 재일 디아스포라 시문학사의 총론으로서의 면모를 제대로 갖출 수 있도록 할 것임을 미리 밝혀둔다.

첫째, 재일 디아스포라 시문학의 역사와 현황을 크게 세 가지 관점에서 살펴보았다. 가장 먼저 해방 이후 재일 디아스포라 시문학의 형성 토대가 되는 주요 매체를 조사하여 문학사적 위상을 밝혀보고자 했다. 그리고 이러한 매체가 해방 이후의 혼란스러운 정세 속에서 재일 디아스포라 문단이나 조직과 어떠한 관계를 맺으며 지속되었는가를 중점적으로 논의하였다. 다음으로 해방 이후 두드러진 활동을 한 재일 디아스포라 시인들의 면모와 시적 경향 그리고 시집 현황 등을 두루 정리해 보았다. 이러한 서지작업은 일일이 자료를 찾고 정리하는 데 상당히 많은 시간과 노력이 필요함에도 불구하고, 그 결과를 들여다보면 거칠고 성긴 구석이 너무도 많아 아쉬움을 남게 한다. 다만 지금까지의 정리만으로도 재일 디아스포라 시문학을 연구하는 데 있어서 중요한 기초자료가 되어 줄 것으로 기대한다. 앞으로 자료를 좀더 찾아 깁고 더하는 것은 물론이거니와, 텍스트 내부로 들어가 작품의 의미를 구체적으로 분석한 후 여러 현황들을 다시 정리한다면 더욱 명료하고 실증적인 연구의 토대가 될 수 있을 것이다. 마지막으로 재일 디아스포라 시문학의 시대구분과 서술방법에 대해 논증하였다. 무엇보다도 재일 디아스포라 시문학의 특수성을 중요하게 고려하여 재일 1세대와 재일 3세대 이후 세대의 변별성을 주목함으로써, 재일 디아스포라 시문학사 서술에 있어서 세대론적 시대구분과 서술방법의 유효성을 주장하였다.

둘째, 재일 디아스포라 시문학 연구의 주요 관점으로 언어의식과 주제의식의 두 가지 문제를 중점적으로 논의하였다. 이 두 가지 문제의식은 해방 이후 재일 디아스포라 시문학의 정체성을 규명하는 데 있어서 가장 중요한 문제이다. 특히 모어(母語)인 일본어와 모국어(母國語)인 우리말 사이에서 갈등하고 대립하는 이중언어의 현실은 재일 디아스포라 시인들의 정체성을 형성하는 가장 핵심적인 토대가 되었음에 틀림없다. 주제의식의 구현에 있어서도, 민족공동체의 역사성과 상징성의 구현, 분단조국의 통일과 저항적 주체의 형성, 그리고 재일의 실존성 인식과 디아스포라적 사유의 확대라는 세 가지 방향성을 보여주었다. 이처럼 재일 디아스포라 시문학은 재일의 역사적 토대 위에서 정치적이고 사회적인 문제의식을 구체화하는 방향으로 전개되어 왔다. 하지만 오늘날 재일 디아스포라 시문학 전반을 이러한 사회역사적 문제의식 안에 가두어서 이해해서는 결코 안 된다. 민족과 국가를 넘어선 지점에서 재일 디아스포라 문학 연구의 새로운 문제의식과 방법론의 재정립이 요구되고 있기 때문이다. 본고는 이러한 문제의식을 토대로 재일 디아스포라 시문학사의 체계와 방법을 근본적으로 성찰하는 출발점으로서의 의미를 지니고 있다고 할 수 있다.

제2부

매체론

재일 한인 잡지 소재 시문학과 비평문학의 현황과 의미

『조선문예』, 『한양』, 『삼천리』, 『청구』를 중심으로

1. 머리말

최근 우리 문학 연구의 방향은 '한국문학'이라는 지역적 · 언어적 한계를 넘어서 '한민족문학'이라는 거시적 차원에서 아주 활발한 논의가 이루어지고 있다. 식민지의 억압과 모순을 피해 만주로 연해주로 망명 혹은 이주를 하거나 극심한 궁핍과 일제의 감시를 피하기 위해 일본으로 밀항을 했던 상당수의 민족구성원들은, 해방 이후에도 고국으로 돌아오지 못하고 낯선 이역의 땅에서 온갖 핍박과 설움을 겪으며 너무도 힘겨운 삶을 이어가야만 했다. 그럼에도 불구하고 이들 재외 한인 1세대들은 한민족으로서의 자부심과 자긍심을 결코 잃지 않았으며, 오히려 민족의 정체성을 다음 세대로 물려주기 위한 정신적 고투를 보여주었다. 재외한인문학은 바로 이러한 민족의 정체성을 구현하는 중요한

수단이었고, 민족구성원으로서의 동질성을 확인하고 다짐하는 굳은 의지의 결정체였다고 할 수 있다.

주지하다시피 한국의 역사는 특정한 시대와 권력에 의해 선택과 배제를 경험하면서 그 순수성을 잃어버린 채 왜곡된 기술로 남아 있는 경우가 허다하다. 한국문학사의 경우도 예외는 아니어서 당대 정치권력에 종속된 문인권력에 의해 조작된 이데올로기적 허구성은 문학사의 단절과 왜곡을 심화시켜 지금까지도 진정한 문학사로서의 기능과 역할을 다하지 못하고 있는 것이 사실이다. 따라서 분단이데올로기에 의해 획일화된 남한문학사의 불구성은 북한문학사, 재외한인문학사를 아우르는 한민족문학사의 차원에서 거시적 통합을 이룰 때 비로소 문학사로서의 온전한 체계를 갖출 수 있을 것이다.[1] 이런 점에서 앞으로 우리 문학 연구는 북한문학과 재외한인문학을 아우르는 한민족문학의 차원에서 객관적이고 실증적인 연구에 더욱 박차를 가해야 한다.

본 연구는 이와 같은 문제의식으로 해방 이후 재일 한인문학에 대한 본격적인 연구를 위한 실증적 자료조사와 분석의 결과를 제시하고, 이를 토대로 해방 이후 재일 한인문학의 전반적 성격과 의미를 개관하는 데 목표를 두고자 한다. 연구대상으로는 개별 작가나 시인 중심으로 논의되어 왔던 지금까지의 재일 한인문학연구의 방향과는 달리, 재일 한인들이 주축이 되어 일본 현지에서 직접 발간한 잡지에 수록된 문학작품을 대상으로 살펴볼 것이다. 이는 재일 한인사회 지식인들의 민족적 정체성에 대한 집념이 투영된 잡지의 전반적 성격과 그 속에 수록

1 이러한 관점에서 재외한인문학을 연구한 대표적인 성과로, 김종회 편, 『한민족문화권의 문학』(국학자료원, 2003); 이명재 외, 『억압과 망각 그리고 디아스포라』(한국문화사, 2004); 한국문학회 엮음, 『해외문화 접촉과 한국문학』(세종출판사, 2003); 한국문학회 엮음, 『일본문화 접촉과 한국문학』(세종출판사, 2004) 등이 있다.

된 문학작품의 유기적 관련성에 주목함으로써 재일 한인문학을 담론적 지형 속에서 논의하기 위해서이다.

해방 이후 재일 한인 관련 잡지를 대략적으로 열거하면 다음과 같다. 『민주조선』, 『조선문예』, 『한양』, 『삼천리』, 『청구』, 『아리랑』, 『우리』, 『우리생활』, 『해협』, 『한국문예』, 『사이』, 『현대코리아』, 『마당』, 『민도』, 『진달래』, 『문학예술』, 『친화』, 『코리아평론』, 『코리아 마이너리티 연구』, 『국민총력』, 『국민문학』, 『호르몬문화』, 『종소리』, 『겨레문학』, 『제주도』, 『봉선화』, 『자유조선』, 『나그네』, 『도라지』. 이처럼 해방 이후 재일 한인 사회에서는 한민족의 역사와 문화, 정치와 사회를 전반적으로 다룬 상당히 많은 잡지와 동인지들이 출간되었다. 이 가운데 본 연구는 『조선문예』, 『한양』, 『삼천리』, 『청구』를 연구대상으로 삼고자 한다. 이들 잡지는 각각 해방이후~1940년대 후반, 1960년대 초반~1980년대 중반, 1970년대 중반~1980년대 후반, 1980년대 후반~1990년대 중반에 걸쳐 발간된 것으로, 재일 한인잡지의 통시적 성격과 재일 한인문학의 역사적 변화과정을 총체적으로 이해하는 데 아주 유효한 기준점이 될 수 있을 것으로 보이기 때문이다. 물론 『조선문예』, 『삼천리』, 『청구』의 경우는 일본어로 간행된 잡지였고, 『한양』은 한국어로 간행된 잡지였다는 점에서 언어적 측면에서의 차이가 드러나고, 직접적으로 잡지 발간에 관여한 편집진들의 면면을 살펴봐도 동일한 관심을 드러냈다기보다는 일정한 차이를 지니고 있었다고 보는 것이 타당하다. 또한 『조선문예』, 『한양』이 재일 한인을 주요 필자로 한 잡지였던 데 반해 『조선문예』, 『삼천리』, 『청구』는 일본 필자를 상당수 포함하고 있었다는 점에서도 분명한 차이가 드러난다. 따라서 이들 잡지를 무조건 통시적 연속성의 관점에서 이해하는 것은 다소 무리가 있다. 하지만 한국사회의 정치적 · 역사적 상황 변화에 민감하게 반응하고 이에 대한 문학적 실천을 지속적으로 전개했다는 점에서, 이들 잡지는 재일 한인으로서의 민족정체성의 실현이라는 역사적 일관성을 유지했다는 점에서 공통된 지향성을 지녔다고 평가할 수도 있다. 이런 점에서 본 연구는 이들 잡지에 수록된 문학작품 가운데 시문학과 비평문학을 중심으로 그 현황을 개관하고 그 문학사적 의미를 찾는 데 주력함으로써 해방 이후 재일 한인 시문학과 비평문학에 대한 총괄적 이해를 모색하고자 한다.

2. 재일 한인 잡지 소재 시문학의 현황과 의미

지금까지 한국에서의 재일 한인문학연구는 대체로 소설문학을 중심으로 논의되어 왔다.[2] 식민지사회의 구조적 억압과 모순 속에 놓여 있었던 민중의 현실과 해방 이후의 혼란과 재일 한인으로서의 자기정체성의 고민 등을 쟁점화한 재일 한인문학의 중심 주제는 개인의 정서나 감각적 비유로 표현되는 시문학보다는 인물과 플롯에 의해 구성되는 서사적 구성물로서의 성격에 더욱 가깝게 다가설 수 있는 측면이 있었기 때문이다. 게다가 제주 4·3항쟁을 비롯한 한국의 역사적 현실을 제재로 한 문학창작이 두드러졌다는 점도 재일 한인문학이 소설문학 중심의 논의가 되는 중요한 요인이 되었을 것으로 보인다. 이런 점

2 지금까지 논의된 재일 한인문학연구의 대상을 살펴보면, 소설가의 경우 김사량, 장혁주, 김달수, 김석범, 이회성, 김학영, 이양지, 유미리, 현월 등 그 범위가 비교적 넓은 반면, 시인으로는 김시종, 종추월 등과 '재일본조선문학예술가동맹'('문예동') 소속 시인들에 대한 개괄적인 연구만이 있을 뿐이다. 그리고 비평문학의 경우 안우식, 윤학준, 임전혜, 김학현 등의 활동이 있었지만, 이들에 대한 연구는 사실상 전무하고, 『한양』의 비평을 중심으로 장일우, 김순남 등의 비평에 대한 연구가 부분적으로 있을 뿐이다.

에서 식민지시기 장혁주, 김사량[3]의 소설에 이어 해방 이후 김달수,[4] 이은직 등의 소설은 재일 한인문학의 중심으로서의 역할을 담당했다고 할 수 있다. 뿐만 아니라 이들 작가들은 해방 이후 재일 한인들의 문학활동의 기반을 마련하기 위한 적극적인 노력을 기울이기도 했는데, 그 성과는 『민주조선』,[5] 『조선문예』 등의 잡지를 통해 구체화되었다.

본 연구의 대상인 『조선문예』는 1947년 10월 창간된 종합문예지로, 박삼문이 발행 · 편집을 맡고 김달수, 이은직, 허남기, 강순 등의 재일 한인 1세대 문인들을 중심으로 문학작품이 발표된 잡지이다. 창간호에는 허남기, 강진철의 시, 윤자원, 이은직의 소설, 이석주의 평론, 김달수의 산문 등이 실려 있다. 그런데 『조선문예』에 발표된 시문학의 전모는 현재까지 파악하기 어려운 상태이다. 『조선문예』는 1948년 11월까지 발간된 것으로 알려져 있는데, 필자가 일본 동경 소재 근대문학관에서 입수한 자료는

3 김사량은 식민지현실에 대한 비판적 인식을 우회적 글쓰기를 통해 표현함으로써 저항의 길을 지속적으로 걸어갔던 데 반해, 장혁주는 일본어 글쓰기를 통해 적극적인 친일협력의 길을 선택함으로써 친일문학인으로 변절하였다. 이 때문에 재일 한인들에게 김사량은 저항문인의 상징으로, 장혁주는 친일문인의 전형으로 평가된다. 이런 점에서 재일 비평가 임전혜는, "장혁주와 김사량의 모습은 식민지 문학자의 두 가지 길, 즉 굴욕과 반항을 뚜렷하게 부각했다. 김사량을 생각할 때 자국의 억압자에게 무릎을 꿇은 장혁주의 전략의 행적은 더욱 선명해진다"(「장혁주론」, 『문학』, 1965.11, 92면)라고 밝히기도 했다.

4 김달수는 1919년 경남 창원에서 몰락한 농민의 가정에서 태어나 1925년 가족들이 먼저 일본으로 건너간 뒤 할머니의 손에 의해서 자라다 1930년 10세때 형과 함께 일본으로 건너갔다. 그의 문학은 일제강점기부터 해방 이후에 이르는 시기에 이르기까지 일본 내에서 온갖 차별로 인한 고통을 받고 있는 재일 한인들의 삶을 문학적으로 형상화는 데 주력했다. 재일 한인 1세대에 속하는 그는 김사량에 이어 재일 한인작가로서는 두 번째로 1953년 제30회 아쿠타가와상[芥川賞]의 후보에 「현해탄」으로 오르는 등 재일 한인문학을 일본문단에 알리는 견인차 역할을 했다.

5 1946년 4월 창간되어 1950년 7월까지 통권 33호 간행되었다. 발행인은 조진용, 한석철, 윤병옥 등으로 이어졌고, 10호의 경우 『문화조선』이란 잡지명으로 발간되었다. 출판사 역시 여러 번 바뀌었는데, 민주조선사(1~3호), 조선문화사(4~9호), 문화조선사(10호), 조선문화사(11~22호)로 잦은 교체를 거듭하다 23호부터 민주조선사로 종간호까지 발간했다. 잡지의 편집책임은 김원기(1호), 김달수(2~24호)가 맡았고, 25호부터는 발행인 윤병옥이 편집을 겸하였다.

모두 4권에 불과하고 1권의 목차만 추가로 확인한 실정이다.[6] 이 4권에 발표된 시문학 현황만을 살펴보면, 창간호에 허남기의 「잡초원(雜草原)」, 강진철의 「하(河)」 두 편이 수록되어 있고, 1947년 11월호와 1948년 2월호에는 시작품이 발표되지 않았고, 1948년 4월호에 강현철의 「등(灯)」이 발표되었을 뿐이다. 따라서 이 몇 편의 작품만으로 『조선문예』에 나타난 시문학의 성격과 의미를 파악하기는 사실상 어렵다. 그럼에도 불구하고 이 잡지는 재일 한인 시문학 연구에 있어서 중요한 의미를 지니고 있음을 간과해서는 안 되는데, 그것은 바로 허남기, 강순 등의 시인이 이 잡지의 편집에 직간접적으로 참여하면서 해방 이후 재일 한인 시문학 활동의 초석을 닦는 역할을 했다는 사실이다. 김석범의 증언[7]에도 드러나듯이 해방 이후 재일 한인 시문학의 흐름은 허남기, 남시우, 강순, 김시종, 오림준 등으로부터 출발하여 김윤, 정영훈, 박일동, 정화수 등에 이르는데, 『조선문예』는 그 초기 활동의 양상으로 허남기[8]와 강순[9]의 시가 수록되었다는

---

6 입수한 자료와 목차의 발행연도를 밝히면 다음과 같다. 1947.10(창간호), 1947.11, 1948.2, 1948.4, 1948.7.

7 "전후(戰後)부터 지금까지의 작가는 재일 조선인의 존재와 함께 일본어로 문학행위를 계속해 왔고, 지금은 하나의 사회적 성격을 부여받게 되었다. 예전에는 장혁주나 김사량으로 대표될 정도였다고 한다면, 지금은 김달수, 이회성, 고사명, 김학영, 정승박, 김태생, 김석범 등의 소설가, 허남기, 김시종, 강순 그리고 최근 사망한 오림준 등의 시인이 있다. 또 창작은 아니지만 문예평론가로 안우식, 윤학준, 임전혜, 김학현 등이 활동, 그 폭이 상당히 넓어졌다." 김석범, 「在日朝鮮人文學」, 『在日의 思想』(筑摩書房, 1981), 119면; 이재봉, 「재일 한인문학의 존재방식」, 한국문학회 엮음, 『일본문화 접촉과 한국문학』, 157면.

8 1992년 평양출판사에 발간된 허남기의 시선집 『조국에 바치어』의 시인 소개를 옮기면 다음과 같다. "영예로운 '김일성훈장' 수훈자이며 '김일성상' 계관인인 시인 허남기는 1918년 6월 24일 경남 구포에서 출생하여 부산제2상업학교를 거쳐 일본 땅으로 건너가 태평양미술학교, 일본대학 예술학원 등에 일시 적을 두었다가 중앙대학 법과를 졸업했다. 8·15 이후 재일 교포조직인 '총련'의 문화부장, 부의장, 문예동위원장 직을 역임하면서 『허남기 시선』을 비롯한 10여권의 저서를 남겼다. 일본 땅에서 한생을 오직 조국의 자유와 통일을 위해 불타던 그의 심장은 1988년 11월 17일에 멎었다. 그가 열렬히 사랑하고 옹호한 어머니 조국은 사랑하는 아들의 유골을 거두어 국가장지인 신미리애국열사릉에 안치하고 후손

점에서 중요한 의미를 지닌다고 할 수 있는 것이다.

재일 한인 시문학 활동이 그 양과 질의 측면에서 동시에 두드러진 면모를 보인 것은 1962년 창간된 『한양』에서 비롯된다. 『한양』은 1962년 3월 일본 동경에서 창간되어 1984년 3·4월호(통권 177호)로 종간된 재일 한인 한글 잡지로, 1960년대 4월혁명 이후 변화된 한국문학의 지형과 아주 밀접한 관련 속에서 간행된 잡지이다.[10] 『한양』의 편집인 겸 발행인은 김인재였고, 잡지의 구성을 대략적으로 살펴보면 시, 소설, 수필, 평론 등의 문학작품과 당대의 정치사회적 쟁점에 대한 논문 및 시론(時論) 등 재일 한인들의 의식과 정서를 총체적으로 반영하는 종합지적 성격을 지니고 있었다. 뿐만 아니라 『한양』은 당시 변혁기에 있었던 1960년대 한국사회와도 밀접한 관련성을 지님으로써 한국문학의 변화와 성찰을

들이 그의 이름을 길이 잊지 않도록 하고 있다." 최근 발간된 서경식의 『소년의 눈물』(돌베개, 2004)에도 그의 시집 『조선의 겨울이야기』 가운데 「영산강」이 소개되어 있다.

9 필자가 확인한 4권의 잡지에서는 강순의 시가 수록되어 있지 않았으나 1948년 4월호 안면 표지에 있는 조선어판 『조선문예』 3월호 광고에 의하면 김달수, 강순, 김원기 등이 집필했음을 소개하고 있다. 이 광고문구로 미루어 당시 『조선문예』는 일본어판과 한글판이 동시에 출간되었던 것으로 추정되는데, 지금으로서는 한글판의 존재 여부를 확인할 길이 없다. 『조선문예』 전질과 한글판이 확인된다면 해방 이후 재일 한인문학의 성격을 더욱 자세히 살펴볼 수 있을 것이다. 필자가 확인한 바로 강순은 1918년 강화 출생이고, 생전에 국문시집 4권(『조선부락』(1953), 『불씨』(1956), 『강순시집』(1964), 『강바람』(1984))을 출간했고, 일문시집 1권 『なるなり』(1970), 번역시집으로 『김지하전집』(1974), 신경림의 『농무』(1977), 김수영의 『거대한 뿌리』(1979), 조태일의 『국토』(1980), 이성부의 『우리들의 양식』(1981), 양성우의 『겨울공화국』(1978) 등이 있다. 이처럼 그는 해방 이후 재일 한인 시문학과 한국의 시문학을 이어주는 가교 역할을 한 가장 대표적인 재일 한인 시인으로 평가할 수 있다.

10 지금까지 발표된 『한양』에 대한 연구성과는 다음과 같다. 허윤회, 「1960년대 참여문학론의 도정」, 상허학회 편, 『희귀 잡지로 본 문학사』(깊은샘, 2002); 박수연, 「1960년대의 시적 리얼리티 논의—장일우의 『한양』지 시평과 한국문단의 반응」, 『한국언어문학』 제50집(한국언어문학회, 2003); 하상일, 「1960년대 문학비평과 『한양』」, 『어문논집』 제50호(민족어문학회, 2004); 하상일, 「1960년대 현실주의 문학비평 연구」(부산대 박사논문, 2005); 김유중, 「장일우 문학비평 연구」, 『한국현대문학연구』 제17집(한국현대문학회, 2005); 이헌홍, 「『한양』 소재 재일 한인문학의 연구 방향과 과제」, 『한국민족문화』 제25집(부산대 한국민족문화연구소, 2005).

모색하는 데 있어서 상당히 중요한 역할을 담당하였다. 이러한 비판적 성격 때문에 『한양』은 1974년 2월 '문인간첩단사건'에 연루되어 국내로의 유입이 금지되었고, 국내에 소장된 상당량의 잡지도 불온서적이란 이유로 소실되어 지금까지도 국내에서는 1974년 이후 『한양』의 실상을 거의 확인하기가 어렵다.[11] 또한 현재 『한양』에 대한 국내 연구자들의 관심은 1960년대 이후 한국문학에 대한 총체적 해명으로서의 의미가 더욱 강하게 부각되므로 재일 한인 잡지로서의 『한양』의 성격과 재일 한인 문학으로서의 『한양』 소재 문학작품에 대한 연구는 전혀 없는 실정이라고 해도 과언이 아니다. 이런 점에서 본 연구는 『한양』을 연구대상으로 하되 국내 거주 필자들의 활동상황은 제외하고, 재일 한인문학이라는 특정한 관점에서만 살펴보는 데 초점을 두고자 한다.

『한양』 소재 재일 한인 시인들의 작품 현황을 정리하면 표1과 같다. 다만 이십여 년 동안 『한양』에 발표된 시작품의 수가 약 2천 여 편에 달하므로, 여기에서는 『한양』 발행 전 기간에 걸쳐 최소한 5편 이상 발표한 시인을 대상으로 한정하였고, 국내 시인이거나 국내 시인으로 추정되는 대상은 일단 제외하였다.[12] 이 외에도 국내에서 확인할 수 없는

11 필자는 2006년 1월 일본 동경 소재 대학의 도서관 서고에서 『한양』 전모를 확인하여 모든 자료를 수집하고, 당시 발행과 편집을 주도했던 김인재 선생과 주요 필자 가운데 한 사람이었던 김윤 시인을 만났다. 이들과의 인터뷰를 통해 『한양』의 실체를 더욱 정확하게 확인하고 싶었으나, 모든 상황을 알고 있는 김인재 선생이 당시 상황과 필자들의 면면에 대해 끝끝내 침묵함으로써 여전히 『한양』은 미궁 속에 있는 상태다. 다만 김인재 선생의 말을 통해 조심스럽게 추정해보면, 당시 시, 소설, 비평 등을 썼던 상당수의 고정 필자들은 필명으로 활동한 국내 문인일 가능성이 많은 것으로 생각된다.

12 이들 중 몇몇은 지금까지도 사실상 실체를 알 수 없는 시인들이다. 앞서 언급한 대로 당시 발행인이었던 김인재 선생의 말을 유추해보면 국내 시인일 가능성도 다분하다. 하지만 이것은 지금으로서는 어디까지나 추정일 뿐 정확한 정보가 아니고, 만약 국내 시인일 경우 누구인지 전혀 파악할 수 없으므로 일단 재일 한인 시인 목록에 포함하기로 한다. 이들 가운데 지금까지 재일 한인 사회에서 '민단'을 중심으로 가장 활발하게 활동하고 있는 시인이 김윤이다. 김윤은 1932년 경남 남해 출신으로(『한양』의 발행 겸 편집이었던 김인재

상당수의 시인들이 5편 이내의 작품을 발표하였고, 국내 시인의 경우에는 고원, 김남석, 김소영, 김어수, 김용호, 김정숙, 김지하, 김지향, 박두진, 박보운, 박봉우, 박일송, 박정온, 신동집, 신석정, 안도섭, 안장현, 양상경, 양성우, 유경환, 이복숙, 이상화, 이설주, 이종석, 이준범, 이태극, 장수철, 조태일, 최승범, 홍윤숙, 황갑주 등이 적게는 5편 내외, 많게는 20여 편의 작품을 발표하였다. 이처럼 『한양』 소재 시문학은 그것이 국내 시인의 작품이든 재일 한인 시인의 작품이든 한민족문학이라는 차원에서는 엄청난 양의 작품이라는 점에서 앞으로 한민족문학을 연구하는 데 있어서 중요한 잡지가 되지 않을 수 없다.

발표된 시작품의 내용을 분석해 보면 크게 세 가지 점에서 정리될 수 있는데, 첫째, 재외 거주 한국인으로서 고향과 조국에 대한 그리움을 노래한 것, 둘째, 한국의 역사적 상황에 대한 비판적 참여의 성격을 노골적으로 드러낸 것, 셋째, 서정시의 본질에 충실하여 일상과 자연의 풍경을 내면화한 것이 바로 그것이다. 이 가운데 특별히 주목할 만한 것은 첫째와 둘째의 경우인데, 1960년대에서 1970년대 초반까지는 첫째의 경향이 비교적 두드러지는 데 비해, 1970년대 중후반으로 넘어

선생 역시 고향이 남해라는 점에서 당시 동향으로서의 유대가 남달랐을 것으로 보여지고, 이러한 인연으로 『한양』에 50여 편의 시를 발표했던 것으로 생각된다.) 진주농림고등학교를 졸업하고 동국대학을 중퇴했다. 1950년대 부산지역에 모여 있던 대학생들이 중심이 되어 발간된 『신작품』의 동인(고석규, 천상병, 송영택, 김재섭, 김소파, 이동준 등)으로 활동했는데, 1952년 3월부터 1954년 12월까지 총 8권 가운데 그가 시를 발표한 것은 2집에 「호수」, 3집에 「나무」, 4집에 「가을」을 발표했고, 5집부터는 동인 명단에서 그 이름을 찾을 수가 없다. 당시에는 그의 본명인 김동일(金棟日)로 시를 발표하였다. 필자는 이러한 사실을 2006년 1월 일본 동경에서 김윤 시인을 직접 만나 인터뷰를 하는 가운데 들을 수 있었다. 그는 그동안 『신작품』 동인 가운데 확인이 되지 않은 시인 가운데 한 사람이었고, 일본으로 건너간 이후부터 지금까지 김윤(金潤)이라는 필명으로만 활동하여 이를 확인할 길이 없었다. 그는 『현대문학』을 통해 시작 활동을 시작했고, 시집 역시 모두 현대문학사에 출간되었는데, 『멍든 계절』(1968), 『바람과 구름과 태양』(1971)이 있다.

가면서 둘째의 경향이 점점 우세해진다는 사실이다. 이러한 변화는 1974년 문인간첩단 사건 이후 국내와의 인적 교류가 단절되고 국내로의 유입마저 막혀버리는 상황에서 한국의 정치체제에 대한 강도 높은 비판으로 반정부적이고 반미적인 노선을 더욱 노골화한 때문으로 보여진다. 그 결과 1960년대에는 4월혁명을 제재로 한 시의 모습이 두드러졌었는데, 70~80년대에 이르면서 박정희 정권에 대한 비판이나 5월 광주의 참상과 전두환 정권의 군사적 도발, 레이건 미대통령의 방한에 대한 비판 등 한국의 정치현실에 대한 더욱 직접적인 비판과 현실참여의 성격을 드러냈다.

『삼천리』는 1975년 2월 1일 발행인 이철, 편집인 이진희, 편집위원 김달수, 윤학준, 강재언, 박경식, 김석범 등에 의해 창간되어 1987년 5월 1일 제50호를 끝으로 종간한 계간종합문예지이다. 역사학자와 문학인들로 구성된 편집진들의 면면에서 알 수 있듯이, 『삼천리』는 한국의 역사적 현실을 예의주시하면서 한일관계, 조선의 역사, 조선의 문화, 재일 조선인들의 실상 등에 대한 실증적이고 객관적인 글들을 지속적으로 발표하였다. 특히 문학의 경우에는 당시 「오적」 필화사건으로 감옥에 있었던 김지하의 문학을 창간호 특집으로 삼은 것을 비롯해서 그의 재판기록과 증언내용, 김지하 구명을 위한 주변인물들의 호소문 등 그에 대해 상당히 많은 지면을 할애하였다. 이는 7 · 4 남북공동성명의 정신에 입각하여 남북의 평화적 통일에 대한 염원과 한국의 민주화에 대한 열망을 김지하의 문학세계를 통해 우회적으로 제시하고자 한 것으로 보여진다.

표1 『한양』 소재 재일 한인 시인 및 작품 현황

시인	주요 작품	총 편수
강상구	애정, 존재의 시, 심야, 성묘	5
경 련	고국시초, 길목, 어머니 조국이여, 조국, 현해탄, 고국의 얼굴, 고향집 문턱, 광주, 그리움, 낙동강, 무등산에서, 봄비 오는 날, 우리 겨레는 하나, 오너라 4월이여, 조국통일행진에 부쳐, 통일로	146
김리박	오는 해 다짐, 한 길, 장편서사시 「얼」, 정월	12
김성호	그러나 다시 일어서야 할 광주여, 김대중, 문패, 상실의 팔월, 새날의 아침에, 울분, 이방에서, 재회, 편지, 헤매는 이리	25
김승신	광주는 고발한다, 넋이여, 당위에 내 나라가, 우리의 대오, 충고	13
김 윤	가을, 고목, 광장의 결의, 그리움, 길, 나의 날은, 또 새해를 맞으며, 바람과 구름과 태양, 새로운 날을 위하여, 어머니, 외로운 묘비	53
김인숙	별아, 민주의 어머니, 시혼, 아아! 오월이여, 피의 소리 함께 모아	16
김 잔	김재규의 유령, 대한민국, 미국에 시집간 사내들, 편두통	7
김해정	가장 굳센 것, 사월, 이국의 밤거리에 비는 내리고, 휴전선	6
박기원	꽃의 사투리, 몸부림치는 태극기, 조국이 없던 청춘, 팔월의 태양	7
박일동	장시 「귀환자」, 기도, 기원, 내 삶은, 다도해의 점경, 동물시초, 맹서의 노래, 민중, 벗에게, 봄의 역사, 분노의 시, 4·19의 증언, 4월은, 서사시 「어머니 나라」, 선언, 시골역, 재판정에서, 저주의 시	109
박찬문	가을, 봄, 설야, 세월, 여름	5
신재헌	그대에게, 4·19의 용사들에게, 사냥, 삼월이면, 푸른 하늘 아래서	9
윤동호	느티나무, 다시 사월은 오는가, 멀미가 나는 집, 씨앗의 노래, 염원, 우레, 종, 철쭉꽃, 청개구리, 팔월, 풍자, 한 치의 뜨락	42
이세방	복엽채송화, 서시, 조국, 초상, 한국의 모든 지식인들에게	8
이승윤	古陶賦, 월인전강지곡, 미륵보살반가사유상운	6
이유진	저 미치게 푸른, 광주 이후, 새장 옆에서, 역사 앞에서, 옛노래	15
정영훈	36년, 3월에, 4월의 광장, 고독의 종말, 고향에의 서정, 광복 25주년, 광주의 증언, 달밤에, 무궁화, 바다, 불타버린 5월, 사랑하라 동포여, 사월시초, 소녀의 역사, 아메리카 윤리, 안개낀 한국의 정치가도	144
조종현	넋이 우는 낙동강, 얼어붙은 강물, 태극기 복판에 꽂고	6
한 성	경고, 광주의 5월, 그날의 사진 앞에서, 금남로, 노래, 레이건, 불타는 성조기, 살아있는 광주, 지옥행, 팔월의 태양, 한국의 예절	26
황명동	그 얄궂한 생물, 그날만은 믿으면서, 해협, 아! 그래도 당신은	5

『삼천리』에 발표된 재일 한인 시인은 모두 세 사람이다. 김시종이 1975년 봄 창간호부터 1977년 여름호까지 총 10회에 걸쳐 연재한 「猪飼野詩集」과 이철의 시 32편, 황정삼의 시 1편이 바로 그것이다. 그 외에 발표된 시는 앞서 언급한 김지하의 시를 번역한 것과 일본의 대표적인 한국문학연구자인 오무라 마쓰오[大村益夫]가 정리한 「대역 조선근대시선」이 1983년 여름호부터 1986년 겨울호까지 총 14회에 걸쳐 연재되어 김소월, 한용운, 박용철, 박팔양, 이은상, 이병기, 조지훈, 박두진, 윤동주, 이육사 등 우리 근대시인들을 두루 번역 소개하였다. 『삼천리』에 발표된 재일 한인 시인 세 사람의 작품목록을 정리하면 표2와 같다.

표2 『삼천리』 소재 재일 한인 시인 및 작품 현황

시인	작품명	발표연도
김시종	猪飼野詩集(1)~(10)	1975. 봄 ~1977. 여름
이 철	해후, 백야의 팔월, 초망의 어머니, 울타리, 나란히 있는 두 배, 남가일몽, 마음의 비석을 새기는 것, 다시 어느 3월은 돌아오고, 돌사람, 보표의 행방, 귀심, 구름, 그 길, 철쭉, 9월을 생각한다, 기원, 노심한 암호, 대춘부, 제야, 항적, 광주는 고발한다, 갈앙의 노래, 유대, 모색, 세단, 조사, 래의, 되살아나는 날, 찬가, 피리소리, 귀성, 불망	1975. 여름 ~1987. 여름
황정삼	눈빛	1975. 가을

이 세 사람 가운데 이철은 『삼천리』 발행 전 기간에 걸쳐 꾸준히 시를 발표했는데 『삼천리』의 발행인이었다는 점 외에는 특별히 알려진 바가 없고, 단 1편을 발표한 황정삼에 대해서는 더더욱 소개된 바가 없어 지금으로서는 일단 논외로 할 수밖에 없다. 하지만 재일 한인 시문학의 대표적 시인인 김시종이 발표한 「이카이노[猪飼野] 시집」은 주목해서 살펴볼 필요가 있다. 김시종은 1929년 생으로 해방 직후 오사카로 건너가 지금까지 '재일한다'[13]는 것의 실존적 의미 탐구와 미래에 대한 모색을 앞

장서 주창해 온 시인이다.[14] 「이카이노 시집」은 오사카의 재일 한인 밀집지역인 이카이노의 조선인 민중들의 활기찬 생활의 모습을 유머와 풍자를 통해 표현한 작품이다. 즉 이카이노의 현실적 풍경을 통해 재일 한인들의 민중으로서의 실상을 세심하게 들여다보고, 이를 통해 '재일 한다'는 것으로서의 일관된 시선과 의지를 충분히 반영하고자 했던 것이다. 결국 그의 시는 아름다운 산하의 조선을 지칭하는 『삼천리』라는 제목과 같이, 지금은 일본 지도에서 사라진 지명이 되고 말았지만, 그곳 조선인들의 구체적 삶을 통해 이국 속의 조선, 혹은 또 다른 고향으로서의 모습을 생생하게 전달하고자 했던 것으로 보인다.

『청구』는 1989년 8월에 창간되어 1996년 2월까지 통권 25호 발간된 잡지이다. 앞서 발간된 『삼천리』의 문학정신을 이어받은 잡지로, 『삼천리』의 편집위원이었던 이진희, 강재언, 김달수를 비롯하여 강상중,

---

13 '在日'을 "일본에 산다[日本でする]", "일본에 있다[日本にいる]"라고 하지 않고 '재일한다[在日する]'고 하는 경우 '재일'이라는 것은 단순하고 수동적인 의미가 아니라 복잡하고 적극적인 의미가 된다. 즉 '재일한다'라는 말 속에는 적극적 행위의 개념이 포함되어 있어 그들 스스로자 주변부의 존재이거나, 정체성의 혼란을 겪는 존재가 아니라 능동적인 하나의 주체로서 존재하고 있음을 내세우는 것이다. 이재봉, 앞의 논문, 162~163면.

14 그는 허남기와 더불어 재일 한인 1세대 시인으로 1951년 10월에 결성된 오사카 '재일조선문화인협회'에서 발간된 종합지 『조선평론』에 참가했고, 1952년 2월 젊은 시인들을 주축으로 만든 시 동인지 『진달래』 창간을 주도하기도 했다. 1955년 첫시집 『지평선』을 출간한 것을 시작으로 1957년 11월 두 번째 시집 『일본풍토기』를 발간했고, 세 번째 시집으로 기획되었던 『일본풍토기 II』는 조총련과의 갈등, 『진달래』의 해산 등을 겪는 와중에 중단되었고 그 원고마저 분실되었다고 한다. 그래서 세 번째 시집은 1970년에 와서야 장편시집 『니가타[新潟]』를 출간할 수 있었고, 『삼천리』에 연재되었던 『이카이노시집[猪飼野詩集]』은 1978년에 출간되었다. 이후 그는 『광주시편』(1983), 『들판[原野]의 시』(1991), 『화석의 여름』(1998) 등의 시집을 지속적으로 출간하며 재일 한인 문단에서 가장 활발한 시작활동을 펼쳤다. 김시종에 대한 연구 및 논의는, 유숙자, 「민족, 在日 그리고 문학－在日 시인 김시종의 시세계」(『한림일본학연구』 제7집, 2002); 유숙자, 「재일 시인 김시종의 시세계」(『실천문학』, 2002. 겨울); 호소미 카즈유키, 「세계문학의 가능성－첼란, 김시종, 이시하라 요시로의 언어체험」(『실천문학』, 1998. 가을); 마츠바라 신이치, 「김시종론」(홍기삼 편, 『재일한국인문학』, 솔, 2001)이 있다.

안우식, 문경수, 위양복 등이 편집위원으로 참여하였다. '삼천리'가 '조선반도의 남북을 합한 하나의 조선'이라는 의미를 표상했던 것처럼, '청구' 역시 '예로부터 조선을 가리키는 이름 가운데 하나'를 뜻하는 것이라는 점에서, 이 두 잡지 모두 한민족의 평화적 통일을 염두에 둔 재일 한인들의 사회 · 문화적 실천을 담은 공통된 지향성을 지니고 있었다고 할 수 있다. 다만 『삼천리』가 재일 한인 1세대를 주축으로 발간된 잡지인데 반해, 『청구』는 제2~3세대를 위한 언로(言路)로서의 역할을 담당했다는 점에서 재일 한인 사회의 세대적 연속성을 확보하기 위한 가교(架橋)로서의 의미를 지니고 있었던 것으로 보여진다.

그런데 『청구』의 경우 재일 한인 시인들의 시는 전혀 찾아볼 수가 없다. 『삼천리』의 연재를 이어받아 오무라 마쓰오[大村益夫]가 「근대조선시선」을 1989년 가을호부터 1992년 봄호까지 총 10회에 걸쳐 번역하여 연재한 것이 전부이다. 그나마 재일 한인 시문학을 언급한 경우는 비평에서 기패치량(磯貝治良)의 「재일세대와 시」(1991. 가을)와 이미자의 「재일 1세 시인과 나」(1994. 봄)가 전부이다. 이런 점에서 『청구』는 재일 한인 시문학에 국한된 논의보다는 김달수, 김영희, 김종명, 남운지, 심광자, 안우식, 양영후, 원수일, 정윤희, 전춘주 등의 재일 한인문학 전반에 대한 소개와 재일 한인 소설가들에 대한 평가에 치중한 점이 두드러진다.

이상에서 살펴봤듯이 해방 이후 재일 한인 시문학은 허남기, 남시우, 강순, 김시종 등으로부터 김윤, 정영훈, 박일동, 김학렬, 정화수 등에 이르는 과정을 거치면서 지금까지 이어져 오고 있다. 물론 여기에는 이미 모국어를 잃어버린 재일 한인들이 일본어로 발표한 시도 있고, 여전히 우리말을 사용해 시를 쓰는 '재일본조선인 문학예술가동맹('문예동')' 그룹의 작품[15]도 있다. 이러한 언어적 차이를 두고 우리 문학으로의 귀속 여부를 왈가왈부하는 것은 사실상 소모적인 논쟁에 불과하다. 그것이 일본어로 쓰여졌든 한국어로 쓰여졌든 한민족의 실생활과 고난으로서의 정체성에 특별한 관심을 기울였고, 이러한 민족정체성의 문제를 시를 통해 형상화하고자 한 것이라면 모두 '한민족문학'의 차원에서 동일하게 접근할 필요가 있기 때문이다. 특히 그 동안 이데올로기적인 문제에 갇혀 거의 관심을 기울이지 못한 '총련' 계열의 시문학 활동에 대해서는 더욱 실증적이고 구체적인 연구가 이루어져야 할 것이다. 일본 내에서의 그들의 시문학 활동을 무조건 북한 시문학의 아류로 평가하는 편향된 시각에서 벗어나, 최근 발표되는 시문학에 대한 구체적 이해를 바탕으로 편향된 인식을 재구성할 필요가 있다. 그 대표적인 것으로 '문예동' 내의 시인들의 모임인 '종소리시인회'에서 발간하는 시동인지 『종소리』를 주목할 필요가 있다. '문예동' 전 대표인 정화수가 중심이 되어 발간되는 이 시동인지는 2000년 1월 창간되어 현재 2006년 신년호까지 통권 25호를 발간한 시전문 잡지로서의 성격을 지니고 있다. 여기에 수록된 '문예동'의 시들은 과거 북한문학의 창작적 이념에 경도된 도식주의적이고 천편일률적인 경향으로부터 상당히 탈피하였다는 점을 주목하지 않을 수 없다. 이는 '총련'이 중심이 된 문학활동 역시 남북화해와 상생의 정신에 바탕을 둔 시대의 흐름에 따라 유연하게 변화하고 있음을 말해주는 것이다. 이런 점에서 앞으로 재일 한인 시문학 연구는 '민단' 계열과 '총련' 계열을 통합하는 지점에서 새롭고 진취적인 논의가 더욱 확산되어야 할 것이다.

15 이에 대한 연구는, 심원섭, 「재일 조선인 시문학에 나타난 자기 정체성의 양상」(한국문학회 엮음, 『일본문화 접촉과 한국문학』, 2004); 홍용희, 「재일 조선시와 조국의 노래」(『시작』, 2005. 가을)가 있다.

3. 재일 한인 잡지 소재 비평문학의 현황과 의미

재일 한인문학연구에 있어서 비평문학을 대상으로 한 연구는 거의 전무한 실정이다.[16] 그럴 수밖에 없는 것이 아직 재일 한인문학작품에 대한 전반적인 고찰조차 제대로 수행되지 못한 상황에서 이를 담론화한 비평을 본격적인 연구의 대상으로 삼는 것은 시기상조가 아닐 수 없기 때문이다. 앞으로 재일 한인문학연구가 더욱 본격적인 궤도에 오르게 되면 그에 따라 재일 한인 비평가들의 문학담론도 더욱 체계적인 연구가 진행될 수 있을 것이다. 그렇다고 해서 지금 이러한 연구의 시기가 자연스럽게 찾아오기를 무조건 기다리고만 있어서도 안 된다. 비록 자료정리의 수준에 미치지 못한다 할지라도 해방 이후 재일 한인 비평가들의 활동상황을 일목요연하게 정리함으로써 앞으로의 연구방향과 목표를 정립하는 토대를 구축해 놓을 필요성이 있다. 본 연구는 이러한 기본적인 관점에서 『조선문예』, 『한양』, 『삼천리』, 『청구』에 수록된 비평을 목록화하고 그 대략적인 맥락을 짚어내고자 하는 것이다.

『조선문예』에 발표된 비평문학 혹은 비평적 성격의 산문을 모두 정리하면 표 3과 같다. 『조선문예』의 비평에 나타난 두드러진 특성은 재일 한인 비평가들이 재일 한인 작가의 언어의식에 대해 아주 특별한 관심을 표명하고 있고, 이에 대한 논리적이고 체계적인 문제의식을 담아내고 있다는 점이다.

---

16 재일 한인문학비평에 대한 연구라는 뚜렷한 관점을 제시하지는 않았지만, 최근 『한양』의 비평을 중심으로 한 비평사 연구가 상당한 관심으로 부각되기는 했다. 다만 이들 연구의 방향은 한국현대비평사의 연속성이란 관점에서 1960년대 문학비평의 빈틈을 메우고자 하는 시도로서의 성격을 무엇보다도 강조하는 데 치중한다는 점에서 엄밀히 말해 재일 한인문학비평 연구의 차원에 있다고 보기는 어렵다. 허윤회, 박수연, 하상일, 김유중 등의 앞의 논문이 바로 이러한 관점에서의 연구성과이다.

표3 『조선문예』 소재 재일 한인 비평문학 현황

발표일자	비평가	비평제목
1947.10 (창간호)	이석주 김달수 청야계길(青野季吉)	조선민족문학의 전개 혼미 속에서 조선작가의 일본어 문제
1947.11	이석주, 은무경	일본문학의 환경
1948.2	송차영 보고덕장(保高德藏)	춘향전과 이조말기의 서민정신(1) 민족적 비가
1948.4	송차영 이은직 어당(魚塘) 덕영직(德永 直) 김달수	춘향전과 이조말기의 서민정신(2) 조선인인 나는 왜 일본어로 쓰는가 일본어로 이루어진 조선문학에 대해 일본어의 적극적 이용 하나의 가능성

특히 1948년 4월호는 「용어문제에 대하여」라는 특집을 마련하여 조선인의 일본어 글쓰기와 일본어로 쓰여진 조선문학의 특성과 의미에 대해 구체적인 논의를 하였다. 또한 『조선문예』는 조선의 민족문학의 성격에 대한 관심과 실용주의 정신에 바탕을 둔 조선 후기 문학의 현실주의적 정통성을 높이 평가하였다. 이석주의 「조선 민족문학의 전개」와 송차영의 「춘향전과 이조 말기의 서민정신 (1), (2)」는 이러한 문제의식에서 비롯된 결과물이다. 그런데 『조선문예』에서 특별히 고민해야 할 점이 있는데, 그것은 청야계길(青野季吉), 보고덕장(保高德藏), 어당(魚塘), 덕영직(德永直) 등 일본어 이름을 쓴 비평가들을 어떻게 볼 것인가 하는 문제이다. 필자의 판단으로 이들을 무조건 일본인으로 보기는 어려울 듯한데, 비평의 내용적 측면에서 재일 조선인 비평가들의 관심과 상당히 일치하는 면이 있고, 당시 상당수의 문인들이 필명과 가명으로 활동한 점이 많은 것으로 미루어 일단 이들 모두를 포함하여 정리하였음을 밝힌다.[17]

17 2006년 1월 동경에서의 자료수집 및 인터뷰 기간 동안 직접 이은직 선생을 만난 부산대 이재봉 교수의 전언에 따르면, 『조선문예』의 필자 가운데 한사람인 송차영은 이은직

앞서 언급한 대로 『한양』은 국내의 비평사 연구자들에게 1960년대 한국문학의 전체적 지형을 이해하는 중요한 잡지로 평가되고 있다.[18] 실제로 『한양』에는 김우종, 장백일, 임중빈, 구중서, 홍사중, 김병걸, 신동한, 임헌영, 정태용 등 당시 국내 평단에서 아주 왕성한 활동을 펼쳤던 상당수의 젊은 비평가들이 비판적인 관점에서 현실주의 비평을 지속적으로 발표했었다. 이런 점에서 『한양』의 비평은 재일 한인 비평문학의 성격을 이해하는 차원에서보다 오히려 1960년대 이후 국내 비평가들의 자유로운 비평적 글쓰기의 한 단면을 확인하는 데 더욱 중요한 의미를 지닌다고 평가할 수 있다. 하지만 본 연구에서는 이러한 한국문학비평의 관점에서 바라보는 태도는 일단 유보하고 재일 한인 비평문학의 실상을 점검하고 정리하는 차원에서만 논의를 펼치고자 한다.

『한양』 소재 재일 한인 비평문학의 목록을 정리하면 표4와 같다. 표4에서 알 수 있듯이, 『한양』에 나타난 재일 한인문학비평은 김순남, 장일우, 윤동호 등이 주축이 되어 활동했고, 나머지 비평가들의 경우 한국문학에 대한 단편적인 언급이나 고전문학 작품이나 연극을 대상으로 한 몇

자신이라고 밝혔다고 한다. 이런 점으로 미루어 내부 필자 가운데 누군가가 다른 이름으로 발표한 것으로 볼 수도 있을 듯하다. 또 한가지 짚고 넘어가야 할 것은, 1947년 11월호에 발표된 「일본문학의 환경」 역시 목차에는 이석주의 글로 되어 있으나 본문에는 송차영의 글로 되어 있는 편집상의 오류가 나타나는데, 이를 통해 유추해볼 때 당시 동일 필자들이 여러 이름으로 글을 썼을 가능성을 전혀 도외시할 수 없을 듯하다.

18 1960년대 문학비평은 『한양』, 『산문시대』, 『비평작업』, 『청맥』, 『사계』, 『창작과비평』, 『상황』, 『68문학』 등 4월 혁명 이후 새롭게 창간된 매체를 중심으로 활발하게 전개되는 양상을 보였다. 그럼에도 불구하고 1966년 백낙청에 의해 창간된 『창작과비평』과 『68문학』을 계승하여 1970년 김현 등의 주도로 창간된 『문학과지성』은, 전후비평가들과의 세대론적 인정투쟁을 통해 이들 1960년대 매체들을 소외시키거나 배제시켜 버림으로써 이후 한국비평사를 이 두 에콜의 매체로 이원화하는 비평사의 단절을 조장하였다. 이런 점에서 1960년대 한국의 현실주의 비평사는 『한양』(1962) — 『청맥』(1964) — 『창작과비평』(1966) — 『상황』(1969)으로 이어지는 비평사의 연속성을 새롭게 정립할 필요가 있다. 이에 대한 자세한 논의는, 하상일의 앞의 박사논문을 참조할 것.

몇 평론이 있을 따름이다. 그런데 비평의 내용적 측면에서 간과할 수 없는 한 가지 사실은, 사실상 재일 한인문학작품을 대상으로 한 비평은 전혀 없고, 오로지 한국문학 작품을 대상으로 한 비평만이 있을 뿐이라는 사실이다. 따라서 이들을 재일 한인 비평가로 볼 수 있느냐 하는 문제는 여전히 중요한 의문으로 남지 않을 수 없다. 특히 김순남, 장일우의 경우 『현대문학』, 『자유문학』 등 국내 잡지에도 비평을 발표했다는 점, 발표된 비평의 내용이 한국문학에 대한 깊은 이해를 바탕으로 하고 있다는 점, 이들이 정작 재일 한인문학작품을 대상으로 한 비평은 전혀 쓰지 않았다는 점 등을 주목하지 않을 수 없는 것이다. 이런 점에서 대부분의 연구자들은 김순남, 장일우의 비평은 국내 필자가 가명이나 필명으로 발표한 것으로 추측하는데, 이 또한 정확한 사실에 근거하지 않은 것이므로 지금으로서는 섣불리 판단하기 어려운 점이 많다.

장일우는 주로 시문학을 중심으로 한국문학의 문제점과 바람직한 반향을 제시하는 데 주력했다. 당시 장일우가 비판한 우리 시문학의 가장 큰 문제점은, 대부분의 시가 우리의 생활현실과 너무 동떨어진 관념적인 세계에 머물러 있고, 이를 표현하는 방식에 있어서도 관념적이고 현실도피적인 취향에 너무 젖어 있다는 점이었다. 따라서 그는 4월혁명을 노래한 시처럼 현대시는 알기 쉽고 명확하고 진실한 시가 되어야 한다는 점을 무엇보다도 강조했다. 이러한 난해한 모더니즘 시 비판과 리얼리즘에 입각한 그의 시정신은 당시 김수영으로부터 상당히 중요한 문제제기로 평가되기도 했다.[19] 이러한 문학적 관점에서 그는 민족의 생활공동

---

19 "최근 2, 3년 동안에 『한양』지를 통해 들어온 젊은 평론가들의 한국문학에 대한 공격을 나는 퍽 재미있게 읽었다. 그 중에서도 장일우 씨의 시에 대한 비평은 나로 하여금 시에 대한 많은 반성을 하게 했다. 일본과 문학적 교류를 할 수 있다는 거리에서 오는 매력 이상으로 국내의 평론가들이 지연상으로 할 수 없는 솔직한 말을 많이 해 준 매력에 대해서, 나는 그의 숨은 공적을 높이 평가한다." 김수영, 「생활현실과 시」, 『김수영전집 2—산문』, 민음사, 1981, 190면.

표 4 『한양』 소재 재일 한인 비평가 및 작품 현황

비평가	주요 작품	총 편수
경 련	하이네에 관한 각서	1
김명진	시를 통해 본 4 · 19	1
김병삼	애국시가의 음미, 창가에 반영된 애국사상	2
김병옥	金笠시의 웃음과 슬픔, 민요와 전통의식, 민족의 존엄을 지킨 시가들	8
김성호	노예수첩(해설), 대설 「남」에 부쳐, 죽창을 다듬는 민중의 시인들	6
김순남	70년대를 사는 한국저항문학, 고발과 증언의 자세, 누가 한국문학을 오도하는가, 리얼리즘 소고, 문학건설과 휴머니즘, 문학의 주체적 반성, 4 · 19와 한국문학, 생활의 미학, 사이비평론의 독성, 사실과 리얼리티, 순수와 참여의 대결, 시대와 시인의 사명, 시정신의 빈곤, 역사문학의 현대성, 주체의식과 한국문학, 한국문학과 농촌, 한국평단의 반성	99
김시형	문학의 고행과 새시대의 갈망	1
김학현	'님'과 중생, '풀이' 사상과 김지하, 한과 민족적 저항	3
박문상	민족문학소묘	1
박병근	현대시의 인간상	1
박일동	늙어 더욱 왕성해진 시정신	1
박태정	민중의 지향과 한국연극의 현황	1
신상인	문화와 전통, 언어와 사회, 한말 애국시가의 음미	5
신재헌	시문학과 현대성	1
유 라	메아리치는 애족의 절규	1
유영묵	「수련」과 「속초행」에 대하여	1
윤동호	'참여' 재론, 시인과 패배정신, 조국통일과 한국문학, 현실투시의 각도	12
이순석	테마와 탐구의 논리	
장일우	농촌과 문학, 문학의 허상과 진실, 반성과 전망, 소월의 시와 자주정신, 순수의 종언, 시대와 신인작가, 참여문학의 특성, 한국 현대시의 반성, 현실과 작가, 현실과 작품의 논리, 시인 박두진을 논함	21
전석춘	'차안의 가'를 읽고, 서평 『김지하시집』 · 『민중의 소리』	2
정영훈	사월의 시, 시인의 얼굴, 지상의 시와 지하의 시	3
최용진	정절음미	1
최익환	「금강」의 시간	1
하상두	민족연극 소고	1

체적인 감정, 즉 민족주체성을 형상화하고 있는 김소월과 현실의 리얼리티를 로맨티시즘의 역사적 상상력으로 형상화하고 있는 박두진을 우리 시문학에서 가장 높이 평가해야 할 시인으로 보았다.

김순남 역시 현실도피적이고 폐쇄적인, 영원성과 순수성을 문학의 본질로 삼는 1960년대 한국의 보수적 문학관을 신랄하게 비판하였다. 또한 고고한 상아탑에 머물면서 시대적 사명과 민족의 역사적 현실을 외면한 채 환상과 관념의 유폐에 빠져 있는 전후작가들의 태도를 부정적으로 바라보았다. 이는 시대의 지성인으로서 문학인의 역할은 역사와 시대를 선도하는 엘리트로서의 책무와 참된 윤리를 망각해서는 안 된다는 자신의 문학관을 분명하게 제시한 것으로 보여진다. 다시 말해 한국적 현실을 떠나서 한국의 참여문학은 있을 수 없다는 점을 직시함으로써 문학과 현실의 단절된 관계를 회복하는 것이 무엇보다도 급선무라는 비판적 현실인식을 일관되게 견지하였던 것이다. 결국 그의 비평적 논리는 순수문학 비판과 참여문학의 논리를 더욱 정교화하는 데 있었다고 할 수 있다.

『삼천리』에 발표된 재일 한인문학비평은 강재언, 고사명, 김달수, 김대호, 김석범, 김학현, 안우식, 윤학준, 임전혜, 임호치, 장장길 등에 의해 발표되었는데, 특히 김학현이 13편, 윤학준이 9편 등을 발표함으로써 중추적인 역할을 했던 것으로 보이고, 김달수, 김석범과 같은 작가들이 발표한 비평적 성격의 산문도 주목해서 볼 필요가 있다. 이를 정리하여 목록화하면 표5와 같다. 그 외에 한국의 비평가들 가운데 『삼천리』에 비평을 발표한 비평가는 백낙청, 김윤식, 김윤수, 성민엽, 임헌영, 천이두 등이고, 일본의 비평가로는 고기융치(高崎隆治)의 김사량에 대한 평가, 기패치량(磯貝治良)의 김태생의 작품에 대한 분석, 오무라 마쓰오[大村益夫]의 조선프롤레타리아문학에 대한 연구를 주목할 수 있을 것 같다.

대체로 『삼천리』에 나타난 문학비평의 성격은 '김지하'를 가장 쟁점화하고 있는데, 이는 1960년대 한국의 정치사회에 대한 비판적 입장과 조국의 민주주의와 평화통일에 대한 열망을 김지하를 매개로 초점화하고자 하는 의도에서 비롯된 것으로 보인다. 재일 한인문학비평가들은 이와 같은『삼천리』의 기본적 입장을 충실히 이행하는 차원에서 김학현의「민족문학에 대한 비망록」이나 강재언의「김지하의 사상을 생각한다」, 김석범의「김지하 '양심선언'을 읽고」 등의 비평을 발표했고, 그의 시와 시집을 적극적으로 소개하고 이를 서평하는 기획에 지속적으로 문학비평을 발표하였다. 특히 김지하 담론은 오에 겐자부로[大江健三], 와타 하루키[和田春樹] 등 일본 문학인들의 지대한 관심까지 이끌어냄으로써 통권 50호를 발간하는 동안 약 30편 정도의 김지하 관련 글들이『삼천리』에 게재되는 절대적인 관심을 불러일으켰다.

물론 김지하에 관한 담론은『삼천리』만의 특화된 문제의식의 결과는 아니었다.『한양』에서도 김지하 문제는 중요한 시대적 명제가 되어『김지하전집』[20]을 일본어로 번역하여 발간하고, 그의 시집에 대한 해설과 그의 문학세계를 재평가하는 등 활발한 논의가 있었다. 특히 김순남은「민중의 함성, 민족의 절규」라는 4회에 걸친 연속기획으로 '4월의 아들 김지하 문학 재론'을 발표했고, 김학현의「'풀이' 사상과 김지하」, 유라의「메아리치는 애족의 절규－한양사간 김지하 전집」 등 김지하의 사상과 문학에 대한 특별한 관심을 표명했다. 이런 점에서 당시 김지하는 재일 한인 비평가들이 한국문학의 현실을 이해하고 비판적으로 성찰하는 가장 중요한 통로 역할을 한 것으로 보인다. 이 외

---

20 당시 한양사에서는『김지하전집』을 비롯하여 양성우의『노예수첩』을 발간했고,『한양』창간 10주년을 기념하여 그동안『한양』에 발표되었던 글들을 모아 논설집『민족의 존엄』, 평론집『시대정신과 한국문학』, 수필집『초연곡(招燕曲)』, 한국현대시집『메아리』 등을 발간하기도 했다.

표5 『삼천리』 소재 재일 한인 비평가 및 작품 현황

비평가	비평제목	발표연도
강재언	김지하의 사상을 생각한다 조국, 역사, 재일동포	1977. 여름 1977. 겨울
고사명	밀과 인간	1976. 겨울
김석범	김지하 「양심선언」을 읽고 민족주의의 소산에 대해	1975. 겨울 1979. 겨울
김달수	조선인의 발상법 잡지 「민주조선」 즈음	1978. 겨울 1986. 겨울
김대호	식민지 지배하 조선의 영화운동	1986. 여름
김학현	시와 증생과 조국－한용운 한과 저항으로 살다 하늘 바람 별의 시인－한과 저항에 살다 빼앗긴 들의 한 편의 시 님의 침묵 시대 30년대의 브나로드 운동 슬픈 시인 김소월 김수영의 시세계 4월의 시인 신동엽 빛은 옥중에서－김지하의 사상 분단시대 극복으로의 지향 민족문학에 대한 비망록	1976. 봄 1977. 봄 1977. 여름 1977. 가을 1977. 겨울 1978. 봄 1978. 여름 1979. 봄 1979. 여름 1979. 가을 1980. 여름 1981. 봄
안우식	김사량 「멸망하는 것으로의 애수」	1979. 겨울
윤학준	여류시인 황진이－시조의 세계 두 님을 모시지 않는다는 사상－시조의 세계 당쟁과 청학동－시조의 세계 임진병자의 시대－시조의 세계 왕족과 기녀의 노래－시조의 세계 정철의 행동과 문학－시조의 세계 윤선도 투쟁과 시－시조의 세계 잔조의 시인들－시조의 세계 장두식의 죽음	1975. 창간 1975. 겨울 1976. 여름 1976. 가을 1976. 겨울 1977. 봄 1977. 가을 1977. 겨울 1978. 봄
임전혜	식민자 2세의 문학	1976. 봄
임호치	장혁주론－15년 전쟁 하의 조선인 작가의 궤적	1983. 겨울
장장길	(속) 최인훈의 소설－한국문학을 보고 어느 기록 이상의 아호－한국문학을 보고 어느 기록 행진하는 바보들－한국문학을 보고 어느 기록 육체에 속박된 인간－한국문학을 보고 어느 기록	1975. 가을 1977. 봄 1977. 여름 1977. 가을

에 『삼천리』에 발표된 주요 평론으로는 김학현의 한용운, 윤동주, 김소월 등 한국 근대시인들에 대한 분석과 윤학준의 고시조의 세계에 대한 정리, 장장길의 한국문학에 대한 비판을 담은 연재비평이 있었다.

『청구』에 발표된 재일 한인문학비평은 김달수, 안우식 등이 주축으로 앞서 살펴본 어떤 잡지보다도 재일 한인문학에 대한 집중적인 논의를 펼쳤다. 특히 1994년 봄호(통권 제18호)의 경우 「재일조선인 문학이란 무엇인가」라는 기획특집을 마련하여 재일 한인 1세대에서부터 3세대에 이르는 재일 한인문학의 흐름을 통시적으로 점검하는 문학사적 차원의 정리와 김학영, 이회성, 양석일, 이양지 등 당대 재일 한인문학을 이끌고 있는 대표적 작가들의 문학세계를 집중적으로 조명하였다. 김달수는 1993년 가을호부터 1995년 겨울호까지 총7회에 걸쳐 「나의 문학과 생활」이라는 글을 통해 재일 한인문학가로서의 자전적 삶을 고백했고, 안우식은 1991년 겨울호부터 1993년 겨울호까지 총6회에 걸쳐 「조선문단의 속과 겉」을 연재한 것을 비롯하여 「비극의 북쪽 시인」, 「빨치산 소설과 실록」 등 분단이념에 가로막힌 한국문학에 대한 특별한 관심으로 통일문학을 지향하는 비평의식을 드러냈다. 『삼천리』의 경우와 마찬가지로 『청구』 역시 일본 이름으로 발표된 비평들이 상당수 포함되어 있는데, 이들이 다룬 주제나 논점들을 살펴보면 귀화한 재일 한인일 가능성도 배제할 수 없을 것으로 보여진다. 특히 5편의 비평을 발표한 천촌주(川村湊)의 경우 「소설 속의 '종군위안부'」, 「식민지문학에서 재일문학으로」 등의 글을 발표했는데, 이러한 글의 내용과 성격으로 볼 때 순수한 일본인으로 보기 어려운 측면이 많다. 따라서 일단 그의 글도 재일 한인 비평문학으로 포함시켰음을 밝힌다. 『청구』에 발표된 재일 한인문학비평 및 비평가 현황은 표6과 같다.

표6 『청구』 소재 재일 한인 비평가 및 작품 현황

비평가	비평제목	발표연도
김달수	나의 문학과 생활	1993. 가을 ~1995. 겨울
김영희	이양지	1994. 봄
김중명	재일문학을 읽다	1994. 봄
남운지	호풍과 장혁주(상) 호풍과 장혁주(하) 마츠무라 쇼후와 '조선유기'(상)	1995. 여름 1995. 가을 1995. 겨울
문진궁	김학영과 재일2세인 나	1994. 봄
심광자	양석일의 '광조곡'을 읽다	1994. 봄
안우식	문학자의 복권 비극의 북쪽 시인 빨치산 소설과 실록(상) 빨치산 소설과 실록(하) 식민지시대의 재일조선인 문학 조선문단의 속과 겉 환상의 이태준 구출작전	1989. 겨울 1990. 가을 1990. 여름 1990. 겨울 1992. 가을 1991. 겨울 ~1993. 겨울 1995. 여름
양영후	시인 윤동주의 동반자 송몽규	1992. 여름
원수일	이양지를 위해	1994. 봄
이미자	재일 1세 시인과 나	1994. 봄
정상진	소련조선인문단의 변천	1991. 여름
정윤희	이회성문학의 노늘	1994. 봄
정　율	해방 후의 김사량	1990. 봄
천촌주	소설 속의 '종군위안부' 이양지 소론 식민지문학에서 재일문학으로 재일조선인 문학론 서설2－고려인에서 코리안으로 제1세대문학의 약도	1992. 가을 1992. 가을 1995. 여름 1995. 가을 1994. 봄
최석의	방랑시인 김삿갓의 시와 생애	1995. 봄

4. 맺음말

지금까지 『조선문예』, 『한양』, 『삼천리』, 『청구』를 대상으로 해방 이후 재일 한인 잡지 소재 시문학과 비평문학의 현황과 발표된 작품들의 문학사적 의미에 대해 대략적으로 살펴보았다. 이 네 잡지는 재일 한인 사회에서 1940년대, 1960년대, 1970년대, 1980년대에 각각 창간되었다는 점에서 재일 한인문학을 통시적으로 이해하고 바라보는 데 중요한 가늠자 역할을 한다고 볼 수 있다. 다만 네 잡지 편집진들의 면면에서나 중심 주제에 있어서 동일한 지향성이 두드러지게 부각되지는 않는다는 점에서 이를 무조건 연속성의 차원에서 접근하는 것은 문제가 있을 듯하다. 특히 『한양』의 경우 1960년대에서 1980년대에 이르는 이십여 년의 기간동안 발간된 잡지임에도 불구하고 『조선문예』, 『삼천리』, 『청구』가 재일 한인문학과 역사에 대한 지속적인 관심을 펼친 것과는 달리 한국 내의 역사적 상황이나 문학적 현실에 직접적으로 반응하고 대응하는 양상을 보였다는 점에서 상당한 차이를 드러낸다. 게다가 언어의식에 있어서도 다른 세 잡지에는 재일 한인 작가들이 일본어로 글을 발표하고 일본의 지식인들에게도 개방적이었던 데 반해, 『한양』은 창간에서부터 종간호에 이르기까지 모두 한글로 발표되었고 일본인들의 글도 거의 싫지 않았다는 점에서 분명한 차이를 지니고 있다. 이런 점에서 『한양』을 일본 동경에서 발행되었다는 이유만으로 재일 한인 잡지라고 명명할 수 있을 지에 대해서는 상당히 의문이 남는 게 사실이다. 발행 및 편집이 일본 내에서 이루어졌다는 점을 제외한다면, 오히려 『한양』은 한국의 대표적인 문예지이자 정론지로서의 성격을 지닌 것으로 평가할 수 있을 듯하다. 실제로 1960년대 이후 한국의 문단지형이 자유롭게 정론을 펼치기 어려운 실정이었고, 『한양』에 글을 발표한 상당수의 문인들이 진보적이고 참여적인 성향의 젊은 시인들과 평론가들이었다는 점을 고려할 때 이러한 의문은 더욱 설득력을 얻는 게 아닐까 생각된다.

하지만 이러한 생각은 현재로서는 가정일 뿐 명확한 근거를 제시할 수 없다. 즉 당시 발행인과 편집인을 겸했던 김인재와 한양사의 사장이면서 실제적인 발행인 역할을 했던 김기심 등이 실제로 일본에 거주하는 재일 한인들이었으며, 김윤을 비롯한 주요 필자들의 상당수가 재일 '민단' 소속 비판적 지식인들이었다는 점에서, 『한양』을 국내 잡지로 판단할 만한 현실적 근거가 빈약한 것이다. 따라서 본 연구에서는 이러한 의문을 일단 유보하고 네 잡지 모두가 재일 한인들의 정체성 확립에 누구보다도 앞장섰고 한국 내의 정치사회적 현실에 대한 재외교포로서의 입장을 분명하게 표명했다는 점에서 공통된 인식을 지녔다는 점을 무엇보다도 주목하였다. 결국 이 네 잡지는 여러 가지 면에서 차이성을 지니고 있지만, 한편으로는 해방 이후 재일 한인 사회의 문화적 실상을 가감 없이 보여주는 실증성을 지니고 있다는 점에서 통시적인 접근도 긴요한 측면이 있다고 생각된다.

하지만 이 네 잡지를 통해서도 확인하기 어려운 재일 한인문학의 결핍된 지점이 있음을 간과해서는 안 되는데, 이는 해방 이후 조총련 계열 문학활동에 대한 구체적인 평가 부분이다. 이러한 결핍은 우리의 역사적 불구성에서 비롯된 재일 한인 사회의 분열과 대립의 결과라는 점에서, 앞으로의 재일 한인문학연구에서 중점적으로 살펴야 할 문제이다. 특히 '총련' 계열의 문학활동은 이념적 경직성과 도식적 서술방식 등 북한문학의 이념적 · 미학적 노선을 그대로 추종한 명백한 한계를 드러낸 점이 있었다고 하더라도, '민단' 계열의 문학이 모국어를 잃어버린 문학이었던 것과는 달리 지금까지도 우리말과 우리글을 지켜내고 있다는 점은 높이 평가하지 않을 수 없다. 따라서 『민주조선』, 『문학예술』 등으로부터 최근에 발간된 『겨레문학』, 『종소리』 등에 이르기까지 '총련'의 하부조직인 '재일본조선문학가예술동맹('문예동')'의 작가들이 중심이 된 문학 활동에 대한 연구도 활발하게 논의될 필요가 있다. 이러한 양 측면에서 재일 한인문학연구가 종합적으로 이루어진다면, 비로소 '한민족문학'으로서의 재일 한인문학의 모습은 그 전모를 드러내게 될 것이다. 본 연구는 이를 목표로 한 연구의 기초적이고 예비적인 단계로서의 의미를 지닌다고 할 수 있다.

1960년대 『한양』 소재 재일 한인 시문학 연구

1. 머리말

지금까지 해방 이후 재일 한인문학작품을 대상으로 한 연구는 대체로 소설문학을 중심으로 전개되어 왔다. 즉 김달수, 김석범, 이회성, 김학영 등 특정 소설가에 집중된 작가론이 재일 한인문학연구의 일반적인 경향이었던 것이다.[1] 물론 이들 주요 재일 한인 작가에 대한 연구는 해방 이후 재일 한인문학의 형성과정과 이데올로기적 기반 그리고 재

1 이한창, 「재일교포문학의 작품 성향 연구—정치의식의 변화를 중심으로」, 중앙대 박사논문, 1996; 유숙자, 『재일 한국인 문학연구』, 월인, 2000; 홍기삼 편, 『재일 한국인 문학』, 솔, 2001; 김환기 편, 『재일 디아스포라 문학』, 새미, 2006; 김학동, 「민족문학으로서의 재일조선인 문학—김사량 · 김달수 · 김석범을 중심으로」, 충남대 박사논문, 2007.

일 한인으로서의 자기정체성과 언어의식의 괴리 등을 이해하는 중요한 토대가 된다는 점에서 그동안의 연구 성과 자체를 비판적으로 평가해서는 안 된다. 다만 앞으로 재일 한인문학 연구의 방향이 소설작품에 한정된 논의를 넘어서 시, 평론, 수필 등의 장르를 포괄하는 연구범위의 확대가 필요하고, 이를 바탕으로 재일 한인문학의 총체적이고 종합적인 체계를 재정립할 필요가 있다는 연구사적 성찰이 요구된다. 즉 해방 이후 재일 한인문학의 양상에서 소설적 성취 못지않게 허남기, 강순, 김시종 등의 시문학이 상당히 중요한 문학사적 의의를 지니고 있었다는 사실을 결코 간과해서는 안 된다.

본 연구는 이와 같은 문제의식으로부터 재일 한인 시문학의 양상과 의미를 실증적으로 살펴보는 데 주된 목적이 있다. 특히 1960년대 재일 한인들에 의해서 발간된 한글 종합지 『한양』에 수록된 시작품을 대상으로, 당시 재일 한인 시인들의 이데올로기적 특성과 조국의 역사적 현실을 바라보는 인식과 태도 그리고 재일 한인으로서의 민족적 정체성의 내면화 양상 등을 구체적으로 살펴보고자 한다.

『한양』의 창간 동기는 크게 두 가지 점에서 이유를 찾을 수 있다. 첫째는 일본에서 대학을 졸업한 지식인들이 그들의 생각을 자유롭게 발표할 만한 매체가 없었기 때문이고, 둘째는 재일교포로서 남한과의 문화적 교류와 연대가 절실하게 필요하다는 문제의식 때문이다. 『한양』은 일본 동경에서 발간되었으므로 1960년대 한국 사회의 이데올로기적 억압으로부터 조금은 비껴선 자리에 있었다고 할 수 있다. 따라서 『한양』은 당시 한국에서 발간된 여타의 매체들에 비해 한국 내부의 문학적 쟁점과 정치사회적 억압과 모순의 실상을 비교적 객관적으로 비판할 수 있는 위치에 있었다. 즉 조국의 역사적 변화에 민감하게 반응하면서 이에 적극적으로 대응하는 재일 한인으로서의 현실적 조건

이 한국의 정치적 상황이나 경제적 모순, 남북문제 등에 상당히 많은 관심을 보이는 동인(動因)으로 작용한 것이다. 이러한 맥락에서 『한양』에 수록된 문학작품의 성격은 참여문학론, 민족문학론, 리얼리즘 문학론 등 1960년대 이후 한국문학의 주요 쟁점들을 초점화하는 현실주의적 특성을 두드러지게 표방하였다.[2]

『한양』의 창간은 해방 이후 재일 한인 시문학 활동이 그 양과 질의 측면에서 동시에 두드러진 면모를 보이는 중요한 계기로 작용했다. 『한양』에 발표된 시작품의 수는 창간호(1962.3)부터 종간호(1984.3·4, 통권 177호)까지 2천 여 편에 이를 정도로 방대했다. 여기에는 당시 한국 내에서 활동했던 시인들과 재일 한인으로 추정되는 시인들 그리고 일본 외에 거주하는 재외 한인들의 시작품을 총 망라하고 있다. 이런 점에서 당시 『한양』의 시문학은 한민족 시문학의 총체적 모습을 반영하는 중요한 문학사적 성과물이었다고 평가할 수 있다. 그럼에도 불구하고 1960년대 한국 시문학 연구에 있어서 『한양』의 자리는 철저하게 은폐되거나 왜곡되어 있었다. 이는 반공이데올로기에 억압당한 우리 문학사의 이념적 폐쇄성이 가장 큰 원인이었음에 틀림없다.[3] 따라서 앞으로 전개될 1960년대 시

2 지금까지 발표된 『한양』 관련 연구목록을 제시하면 다음과 같다. 하상일, 「재일 한인 잡지 소재 시문학과 비평문학의 현황과 의미」, 『한국문학논총』 42집, 한국문학회, 2006; 이헌홍, 「『한양』 소재 재일 한인문학의 연구 방향과 과제」, 『한국민족문화』 25집, 부산대 한국민족문화연구소, 2005; 하상일, 「1960년대 현실주의 문학비평 연구—『한양』, 『청맥』, 『창작과비평』, 『상황』을 중심으로」, 부산대 박사논문, 2005; 하상일, 「1960년대 문학비평과 『한양』」, 『어문논집』 50호, 민족어문학회, 2004; 박수연, 「1960년대의 시적 리얼리티 논의—장일우의 『한양』지 시평과 한국 문단의 반응」, 『한국언어문학』 50집, 한국언어문학회, 2003; 허윤회, 「1960년대 참여문학론의 도정—『비평작업』, 『청맥』, 『한양』을 중심으로」, 『희귀잡지로 본 문학사』, 상허문학회 편, 깊은샘, 2002; 고명철, 「민족의 주체적 근대화를 향한 『한양』의 진보적 비평정신—1960년대 비평 담론을 중심으로」, 『한민족문화연구』 제19집, 한민족문화학회, 2006; 한승우, 「『한양』지에 드러난 재일지식인들의 문제의식 고찰」, 『어문론집』 제36집, 중앙어문학회, 2007.

3 『한양』은 유신정권이 조작한 문인간첩단사건(1974)으로 인해 1970년대 중반부터 국내

문학 연구는 이러한 역사적 왜곡과 소외를 뛰어넘는 연구대상의 확대가 필요하고, 이념적 폐쇄성을 극복하는 새로운 방향에 대한 뚜렷한 문제의식을 지녀야 할 것이다.

2.『한양』 소재 재일 한인 시문학의 현황

본 연구는『한양』에 발표된 2천여 편의 시작품 가운데 재일 한인으로 추정되는 시인들이 1960년대에 발표한 시작품[4]을 주된 연구대상으로 삼았다. 그런데『한양』에 시를 발표한 시인들의 실체를 명확히 확인하기 어려운 경우가 많아서, 재일 한인 시인이라는 한정된 범주 안에서 텍스트를 선정하고 확정하는 작업은 시작부터 커다란 난관에 부딪힐 수밖에 없었다. 또한 당시 상당수의 시인들이 필명으로 시를 발표했거나 동일인이 두 개 이상의 이름으로 시를 발표한 경우도 있었으므로 이들을 한 사람의 재일 한인 시인으로 규정할 수 있는 근거 역시 아주 빈약하였다. 텍스트 확정 과정에서 비롯된 이러한 한계를 근본적으로 해결할 방안을 찾는 것은 지금으로서는 사실상 불가능하다. 당시『한양』에 시를 발표

로의 유입이 사실상 금지되었고, 이호철, 김우종, 임헌영 등 국내 문인들이 북의 자금을 받았다는 명목으로 국가보안법과 반공법의 희생양이 되어 크게 고초를 겪기도 했다. 그러나 당시『한양』은 조총련계가 아닌 '민단'계로부터 자금을 지원 받은 잡지였고, 일본에 있는 한국공보관 전시대에도 꽂혀 있을 정도였으므로 반국가적인 잡지라고 규정할 근거는 전혀 없었다. 그럼에도 불구하고 이러한 사건이 날조 조작되었던 결정적 이유는, 당시 유신정권에 반대한 몇몇 문인들을 억압하기 위한 박정희 정권의 정치적 조작에『한양』이 철저하게 이용당했기 때문이다.

4 1962.3~1969.10 · 11까지『한양』에 발표된 시작품이 본 연구의 대상이다.

한 시인들의 전기적 사실을 구체적으로 증언해 줄 사람이 현재로서는 전무한 실정이기 때문이다. 따라서 본고에서는 『한양』에 최소 5편 이상의 시를 발표한 시인들 가운데 명확하게 국내 시인임을 알 수 있는 경우나 일본 외에 거주하는 재외 교포 시인인 경우를 제외하고는 일단 재일 한인 시인으로 추정하고 연구대상에 포함시켰다. 특히 이들의 시작품 가운데 재일 한인으로서의 자기정체성(identity)을 주요 소재나 정서로 삼고 있는 시인을 우선적인 연구대상으로 삼았다. 그 결과 경련, 김성호, 김윤, 박기원, 박일동, 신재헌, 윤동호, 정영훈, 황명동의 시작품을 특별히 주목할 수 있었다.

1960년대 『한양』에 발표된 시문학의 주제적 특성을 분석해보면 크게 네 가지로 정리할 수 있다. 첫째, 고향 상실의 비애와 조국을 향한 근원적 그리움을 노래한 것, 둘째, 조국의 역사적 현실에 대한 비판적 성찰을 통해 참여시의 성격을 표방한 것, 셋째, 재일 한인으로서의 민족적 정체성에 대한 고민을 담아낸 것, 넷째, 이국의 땅에서 자연을 통해 내면화한 자기성찰과 내적 의지를 구현한 것이 바로 그것이다. 이 가운데 특별히 주목할 부분은 첫째와 둘째의 경향으로, 재일 한인들의 근원적인 의식의 토대와 4월혁명을 비롯한 한국의 정치사회적 상황에 대한 비판적 참여의식을 아주 두드러지게 쟁점화하고 있다. 이러한 특성은 재일 한인 시문학의 특수성을 이해하는 핵심적 주제일 뿐만 아니라, 1960년대 한국 시문학과 재일 한인 시문학의 유기적 관계를 이해하는 데 있어서도 중요한 문제의식을 담고 있다.

『한양』에 시를 발표한 국내 시인의 수는 아주 많다. 고원, 김남석, 김소영, 김어수, 김용호, 김정숙, 김지하, 김지향, 박두진, 박보운, 박봉우, 박일송, 박정온, 신동집, 신석정, 안도섭, 안장현, 양상경, 양성우, 유경환, 이복숙, 이상화, 이설주, 이종석, 이준범, 이태극, 장수철, 조태일, 최승범, 홍윤숙, 황갑주 등이 적게는 5편 내외, 많게는 20편 이상의 작품을 발표하였다. 이들 국내 시인들과 재일 한인 시인들 간의 관계가 명확히 밝혀진다면 『한양』의 시문학은 더욱 실증적이고 구체적인 연구로 이어질 수 있을 것이다. 하지만 당시 『한양』과 관련된 대부분의 사항을 알고 있는 발행인 겸 편집인이었던 김인재 선생이 관련 사실과 필자들의 면면에 대해 전혀 언급조차 하지 않고 있어서, 『한양』 소재 재일 한인문학 연구는 현재까지도 답보 상태에 머물러 있는 실정이다.[5] 그나마 지금까지 국내와 일본의 재일 한인문학 연구자들에 의해 조금이라도 언급된 『한양』 소재 재일 한인 시인은 김윤[6]뿐이고, 김성호, 윤동호, 정영훈 정도가 『한양』을 통해 시와 평론 활동을 병행했다는 사실 정도를 확인할 수 있는 것이 전부이다.

김윤은 '총련' 계열이 아니라 '민단' 계열임에도 불구하고 지금까지 한

---

5 필자는 2006년 1월과 2007년 1월 두 번에 걸쳐 일본 동경에서 『한양』과 관련된 실증적 부분을 확인해 보았으나, 당시 이 잡지에 관여했던 몇몇 분들의 경우 원고청탁에 응해 원고를 발표한 정도에 그칠 뿐 『한양』의 필자들에 대한 구체적인 상황은 전혀 알지 못했다. 『한양』과 관련된 모든 상황을 알고 있는 유일한 사람이 발행인 겸 편집인이었던 김인재 선생인데, 당시 상황과 필자들의 면면에 대해서 끝끝내 침묵으로 일관하여 지금으로선 그 실체를 전혀 확인할 길이 없다. 다만 김인재 선생의 말들을 근거로 조심스럽게 유추해 보면, 당시 『한양』에 시, 소설, 비평, 수필 등을 발표한 상당수의 고정 필자들은 필명으로 활동한 국내 문인일 가능성을 배제할 수 없을 것 같다. 그렇다면 왜 대부분의 국내 문인들이 지금에 와서조차 『한양』에 발표한 작품들을 자신의 작품이라고 밝히지 못하는 것일까라는 의문이 남지 않을 수 없다. 따라서 필자는 이런저런 정황으로 미루어 당시 『한양』의 많은 필자들이 조총련 계열의 문인이 아니었을까 조심스럽게 추정해본다. 왜냐하면 당시 조총련 계열의 문인들이 '민단' 계열의 『한양』에 작품을 발표하는 것은 결코 쉬운 일이 아니었기 때문에 자신들의 이름을 필명으로 대체했을 가능성이 있기 때문이다. 또한 현재까지 일본에서 정리된 재일 한인문학사에서 『한양』에 작품을 발표한 사람들에 대한 언급을 거의 찾아볼 수 없는 이유도 바로 이러한 이유 때문일 것으로 추정된다.

6 김환기, 「재일 코리언 문학의 계보」, 김환기 편, 『재일 디아스포라 문학』, 새미, 2006, 25면; 이소가이 지로, 『'在日'文學論』, 新幹社, 2004, 7~112면. 본고에서는 김환기 편, 위의 책, 123면; 하야시 고지, 『戰後非日文學論』, 新幹社, 1997, 7~103면. 본고에서는 김환기 편, 위의 책, 128면.

글로 시를 써온 특이한 이력의 시인이다. 그는 1932년 경남 남해 출신으로 진주농림고등학교를 졸업하고 동국대학을 중퇴했다. 1950년대 전시연합대학 시절 부산에 모인 대학생들이 중심이 되어 발간한 『신작품』의 동인(고석규, 천상병, 송영택, 김재섭, 김소파, 이동준)으로 활동했는데, 2집에 「호수」, 3집에 「나무」, 4집에 「가을」을 발표했고, 5집부터는 동인 명단에서 이름을 찾을 수 없다. 당시에는 그의 본명인 김동일(金棟日)로 시를 발표하였고, 이후 일본으로 건너가 김윤이라는 필명으로 『한양』을 중심으로 시 창작 활동을 펼쳤다. 『현대문학』 동경지사장을 맡은 인연으로 두 권의 시집을 '현대문학사'에서 발간했는데, 『멍든 계절』(1968), 『바람과 구름과 태양』(1971)이 있다.

김성호는 70년대 후반 한국의 시인들인 양성우, 조태일, 황명걸, 고은, 김준태 등의 시에 대해 「죽창을 다듬는 민중의 시인들」(1978.3 · 4~1978.7 · 8, 3회 연재)이란 제목으로 연재평론을 썼고, 양성우의 일본어 시집 『노예수첩』의 해설을 썼으며(1977.7 · 8), 김지하의 대설 『南』이 『한양』에 연재되는 것에 대한 논평(1983.3 · 4)과 고원의 시집 『미루나무』에 대한 서평(1977.4 · 5)을 썼다는 정도 외에는 그 면모를 확인할 길이 없다.

윤동호는 장일우, 김순남과 더불어 『한양』을 중심으로 활동한 대표적인 평론가 가운데 한 사람인데, 「현실투시의 각도」(1964.1), 「현실과 문학의 얼굴」(1975.2 · 3), 「'참여' 재론—건전한 비평자세를 위하여」(1977.2 · 3), 「분노의 시, 항거의 노래」(1978.5 · 6~1978.7 · 8, 2회 연재), 「조국통일과 문학」(1973.2 · 3) 등의 평론을 발표하였다. 평론제목에서 충분히 알 수 있듯이, 윤동호의 비평세계는 문학과 현실의 관계를 중심에 두고 비판적 참여의식을 표방한 『한양』의 현실주의 문학관을 실천적으로 보여주었다.

재일 한인 시문학사에서 1960년대 『한양』에 가장 많은 시를 발표한 정영훈에 대한 논의가 전혀 없다는 사실은 상당히 의외가 아닐 수 없다. 그는 1960년대 말에서 1970년대 초까지 「사월의 시」(1974.4·5), 「시인의 얼굴」(1969.8·9), 「지상의 시 지하의 시」(1969.4) 등 세 편의 평론을 발표하기도 했는데, 여느 시인들에 비해 아주 뚜렷하게 재일 한인으로서의 자기정체성을 시적으로 형상화한 시인으로 평가할 수 있다.

이 외에 『한양』 전 기간에 걸쳐 가장 많은 시를 발표한 시인이 바로 경련인데, 필명일 가능성에 무게를 둘 뿐 구체적인 행적이나 활동 상황을 확인할 수 있는 방법이 현재로선 전혀 없는 상태이다.

이처럼 지금까지 『한양』 소재 재일 한인 시문학의 양상은 기본적인 서지 사항은 물론 시인들의 연보나 구체적인 작품 활동에 대해서 전혀 규명된 적이 없는 사실상의 백지상태이다. 게다가 『한양』은 당시 재일 한인문학의 중심에 있었던 김석범, 김시종 등의 문인들과도 특별한 교류가 없었던 독자적인 매체였던 것으로 보여지므로, 『한양』의 시문학이 재일 한인 시문학의 특수성을 선명하게 반영하는 잡지였다고 규정하기도 어려운 것이 사실이다. 김환기에 의해서 정리된 「재일 디아스포라 작가 소개」[7]를 살펴봐도, 강순, 김시종, 오림준, 종추월, 허남기 등만이 재일 한인 시문학사에서 언급되고 있을 뿐이다. 따라서 재일 한인 시문학사에서 『한양』의 시문학이 지닌 문학사적 의미는 앞으로 더욱 실증적인 연구 과정을 거쳐 신중하게 논의될 필요가 있다.

7 이 목록은 「재일작가의 전모」, 『신일본문학』(신일본문학회, 2003.5·6 합병호 특집); 김훈하, 『재일조선인여성문학론』(작품사, 2004); 모리타 스스무·사카와 아키 편, 『재일코리언시선집』(토요미술사출판판매, 2005) 등에서 재일 작가를 소개한 자료를 토대로 정리되었다. 김환기 편, 앞의 책, 581~598면.

3. 『한양』 소재 재일 한인 시문학의 주제의식

재일 한인문학을 특징짓는 가장 중요한 요소로 재일 한인들의 자기 정체성, 즉 '아이덴티티의 추구'를 중심에 놓지 않을 수 없다. 식민지 시기부터 해방 이후에 이르기까지 재일 한인문학의 성격은 크게 네 가지 아이덴티티로 구분할 수 있는데, 저항적 아이덴티티, 민족적 아이덴티티, 재일적 아이덴티티, 실존적 아이덴티티가 바로 그것이다.[8] 이는 재일 한인들의 문학적 지향을 총체적으로 인식하는 중요한 방향성을 제시한 것으로, 재일 한인문학의 주제의식을 파악하는 데 있어서 상당히 의미 있는 기준이 된다. 물론 이 네 가지 아이덴티티는 명확히 구분되거나 완전히 독립적인 성격을 확보하고 있다고 보기는 어렵다. 왜냐하면 재일 한인문학의 성격에서 '저항적', '민족적', '재일적', '실존적'이라는 특성은 혼재되거나 미분화된 상태에서 복합적이고 중층적인 양상을 드러내고 있기 때문이다. 따라서 이러한 네 가지 양상으로의 구분은 다소 도식적인 접근이 되어 재일 한인문학의 특성을 지나치게 단순화하는 결과가 될 수도 있을 것이다. 그럼에도 불구하고 재일 한인문학의 내적 특성을 규명하는 데 있어서 이와 같은 네 가지 정신적 지향은 상당히 설득력 있는 논리가 되지 않을 수 없다. 재일 한인문학 작품의 실제적 양상과 네 가지 아이덴티티의 방향이 대체로 일치한다는 점에서, 이러한 구분은 재일 한인문학의 특성을 이해하는 실증적

8 저항적 아이덴티티는 식민지 지배의 역사를 주제로 하고 그것을 고발하는 데서 구현되는 것이고, 민족적 아이덴티티는 조국(조국의 상황)으로의 귀일 감정과 통일 지향에 따라 규정되는 것이며, 재일적 아이덴티티는 일본 국가와 사회가 초래하는 부조리에 대항함으로써 방향지어지는 것이고, 실존적 아이덴티티는 인간 존재를 내면적으로 추구함으로써 찾게 되는 것이라고 할 수 있다. 이소가이 지로, 앞의 글, 65~66면.

이고 귀납적인 유효성을 지니고 있는 것이다.

1) 고향 상실의 비애와 조국을 향한 근원적 그리움

해방 당시 200만 명 이상에 달했던 재일 한인들 가운데 1945년 8월에서 1948년 8월까지 조국으로 귀환한 동포의 수는 약 150만 명 정도였고, 나머지 50~60만 명 정도는 조국으로 돌아가지 못한 채 일본에 남게 되어 지금의 재일 한인 사회를 형성하였다. 이후 일본에 남았던 재일 한인들 가운데 80% 이상이 고국으로 돌아가기를 희망했지만, 조국의 정치적 상황이 더욱 악화된 데다 생계에 대한 전망마저 불투명한 조국의 경제적 상황은 그들의 귀국을 가로막는 결정적 요인이 되었다. 따라서 당시 재일 한인들 대부분은 조국으로의 귀환을 사실상 포기하고 일본 땅에서 영원한 이방인으로 살아갈 수밖에 없는 운명을 담담하게 받아들여야만 했다. 식민지 망국민으로서의 설움을 벗어나 해방의 기쁨을 만끽할 겨를도 없이 오히려 일본인으로 살아가기를 강요당했던 재일 한인들의 정신적 상처는 상당히 컸음에 틀림없다. 이 때문에 해방 이후 재일 한인들에게 조국은 근원적 그리움의 대상이 되지 않을 수 없었고, 고향 상실의 비애와 상처는 재일 한인들의 내면을 형성하는 가장 근원적인 토대로 자리잡게 되었다.

> 어릴적 업혀서 온 길은 / 어머니의 피 눈물로 만리 / 내 늙어서 갈 길은 / 고향도 병들고 / 나도 병들어 못 가는 구만리 // (…중략…) // 故國땅 向한 / 불타는 鄕愁에 / 울 듯 울 듯 눈물도 말라버린 / 내 가슴속에 숨어서 타는 / 불을 보는가 / 불을 보는가

—경련, 「못가는 九萬里에!」(1963.6) 중에서

'고향이란 참 그리운 것' / 그렇게 쓰다가는 찢어 버린다. // (…중략…) // '고향이란 가고픈 곳' / 이렇게 생각다가도 / 살이 쑤시게 추우면 봄이 정 그리워 / 멈추고 마는 편지 // 이런 편지는 / 언제나 / 쓰다가는 찢어버리고 만다.

—김윤, 「편지」(1965.4) 중에서

고향이 그리워서 / 눈을 감으면 / 삼삼히 떠오르는 정든 마을이 / 때 아닌 살구꽃으로 / 꽃으로 온통 덮이었구나 // (…중략…) // 기약도 없이 넘는 황토 언덕 위에서 / 마지막 돌아 본 마을 어귀에 / 앞이 그만 흐리도록 환하게 피어 있은 / 그 날의 그 꽃을 평생 못잊어 // 칼바람 울부짖는 이러한 밤에조차 / 고향은 살구꽃이 한창이란다.

—정영훈, 「고향에의 敍情(1)」(1966.3) 중에서

재일 한인들에게 '고향'은 자신의 정체성을 내면화하고 실천하는 가장 근원적인 토대였음에 틀림없다. 그러나 지금은 "고향도 병들고 / 나도 병들어 못 가는", 그래서 고향을 향해 편지를 쓰고 또 쓰지만 "언제나 / 쓰다가는 찢어버리고 만다"는 점에서 고향 상실의 비애는 더욱 극에 달한다. "눈을 감으면 / 삼삼히 떠오르는 정든 마을"인 고향은 이제 영원히 상실의 대상이 되고 말았다는 절망적 현실인식이 재일 한인 시인들의 내면에 깊숙이 각인되는 것이다. 지금 그들이 마주한 이국의 현실이 "칼바람 울부짖는" 밤이란 점에서 내면의 상처와 고통은 더욱 크게 다가올 수밖에 없다. 이러한 현실과는 너무나 대조적으로 지금도 "고향은 살구꽃이 한창"이므로, 화자는 "기약도 없이 넘는 황토 언덕 위에서" 바라본 "그 날의 그 꽃을 평생 못잊어"하는 것이다.

해외에서 우리 동포들이 느끼는 조국에 대한 정서는, 첫째, "조국과 떨어져 살아온 생활의 체험을 통하여 사무치게 느끼는 조국의 귀중함에 대한 뜨거운 감정정서"이고, 둘째, "어머니 조국에 대한 한없는 그리움과 그 품에 안기고 싶은 열화 같은 지향으로부터 흘러나오는 감정정서"[9]이다. 서정시의 본질을 근원으로 돌아가고자 하는 욕망이라고 정의한다면, 잃어버린 자기정체성을 회복하려는 서정적 주체의 내면의식이 근원적 그리움의 대상인 고향을 지향하는 것은 너무도 당연하다. 더군다나 지금 고향을 향하는 마음이 상실의 비애와 고통으로 가득 차 있다면 고향을 향한 시적 자아의 열망이 더욱 고조될 수밖에 없는 것이다.

분단의 상처와 이데올로기적 갈등이 극에 달했던 1960년대 조국의 현실은 이러한 근원적 상실감을 내면화하는 결정적 계기로 작용했을 것이다. 1960년대 『한양』의 시문학에서 고향 상실의 비애와 조국을 향한 근원적 그리움이 가장 두터운 자리를 차지할 수밖에 없었던 이유도 바로 여기에 있다. 이러한 주제의식을 형상화한 시작품들을 정리하면, 경련의 「동경」, 「다리」(1962.3), 「현해탄」(1962.6), 「기적소리」(1963.2), 「조국」, 「어머니」(1965.7), 「조약돌」(1965.1), 「어머니 나라」(1966.7), 「낙동강」(1968.4), 정영훈의 「유랑시초」(1962.11), 「제삿날」, 「언제면 언제면」(1963.4), 「思鄕譜」(1969.7), 박일동의 「기원」, 「편지」(1965.8), 「메아리」, 「소곡」(1967.5), 박기원의 「꽃의 사투리」(1963.4), 「山房過冬抄」(1966.2), 김윤의 「새해를 맞아」(1966.1), 「소품」(1967.9), 「가을」(1967.11), 「동삼제」(1967.12), 「그리움」(1968.4), 「봄바람」(1968.5), 「어머니」(1968.9), 윤동호의 「淚如雨」(1965.10) 등이 있다.

---

9 손지원, 「조국을 노래한 재일조선시문학 연구(1)」, 『겨레문학』 창간호, 2000.여름, 64~65면.

2) 조국의 역사적 현실에 대한 비판적 참여

해방 이후 재일 한인 문단은 좌파계열의 '재일본조선인연맹'의 하위 조직이라고 할 수 있는 '재일본조선문학자회'의 구성원들이 주축을 이루고 있었다. 이들은 일본제국주의 잔재의 소탕, 봉건주의 잔재의 소탕, 국수주의의 배격, 조선문학의 국제문학과의 제휴, 문학의 대중화 등 다섯 가지 강령을 표방하였다.[10] 또한 당시 김달수, 허남기를 비롯한 재일 한인 문인들의 상당수는 나카노 시게하루[中野重治]를 핵심으로 한 『신일본문학』과도 깊은 유대관계를 형성하고 있기도 했다. 결국 이들의 문학은 프롤레타리아 문학의 이념을 일관되게 견지함으로써 조국의 역사적 현실에 대한 비판적 참여의 성격을 강하게 표방하였다. 즉 재일 한인문학은 당대의 정치사회적 현실을 직접적으로 담아내는 반영론적 특성을 두드러지게 부각시키는 리얼리즘적 인식과 태도를 문학의 본질로 수용했던 것이다.

이러한 재일 한인문학의 리얼리즘적 전통은 1960년대까지 온전히 이어져 『한양』의 시문학은 당시 우리 조국의 역사적 현실과 구조적 모순에 대한 준엄한 비판의 목소리를 강도 높게 드러냈다. 해방 이후 식민지 잔재의 청산을 통해 진정한 민족해방을 실현하고자 했던 재일 한인으로서의 민족적 의지와 실천이 4월혁명 이후 격변하는 조국의 역사적 현실에 대한 냉정한 비판과 성찰로 이어졌던 것이다.

> 四月아! / 내가 왜 창자를 주리고 살아야 하는지 / 내가 왜 꿈도 없이 걸어가야 하는지 / 너는 진정 나의 스승이 되어준 달 // 너는 나에게 / 자유란 무엇인

10 서용철, 「재일조선인 문학의 시동(始動)—김달수, 허남기를 중심으로」, 『복각 민주조선 별권』, 민주조선사, 1993, 50면.

가를 배워주었고 / 너는 나에게 / 곧바른 이정표를 가르쳐 주었더라 // (…중략…) // 아! 이땅에 청춘을 불러오는 달아 / 지옥과도 같은 이 무서운 세상에서 / 나의 마음은 횃불을 태우며 / 네가 정녕 네가 몹시도 기다려지는구나

—경련, 「四月 아!」(1963.4) 중에서

四월은 내 나라 아버지들의 자랑이었다 / 四월은 내 나라 어머니들의 눈물이었다 / 그 아버지들의 / 그 어머니들의 / 그 兄과 전우들의 / 가슴과 가슴에 살아 / 四월이 돌아오고 / 四월이 울부짖고 있다 / 四월이 깃발을 추켜들고 있다 // 피 흘린 아들들의 / 별같은 눈동자가 / 어제도 오늘도 내려 보고 있는 / 廣場에 / 봄을 찾아 四월이 걸어 오고 있다……

—박일동, 「四月 은」(1964.4) 중에서

해마다 가 버렸네 그대 가신 그 계절 / 해마다 돌아오네 그대 가신 이 계절 // (…중략…) // 전설이 아니었다 살아 뜨거운 것 / 다시 다시 눈부실 광장과 산과 들에 / 넋이어 오시라 / 넋은 달려 오시라 // 四月 은 꽃피는 달 꽃으로 피어 / 수수억만 떨기떨기 붉은 피를 뿜어라

—정영훈, 「四月 의 招魂」(1968.4) 중에서

1960년대 조국의 현실은 이승만 독재정권으로 표면화된 낡은 세대의 구조적 모순을 개혁함으로써 참다운 민주주의의 토대를 마련하고자 했던 4월혁명의 역사적 상징성으로부터 시작되었다. 『한양』은 이러한 4월혁명의 시대정신을 바탕으로 창간되어 한국의 정치적 상황에 민감하게 반응하면서 논설이나 논문 · 비평 등을 통해 현실비판적 성격을 강하게 드러냈다.[11] 『한양』은 창간사에서, "미군정과 이승만정권, 장면정권, 그리고 오늘의 혁명정부—이렇게 한국은 아우성치며 달려

가고 있다. 그 많은 역사의 장마다 갈피갈피 숨은 이야기는 끝이 없고 그 많은 이야기 속에 조국은 고동치고 있다"라고 당대를 규정하면서, "잡지 『한양』은 이에 무심할 수 없는 우리 겨레의 양식이 될 것이며, 고동치는 조국의 넋을 담은 국민들의 公器로 될 것이다"[12]라고 선언하였다. 따라서 『한양』은 한국전쟁 이후 미국의 경제원조에 의지하면서 민족의 자립경제를 구축하지 못한 채 반민주적 파행으로 치달은 이승만 독재정권과 4월혁명의 민족적 · 민주적 역량을 결집해내지 못한 장면 정권의 무능력을 아주 신랄하게 비판하였다. 이를 통해 4월혁명의 시대정신을 실천하는 문제와 박정희 정권이 주도한 개발독재식 근대화 정책을 비판적으로 성찰함으로써 1960년대 한국의 근대화에 대한 새로운 청사진을 제시하고자 했던 것이다.[13]

1960년대 『한양』의 시문학은 이와 같은 잡지의 창간정신을 충실히 반영함으로써 조국의 역사적 현실에 적극적으로 대응하는 비판적 참여시로서의 성격을 두드러지게 지향하였다. 1960년대 『한양』이 표방한 참여문학의 논리는 한국의 역사적 현실을 구체적으로 문제삼는 데서부터 비롯된다. 즉 한국적 현실을 떠나서 한국의 참여문학은 있을 수 없다는 점을 분명히 함으로써 문학과 현실의 단절된 관계를 회복시키는 비판적 현실인식을 보여주었던 것이다. 이런 점에서 4월혁명은 당시 상당수의 문인들에게 진정한 사회참여의 당위성을 호소력 있게 인식시켜준 역사적 사건으로, 순수문학에 대한 전면적 비판을 통해 현

11 1960년대 『한양』의 비평이 표방한 현실주의적 성격에 대해서는, 하상일, 「1960년대 문학비평과 『한양』」, 『어문논집』 50호, 민족어문학회, 2004를 참조할 것.

12 「창간사」, 『한양』, 1962.3.

13 이러한 점에 대한 자세한 논의는, 고명철, 「민족의 주체적 근대화를 향한 『한양』의 진보적 비평정신—1960년대 비평담론을 중심으로」, 『한민족문화연구』 제19집, 한민족문화학회, 2006을 참조할 것.

실참여의 정신적 바탕을 확립하게 함으로써 한국문학의 변화와 혁신을 가져오는 중요한 역사적 계기로 작용하였다. 당시 『한양』은 비록 일본에서 발행되는 잡지였지만, 한국의 역사적 현실을 방관자가 아닌 주체자의 입장에서 비판적으로 인식하고 성찰하는 가장 실천적인 정론지의 성격을 표방하였다. 4월혁명의 시대정신을 창간정신으로 민족의 주체적 역량을 결집하는 가장 진보적이고 실천적인 운동성을 보여주었던 것이다. 이를 통해 『한양』의 시문학은 1960년대 한국문학의 주체성을 확립하는 뚜렷한 방향성을 확보함으로써, 조국의 역사적 현실에 대한 비판적 참여의 성격을 더욱 굳건히 할 수 있었음에 틀림없다.

1960년대 『한양』의 시문학에서 이와 같은 주제적 특성을 지닌 작품에는, 경련의 「침묵의 시」(1964.2), 「팔없는 소녀」(1967.5), 박일동의 「광장」(1964.4), 「기도」(1965.3), 박기원의 「몸부림치는 태극기」(1965.8), 김윤의 「사월이 오면」(1966.4), 신재현의 「4 · 19의 용사들에게」(1966.4), 「해방을 맞던 날」(1966.8), 황명동의 「해협」(1968.1) 등이 있다.

3) 재일 한인으로서의 민족적 정체성 구현

재일 한인 1세대에서 2세대로 넘어가는 시점부터 민족주체성의 확립과 일본사회의 차별에 대한 저항과 갈등은 재일 한인문학의 중요한 주제가 되었다. 조선에서 태어나 식민지 조선에서 성장하였고 모국어인 조선어의 사용을 통해 자연스럽게 민족의식을 형성했던 1세대들과는 달리 2세대들은 일본에서 태어나 일본어로 교육을 받은 사람들이 대부분이다. 따라서 그들은 1세대처럼 식민지 체험을 통해 민족의식을 형성하지는 못했고, 일본에서 성장하면서 '조센징' 혹은 '경계인'으로서의 극심한 차별을 겪으며 민족의식을 형성했던 세대이다.[14] 이런 점에서 재일 2세대 작가인 김학영이 말한 "나는 내가 조선인이면서 거의 일본인과 다름없는 심정으로 주위를 보고 듣고 경험하며 살아가고 있다. 내 안의 조선인 의식은 항상 관념으로서의 민족의식이었지 실제 느낌으로서의 의식은 아니었다"[15]라는 고백은, 재일 한인으로서의 민족적 정체성의 혼란을 보여주는 것이란 점에서 상당히 주목된다. 1960년대 『한양』의 시문학은 이러한 민족적 정체성의 혼란과 갈등을 초점화함으로써 재일 한인들이 이국의 땅에서 겪을 수밖에 없었던 차별과 억압의 고통을 형상화하는데 주력하였다.

> 이야기를 그만 둡시다 / 그 사람은 우리말을 듣지 못하오 // 귀에 대고 꽥꽥 소리를 질러도 / 한국말이라서 말을 듣지 못하오 // (…중략…) // 洋語로는 洋商人과 / 팔아먹는 흥정을 곧잘 하는데 // 천둥처럼 땅 흔드는 한국말은 / 韓人의 말이라서 귀가 먹은 사람 // 이야기를 그만 둡시다 / 그 사람관 이야기를 그만 둡시다.
>
> ―박일동, 「말」(1964.2) 중에서

> 胡地엔 묻힐 수 없어 // 異域의 가시마(借間)의 반침 구석에 / 풀지 못한 보따리에 주머니 속에 / 숨어 사는 한줌 벼 씨는 / 씨 채로 二十年 // (…중략…) // 北九州 탄광으로, 오오사까로 / 요꼬하마 부두로 시나가와로 / 主人이 흘러가면 / 나도 흘러가고 / 主人이 머무르면 / 나도 머무르고 // 兄弟 아니면 서럽더라 / 제 고장 아니면 서럽더라

14 장사선, 「재일 한민족 문학에 나타난 내셔널리즘」, 『현대문학연구』 제21집, 한국현대문학회, 2007, 419면.

15 김학영, 「얼어붙은 입」, 『金鶴泳作品集成』, 作品社, 1986, 30면.

—윤동호, 「씨앗의 노래」(1964.3) 중에서

저 흰구름이 거기로 흘러갈 때 / 나는 그쪽을 바라보며 눈을 감는다. // (…중략…) // 가난과 망향이 얄궂게 엉클어져 / 말마저 고스란히 까먹어 버린 / 숨가쁜 나날이 愁情을 베풀고 / 李서방 金서방 河서방이 / 야마다상 가나이상 가와모도상으로 딩굴어져 버린 / 기맥힌 울안에서 / 내가 나일 수 있고 / 너가 너일수 있고 / 우리가 우리일 수 있는 / 그런 이치를 풀이해 본다. // 허나 / 그 많은 얼굴들이 거기를 잃고 / 그 많은 얼굴들이 어머니를 잃고 / 쓰림한 배가죽을 웅켜 안고 / 아슬아슬한 세월을 적적히 살아 온 / 역사를 우리가 까먹을 수는 없다.

—김윤, 「내가 나일 수 있는 ……」(1966.2) 중에서

박일동의 「말」은 재일 한인들의 언어적 정체성의 혼란을 두드러지게 쟁점화하였다. 재일 한인들에게 언어는 민족의 등가물이므로 우리말의 사용은 민족의식의 형성과 밀접한 관련을 맺지 않을 수 없었다. 1960년대 『한양』은 민족의식의 재정립이라는 차원에서 일본의 식민지정책으로 인해 민족의 언어와 문화를 약탈당했던 현실에 대한 저항으로서의 언어의식을 강력하게 표방하였다. 즉 일본어에 빼앗겼던 우리말과 글을 되찾아야 한다는 점에서 최소한 재일 한인들 사이에는 우리말과 글을 쓸 것을 주장하는 일련의 글을 게재하였다.[16] 이런 점에서 박일동의 시는 "우리말을 듣지 못하"고 "한국말이라서 말을 듣지 못하"는, "韓人의 말이라서 귀가 먹은 사람"들을 향해 "그 사람관 이야기를 그만둡시다"라고 단호한 태도와 입장을 표명하고 있는 것이다.

윤동호의 시는 "胡地"라는 말에 이미 나타나 있듯이 조국을 등지고

---

16 장효, 「언어와 민족—재일교포의 언어생활에 대한 단상」, 1964.11; 남상철, 「국어사용을 일상화하자」, 1968.10; 「민족의식과 언어생활」, 1968.12.

살아갈 수밖에 없는 재일 한인들의 모습을 "풀지 못한 보따리에 주머니 속에 / 숨어 사는 한줌 벼 씨"로 형상화하고 있다. "胡地엔 묻힐 수 없"다는 재일 한인들의 절박한 삶의 조건은 "北九州 탄광으로, 오오사까로 / 요꼬하마 부두로 시나가와로" 끊임없이 이주를 거듭해 온 유이민으로서의 생활에 고스란히 담겨져 있다. "兄弟 아니면 서럽더라 / 제 고장 아니면 서럽더라"라고 말하는 그들의 고백은 재일 한인으로서의 민족적 정체성을 내면화한 슬픈 자화상이 아닐 수 없다. 따라서 재일 한인들은 "가난과 망향이 얄궂게 엉클어져 / 말마저 고스란히 까먹어버린 / 숨가쁜 나날"을 살아오면서, "아슬아슬한 세월을 적적히 살아온 / 역사를 우리가 까먹을 수는 없다"라는 역사적 현실인식을 결코 놓치지 않으려 하는 것이다.

재일 한인으로서의 존재와 운명은 근원적으로 조국과 민족을 떠나서는 정의할 수 없는 특수한 위치에 놓여 있다. 일본 내에서 그들이 겪은 삶의 애환과 망향의 노래는 조국의 역사적 현실과 맞물려 민족적 정체성에 대해 끊임없이 고민해야 하는 근원적 상처로 자리잡았다. 즉 이국 땅에서 생존을 위해 일본어를 선택함으로써 조국의 언어를 의도적으로 외면하며 살아야 했던 언어의식의 혼란, 탄광으로 부두로 하급 노동자로서의 삶을 전전하면서 형제와 조국을 잃어버리지 않으려 애썼던 이방인으로서의 경계의 고통이 아주 깊숙이 각인되어 있었던 것이다. 이 때문에 그들은 재일 한인으로서의 자기정체성을 묻고 또 물으면서, 자신들에게 주어진 무거운 시대적 책임, 즉 지난 역사의 상처와 고통을 절대로 잊어서는 안 된다는 재일 한인으로서의 민족적 정체성에 대한 굳은 신념을 내면화하였다. 이처럼 1960년대 『한양』의 시문학은 재일 한인으로서의 특수한 상황을 직시하고 민족적 정체성과 재일 한인으로서의 고통스런 현실 사이에 가로놓인 부조화를 비판적으로 성찰하는데 주력했다. "너는 언제나 나와 함께 있"고 "나는 언제나 너와 함께 있"다는 인식이나, "내가 나일 수 있고 / 너가 너일수 있고 / 우리가 우리일 수 있"다는 태도는, 민족적 정체성의 확립을 통해 재일 한인으로서의 공동체성을 확보하려는 내적 의도를 드러낸 것으로 이해할 수 있다.

1960년대 『한양』의 시문학에서 이와 같이 재일 한인으로서의 민족적 정체성을 구현한 작품으로는, 경련의 「다듬이 소리」(1963.5), 「一石의 弁」(1963.7), 「거울 앞에서」(1964.11), 정영훈의 「자유」(1964.2), 윤동호의 「한치의 뜨락」(1964.5), 황명동의 「그 얄궂한 생물」(1968.5), 김성호의 「三世의 우울」(1968.5), 김윤의 「거기에로의 합창」(1969.2) 등이 있다.

4) 자연을 통한 자기성찰과 내적 의지

재일 한인들에게 조국, 역사, 민족의 문제는 자신들의 아이덴티티를 구축하는 가장 중요한 정신사적 토대였다고 할 수 있다. 따라서 이를 문학적으로 형상화하는 것은 재일 한인문학의 특수성을 구현하는 가장 유효한 방법적 통로가 되었던 것이 사실이다. 물론 이러한 문제의식은 재일 한인문학을 총체적으로 이해하는 데 있어서 핵심적인 사항임에는 틀림없지만, 이와 같은 거대담론의 틀 안에서만 재일 한인문학을 규정하는 것은 자칫 획일화된 결과를 양산할 우려가 있음을 반드시 경계해야 한다. 특히 시문학의 경우에는 소설문학과 달리 역사적 주체보다는 개인적 주체가 더욱 두드러지게 표면화되기 마련이라는 점에서, 자연을 통한 자기성찰과 주체의 정서 표출이라는 서정시의 본질을 외면해서는 안 된다. 이러한 태도는 재일 한인으로 살아가는 화자의 내적 의지와 시적 세계관의 상관성을 이해하는 중요한 문제의식을 내포하고 있다고 할 수 있다.

지금까지 재일 한인문학 연구에 있어서 '자아 추구'의 방향은 대체로 재일 3세대 문학에서부터 시작되는 것으로 논의되었다. 즉 재일 1세대와 2세대의 문학이 타자에 대한 저항과 거부를 바탕으로 한 갈등을 쟁점화함으로써 공동체를 지향하며 민족의식을 보다 공고히 만드는 작업이었다면, 재일 3세대 문학은 개개인의 내면적 자아에 호소하는 방식으로 주체적인 제3의 위치를 생성한다고 보았던 것이다. 여기에서 말하는 '제3의 위치'란 특수한 '재일'의 상황과 민족의식을 모두 인정함으로써 주체적이고 독립적인 재일 한민족의 의식을 찾는 것을 말한다.[17] 하지만 필자가 보기에 재일 문학을 세대론적으로 이해하려는 이러한 시각은 다소 경직된 구분으로 받아들여지지 않을 수 없다. 왜냐하면 재일 한인문학의 전체적 흐름을 볼 때 제3세대에게서 '자아 추구'의 양상이 두드러진다는 점은 충분히 인정할 수 있지만, 그렇다고 해서 이전 세대의 문학을 조국과 민족 그리고 역사의 방향으로 무조건 환원시키는 것은 상당히 무리가 따르기 때문이다. 이런 점에서 1960년대 『한양』의 시문학에서 자연을 통한 자기성찰과 내적 의지의 형상화를 주목해서 바라볼 필요가 있는 것이다.

> 엇걸어 놓은 板子쪼박 / 防水布누더기 축 늘어진 지붕 위에 / 눈이 내린다 / 벌거벗은 山위에 / 얼어붙은 캄캄한 내 마음 속에 / 눈이 내린다. // 훈훈한 溫氣서린 유리窓에 / 동그라미를 그리며 / 창밖을 내다보고 싶구나! // 여윈 팔다리 싸늘하게 식어든 / 볏짚같은 아이의 무릎을 만지며 / 내다보는 하늘

17 장사선, 앞의 논문, 424~425면.

빛, 하늘빛— // 뜻뜻한 이마와 손바닥을 窓유리에 대이며 / 펑펑 쏟아지는 흰눈을 내다볼 / 아이의 입김이 그립다.

—정영훈, 「눈이 내린다」(1963.3) 중에서

잎 다 핀 후에 / 진달래꽃 다 진 뒤에 / 우거진 숲 그늘에 다소곳이 / 홀로 핀 철쭉꽃 // 그 어딜 / 가신 임을 기다리는 넋인가요 / 진정 와야 할 봄이 오지 않아 / 지지 못하는 꽃인가요 // (…중략…) // 진정 봄은 다 갔어도 / 짓밟힌 봄이었기에 / 늦은 봄 숲 속에 / 오래 오래 피는 꽃인가요.

—윤동호, 「철쭉꽃」(1967.5) 중에서

불퉁하게 / 春芽 부풀어 터지는 아침은 / 평화스러운 풍경이었다. // 새로운 것들이 / 낡은 皮殼을 뚫고 / 자라나는 모습은 위대하기도 했다. // 지난날들의 冬眠 속에서 얻은 교훈을 / 따스한 봄날에 뽐내는 모습은 / 정말 정답기도 했다. // 봄은 / 만상이 하늘을 향하여 / 부풀어 터지는 떳떳한 季節이기도 하고 // 참아온 것들을 / 마음껏 소리쳐 외치는 / 季節이기도 한 것 같다.

—김윤, 「春芽(II)」(1969.4) 중에서

인용시에서 자연은 모두 순수한 상태로서의 자연이라기보다는 역사화된 자연으로서의 의미를 더욱 강하게 부각시키고 있다. 식민지 이후부터 줄곧 견뎌야만 했던 이방인으로서의 삶의 고통은 재일 한인들에게 언제나 절망적 현실을 안겨주기 일쑤였지만, 역사화된 자연에 내재된 생명력은 새로운 미래를 향한 희망의 메시지를 들려준다는 점에서 사뭇 대조적으로 인식된다. 다시 말해 자연은 재일 한인으로서의 역사적 상처를 근원적으로 치유하는 자기성찰의 매개체가 될 뿐만 아니라, 차별과 소외로 점철된 재일 한인 사회의 역사적 현실을 뛰어 넘으려는 화자의 내적 의지를 실천하는 상징물로 표상되고 있는 것이다. 이런 점에서 "펑펑 쏟아지는 흰눈을 내다볼 / 아이의 입김", "늦은 봄 숲 속에 / 오래 오래 피는 꽃", "참아온 것들을 / 마음껏 소리쳐 외치는 / 季節"은, 자연을 통한 자기성찰과 내적 의지를 다지는 객관적 상관물로서의 성격을 지니고 있다. 재일 한인들 모두의 마음은 "불퉁하게 / 春芽 부풀어 터지는 아침"과 같이 "평화스러운 풍경"이 내면화되기를 간절히 바라고 있는 것이다.

1960년대 『한양』의 시문학에서 이러한 서정시의 본질적 성격은 상당히 두드러진다. 즉 해방 이후 허남기, 강순, 김시종으로 이어져 내려온 시사적 전통이 역사와 민족에 대한 저항성과 실천성을 두드러지게 표방하였다면, 『한양』에는 이러한 역사적 부채의식으로부터 비교적 자유로운 위치에서 서정시의 본질에 충실한 내면지향의 시들이 많이 발표되었던 것이다. 이러한 사실은 재일 한인의 시문학을 역사와 민족이라는 거대담론의 체계 안에서만 파악하고 있는 기존의 연구방법에 대한 분명한 성찰을 요구한다. 즉 해방 이후 재일 한인 시문학에 대한 논의는 역사적 주체와 개인적 주체가 만나는 지점과 서정시의 장르적 특성에 바탕을 둔 시적 정서와 이미지를 함께 분석하는 다양한 연구방법론을 심화시킬 필요가 있는 것이다.

1960년대 『한양』의 시문학에서 이러한 서정의 본질을 충실히 내면화하고 이를 토대로 재일 한인으로서의 주체적 의지를 다지는 시로는, 정영훈의 「바위」(1962.7), 「추일단상」(1963.11), 경련의 「冬風」(1962.12), 「고백」, 「산」(1963.8), 「故園詩抄」(1964.6) 등이 있다.

4. 맺음말

1960년대 재일 한인 시문학은 해방 이후 허남기, 강순, 김시종 등을 중심으로 전개된 시문학의 전통을 계속해서 이어왔다고 할 수 있다. 당시 이들의 시적 지향은 해방 이후의 정치사회적 현실에 대한 문제의식과 조국을 향한 혁명의식을 내면화함으로써, 식민지 청년 지식인으로서의 내적 고뇌와 재일 한인으로서의 자기정체성에 대한 존재론적 성찰을 두드러지게 표방하였다. 또한 이들은 재일 한인 시문학과 한국의 시문학을 상호 교섭시키는 데도 상당히 많은 열정과 노력을 쏟음으로써, 『김지하전집』(1974), 신경림의 『농무』(1977), 김수영의 『거대한 뿌리』(1979), 조태일의 『국토』(1980) 등의 시집을 일어로 번역하여 일본 시단에 소개하는 중요한 역할을 담당하기도 했다.

이처럼 허남기, 강순, 김시종 등에 의해 주도된 해방 이후 재일 한인 시문학의 흐름은 소설문학의 흐름 못지 않게 아주 활발한 양상을 보여왔던 것이 사실이다. 그럼에도 불구하고 지금까지 재일 한인문학 연구에 있어서 시문학에 대한 논의는 거의 이루어지지 않았고, 이러한 요인과 무관하지 않게 그동안 『한양』의 시문학에 대한 연구 역시 전혀 이루어지지 않았다는 사실을 문제삼지 않을 수 없다. 특히 『한양』에 발표한 시인들의 경우 몇몇을 제외하고는 국내의 연구자들은 물론이거니와 일본 내의 재일 한인문학 연구자들에게서조차 전혀 논의의 대상이 되지 못했다는 사실은 끝까지 의문으로 남는 게 사실이다. 『한양』이 간행된 이십여 년 동안 경련, 박일동, 정영훈의 경우 100편 이상의 많은 시를 발표했음에도 불구하고 재일 한인 시문학에서 이들의 위상은 전혀 정립되지 않고 있는 것이다.

이러한 점은 1960년대 재일 한인 시문학에서 『한양』의 시문학이 차지하는 위치를 이해하는 데 있어서도 상당히 큰 걸림돌이 되지 않을 수 없다. 『한양』은 1960~1980년대에 이르는 이십여 년 동안 재일 한인 사회의 이데올로기 형성과 담론적 실천에 지대한 공헌을 한 중요한 매체였음에 틀림없다. 그럼에도 불구하고 여기에 수록된 시들은 재일 한인 시문학사를 구성하는 데 있어서 거의 대부분 제외되었다는 사실을 도대체 어떻게 이해해야 하는 것일까. 이러한 문제에 대한 실증적 해명은 당시 잡지를 만들었던 실무자의 구체적인 증언만이 유일한 단서가 될 수 있을 것이다. 하지만 『한양』의 발행인이자 편집인이었던 김인재 선생이 『한양』과 관련한 모든 사실을 함구하고 있는 지금으로서는 이러한 많은 의문들을 밝혀낸다는 것은 사실상 불가능하다. 이는 지금까지 논의된 『한양』에 대한 연구가 재일 한인문학 연구의 범주 안에서 구체적이고 실증적인 자리를 만들어내지 못하는 결정적 한계로 작용하기도 했다.

앞서 살펴봤듯이 『한양』의 시문학은 재일 한인 시문학의 보편성과 특수성을 담아내는 중요한 텍스트로서의 의의를 지니고 있다. 또한 『한양』은 1960년대 한국 현실주의 문학의 형성과정과도 아주 밀접한 관련이 있다는 점에서, 한민족문학의 재구성이라는 차원에서 1960년대 한국 시문학과 재일 한인 시문학의 교섭 양상을 해명하는 비교문학적 자료로서의 의미도 아울러 지니고 있다. 최근에 이르러 『한양』은 한국현대문학사의 소외된 지점을 복원해내는 중요한 자료적 가치를 지녔다는 점에서 국문학계로부터 상당히 주목받고 있다. 하지만 『한양』 관련 연구의 대체적 방향은 여전히 재일 한인문학과 『한양』의 관계에 대해서는 크게 의미를 부여하지 않고 있는 것이 사실이다. 앞으로 『한양』의 외적 실체와 필자들의 면면에 대한 실증적 확인이 이루어진다면,

재일 한인문학 연구에 있어서 『한양』이 지닌 위상도 새롭게 부각될 수 있을 것이다. 본 연구는 이와 같은 앞으로의 연구방향을 열어 가는 데 있어서 그 출발점으로서 의의를 지닌다고 할 수 있다.

재일 조선인 시문학 연구

『종소리』를 중심으로

1. 문제제기

최근 들어 디아스포라(diaspora)에 대한 관심이 크게 고조되면서 재외 한인들의 문학에 대한 연구가 아주 활발하게 이루어지고 있다. 민족, 국가, 인종과 같이 문학을 갈래짓고 구분해온 전통적 기준들이 점차 그 유효성을 잃어버림에 따라 이를 통합하거나 그 경계를 허무는 지점에서부터 쟁점적인 논의들이 지속적으로 전개되고 있는 것이다. 이러한 흐름 속에서 우리 문학 연구의 방향 역시 '한국문학'이라는 지역적 · 언어적 한계를 넘어 '한민족문학'이라는 더욱 넓은 차원에서 재외 한인들의 문학을 한국문학의 범주 안으로 적극적으로 수용하는 열린 의식과 태도를 지녀야 할 것이다. 식민지의 억압과 모순을 피해 만주로 연해주로 망명 혹은 이주를 했거나, 극심한 궁핍과 일제의 감시를 면하기 위해 일본으로 밀항을 했던 상당수의 민족구성원들은, 해방 이후에도 조국으로 돌아오지 못한 채 낯선 이역의 땅에서 온갖 핍박과 설움을 견디며 살아왔다. 그럼에도 불구하고 이들 재외 한인들은 한민족으로서의 민족정체성을 잃지 않기 위해 정신적 고투를 벌여왔으며, 이러한 정체성을 다음 세대로 물려주기 위한 실천적 삶을 이어왔다. 재외 한인들의 문학적 활동은 바로 이러한 민족정체성을 구현하는 중요한 수단이었고, 민족적 동질성을 확인하고 다짐하는 굳은 의지의 결정체였다. 이런 점에서 재외 한인들의 문학작품은 그들의 정신사적 궤적과 실천적 삶의 자리를 확인하는 중요한 자료로서의 의미를 지니고 있다.

본고에서는 우선, 재외 한인문학 가운데 재일 조선인 문학을 대상으로 논의하고자 한다. 그동안 재일 조선인 문학 연구는 크게 두 가지 방향에서 문제점과 한계를 드러냈다.

첫째, 재일 조선인 문학 연구의 대부분이 소설 장르에 한정되어 재일 조선인들의 문학활동 전반을 총체적으로 다루지는 못했다는 점이다.[1] 물론 식민지사회의 억압과 모순, 해방 이후 재일 조선인들이 겪을 수밖에 없었던 자기정체성의 고민 등을 쟁점화한 재일 조선인 문학의 핵심 주제는, 개인의 정서나 감각을 기반으로 하는 시문학보다는 인물과 플롯을 중심으로 역사적 사건을 전면화하는 서사 장르에 더욱 밀착될 수밖에 없었을 것이다. 따라서 재일 조선인 소설문학에 대한 연구는 해방 이후 재일 조선인 문학의 형성과정과 이데올로기적 기반 그리

1 지금까지 논의된 재일 조선인 문학 연구의 대상을 살펴보면, 김사량, 장혁주, 김달수, 김석범, 이회성, 김학영, 이양지, 유미리, 현월, 가네시로 가즈키 등 소설가가 거의 대부분을 차지한다. 시인의 경우, 김시종, 허남기, 종추월 등에 대한 단편적인 연구가 있었고, 비평가의 경우에는 윤학준, 임전혜, 김학현 등의 활동이 주목되지만 지금까지 연구의 대상으로 삼은 바는 전혀 없다.

고 재일 조선인으로서의 자기정체성과 언어의식의 괴리 등을 이해하는 가장 중요한 바탕이 된다는 점에서 지금까지 이루어진 연구의 의의 자체를 폄하해서는 안 된다. 다만 앞으로의 연구 방향이 지금과 같이 소설문학에 한정된 논의를 넘어서 시, 평론, 수필 등 모든 장르를 포괄하는 종합적인 체계를 정립해야 한다는 점은 분명하게 인식할 필요가 있다.

둘째, 재일 조선인 문학 연구에서 한글문학에 대한 연구가 오히려 소외되거나 배제되어 왔다는 사실이다. 이는 분단과 이념의 상처에서 비롯된 결과라고 할 수 있는데, 해방 이후 한글 창작을 고집해온 시인과 작가들 대부분이 '재일조선인총련합'(이하 '총련'으로 약칭)의 하부조직인 '재일본조선문학예술가동맹'(이하 '문예동'으로 약칭) 소속이었기 때문이다. 즉 분단체제의 남한 현실에서 북한문학의 이념과 창작방법론을 수용한 '총련'의 문학을 우리 문학의 연구대상으로 삼는 것은 사실상 불가능했던 것이다. 앞으로 우리의 문학 연구가 통일문학사의 실현을 위해 더욱 매진해야 한다는 점을 생각할 때, 이제 우리 문학사는 남한과 북한 그리고 재외를 아우르는 한국문학사의 총체적 완성을 적극적으로 모색해 나가야 할 것이다. 본고는 이상과 같은 두 가지 문제점에 대한 비판적 성찰을 통해 재일 조선인 문학 연구의 토대를 더욱 넓히고자 하는 데 있다.

2. 해방 이후 재일 조선인 시인들의 활동 양상과 의미

해방 이후 재일 조선인 시문학사에서 가장 먼저 주목해야 할 시인은 허남기이다. 그는 1918년 부산에서 태어나 부산제2상업학교(현재 부산개성고등학교)를 졸업하고 일본으로 건너가 '총련'의 문화부장, 부의장, '문예동' 위원장을 역임했고, 『허남기 시선』을 비롯한 10여 권의 시집을 남기고 1988년 사망했다. 그는 해방 이후 재일 조선인 문학 활동의 중요한 토대가 되었던 『민주조선』, 『조선문예』[2] 등의 잡지를 통해 김달수, 이은직 등의 소설가와 강순 시인 등과 교류하면서 재일 조선인 문학의 초석을 닦는 데 결정적 역할을 했다. 그는 생전에 『선물』, 『조선해협』, 『조선겨울이야기』, 『화승총의 노래』, 『해바라기의 노래』, 『비수』, 『한 번 흐

---

2 해방 이후 재일 조선인 문학활동은 당시 발간된 신문, 잡지, 동인지 등의 매체를 중심으로 활발하게 전개되었다. 1945년 10월 결성된 '재일조선인연맹[朝聯]'에서 발간한 『민중신문』(『우리신문』(1946.8), 『해방신문』(1946.9), 『조선민보』(1957.1), 『조선신보』(1961.1)), 1945년 11월 결성된 '조선건국촉진청년동맹[建青]'에서 발간한 『조선신문』(1946.3), 해방 이후 일본에서 가장 먼저 출간된 문예지인 『고려문예』(1946.11), 시전문잡지 『조선시』(1946.3), '조련'의 기관지 『조련문화』(1946.4), '재일본조선문학회'에서 발간한 『우리문학』(1948.8), '조선신보사'에서 발간한 종합지 『민주조선』(1946.10), 문예지 『조선문예』(1947.10), 우파적 성격의 잡지 『자유조선』(1946) 등이 있다. 특히 김달수가 중심이 되어 발간한 『민주조선』은 해방 이후 재일조선인 문학의 정체성을 확립하는데 있어서 아주 중요한 역할을 하였다. 『민주조선』은 1946년 4월부터 1950년 7월까지 통권 33호에 걸쳐 간행된 일본어 종합지이다. 『민주조선』은 종합지임에도 불구하고 문학에 관한 글이 전체 지면의 반 이상을 차지할 정도로 문학에 대한 비중이 상당히 높았다. 『민주조선』의 문학적 공로를 간략히 언급하면, 첫째, 동포작가들에게 발표의 기회를 제공하여 김달수, 이은직 등과 같은 작가들, 허남기, 강순 등과 같은 시인들을 배출하였고, 둘째, 김사량, 김태준, 이태준, 김남천 등의 작품을 소개하여 재일 조선인 문학과 조국의 문학을 연결하는 가교 역할을 하였으며, 셋째, 德永直, 保高德藏, 小田切秀雄 등 진보적인 일본의 작가들과 평론가들의 글을 게재함으로써 동포작가들과 일본문단의 교류 기회를 넓혔다. 호테이 토시히로, 「해방 후 재일 한국인 문학의 형성과 전개－1945년~60년대 초를 중심으로」, 『인문논총』 제47집, 서울대 인문학연구소, 2002.8, 83면; 이한창, 「재일 동포조직이 동포문학에 끼친 영향」, 『일본어문학』 제8집, 한국일본어문학회, 2000, 107면.

른 강물은 다시 막지 못한다』, 『길』 등 상당히 많은 시집을 남겼다. 하지만 분단체제의 남한문학사에서 그의 시문학에 대한 언급은 사실상 전혀 없었고, 이에 반해 북한문학사에서는 그의 시를 높이 평가해 유고시선집 『조국에 바치여』(평양출판사, 1992)를 발간하기도 했다.[3]

강순은 1918년 강화 출생으로 1936년 일본으로 건너가 와세다대학을 다녔고, 김달수, 허남기 등과 함께 『조선문예』를 발간하는 데 참여했다. 생전에 『조선부락』(1953), 『불씨』(1956), 『강순시집』(1964), 『강바람』(1984) 등 4권의 우리말 시집과 『なるなり』(1970), 『단장(斷章)』(1986) 등 2권의 일본어 시집을 출간했고, 『김지하전집』(1974), 신경림의 『농무』(1977), 김수영의 『거대한 뿌리』(1979), 조태일의 『국토』(1980), 이성부의 『우리들의 양식』(1981), 양성우의 『겨울공화국』(1978) 등을 일본어로 번역하여 출간하기도 했다. 이처럼 그는 해방 이후 재일 조선인 시문학과 남한의 시문학을 이어주는 가교 역할을 한 가장 대표적인 재일 조선인 시인이다. 하지만 현재까지 그의 시에 대한 연구 역시 거의 찾아보기 힘든데, 최근 재일 조선인 문학가인 김학렬이 재일 조선인 작고시인들의 시를 검토하는 자리에서 강순의 「기억의 토막들」을 논의하였다. 여기에서 김학렬은, 강순의 시가 후기 시집 『강바람』에 오면 이전과는 다른 변모양상을 보이는데, '총련'에도 '민단'에도 속하지 않은 조직 바깥의 바람을 '강바람'으로 표상한 것처럼, 남북현실에 대한 비판적 안목과 객관적인 입장을 드러냈고, 민족통일에 대한 염원과 조국에 대한 향수 그리고 민족성에 기반한 현대성의 추구를 보여주었다고 높이 평가

3 국내에 소개된 허남기의 시는, 민영 시인이 번역한 『화승총의 노래』(동광출판사, 1988)와 서경식의 『소년의 눈물』(돌베개, 2004)에 언급된 「영산강」이 있고, 그에 대한 연구로는 하상일의 「해방 직후 재일 조선인 시문학 연구—허남기의 시를 중심으로」(『우리말글』 제37집, 우리말글학회, 2008.8)가 있다.

했다.[4] 그리고 윤의섭은 『강순시집』을 중심으로 한국어 시문학의 문학사적 의의라는 큰 틀에서 그의 시세계를 본격적으로 논의한 바 있다.[5]

김시종은 1929년 생으로 해방 직후 오사카로 건너가 지금까지 재일(在日)의 실존적 의미 탐구에 주력한 대표적인 재일 1세대 시인이다. 1951년 10월 오사카에서 결성된 '재일조선문화인협회'에서 발간한 종합지 『조선평론』에 참가했고, 1952년 시전문 동인지 『진달래』 창간을 주도했다. 1955년 첫 시집 『지평선』을 출간한 것을 시작으로, 1957년 두 번째 시집 『일본풍토기』를 발간했다. 애초에 세 번째 시집으로 기획했던 『일본풍토기 II』는 '총련'과의 갈등과 『진달래』의 해산 등을 겪는 와중에 중단되었고 그 원고마저 분실되었다고 한다. 그래서 세 번째 시집은 1970년에 와서야 장편시집 『니카타[新潟]』를 출간할 수 있었고, 1978년에는 『삼천리』[6] 창간호(1975)부터 1977년 여름호까지 총 10회에 걸쳐 연재되었던 『이카이노시집[猪飼野詩集]』을 출간했다. 이후 그는 『광주시편』(1983), 『들판[原野]의 시』(1991), 『화석의 여름』(1998) 등의

4 김학렬, 「잊혀지지 않는 시 ③ - 재일조선작고시인들의 시; 강순」, 『종소리』 31호, 2007. 여름, 35~39면.

5 윤의섭, 「재일동포 강순 시 연구 - 『강순시집』을 중심으로」, 『한중인문학연구』 제15집, 한중인문학회, 2005.8.

6 1975년 2월 1일 발행인 이철, 편집인 이진희, 편집위원 김달수, 윤학준, 강재언, 박경식, 김석범 등에 의해 창간되어 1987년 5월 1일 제50호를 끝으로 종간된 계간종합문예지이다. 역사학자와 문학인들로 구성된 편집진들의 면면에서 알 수 있듯이, 『삼천리』는 한국의 역사적 현실을 예의 주시하면서 한일관계, 조선의 역사, 조선의 문화, 재일 조선인들의 실상 등에 대한 실증적이고 객관적인 글들을 지속적으로 발표하였다. 특히 문학의 경우 당시 「오적」 필화사건으로 감옥에 있었던 김지하의 문학을 창간호의 특집으로 삼은 것을 비롯해서 그의 재판기록과 증언내용, 김지하 구명을 위한 주변인물들의 호소문 등 그에 대해 상당히 많은 지면을 할애하였다. 이는 7 · 4남북공동성명의 정신에 입각하여 남북의 평화적 통일에 대한 염원과 한국의 민주화에 대한 열망을 김지하의 문학세계를 통해 우회적으로 제시하고자 한 것으로 보인다. 하상일, 「재일 한인 잡지 소재 시문학과 비평문학의 현황과 의미 - 『조선문예』, 『한양』, 『삼천리』, 『청구』를 중심으로」, 『한국문학논총』 제42집, 2006.4, 400면.

시집을 지속적으로 발간하는 등 지금까지 재일 조선인 시문학에서 가장 왕성한 시작 활동을 펼치고 있다. 그에 대한 연구는 다른 시인들에 비해서는 상대적으로 많은 편인데, 이는 최근까지 활동을 이어가고 있는 그의 시세계가 재일 조선인 시문학의 어제와 오늘을 동시에 보여주는 일종의 가늠자 역할을 하고 있기 때문이다.[7]

이상에서처럼 해방 이후 재일 조선인 시문학의 흐름은 허남기, 강순, 김시종 등에 의해 초석을 닦았고, 이를 토대로 김윤, 정화수, 김학렬 등이 재일 조선인 시문학사의 맥을 이어가고 있다.

김윤은 '총련' 계열이 아니라 '민단' 계열임에도 불구하고 지금까지 한글로 시를 써온 특이한 이력의 시인이다. 그는 1932년 경남 남해 출신으로 진주농림고등학교를 졸업하고 동국대학을 중퇴했다. 1950년대 전시연합대학 시절 부산에 모인 대학생들이 중심이 되어 발간한 『신작품』의 동인(고석규, 천상병, 송영택, 김재섭, 김소파, 이동준, 김동일)으로 활동했는데, 2집에 「호수」, 3집에 「나무」, 4집에 「가을」을 발표했고, 5집부터는 동인 명단에서 이름을 찾을 수 없는데, 이 무렵 일본으로 건너간 것으로 보인다. 당시 국내에서는 그의 본명인 김동일(金棟日)로 시를 발표하였고, 이후 일본에서는 김윤이라는 필명으로 『한양』[8]을 중심

---

7 유숙자, 「민족, 在日 그리고 문학-재일 시인 김시종의 시세계」, 『한림일본학연구』 제7집, 2002; 호소미 카즈유키, 「세계문학의 가능성-첼란, 김시종, 이시하라 요시로의 언어체험」, 『실천문학』, 1998.가을; 마츠바라 신이치, 「김시종론」, 홍기삼 편, 『재일한국인문학연구』, 솔, 2001.

8 『한양』은 4월혁명의 시대정신을 바탕으로 1962년 3월 일본 동경에서 창간된 월간 교양지로, 편집인겸 발행인은 김인재였다. 잡지의 구성을 대략적으로 살펴보면, 시, 소설, 수필, 평론 등의 문학작품, 당대의 정치사회적 쟁점에 대한 논문 및 시론(時論) 등 재일 한인들의 의식과 정서를 총체적으로 반영하는 종합지적 성격을 지니고 있었다. 뿐만 아니라 한양은 당시 변혁기에 있었던 1960년대 한국사회와도 밀접한 관련성을 지님으로써 한국문학의 변화와 성찰을 모색하는 데 있어서 상당히 중요한 역할을 담당하였다. 하상일, 「1960년대 현실주의 문학비평 연구-『한양』, 『청맥』, 『창작과비평』, 『상황』을

으로 시창작 활동을 펼쳤다. 『현대문학』 동경지사장을 맡은 인연으로 두 권의 시집을 현대문학사에서 발간했는데, 『멍든 계절』(1968), 『바람과 구름과 태양』(1971)이 있다.

김학렬은 1935년 교토에서 태어나 조선대학교 문학부를 졸업하였고, 1962년 '조선신보사'에 「일어서라, 한강 사나운 물결아!」가 당선되면서 시작 활동을 했다. 시집으로 『삼지연』(1979), 『아, 조국은』(1990) 등을 상재했으며, 『조선프롤레타리아문학운동연구』(1996)로 조선민주주의인민공화국 교수 칭호와 문학박사 학위를 받았다. 조선대학교 교수와 '문예동' 부위원장을 맡아서 재일 조선인 시문학의 이론적 토대 마련과 문학사의 정리 등에 선도적인 역할을 하였다. 그의 시에 대한 분석을 토대로 '총련' 시문학의 방향성과 '문예동'의 조직과 북한문학의 특징 등을 개괄적으로 논의한 홍용희의 글[9]이 있다.

정화수는 부산 동래 출생으로 조선대학교를 졸업했고, '문예동' 위원장을 역임하면서 '총련'의 문학활동을 조직적으로 선도하는 역할을 담당해왔다. 그가 남긴 시집으로는 『영원한 사랑 조국의 품이여』(1980)가 있다. 현재 그는 '문예동' 소속 재일 조선인 시인들의 모임인 '종소리 시인회'를 이끌면서 시전문 동인지 『종소리』의 발행과 편집을 책임지고 있다. 『종소리』는 2000년 1월 창간되어 2011년 신년호까지 총 45호를 발간한 계간 시전문 동인지이다. 또한 2004년 11월에는 『종소리』 20호 발간을 기념하여 『종소리 시인집』이라는 시선집을 출간하기도 했다. 이처럼 정화수는 2000년 이후 '총련'의 재일 조선인 시문학을 실질적으로 이끌었던 시인으로, 그의 시세계와 『종소리』는 앞으로 재일

중심으로」, 부산대 박사논문, 2005, 26면.

9 홍용희, 「재일 조선시와 조국의 노래－김학렬의 시세계를 중심으로」, 『시작』, 2005. 가을.

조선인 시문학이 어떠한 방향으로 변화될지를 구체적으로 보여주는 중요한 시사적 의미를 지녔다고 평가할 수 있다.[10]

3. 2000년대 이후 '총련'계 재일 조선인 시문학의 변화와 『종소리』의 시사적 의미

'총련'의 '문예동' 소속 재일 조선인 시인들은 새천년의 시작과 함께 『종소리』를 창간하였다. 이는 "해가 가고 세월이 바뀌여 / 새세기 새천년대를 맞는 / 송구영신(送舊迎新)의 분기점 / 여기서 인류는 / 그 어떤 종소리를 울려야 할 것인가"(『종소리』, 창간호)에 대한 해답을 찾으려는 상징적 의미가 있다. 즉 『종소리』의 창간은 재일 조선인으로서 민족적 사명과 역사적 책임을 다하는 시문학의 위상과 역할에 대해 새롭게 고민하고 다짐하는 실천적 계기로 삼고자 했던 것이다.

> 재일동포들에게 있어서 오늘날처럼 시가 요구되는 시기는 없다고 봅니다. 예나 금이나 사회가 발전하자면 민족의 량심, 시대의 선구인 시문학이 필

10 필자는 2006년과 2007년 두 차례 일본 동경에 있는 정화수 시인의 집을 방문하여 재일 조선인 시문학을 주제로 여러 가지 논의를 한 바 있다. 그는 지금 재일 조선인 시문학은 북한문학의 일방적 영향을 벗어나 시의 본질에 충실한 새로운 변화를 모색하고 있는데, 『종소리』는 이러한 변화를 선도하는 매체로 발전시켜 나갈 것임을 밝혔다. 즉 그동안 재일 조선인 시문학이 보여왔던 이념적 경직성을 벗어나 서정시의 본령에 더욱 가까이 다가가고자 노력하고 있다는 것이다. 이러한 그의 입장은 『종소리』에 수록된 시작품 전반에 걸쳐 아주 충실하게 반영되어 있는데, 이는 2000년대 이후 재일 조선인 시문학의 변화 양상을 이해하는 중요한 사례임에 틀림없다.

요했고 그 사명과 역할을 다해야 했습니다.

재일동포들의 애국애족운동의 경우에도 역시 다름이 없었습니다. 그러나 오늘날처럼 조국의 통일이 지연되여 동포들의 세대가 몇 차례나 바뀌고 민족성이 희박해져가는 지점에서는 이제 그 어떤 위구를 느낄만큼 민족성 문제는 림박하게 제기되고 있습니다.

이에 우리 문학예술운동이 한몫을 단단히 해야 함은 물론이요 더욱이 문학이 앞장서는 것이 자못 중요합니다.

그 중에서도 시대를 앞질러가는 시는 한시도 늦출 수 없는 초미의 문제이며 초보적인 문제입니다.

『종소리』에 참여한 우리들은 작은 힘이나마 한데 묶어 우리 민족문화와 민족성을 지키고 조국의 통일을 앞당기는 운동에 조금이라도 보탬이 되고저 이 잡지를 발간하게 되었습니다.[11]

인용문은 『종소리』 창간의 취지와 의의에 대한 편집위원들의 생각을 담은 「편집후기」이다. 여기에서 분명히 밝혔듯이, 『종소리』는 '재일동포들의 애국애족운동'을 구체적으로 실천하려는 시인들의 노력을 담은 동인지이다. 지금 재일 조선인 사회는 재일 3세 이후의 세대가 주축을 이루게 됨에 따라 '민족성'을 내면화한다는 것이 사실상 불가능한 상황이 되고 말았다. 즉 재일 3세 이후 세대들에게 있어서 한국의 민족문화에 대한 관심과 이해는 굳이 되새길 필요조차 없는 낡고 고루한 전통으로 인식되었기 때문이다. 이러한 현실에서 '재일'이라는 존재 조건을 내세운다는 것은 과연 어떤 의미가 있을까? 민족적 정체성(identity)의 부재를 당연시하는 재일 사회에서 재일 조선인 문학의 특수성을 해명한

11 「편집후기」, 『종소리』 창간호, 2000.1.

다는 것이 도대체 무슨 의미가 있을까? 이러한 혼란과 혼동 속에서 갈피를 잡지 못한 채 흩어져 있는 것이 현재 재일 조선인 문학이 직면한 위기 상황이 아닐 수 없다. 따라서 『종소리』는 이러한 위기를 넘어서 문학예술운동의 선구적 역할을 적극적으로 모색하는 의지의 결정체라고 할 수 있다. 다시 말해 '민족의 량심, 시대의 선구인 시문학'의 중요성을 강조함으로써 '시대를 앞질러가는 시'의 위상을 재정립하고자 한 데서 『종소리』 창간의 시사적 의의를 찾을 수 있다.

2000년대 이전까지 재일 조선인 시문학의 발전과정은 재일 조선인의 사회운동의 발전 단계와 특성에 따라 크게 세 단계로 나눌 수 있다. 첫째, 공화국 창건 이후 '총련'이 결성되기 이전까지의 시기(1948.9~1955.4), 둘째, '총련' 결성 이후 김일성 주체사상을 바탕으로 창작의 기치를 드높이던 시기(1955.5~1973), 셋째, 재일 조선인들의 조국방문을 시작으로 사상 예술성의 강화가 이루어진 시기(1974~1990년대)로 구분된다.[12] 이러한 재일 조선인 시문학의 흐름에서 『종소리』의 창간은 넷째 시기의 출현을 의미할 만큼의 변화와 경계의 지점으로 받아들여진다. 즉 시 창작에 있어서 사상성을 강조했던 이전의 경향과 완전히 무관하다고 볼 수는 없지만, 사상성과 예술성의 조화에 대한 뚜렷한 문제의식을 보여준다는 점에서 문예운동의 획기적인 전환점이 될 수 있는 것이다. 따라서 『종소리』는 "시문학의 사상은 서정화된 사상이지 결코 개연적 론리의 그것이 아니"고, "시의 사상감정은 시인의 직설적인 주장에서보다 주로 작품에 표현된 생활적인 표상이 자아낸 정감(서정)에 기초하여 비로소 독자들에게 감명깊게 감동적으로 전달되는 법"[13]이라는 창작방법론에 있어서 뚜

12 손지원, 「조국을 노래한 재일조선시문학 연구(1)」, 『겨레문학』 창간호, 2000.여름, 74~75면.

13 김학렬, 「절절한 망향의 정감, 세련된 시적 형상—정화흠 시집 『민들레꽃』을 두고」, 『종

렷한 변화를 보이는 것이다.

재일 조선인 문학을 특징짓는 중요한 요소로 재일 조선인들의 자기 정체성, 즉 '아이덴티티의 추구'를 중심에 놓지 않을 수 없다. 식민지 시기부터 해방 이후에 이르기까지 재일 조선인 문학의 성격은 크게 네 가지 아이덴티티로 구분할 수 있는데, 저항적 아이덴티티, 민족적 아이덴티티, 재일적 아이덴티티, 실존적 아이덴티티가 바로 그것이다.[14] 이는 재일 조선인들의 문학적 지향을 총체적으로 이해하는 중요한 방향성을 지닌 것으로, 재일 조선인 문학의 주제의식을 파악하는 데 있어서 상당히 의미 있는 기준이 된다고 할 수 있다. 물론 이 네 가지 아이덴티티는 명확히 구분되거나 완전히 독립적인 성격을 확보한다고 보기는 어렵다. 왜냐하면 재일 조선인 문학에서 저항적, 민족적, 재일적, 실존적이라는 특성은 혼재되거나 미분화된 상태에서 복합적이고 중층적인 양상으로 심화되어 왔기 때문이다. 따라서 이러한 네 가지 양상으로의 구분은 다소 도식적인 접근으로 재일 조선인 문학의 특성을 지나치게 단순화하거나 획일화하는 결과가 될 우려도 있는 것이다. 그럼에도 불구하고 재일 조선인 문학의 내적 특성을 규명하는 데 있어서 이와 같은 네 가지 정신적 지향은 상당히 설득력 있는 논리가 되지 않을 수 없다. 재일 조선인 문학 작품의 구체적 양상과 네 가지 아이덴티티의 방향이 일치하는 점이 상당히 많다는 점에서, 이러한 구분은

소리』, 2000.10(제4호), 47면.

14 저항적 아이덴티티는 식민지 지배의 역사를 주제로 하고 그것을 고발하는 데서 구현되는 것이고, 민족적 아이덴티티는 조국(조국의 상황)으로의 귀일 감정과 통일 지향에 따라 규정되는 것이며, 재일적 아이덴티티는 일본 국가와 사회가 초래하는 부조리에 대항함으로써 방향지어지는 것이고, 실존적 아이덴티티는 인간 존재를 내면적으로 추구함으로써 찾게 되는 것이라고 할 수 있다. 이소가이 지로, 『'在日'文學論』, 新幹社, 2004, 7~112면 ; 「식민 제국과 재일 조선인 문학의 조망」, 김환기 편, 『재일 디아스포라 문학』, 새미, 2006, 65~66면.

재일 조선인 문학의 특성을 이해하고 규명하는 데 있어서 실증적이고 귀납적인 유효성을 지니고 있는 것이다.[15]

이러한 재일 조선인 시문학의 전체적 지형 속에서 '문예동'의 시적 경향을 살펴보면, 첫째, 수령에 대한 우상화, 둘째, 남한의 변혁운동에 대한 추동, 셋째, 일본사회 속에서의 재일 조선인의 권익에 대한 문제, 넷째, 조국에 대한 향수 등으로 정리할 수 있다.[16] 그런데 『종소리』는 '문예동'이 추구해온 그동안의 문학적 지향을 충실히 이어가면서도 그 강조점에 있어서는 두드러진 변화 양상을 드러냈다. 즉 『종소리』 이전의 재일 조선인 시문학이 '문예동'의 시적 경향 가운데 첫째와 둘째에 초점을 두고 있었다면, 『종소리』에서부터는 그 강조점이 셋째, 넷째로 확연하게 달라지는 양상을 보여주고 있는 것이다. 특히 『종소리』에 수록된 시작품의 주제의식을 살펴보면 이러한 점은 더욱 뚜렷히 나타난다. 즉 남북한의 정치적 이데올로기에 대한 비판적 성찰이나 사회현실의 모순에 대한 전면적인 비판을 앞세우기보다는, 조국에 대한 근원적 향수와 민족적 정체성에 대한 고민을 담아 내거나 분단과 이념에 의해 갈라진 조국의 통일을 염원하는 시들을 많이 발표하고 있는 것이다. 이러한 주제의식의 고양은 재일 조선인들의 시의식이 정치와 이념의 굴레에서 벗어나 한평생을 디아스포라의 시련과 고통 속에서 살아온 '재일'[17]의 문제에 천착하고 있음을 말해준다.

---

15 하상일, 「1960년대 『한양』 소재 재일 한인 시문학 연구」, 『한국문학논총』 제47집, 한국문학회, 2007.12, 209면.

16 홍용희, 앞의 글, 223면.

17 '在日'을 '일본에 산다[日本ですむ]' '일본에 있다[日本にいる]'라고 하지 않고 '재일한다[在日する]'라고 하는 경우 '재일'이라는 것은 단순하고 수동적인 의미가 아니라 복잡하고 적극적인 의미가 된다. 즉 '재일한다'라는 말 속에는 적극적 행위의 개념이 포함되어 있어 그들 스스로가 주변부의 존재이거나, 정체성의 혼란을 겪는 존재가 아니라 능동적인 하나의 주체로서 존재하고 있음을 내세우는 것이다. 이런 점에서 '재일' 조선인의

고향땅 시골에서 / 편지가 왔습니다 / 할미꽃동산에 할미꽃 피였다고 // 잊지 못할 고향의 / 할미꽃 동산 / 올해도 피였다는 할미꽃소식 // 눈감으면 삼삼히 떠오르는 / 슬픔이 웃음보다 많았던 시절에도 / 해마다 피여나던 그 할미꽃 // 젊어서도 할미꽃 / 늙어서도 할미꽃 / 허리가 굽어서 그 이름이런지 // 허리는 굽어서도 / 굽히지 않는 / 조선의 할머님의 그 마음이런지 // 반만년 기구한 세월속에서도 / 열두치마폭에 고이 감싸온 / 먹은 마음 변치 않는 그 절개여 // 그 절개 지니고 피였습니다 / 오곡이 열매지는 자지빛 옥토 / 그 빛깔 품고서 피였습니다 // 할미꽃 할미꽃 / 내 고향 할미꽃 / 너를 반겨 나비도 춤을 출테지 // 사람도 변하고 / 세월도 변했건만 / 변함을 모르는 너 할미꽃아

—정화흠, 「할미꽃」 전문, 창간호(2000.1)

『종소리』에 시를 발표한 시인은 정화수, 김두권, 김학렬, 김윤호, 정화흠, 홍윤표, 오상홍 등의 창간동인을 비롯하여, 김지영, 오향숙, 오홍심, 김응교, 천재련, 정구일, 서정인, 서일순 등이 있다. 이들이 가장 두드러지게 표방한 시의 주제는 고향에 대한 근원적 그리움이다. 특히 인용시와 마찬가지로 「들장미」(김두권, 1호), 「진달래꽃」(김두권, 9호), 「나리꽃」(김두권, 14호), 「단감나무」(정화수, 17호) 등과 같이 고향의 정경을 떠오르게 하는 자연물이나, 「쑥은 쑥국이요」(정화수, 1호), 「호박찌개」(정화흠, 8호), 애호박(정화흠, 16호), 「열무김치」(김학렬, 19호), 「찰강냉이」(정구일, 20호), 「안동소주」(김학렬, 21호), 「호박전」(정화흠, 28호), 「감자부침이」(정구일, 31호) 등과 같이 고향의 정겨운 음식에 기대어 형상화하고 있다는 점에서 특이성을 드러낸다. 이러한 시의 제재는 재일 조선인들의 일상적 생활 깊숙이

문학은 '재일하다'라는 행위를 작품 속에 어떻게 구현시키는가 하는 점이 가장 핵심적인 문제가 된다. 이재봉, 「재일 한인문학의 존재방식」, 한국문학회 엮음, 『일본문화 접촉과 한국문학』, 세종출판사, 2004, 162~163면.

내면화되어 있는 민족정서를 드러낸 것으로, 민족의 고유한 풍속과 전통을 이어감으로써 재일 조선인으로서의 민족정체성을 지켜나가고자 한 결과로 보여진다.[18]

고향과 조국에 대한 근원적 그리움은 '총련'의 조국방문(정화흠 「고향방문시초」, 5호 / 정화수, 「이제야 고향을」, 7호 / 김학렬, 「서울행」, 22호), 평양에서 개최되었던 6 · 15민족작가대회 참가(정화흠, 「백두의 해돋이」 / 김학렬, 「통일해돋이 해살되여」 / 오홍심, 「천지 바람」 / 정화수, 「백두산정에서」 / 정구일, 「민족 대축전」 / 김지영, 「조국의 산하」, 모두 24호 특집으로 발표), 광주에서 개최되었던 6 · 15통일대축전 참가(정화수의 「〈만남의 광장〉 시초, 27호) 등과 자연스럽게 연결됨으로써 분단의 상처를 뛰어 넘는 통일에 대한 열망을 형상화하기도 했다.

> 어머니 / 이제야 고향을 방문할수 있다니 / 오히려 가슴이 미어집니다 // 온갖 고문과 수모를 당하면서도 / 남편과 아들의 행처를 숨기며 / 꿋꿋이 살아오신 우리 어머니 // 고향의 그 바다인가요 / 흰 저고리치마 단정히 입으시고 / 큰 돌 우에 앉아 멀리를 보시는 모습 // 내 오늘도 조용히 우러러 보며 / 고개 숙여 사죄합니다 / 이 불효자를 용서해 주시라고요 // 인편으로 이따금 당부도 하셨지요 / 살아 생전에 단 한번만이라도 / 만나 볼수는 없겠는가고 // 그 때마다 그랬습니다 / 겨레가 다 만날 때면 만나리라고 / 그것이 어머니의 아들이라고 // 너무나 늦었습니다 / 반나절이 못되여 가닿을 고향을 / 반세기나 넘어서야 가게 되다니 // 참으로 억울합니다 / 어머니 안계시는 고

18 북한의 비평가 류만은, "민속음식과 관련한 여러 시작품에서 풍기는 정서는 동포시인들이 동포들의 생활을 노래하는 데서 줄곧 주체성, 민족성을 놓치지 않고 생활체험과 사색을 심화한 결과 이룩된 결실이다"라고 평가했다. 류만, 「민족의 넋이 높뛰는 애국의 『종소리』—시잡지 『종소리』를 읽고」, 『종소리』 제27호, 2006. 여름, 50면.

향을 이제야 가다니요 / 나에게 고향은 어머니 품이 아닌가요 // 풀이 성성할 어머니 묘 앞에 / 머리 푹 숙이며 엎어 져야 하겠습니까 / 가슴을 떨고 떨기만 해야 하겠습니까 // 어머니, 어머니 / 내 갔을 그럴 때만이라도 잠시 / 되살아 주실수는 없겠습니까, 어머니

—정화수, 「이제야 고향을」 전문, 제7호(2001.7)

남북 분단과 통일을 전면화한 시로는, 「소들이 가네」(정화수, 1호), 「누이들아」(정화수, 2호), 「꽃매듭」(홍윤표, 3호), 「철마는 달리고 싶다」(정화수, 4호), 「다시 만나자」(홍윤표, 8호), 「동맥」(정화수, 15호), 「철길이 이어졌다」(홍윤표, 15호), 「손」(서일순, 15호), 「분계선의 코스모스」(김두권, 19호), 「보자기」(오홍심, 19호), 「서곡」(김두권, 20호), 「나의 처녀작은」(김윤호, 23호), 「절창」(김두권, 23호), 「올해도 봄이」(김윤호, 23호), 「금강산으로 가는 길목에서」(이승순, 24호), 「지척이건만」(천재련, 29호), 「철의 궤도」(정화수, 31호), 「먼동이 튼다」(김두권, 32호) 등이 발표되었다. 특히 최근 발간된 32호(2007.가을)에는 「북남수뇌자회담을 맞이하여」라는 특집을 마련하여 남북정상회담 이후 통일에 대한 희망을 담은 시편들을 수록하였는데, 이는 『종소리』의 시적 지향이 분단과 이념을 넘어선 통일을 지향하고 있음을 명확하게 보여주는 것이다.

재일 조선인으로서의 역사적 상처와 소외를 초점화 함으로써 일본의 식민주의 정책에 억압된 재일 조선인의 실상을 비판적으로 형상화한 작품도 상당수 발표되었다. 2003년 가을호(16호)에 마련된 「관동대지진 조선인 학살사건 80주년 특집」에 발표된 「피묻은 역사」(정화수), 「봉선화야」(오홍심), 「메우지 못하는 세월을」(김윤호), 「9월의 증언」(김학렬)을 비롯하여, 「백로 보고 까마귀 되라는가」(김학렬, 2호), 「벌거숭이나무」(김학렬, 2호), 「이역의 돌」(홍윤표, 2호), 「너희들의 고향은」(정화흠, 17호), 「도장」

(김윤호, 21호) 등의 시는 바로 이러한 주제를 형상화한 작품이다.

> 향을 피운들 / 꽃을 드린들 / 그대들의 슬픔을 가시겠습니까 // 억울하게 죽어 / 갈곳조차 찾지 못하는 / 무연혼이 된 그대들 / 세월은 흘러흘러 80년 // 헤매고 헤매다가 / 고마(高麗) 내 고장 이름 붙은 이곳에 / 찾아 왔건만 // 땅은 이국땅 / 편한 자리는 찾기가 힘들어 / 아직도 혼은 중천을 방황하고 // 한 세기가 다 되어 가도 / 풀리지 않는 그 원한 / 향을 피운들 메우겠습니까 / 꽃을 드린들 풀리겠습니까 // 억울한 세월을 메우려고 / 드리는 이 꽃이건만 / 메우지 못하는 우리의 가슴도 / 아프고 쓰립니다 / 그래도 드리지 않고서는 / 견딜 수 없는 이 꽃입니다 / 온 마음을 담은 꽃입니다
>
> —김윤호, 「메우지 못하는 세월을」 전문, 제16호(2003년 겨울)

재일 조선인으로서 역사적 상처를 극복하기 위한 노력은 '민족교육'의 중요성을 강조하는 방향으로 나아갔다. 2006년 가을호에서 「재일동포들의 중등교육 실시 60돌 기념특집」으로 기획된 「조국의 한끝」(정화수), 「반세기」(김윤호), 「유리창과 울타리나무」(서정인), 「꽃망울 운동회」(정구일)를 비롯하여, 「자그마한 의자」(홍윤표, 18호), 「여기는 우리 학원」(류계선, 20호), 「민족교육」(정구일, 25호), 「농악무」(김두권, 25호), 「길잡이」(정화수, 25호), 「입학하는 외손자에게」(정구일, 30호) 등이 대표적인 작품이다. 김학렬은 재일 조선인 문학의 정체성과 지향성에 대해, 첫째, 재일 조선인 문학은 일제 식민지시기 빼앗긴 아름다운 우리말을 도로 찾고, 민족어에 담긴 민족정신을 회복하려는, 즉 재일 조선인의 '자기회복'의 부분, 둘째, 재일 조선인 문학은 식민지노예의 과거(문학의 내용 : 황민화정책에 시달린 이그러진 민족정신, 형식 : 일본어)를 거절, 청산할 뿐아니라 미일반동들이 감행하는 동화정책(일본인으로 귀화시키려는 방향)에 반대하여 떳떳이 살며 싸우는 오늘

의 재일동포 생활상을 표현하는 '자기표현', '자기증명'의 문학, 셋째, 재일 조선인 문학은 통일민족의 내일과 통일문학의 내일을 준비, 건설하는데 힘쓰자는 '통일, 내일 지향'의 문학이라고 밝혔다.[19] 이는 2000년대 이후 재일 조선인 시문학의 방향과 『종소리』의 시사적 의미를 아주 간명하게 정리한 것이라고 할 수 있다. 또한 북한의 대표적 문학연구자 류만은, "시는 생활 속에 있다. 그렇다고 해서 모든 생활이 다 시가 되는 것은 아니다. 생활 속에서 시를 찾아야 한다"[20]라고 했는데, 이러한 논평은 2000년대 이후 '총련' 계열 재일 조선인 시문학이 어디를 향해 나아가고 있는지를 분명하게 말해준 것이다. 이처럼 2000년대 이후 급격하게 변화하는 재일 조선인 문학의 흐름에서 『종소리』는 그 전위에서 주체적 목소리를 높이고 있는데, 이론과 실제의 양 측면에서 재일 조선인 시문학의 방향성을 새롭게 정립하는 중요한 토대로서의 역할을 담당하고 있음에 틀림없다.

4. 재일 조선인 시문학 연구의 방향과 의의

6·15 선언 이후 남북관계가 화합과 상생의 길을 모색함에 따라 남북의 문학교류 역시 아주 활발하게 이루어지고 있다. 지금까지 대규모 문인들이 참여한 남북작가회담이 평양과 금강산에서 두 차례 개최되었고, 매년 민족문학연구소와 북한사회과학원 문학연구소가 근대문

19 김학렬, 「재일조선문학이란?」, 『종소리』 23호, 2005. 여름, 58~62면.
20 류만, 앞의 글, 53면.

학 작가와 작품에 대한 공동연구 및 세미나를 개최하고 있기도 하다.[21] 그리고 이러한 통일문학으로의 지향에 발맞추기 위해 최근 민족문학작가회의는 남한과 북한 그리고 재외 한인들을 모두 아우르는 명실공히 대표적인 문인조직의 결성을 목표로 한국작가회의라는 새로운 명칭을 사용하기로 결정했고, 남북작가회담의 정례화, 남북공동문예지 『통일문학』의 발간, 통일문학상 제정 등 남북한 문학교류를 위한 다각적인 노력을 기울이고 있어 주목된다.

이러한 시대적 변화 속에서 재일 조선인 문학은 재외 한인문학을 대표하는 중심축으로 남북한의 이념적 모순과 대립을 중재하고 남북한의 문학을 통합하는 완충지대로서의 역할을 담당해야 한다. 2000년대 이후 『종소리』에 발표된 시를 통해서 볼 때, 앞으로 재일 조선인 시문학의 변화는 더욱 가속화될 것으로 보인다. 조국을 노래하든, 고향을 노래하든, 통일을 노래하든, 경직된 이념과 구호로 사상성을 강화하고자 했던 그동안의 창작방법론은 더 이상 설득력을 확보하기 힘든 것이 사실이다. 이러한 변화된 인식은 북한문학 내부의 변화와도 밀접한 관련이 있는데, "'친일반동작가'일지라도 작품본위로 평가되어야 한다는 각도에서 이광수의 「개척자」라든지 최남선의 새 형식의 시작품의 긍정면에 대하여 언급"하는 것이나, "종래 부르죠아 문학으로서 배제되었던 작가"들도 『현대조선문학선집』에 수록하고 있다는 점에서 북한문학 역시 새로운 시대의 흐름에 따라 뚜렷한 변화를 보이고 있기 때문이다.[22]

---

21 지금까지 공동연구된 대상은 현진건, 강경애, 이육사 등인데, 강경애의 경우에는 남북공동논문집 『강경애, 시대와 문학』(랜덤하우스, 2006)으로 발간되기도 했다.

22 이러한 양상에 대해서는, 김학렬, 「조선문학 평가에서의 변화」, 『종소리』 제17호, 2003. 겨울, 32~40면 참조.

이처럼 2000년대 이후 재일 조선인 시문학은 북한문학의 변화된 인식으로부터 서정시의 본질에 충실한 시적 경향을 두드러지게 표방하였다. 이러한 사실은 재일동포 문학연구에 있어서 '총련' 계열 재일 조선인 문학에 대한 논의는 거의 언급조차 하지 않았던 그동안의 연구 태도에 대한 반성을 촉구한다. 시작품의 질적 수준을 논하기에 앞서 우리말과 글을 지켜온 재일 조선인 한글 시문학의 중요성을 결코 간과해서는 안 된다. 앞으로 『종소리』에 발표된 시작품들과 더불어 재일 조선인 시인들의 개인 시집에 대한 연구도 함께 이루어질 필요가 있다. 재일 조선인 시문학 연구는 이러한 종합적인 토대 위에서 더욱 총체적인 논의로 심화되어 나가야 할 것이다.

제3부

시인론

반제반봉건의 서사정신과 '총련'의 선전선동

허남기론

1. 머리말

해방 이후 재일 디아스포라 문학 활동의 중심에는 『민주조선』, 『조선문예』 등의 잡지와 김달수, 이은직 등의 소설가, 그리고 허남기, 강순 등의 시인이 있었다. 『민주조선』[1]은 일본어 종합지로 문학 지면이 전체의

1 1946년 창간되어 1950년 7월까지 통권 33호 간행되었다. 발행인은 조진용을 시작으로 한석철, 윤병옥 등으로 이어졌고, 10호의 경우에는 제호를 『문화조선』으로 변경하여 발행하였다. 출판사 역시 여러 번 바뀌었는데, 민주조선사(1－3호), 조선문화사(4－9호), 문화조선사(10호), 조선문화사(11－22호)로 잦은 교체를 거듭하다 23호부터 민주조선사에서 종간호까지 발간하였다. 잡지의 발행 책임은 김원기(1호), 김달수(2－24호)가 맡았고, 25호부터는 발행인 윤병옥이 편집을 겸하였다. 하상일, 「재일 한인 잡지 소재 시문학과 비평문학의 현황과 의미」, 『한국문학과 역사의 그늘』, 소명출판, 2008, 101면.

반 이상을 차지할 정도로 문학지로서의 성격을 두드러지게 드러냈다. 이 잡지는 일본인들에게 식민지로 인해 왜곡된 조선의 역사와 문화적 전통을 올바르게 인식시키기 위한 목적으로 창간되었다. 『조선문예』[2]는 『민주조선』이 14호를 간행하고 15호를 준비하던 무렵인 1947년 10월 창간된 종합문예지로, 주요 필자들 대부분이 '재일조선문학자회'에 소속되어 있었고, 이 가운데 김달수, 허남기 등은 일본 프롤레타리아문학 계열의 『신일본문학』과도 깊은 유대관계를 맺고 있었다. 이처럼 『민주조선』과 『조선문예』는 해방 이후 재일 디아스포라 문학의 이념적 지향성과 구체적 활동 양상을 살펴볼 수 있는 가장 중요한 잡지이다.[3] 김달수, 이은직, 허남기, 강순 등은 이들 잡지를 중심으로 활동하면서 해방 이후 재일 디아스포라 문학의 토대를 마련했다고 해도 과언이 아니다. 특히 지금까지 재일 디아스포라 문학 연구가 소설 문학 중심으로 편중되어 시문학에 대한 논의가 너무 소략했다는 점에서, 두 잡지를 통해 허남기, 강순의 시문학 활동을 살펴보는 것은 해방 이후 재일 디아스포라 시문학의 형성기를 밝혀내는 의미 있는 작업이 될 수 있다.

해방 이후 재일 디아스포라 시문학의 전체적 지형을 이해하기 위해서는 크게 세 가지 방향에서 논의가 필요하다. 첫째, 재일 디아스포라 문인들이 주축이 되어 발간한 신문, 잡지 등에 대한 문헌학적 정리와 매체의 성격과 문단 조직과의 관계에 대한 분석, 둘째, 재일 1세대부터 지

2 박삼문이 발행과 편집을 맡고 김달수, 이은직, 허남기, 강순 등이 필자로 참여하였다. 이 잡지는 1948년 11월까지 발간된 것으로 알려져 있지만, 필자가 일본 동경 소재 근대문학관에서 입수한 자료는 모두 4권에 불과하고 1권의 목차만 추가로 확인하였다.(1947.10(창간호), 1947.11, 1948.2, 1948.4, 1948.7) 하상일, 위의 책, 101~102면.

3 해방 이후 재일조선인들이 발간한 주요 매체에 대한 전반적인 논의는 호테이 토시히로의 「해방 후 재일 한국인 문학의 형성과 전개－1945년－60년대 초를 중심으로」(『인문논총』 제47호, 서울대 인문학연구소, 2002)에 잘 정리되어 있다.

금에 이르기까지 각 시기별 주요 시인들의 활동 양상과 작품에 대한 정리와 평가, 셋째, 재일 디아스포라 시문학사의 시대구분과 서술방법의 정립이다.[4] 본고에서는 우선, 둘째 항목에 초점을 두고 허남기의 시를 대상으로 해방 이후 재일 디아스포라 시문학의 주제와 특징에 대해 논의하고자 한다. 연구의 범위는 허남기의 시집 전체를 대상으로 하되, 그의 시가 출간된 시집 여기저기에 중복해서 수록된 경우가 많다는 점, 초기에 일본어로 쓴 시들 대부분을 말년에 와서 시인이 직접 우리말로 다시 썼다는 점 등을 고려하여, 그가 죽음을 앞두고 마지막까지 정리한 시를 모아 북한에서 유고로 발간한 시선집『조국에 바치여』(평양출판사, 1992)를 기본텍스트로 삼고, 나머지 시집들을 보조텍스트로 하여 논의할 것이다. 『조국에 바치여』는 그가 생전에 자신의 시 가운데 가장 의미있는 작품을 엄선한 것으로, 서정서사시, 서사시, 서정시 등의 하위갈래로 나누어 「선물」, 「조선해협」, 「조선 겨울이야기」, 「화승총의 노래」 등의 작품을 수록하였다.

허남기(1918.6.24 ~1988.11.17)는 부산 구포(당시 경상남도 동래군 구포읍 구포리 357)에서 태어나 구포보통학교, 부산제2상업학교(현재 부산개성고등학교)를 졸업하고, 1939년 여름 일본으로 건너가 일본대학 예술과에 입학하여 조선연극단체 '형상좌(形象座)'에서 희곡을 쓰고 연극 공연도 하면서 문학활동을 시작하였다. 그러나 조선말로 연극을 했다는 이유로 대학에서 퇴학당하고 극단도 해산되어,[5] 다음해 중앙대학 법학부로 학적을 옮겨

4 하상일, 「해방 이후 재일 디아스포라 시문학의 역사와 의미」, 『한국문학논총』 제51집, 한국문학회, 2009.4, 167면.

5 이른바 형상좌(形象座)사건으로 불리는데, 1939년 12월 일본 경찰들은 당시 도쿄 조선인 학생 연극단이 조선말로 한 연극활동을 '치안유지법' 위반이라고 하여 연극단과 연극 공연에 관계한 학생들을 검거하였다. 손지원, 「시인 허남기와 그의 작품 연구」, 사에구사 도시카쓰 외, 『한국 근대문학과 일본』, 소명출판, 2003, 270면.

1942년 9월에 졸업하였다. 1944년에는 강제징용으로 다찌가와[立川] 비행기회사에서 강제노동을 했고, 1945년에는 재일조선인연맹(이하 '조련') 문화부에서 조선어교과서 편찬에 참여하였다. 가와구찌[川口] 조선소학교 교장(1946), 조련 중앙문화부 부부장(1948), 『민주조선』 편집장(1949), 재일조선문학회 위원장(1957), 문예동 위원장(1959)을 역임했고, 일본어시집 『朝鮮冬物語』(朝日書房, 1949), 『日本時事詩集』(朝日書房, 1950), 『화승총의 노래』(朝日書房, 1951), 『허남기시집』(東京書林, 1955), 『조선해협』(國文社, 1959) 등을 출간했으며, 우리말 시집으로 『조국을 향하여』(조선작가동맹, 1962), 『돌에 깃든 이야기』(문예동, 1967), 『낙동강』(문예동중앙, 1978), 『조국의 하늘 우러러』(평양문예출판사, 1980) 등을 펴냈으며, 유고 시선집으로 『조국에 바치여』(평양출판사, 1992)가 출간되었다.

허남기는 애국적이고 혁명적인 시인, 해방 이후 월북 문인들의 빈자리를 메운 사실주의 시인으로 북한문학계의 찬사를 한 몸에 받았다. 남한문학계에서도 그의 서사시 『화승총의 노래』가 민영 시인에 의해 번역 출판되어 "동포시인 가운데 재일 문학적 성과가 뛰어난 분"[6]이라는 평가를 받기도 했다. 지금까지 그에 대한 연구로는 손지원, 하상일, 이정석, 김응교, 오현화의 논문[7]이 발표되었는데, 동시대를 살았던 다른 재일 디아스포라 시인들에 비해 상당히 많은 주목을 받았음을 알 수 있다. 그만큼 그의 시문학은 해방 이후 재일 디아스포라 시문학의

6 민영, 「허남기 선생에게－역자로부터 저자에게」, 『화승총의 노래』, 동광출판사, 1988, 107면.

7 손지원, 위의 글. ; 하상일, 「해방 이후 재일 조선인 시문학의 양상과 의미－허남기의 시를 중심으로」, 『우리말글』 제37집, 우리말글학회, 2006; 이정석, 「한국문학과 재일조선인 문학, 그 친연성과 거리－신동엽의 『금강』과 허남기의 『화승총의 노래』의 대비를 중심으로」, 『비교문학』 41집, 한국비교문학회, 2007; 김응교, 「재일 디아스포라 시인 계보, 1945~1979」, 『인문연구』 55호, 영남대 인문과학연구소, 2008; 오현화, 「재일조선인 희곡의 창작 방법론 연구－김지석, 서상각, 허남기의 작품을 중심으로」, 『한국문학이론과비평』 제42집, 한국문학이론과비평학회, 2009.

형성기를 대표하는 상징적인 의미를 지녔다고 해도 과언이 아니다.

하지만 지금까지 허남기를 대상으로 한 연구는 특정 장르나 작품에 한정된 논의이거나, 재일 디아스포라 시문학사 전체에서 허남기의 문학사적 위상을 개괄적으로 정리한 것이란 점에서, 아직까지 그를 대상으로 한 본격적인 연구 성과가 제출되었다고 보기는 어렵다. 현재 재일 디아스포라 시문학 연구는 문학사적 지형 전반을 정리하고 소개하는 총론의 성격에 머물러 있어서 개별 시인론이나 주제론으로까지 논의를 심화시키지는 못하고 있다. 그동안 재일 디아스포라 문학 연구에 있어서 시문학 분야는 소설문학에 비해 상대적으로 소외된 측면이 많았고, 이데올로기의 경직성과 이중언어의 현실에 가로 막혀 '재일조선인총연합'(이하 '총련')이 주도해온 우리말 시 쓰기를 재일 디아스포라 문학의 범주에서 제외시켜버리기도 했기 때문이다. 그 결과 재일 디아스포라 시문학은 최근에 이르러서야 국문학계의 관심을 이끌어내면서 해방 이후 우리 시문학의 한 양상으로 주목해야 한다는 문제의식이 부각되었다. 본고는 이러한 연구사의 반성적 토대 위에서 허남기의 시문학을 대상으로 해방 이후 재일 디아스포라 시문학의 구체적 양상과 특징을 살펴보는 데 우선적인 목표를 두고자 한다.

2. 반제반봉건의 투쟁의식과 서사 정신의 구현

『조국에 바치여』는 몇 편을 제외하고 해방 직후부터 1959년까지의 작품을 모은 시선집이다. 1959년은 '총련' 산하에 '재일조선인 문학예술가동맹'(이하 '문예동')이 결성된 해이고, 허남기가 초대위원장으로 선출되어 '총련'의 지도노선에 따른 목적문학을 이끌어가는 중책을 맡았던 때이다. 이 때문에 '문예동' 결성 이후 허남기의 시는 이전의 시세계와는 확연히 달라진 이념적 경직성을 드러냈고, 일본어 시쓰기에서 우리말 시쓰기로 전환하는 등 두드러진 변화의 모습을 보였다. 이런 점에서 『조국에 바치여』에 수록된 대부분의 시는 허남기가 분단이데올로기의 강압적 구속으로부터 비교적 자유로웠던 시절에 썼던 초기작으로, 그의 시의 본래적 특징인 민중 지향적 태도와 민족주의적 성격이 충실히 반영되어 있는 작품들이다.

「조선 겨울이야기」는 1946년에 착수하여 1949년 봄에 끝낸 작품인데, 당시 남한 사회의 백과전서를 엮겠다는 야심찬 기획으로 전국을 편력하며 쓴 기행체 형식의 장시[8]이다. 원래 이 작품은 『민주조선』에 일본어로 연재되었던 것으로, 제17호(1948.1)에 「경주」를 발표한 것을 시작으로 「부산」, 「대구」, 「부여」, 「광주」, 「목포항」, 「태백산맥」, 「서울」등을 지속적으로 발표하였고, 이 작품들을 바탕으로 여러 편을 깁고 더하여 전작으로 새롭게 완성시킨 것이 바로 「조선 겨울이야기」이다. 전체 구성은 서시 격인 「상처투성이인 시에게 주는 노래」에서 「산맥시집」까지 총 13장 66편의 시로 이루어져 있다.

---

8 허남기는 「조선 겨울이야기」, 「화승총의 노래」 등 두 편의 작품을 '서사시'장르로 명시하여 발표하였다. 그런데 필자가 보기에 「조선 겨울이야기」는 시간적 질서에 의존하는 서사시의 일반적 성격과는 달리 공간적 형식이 두드러진다는 점에서 '서사시'보다 좀더 포괄적인 개념인'장시'로 보는 편이 타당할 듯하다. 장시는 크게 시간적 질서에 의존하는 서술적 형식과 공간적 질서에 의존하는 공간적 형식으로 구분된다. 서술적 형식은 시에 주인공을 등장시켜 하나의 이야기를 만드는 서사시적 성격을 구현하는 것이고, 공간적 형식은 주인공이나 이야기의 설정 없이 이질적인 이미지들과 정서들을 하나의 일관된 주제의식 아래 공간적으로 배열시키는 것으로 일반적인 서사시의 형식과는 구분된다. 오세영, 「장시의 다양성과 가능성」, 『현대시학』, 1988.8, 52~53면 참조.

> 너희들 / 상처투성이인 나의 시들 / 노닥노닥 기운 날개와 / 사슬에 묶이운 손발을 가진 / 앙상하게 마른 나의 시들 / 너희들 / 가난한 나의 동무들 / 지금이야말로 일어나라 / 오늘이야말로 어깨를 겯고 / 동터오는 거리에 떨쳐 나가자 / 우리들 상처입은 자 / 우리들 학대받은 자의 / 때가 온다 / 오늘이야말로 철쇄를 울리며 / 그것을 고하라 / 지금이야말로 / 오늘이야말로 그것을 노래하라
>
> —「상처투성이인 시에게 주는 노래」 중에서

> 무명의 흰색 / 삼베의 흰색 / 옥양목의 흰색 / 안동포의 흰색 / 그밖에 여러 가지 흰옷들이다 // (…중략…) // 그것은 때가 묻어 더러워지고 / 그것은 눈물로 어지러워지고 / 그것은 분노로 더러워지고 / 그리고 오랜 세월의 / 기나긴 굴욕의 력사와 / 1946년 10월 이후의 / 그 격렬한 투쟁으로 어지러워진 흰 옷이다 // 지금 그 흰 옷이 / 나의 모든 조망속에 / 시대의 소리를 지르며 육박해온다 / 낫과 삽과 빨래망치를 추켜들고 / 저저마다 무엇인가 소리치며 / 그들은 나의 렌즈속으로 / 한가득 꽉 차 육박해오고 있다
>
> —「조망(眺望)」 중에서

「상처투성이인 시에게 주는 노래」는 식민지의 상처와 고통 속에서 "찢기우고 에이고 / 짓밟힌" "상처투성이" 조국의 암울한 현실을 노래한 작품이다. 여기에서 "사슬에 묶이운 손발을 가진 / 앙상하게 마른 나의 시들"은 우리 민족의 역사적 질곡을 상징화한 것에 다름 아니다. 그는 이와 같은 역사의 상처와 모순을 극복하기 위해서는 민중의 주체적 역사의식과 저항의식으로 새로운 시의 방향을 정립해야 한다고 보았다. "우리들 상처입은 자 / 우리들 학대받은 자의 / 때가 온다"는 분명한 현실인식을 토대로 "지금이야말로 일어나라 / 오늘이야말로 어

깨를 겯고 / 동터오는 거리에 떨쳐나가자"라는 굳은 결의를 다질 필요가 있었던 것이다. 이처럼 허남기의 시는 식민의 세월 속에서 상처입고 학대받은 민중들의 울분과 원한을 극복하는 반제반봉건의 투쟁의식과 민족의식의 구현을 그의 시가 나아가야 할 궁극적 방향으로 정립하였다. 이러한 주제의식의 고취는 "흰 옷"으로 상징화된 우리 민족의 수난과 항쟁의 역사와 맞물리면서 더욱 구체적인 모습으로 형상화된다. 즉 "무명의 흰색"이 "때가 묻어 더러워지고" "눈물로 어지러워지고" "분노로 더러워지고" "기나긴 굴욕의 력사와 / 1946년 10월 이후의 / 그 격렬한 투쟁으로 어지러워"졌다는 데서 이러한 현실인식은 더욱 실증적인 역사의 상처로 초점화되는 것이다. 허남기의 초기시가 대부분 서사시를 표방하고 있는 이유도 민중들의 수난사와 투쟁사를 더욱 실감있게 제시하기 위한 시적 전략의 결과라고 할 수 있다.

허남기 시의 장르적 특징을 주목해서 살펴보면, '서정서사시', '서사시' 등과 같은 장르 명칭을 명시적으로 부여한 작품이 상당히 많다. 그리고 '서정시'로 분류한 작품의 경우에도 서술시, 이야기시, 서정적 서사시의 성격을 지닌 작품들이 대부분을 이루고 있다. 그만큼 그의 시는 "일정한 성격을 지닌 인물과 일정한 질서를 지닌 사건을 갖춘 있을 수 있는 이야기",[9] "서사적 구조를 갖춘 비교적 길이가 긴 노래체의 율문"[10]이라는 서사시의 기본적 조건에 충실하고자 했다. 이는 식민과 분단의 역사적 질곡을 '서정'이라는 장르 혹은 세계관으로 담아내기에는 사실상 역부족이라는 판단에서 비롯된 것으로, 서사 혹은 서사성의 도입은 제국주의 이데올로기에 상처 받은 우리 민족의 수난사를 민중 주체의 관점에서 형상화하는

9 조동일, 「서사민요 장르론」, 『한국문학의 갈래 이론』, 집문당, 1992, 86면.
10 김재홍, 『현대시와 역사의식』, 인하대 출판부, 1988, 7면.

미학적 구조로서 중요한 의의를 지녔다고 생각했기 때문이다. 동학농민전쟁을 제재로 하여 창작한 「화승총의 노래」[11]는 이러한 그의 시적 지향성을 가장 잘 반영한 작품이라고 할 수 있다.

> 준아 / 지금 너는 / 총을 닦고 있다 / 너는 지금 / 동학란과 / 기미만세사건 때 / 네 할아버지와 / 네 아버지를 섬긴 / 그 녹쓴 총 / 피와 눈물과 땀에 젖고 / 바람과 비와 흙무지속에 묻혀온 / 할아버지와 아버지의 단 하나의 유물인 / 그 화승총을 닦고 있다 // (…중략…) // 준아 / 너는 그 총과 함께 떠나거라 / 너의 아비가 넘은 고개 / 너의 할아버지가 넘은 산길을 헤치고 / 너는 가거라 / 그리고 / 네 할아버지가 말씀하신 / 만백성이 편안히 살 수 있는 나라를 만드는 싸움 / 네 아비가 말한 / 조국의 독립과 자유를 쟁취하는 싸움 / 그리고 네가 말하는 / 외세와 사대매국노와 / 악질 지주 매판자본가를 / 이 땅에서 몰아내고 / 근로하는 인민과 학대받는 자들이 이 땅의 주인이 될 / 그 싸움에 참여하는게 좋다 / 삼대를 내려오며 목숨을 건 이 소원이 / 남편과 아들과 손자까지 바치고서도 / 이루어지지 않는다는 것이 있을 수 있는 일이냐
>
> ―「화승총의 노래」 중에서

「화승총의 노래」는 동학농민전쟁―3·1운동―해방기 좌익투쟁으로 이어지는 우리 민족의 역사를 할아버지―아버지―아들로 이어지

---

11 이 작품은 민영 시인이 번역한 것과 허남기 시인이 직접 번역한 두 가지가 있는데, 전체 내용에서 큰 차이를 보이지는 않지만, 부분적으로 시어나 행갈이 등에서 차이가 드러난다. 예를 들어, 이 시는 할머니가 손자에게 이야기하는 형식으로 이루어져 있는데, 전자는 손자의 이름을 '준호'라고 불렀고 후자는 '준'이라고 불렀다. 그리고 1장 1연에서 전자가 '떡갈나무'라고 한 것을 후자는 '박달나무'라고 하는 등 표현상에 있어서도 차이를 보였다. 본고는 시인이 직접 번역한 작품이 창작 의도에 가장 부합하는 것이란 점에서, 『조국에 바치여』에 수록된 시를 텍스트로 삼고 민영 시인이 번역한 시는 참고자료로 삼을 것이다.

는 삼대(三代)의 투쟁의 역사로 풀어낸 작품이다. "조선의 수많은 슬픈 안해와 어머니와 딸들에게 바친다"라는 헌사를 첫머리에 쓴 이 시는, 한 집안의 유일한 생존자인 할머니가 손자에게 할아버지와 아버지의 투쟁을 이어나가는 민중 주체가 되어 줄 것을 독려하는 형식으로 서사화되어 있다. 이러한 시적 구도는 남성 중심의 민중적 투쟁을 이야기하는 서사적 관행을 뛰어 넘어, 저항과 투쟁의 서사가 아내 또는 어머니, 즉 여성의 고통과 희생의 밑바탕 위에서 형성된 것임을 주지시키고자 하는 데 있다. 특히 남편과 자식의 죽음을 경험한 가족의 수난사에도 결코 굴하지 않고 의연하게 손자의 앞길을 민중 주체의 저항적 투쟁으로 이끌어내는 할머니의 모습은, 허남기의 시가 궁극적으로 지향하는 역사의식의 방향을 제시한 것으로 볼 수 있다. 즉 "네 할아버지가 말씀하신 / 만백성이 편안히 살 수 있는 나라를 만드는 싸움 / 네 아비가 말한 / 조국의 독립과 자유를 쟁취하는 싸움 / 그리고 네가 말하는 / 외세와 사대매국노와 / 악질 지주 매판자본가를 / 이 땅에서 몰아내고 / 근로하는 인민과 학대받는 자들이 이 땅의 주인이 될 / 그 싸움"에서처럼, 삼대의 역사의식과 민족의식의 연속성은 해방 이후 우리 민족의 대립과 갈등을 극복하는 민중적 주체의식과 저항의식의 현실적 유효성을 확보하는 중요한 동력이 되기에 충분한 것이다. 그래서 그는 "삼대를 내려오며 목숨을 건 이 소원이 / 남편과 아들과 손자까지 바치고서도 / 이루어지지 않는다는 것이 있을 수 있는 일이냐"라는 강한 확신을 가진다. 이처럼 해방이 되었음에도 불구하고 여전히 제국주의의 그늘을 벗어나지 못한 채 친일자본가와 친미사대주의자로부터 상처와 고통을 받고 있는 민중들의 현실에 대한 비판적 성찰은, 디아스포라적 주체로서 허남기의 시가 가장 중요하게 인식하고 실천해야 할 과제였음에 틀림없다.[12]

3. 식민지 잔재의 청산과 민중의식의 실천

해방 이후 재일 디아스포라 문단은 좌익계열의 '조련' 산하에 있었던 재일본조선인 문학회가 주도하였다. 이들은 일본제국주의 잔재의 소탕, 봉건주의 잔재의 소탕, 국수주의의 배격, 조선문학의 국제문학과의 제휴, 문학의 대중화 등 다섯 가지 강령을 내세웠다.[13] 이는 사실상 조선문학가동맹의 강령을 그대로 가져온 것으로, '진보적 민족문학의 건설'이 '문학의 대중화'로 바뀌었을 뿐 핵심적인 내용은 크게 다르지 않았다. 즉 당시 재일 디아스포라 문학의 방향은 조선문학가동맹의 이념적 지향과 노선을 그대로 이어받음으로써 식민지 잔재의 청산을 통한 민족문학의 건설에 총력을 기울였다고 할 수 있다.[14] 허남기의 시는 이와 같은 문제의식으로 친일 봉건 타파를 통한 진정한 민족해방을 실현하는 데 가장 우선적인 목표를 두었다.

---

12 신동엽의 『금강』이 허남기의 『화승총의 노래』에 촉발되어 쓰여진 것이라는 시각도 있다. 신동엽의 임종을 지켜볼 정도로 그와 남다른 친분을 유지했던 남정현의 회고(강진호 외 편, 『증언으로서의 문학사』, 깊은샘, 2003, 212~213면)에 따른 것인데, 증언의 정확성이 다소 떨어지는 점으로 미루어 두 작품 사이에 직접적인 연관관계를 밝힐 만한 명확한 증거는 없는 것으로 보인다. 하지만 두 작품 모두 '서사시' 장르 표지를 달고 동학농민전쟁을 중심으로 한민족의 역사와 민중의 투쟁을 진중하게 다루었다는 점, 그리고 주체적 층위에서 두 작품 모두 저항적 민족주의와 민중 지향의식을 도드라지게 표출하였다는 점에서 공통점이 많다는 점을 전혀 무시할 수는 없을 듯하다. 아마도 남정현의 증언에서 잘못된 기억이 진술되었을 뿐, 당시 신동엽의 시가 허남기의 시에 영향을 받았던 것은 사실이었을 것으로 짐작된다. 이정석, 앞의 논문, 260~261면 참조.

13 서용철, 「재일조선인 문학의 시동(始動) – 김달수, 허남기를 중심으로」, 『복각 민주조선 별권』, 민주조선사, 1993, 50면.

14 이석주는 「조선민족문학의 전개」(『조선문예』 창간호, 7~8면)에서 조선문학가동맹의 결성과 제1회 전국문학자대회(1946.2.9), 그리고 조선문학가동맹의 강령을 자세히 소개하였다. 이 글을 통해 당시 재일 디아스포라 문학의 이념적 지향성이 무엇이었는지를 충분히 파악할 수 있다.

자유도 해방도 갈데로 가라 / 인도도 민주도 갈데로 가라 / 이 세상 만사는 돈이면 그만 / 대신도 박사도 돈이면 다 된다네— / 이러한 아리랑이 들려온다 / 이러한 양산도가 들려온다 // 국일관 / 명월관 / 대한관 / 봉래관 / 그밖에 온갖 애국적 풍류적 명칭을 단 / 가지각색 온천려관들 줄지어 늘어섰고 / 료리집들 늘어서고 / 천원짜리 지폐로 다듬은 새 류행의 청년신사와 / 금강석과 여우목도리로 치장한 / 현대판 미녀들과 / 기생과 사환군과 반또오(고용원들의 우두머리)들과 / 신변호위역들 / 모두가 의좋게 / 노래를 부르는 것이 들린다 // 자 / 천민 제군은 썩 비켜라 / 나으리들의 취흥을 돋구기 위해 / 꺼꾸로 물구나무를 서서 / 개짖는 소리라도 하는놈은 좋으나 / 시인 나부랭이는 아예 필요치 않는다누나

—「동래온천장」 전문

인용시는 「조선겨울이야기」의 '부산' 시편 가운데 한 작품이다. 당시 '부산'의 모습은 해방이 되었지만 식민지 역사의 상처가 가장 많이 남아 있는 혼란과 혼동의 장소였다. 해방을 맞아 일본에서 돌아오는 귀국동포들과 조국에서의 가난을 견디지 못해 다시 식민의 땅 일본으로 돌아가는 민중들의 애환이 교차하는, 그래서 우리 민족의 희망과 절망이 고스란히 한 자리에 머물러 있는 격동의 역사적 장소였던 것이다. 특히 왜색풍의 건물과 술집들, 음식점들이 도처에 즐비하였고, 친미사대주의자인 친일 세력들에 의해 제국주의의 횡포가 계속해서 자행되었으며, "천민 제군은 썩 비켜라"는 말에서 알 수 있듯이 민중들을 자신들의 안위와 유흥을 위한 존재로 비하하는 봉건적 권력이 가장 적나라하게 드러난 곳이 바로 "동래온천장"이었다. 이처럼 "1945년 8월 회복되었어야 할 그 자유"(「부산제2상업학교」)를 진정으로 되찾지 못한 '부산'은, "가지각색 온천여관들"과 "요리집들" 그리고 "청년신사"와 "현대판 미녀들"의 모습에서

처럼 여전히 식민의 땅으로 남아 있는 대표적인 장소였던 것이다. 따라서 허남기는 외적 해방은 이루었으나 내적으로는 아직도 식민의 잔재 속에서 신음하는 조국의 현실을 냉정하게 바라보지 않을 수 없었다. 그래서 그는 "함석과 뻥끼와 / 다다미와 게다짝으로" "말쑥이 문명개화"(「경주시」)한, 즉 식민의 세월에 묻혀 어느새 몸도 마음도 땅도 건물도 모두 일본화가 되어버린 조국을 향해 "여기가 대체 어느 나라입니까"라는 냉소와 비판을 서슴지 않았던 것이다.

일찍이 여기에 / 일본의 모든 상사들이 와있었다 / 명치 대정 소화를 새긴 / 회사이름은 말할것도 없고 / 일본나라안의 지명은 죄다 와있었다 / 피복 일용품 잡화를 비롯하여 / 스시소바(메밀국수) 뎀뿌라류까지 팔았다 / 마치도 일본제국주의와 같이 번창한 거리였다 // 오늘 여기를 지나며 / 또 스시소바(메밀국수)와 / 뎀뿌라를 보았다 / 오뎅(꼬치안주) 다이후꾸(큰떡) 젠자이(팥죽)에 / 도데라(일본인이 입는 긴 솜옷) 유까다(일본옷) 게다(일본나막신)까지도 보았다 / 상점간판은 조선말로 바뀌여지고 / 점주도 점원도 / 모두 토배기 조선산인데도 / 다비(일본버선)를 신고 하오리(일본옷) 입고 / 일본말을 자주 입에 올리면서 / 상품을 팔고 있었다 // 지명은 이미 바뀌여 / '본정통'이 지금은 없으나 / 일본제국주의와 사제간인 / 또하나의 제국주의는 / 지금도 어깨바람을 일쿠고 있다

—「명동」 전문

해방 이후 연합국(군)최고사령관총사령부(GHQ)가 친미파로 얼굴을 바꾼 친일파들에 의해 주도되면서, 우리 민족은 토지개혁과 사회간접시설, 공장시설의 분배와 증여 등에 있어서 식민지 때보다 더 심한 수탈로 고통 받아야 했다. "일본제국주의와 사제간인 / 또하나의 제국주의는 /

지금도 어깨바람을 일쿠고 있다"라는 표현에서 알 수 있듯이, 해방이 되어 "상점간판은 조선말로 바뀌여지고 / 점주도 점원도 / 모두 토배기 조선산인데도" 다비(일본버선)를 신고 하오리(일본옷) 입고 / 일본말을 자주 입에 올리면서 / 상품을 팔고 있"는 조국의 현실은 또 다른 식민의 모습에 다름 아니었던 것이다. 게다가 1946년 9월 운수부 철도국 경성조합원들이 임금 인상과 처우 개선을 내걸고 파업을 했는데, 부산 철도 공장의 파업을 시작으로 전국의 사업장으로 파업이 확대되자 미군정은 사회의 안정과 질서를 유지하기 위해서라는 명목을 내세워 이를 폭력적으로 진압하는 극단적 태도를 보이기도 했다. 이러한 미군정의 폭력적 대응은, 반민특위의 해산에서 알 수 있듯이 친일파들의 전횡과 부정부패를 용인함으로써 그들을 통해 조선의 좌경화를 막아보겠다는 교묘한 의도가 숨어 있는 결과라고 할 수 있다. 따라서 당시 조선의 노동자들은 친일 세력들을 비호하는 미군정의 폭력에 맞서 전국적으로 무장봉기를 일으켰는데, 이것이 바로 10월 인민항쟁이다. 무려 3개월 동안 이어진 항쟁의 불길은 1948년 제주 4·3항쟁과 10월 여순 봉기의 도화선이 되기도 했다.

> 로씨야의 한 소설가는 / 몇백매 몇천매의 돌을 포개여도 / 풀은 그것을 밀어제끼고 / 솟아난다고 썼다 / 그러나 나의 초원이여 / 너는 천장의 포석보다 / 배나 무겁고 괴로웠다 / 1910년부터 40년을 살아오고 / 그리고 그 지난 10월의 / 총검의 억압밑에서도 / 싹은 움터나왔다 / 너의 그 싹은 / 비록 지금은 연약하고 / 작은것이나 / 언젠가는 정정히 지상에 넘쳐 / 고조선의 귀족들이 사랑한 / 복숭아나 매(梅)의 굵기보다 / 휠씬 더 굵게 자라고 / 옛세기의 든든한 이발처럼 / 이 지각우에 / 또하나의 / 새로운 희망을 심어줄 것이다 / 나는 너의 번식력을 믿는다 / 잡초여 / 아아 나의 잡초원이여
>
> ―「잡초원」[15] 전문

인용시를 비롯하여 여순 봉기를 제재로 한 「지금 나는」, 「10월 시집」, 「순천」, 제주 4 · 3항쟁을 형상화한 「화산도」와 같은 작품은, 제국주의와 반공주의의 그늘에 갇혀 민족의 정체성과 민중들의 삶을 송두리째 내팽개쳐버린 남한 정부의 실정(失政)에 대한 준엄한 비판의 성격을 지니고 있다. "지난 10월의 / 총검의 억압 밑에서도 / 싹은 움터 나왔"고, "그 싹은 / 비록 지금은 연약하고 / 작은 것이나 / 언젠가는 정정히 지상에 넘쳐" "또 하나의 / 새로운 희망을 심어줄 것"이라는 확신은, 민중들의 강인한 생명력이야말로 남한 사회의 변화와 갱신을 촉구하는 근본적 동력(動力)이 될 수 있다는 메시지를 담고 있다. 이러한 민중의식의 실천은 1960~70년대 남한의 시문학에서도 상당히 중요한 주제로 부각되었다는 점을 주목할 필요가 있다. 예를 들어, 『남한강』은 일제하 농촌현실을 배경으로 민중의 반제반봉건 투쟁을 통해 당대의 민중적 · 민족적 전형성을 획득하는 과정과 민족 공동체를 지향하는 역사의식과 계급의식을 구현해냈다. 1960년대 이후 남한의 시문학이 서사지향성을 두드러지게 드러낸다는 점도 관심 있게 살펴볼 부분이다. 이러한 사실은 앞서 『금강』과 『화승총의 노래』의 영향 관계에서처럼, 재일 디아스포라 시문학과 1960~70년대 남한 시문학의 교섭 양상을 이해하는 중요한 문제제기가 될 수 있을 것이다.[16]

---

15 원래 이 시는 『조선문예』 창간호에 발표되었다. 그런데 허남기는 『조선 겨울이야기』를 묶으면서 이 시를 10월시집 장의 마지막 편으로 구성하였다.

16 실제로 강순 시인의 번역 작업으로 남한의 진보적 시인들의 작품이 일본에 상당히 많이 소개되었다. 출간된 시집만 살펴봐도, 김지하시집(青木書店, 1974), 신경림 『농무』(梨花書房, 1978), 김수영 『거대한 뿌리』(梨花書房, 1979), 신동엽 『껍데기는 가라』(梨花書房, 1979), 조태일 『국토』(梨花書房, 1980), 이성부 『우리들의 양식』(梨花書房, 1981), 양성우 『겨울공화국』(皓星社, 1978) 등이 일본에서 번역 출판되었다.

4. 민족 교육에 대한 신념과 '총련'의 선전선동

해방 이후 '조련'이 귀국 사업과 병행하여 가장 주력했던 것은 바로 교육 운동이었다. 해방 이후 국어강습회 등을 시작으로 조선학교를 세우는 사업을 추진했는데, 1946년 10월 기준으로 초등학교만 525개교였고 학생수는 4만 명을 훨씬 넘었다. 이들 학교에서는 '조련'에서 편찬한 교과서를 썼고, 우리말과 역사를 중점적으로 가르치면서 민족의식을 고취하는 교육을 가장 우선시하였다. 그런데 1948년 1월 일본 문부성이 GHQ의 지시에 따라 조선학교에 일본의 교육법규를 준수할 것을 강제적으로 요구하면서 우리의 민족 교육은 중대한 위기에 직면하였다. 급기야는 제1차 조선학교폐쇄령까지 내려지면서 조선 학생들을 일본 학교에 보낼 것을 강제로 지시하는 사태까지 벌어졌다. 그 결과 고베와 오사카에서 격렬한 저항 운동이 일어났는데, 이것이 바로 '한신[阪神]교육투쟁'이다. 이러한 투쟁의 결과로, 비록 한시적이었지만, 일본으로부터 재일조선인의 민족 교육을 인정받는 성과를 이루어냈다. 하지만 한반도에서의 조국 분단이 가시화되는 1949년 10월에 이르러 다시 제2차 조선학교폐쇄령이 강행되면서 재일조선인의 민족 교육은 수난의 역사를 가장 무겁게 짊어지는 상황에 직면하였다. 이 때는 이미 '조련'이 해산된 이후였으므로 조선학교의 폐쇄와 조선학생들의 일본학교 편입, 또는 조선학교의 일본 공립학교로의 전환과 같은 탄압의 결과를 수용하지 않을 수 없게 되었다.[17]

---

17 자세한 내용은, 마츠다 토시히코, 정대성 역, 「해방 후 민족 교육의 발자취」, 한일민족문제학회 엮음, 『재일조선인 그들은 누구인가』, 삼인, 2003, 143~155면 참조.

해방 직후 가와구찌 조선소학교 교장을 역임하기도 했던 허남기에게 이와 같은 조선학교탄압의 현실은 민족 교육의 근간을 뒤흔드는 중대한 문제로 받아들여지지 않을 수 없었다. 「바람」, 「양버들처럼」, 「아이들아 이것이 우리 학교다」와 같은 시는 이러한 첨예한 문제의식을 직접적으로 형상화한 작품이다.

> 아이들아 / 이것이 우리 학교다 / 교사는 아직 초라하고 / 교실은 단 하나뿐이고 / 책상은 / 너희들이 마음놓고 기대노라면 / 삑하고 곧이라도 찌그러질 것 같은 소리를 내고 // (…중략…) // 또 1948년 춘삼월엔 / 때아닌 모진 바람이 / 이 창을 들쳐 / 너희들의 책을 적시고 빰을 때리고 / 심지어는 공부가지 못하게 하려 들고 / 그리고 두루 살펴보면 / 백이 백가지 무엇 하나 / 눈물 자아내지 않는것이 없는 / 우리 학교로구나 // 허나 / 아이들아 / 너희들은 / 니혼노 각고요요리 이이레스 하고 / 서투른 조선말로—우리도 앞으로 / 일본학교보다 몇 배나 더 큰 집 지을 수 있잖느냐고 / 되려 / 이 눈물 많은 선생을 달래고 / 그리고 / 또 오늘도 가방메고 / 씩씩하게 이 학교를 찾아오는구나 // 아이들아 / 이것이 우리 학교다 / 비록 교사는 빈약하고 작고 / 큼직한 미끄럼타기 하나 그네 하나 / 달지 못해서 / 너희들 놀곳도 없는 / 구차한 학교지마는 / 아이들아 / 이것이 단 하나 / 조국 떠난 수만리 이역에서 / 나서자란 너희들에게 / 다시 조국을 배우게 하는 / 단 하나의 우리 학교다 / 아아 / 우리 어린 동지들아
>
> —「아이들아 이것이 우리 학교다」 중에서

재일조선인들에게 민족 교육은 자신들의 정체성을 지켜나가는 가장 기본적인 토대였음에 틀림없다. 특히 일본에서 태어난 재일조선인 2~3세들에게 우리 민족의 말과 글, 전통과 문화를 배우는 일은 일본땅에서

디아스포라적 주체로서 당당하게 살아가기 위한 통과의례와 같은 의미를 지녔다. 인용시에서처럼 재일조선인 학생들이 조선학교폐쇄령 앞에서도 전혀 굴하지 않고 "서투른 조선말로—우리도 앞으로 / 일본학교보다 몇배나 더 큰 집 지을 수 있잖느냐고" 말할 수 있는 것은, 민족의 정신마저 빼앗겨버림으로써 조선인이 아닌 일본인으로 살아가서는 결코 안 된다는 민족의식을 교육 받은 결과라고 할 수 있다. 그들은 "적의 총부리에 맞아죽는 한이 있더라도" "조선의 산천을 싸덮는 양버들처럼"(「양버들처럼」) 자랄 것을 굳게 결심하며 성장해 왔기 때문이다. 이와 같은 민족교육에 대한 강한 신념은 허남기 시의 밑바탕을 이루는 정신적 토대인 동시에 재일 디아스포라 시문학의 정신적 근간이라고 할 수 있다. 그가 1955년 '총련' 결성 이후 북한을 적극 지지하면서 조직에 투신한 것은, 재일조선인들을 해외공민으로 인정하고 민족 교육의 중요성을 무엇보다도 강조하면서 조선학교를 경제적으로 지원해준 북한의 주체적 태도와 전혀 무관하지는 않을 것이다. 즉 재일조선인의 인권보다는 북한을 지지하는 '총련' 타도에 혈안이 되어 있었던 남한의 반민족적 태도와, 민족 정체성을 지키기 위한 조선학교의 노력을 민족 교육의 차원이 아닌 친북 교육의 차원으로만 인식하려 했던 남한의 반공주의 정책은 결코 수용할 수 없었기 때문이다. 이처럼 허남기가 북한을 자신의 조국으로 선택하지 않을 수 없었던 데는, 재일조선인 사회의 분열과 대립이 민족 교육의 훼손으로까지 심화되는 상황을 절대 좌시할 수 없다는 강한 신념의 결과였다고 할 수 있을 것이다.

> 내 올해엔 / 쇠로 된 갑옷을 / 입으리라 / 어떤 풍파 어떤 태풍에도 / 까딱도 않는 / 천근 무게와 / 번개의 재빠름을 / 한몸에 지닌 / 그런 두터운 갑옷을 / 가슴에 입으리라 / 어떠한 곤난 어떠한 역경에 / 놓여서도 / 눈 하나 깜

짝 않고 / 항상 원수를 쫓아 / 열걸음 앞서며 / 조국과 인민이 부르는 길 / 꾸꾸이 나아가는 / 그런 신념에 찬 / 갑옷을 / 마음에 입으리라

—「년두소감」 중에서

흙이란 좋구나 / 수령님께서 찾아주신 / 흙이란 / 조국의 흙이란 / 한없이 좋구나 / 수령님께서 가꾸어주신 / 조국의 땅이란 / 더없이 좋구나 // (…중략…) // 흙냄새 훈훈하게 풍기는 / 기름진 조국의 땅을 / 두손에 쥐고 / 이 땅 / 이 흙이 / 진정 조선의 땅이고 / 조국의 흙임을 / 내 몇 번이고 몇 번이고 / 되새기노라

—「조국의 흙」 중에서

인용한 두 편의 시에서 허남기 시의 변화를 읽어내는 것은 크게 어려운 일이 아니다. 앞서 살펴본 여러 편의 시와는 달리 주제의 노출이 직접적이고 이념적 경직성도 두드러져 선전선동을 위한 목적시의 성격을 그대로 노출하고 있기 때문이다. "조국과 인민이 부르는 길"이나 "수령님께서 가꾸어주신 / 조국의 땅"에서 알 수 있듯이, 1955년 '총련' 결성 이후 허남기의 시는 북한에 대한 찬양이나 수령 형상의 창조 등으로 급격한 변화를 보였던 것이다. 1960년대 재일조선인 사회는 1965년 한일국교정상화로 인해 '민단'과 '총련' 사이의 대립과 갈등이 노골화되는 극단적 이원화의 양상을 드러냈다. 재일조선인의 법적 지위를 결정하는 '한일법적지위협정'이 체결되면서 일본 내에서 박정희 정권의 반공정책이 관철되었고, 그 결과 '민단'과 '총련'으로 이원화된 재일조선인 사회의 대립과 갈등은 더욱 적대적인 양상으로 치달았다. 당시 박정희 정권의 재일조선인에 대한 기본 입장은 북한을 지지하는 '총련'을 타도하는 반공주의에 있었으므로, 일본 정부가 부여하는 '협정영주

권'을 미끼로 재일조선인들을 남한으로 회유하려 했을 뿐만 아니라, 일본의 자본을 끌어들여 경제부흥을 추진함으로써 자신의 권력 기반을 더욱 강화하는 토대로 삼고자 했다. 그리고 일본의 입장에서는 한일조약으로 남한 사회를 정치적 · 경제적으로 지원해줌으로써 과거 자신들의 침략 역사에 대한 책임을 면할 뿐만 아니라, 국제적으로도 주변 국가를 도와준 인도주의적 명분까지 확보할 수 있다는 교묘한 계산을 은폐하고 있었다. 따라서 당시 북한은 이와 같은 정략적 한일 관계에 맞서 남한의 반민족적이고 반통일적인 정책을 비판하는 강경 노선으로 팽팽하게 대립할 수밖에 없었다. 이 때 '총련'은 북한의 강경 정책을 충실히 이행하면서 재일조선인 사회의 좌경화에 박차를 가했고, '문예동'은 '총련'의 지침에 따라 재일조선인들의 문학을 북한의 정치적 노선에 종속시키는 제도적 방안을 마련하는 데 치중했다.

> 김일성 원수님! / 그 성함 / 부를 때마다 / 가슴속에 떠오르는 / 숱한 화폭 있나니 // 그것은 유서깊은 만경봉, / 그것은 그 봉우리밑 / 짙은 록음사이로 펼쳐지는 / 만경대마을과 / 그 마을을 감돌아 / 유유히 흐르는 대동강, / 그 강과 마을 사이의 푸른 들과 하늘과 숲들, / 그것은 원수님게서 / 어리셨을 대 / 무지개를 잡으신다고 / 오르신 소나무, / 그것은 군함바위, / 그 바위우에 서시여 / 왜놈잡이놀음 하시던 그 영용하신 모습, / 그밖의 숱한 이야기가 깃든 / 소나무와 풀들, // (…중략…) // 아아, 수령님이시여 / 수령님의 성함 부를 대마다 / 우리 울렁이는 가슴을 / 진정 못시킴은 // 위대한 수령님의 성함이 / 바로 끊임없는 시 / 수령님의 성함이 / 바로 한량없는 노래 // 그 시속에 / 우리 전체 조선민족의 승리가 깃들고 / 그 노래속에 / 우리 전체 조선인민의 행복이 있음이여라
>
> ―「찬가」 중에서

인용시는 전형적인 수령 형상 문학으로, '총련'의 문학이 북한문학의 전위로서의 역할을 했음을 여실히 보여준다. 주지하다시피 북한문학은 수령에 대한 찬양과 충성, 사회주의 혁명건설의 고취를 기본적인 목표로 정립하고, 당성, 노동계급성, 인민성을 문학적으로 형상화하는 데 총력을 기울였다. 여기에서 수령에 대한 형상화는 가장 기본적인 창작 지도이념으로, 혁명적 수령관을 바탕으로 주체의 인간학[18]을 정립하는 데 목표를 두었다. 이러한 북한문학의 성격은 유일사상체제의 확립과 더불어 사실상 모든 문학이 김일성주의로 수렴되는 도식적 한계를 초래하였다. '문예동' 위원장으로서 '총련'의 지도이념을 누구보다도 적극적으로 실천해야 했던 허남기의 입장에서 수령 형상의 창조는 '문예동'의 창작 지침을 제시하는 지도적 특성을 드러내지 않을 수 없었다. 결국 1955년 '총련' 결성과 1959년 '문예동' 결성 이후 허남기의 시문학은 북한문학의 연장선상에서 재일의 독자성과 자율성을 잃어버린 목적문학으로 전락하고 말았다. 이러한 사실은 재일 디아스포라 문학이 이념적 · 언어적 차이로 인해 대립과 갈등이 더욱 심화되는 결정적 계기가 되었고, 그 결과 재일 디아스포라 시문학은 현재까지도 '총련'과 '민단'으로 이원화된 재일조선인 사회의 분열을 통합하지 못한 채 단절된 양상으로 남아 있는 것이다.[19]

---

18 주체의 인간학은 혁명적 수령관을 전제로 한다. 혁명적 수령관이란 수령이 모든 인민의 최고 뇌수(腦髓)이자 통일 단결의 중심으로서 역사발전과 혁명투쟁에서 결정적 역할을 해 왔고, 또 한다고 보는 견해와 관점이다. 혁명적 수령관은 하루아침에 만들어진 것이 아니다. 그것은 영웅서사시에서 출발하여 인민을 근원으로 보는 인민주의적 상상력의 도움을 받아, 최고의 덕성을 갖는 영도자 수령과 근원으로서의 인민을 일체화한 결과였다. 인민주체는 계급주체를, 계급주체는 당주체를, 당주체는 수령주체를 핵심으로 하는 것이었다. 이것이 혁명적 수령관의 구조적 배경이었다. 수령이 인민의 뇌수라면 인민은 수령의 몸이 된다. 뇌수의 명령을 따르지 않는 몸이 있을 수 있겠는가? 혁명적 수령관은 이런 기능적 구분을 전제하고 있었다. 신형기 · 오성호, 『북한문학사』, 평민사, 2000, 268면.

19 현재까지도 이념과 언어를 초월한 재일 디아스포라 시문학의 통합적 지형을 그려내는

5. 맺음말

디아스포라의 개념은 일률적으로 정의하기 어려운 중층성과 복합성을 지니고 있다. 식민지와 분단을 경험한 우리 민족에게 디아스포라는 역사적이고 이념적인 성격을 벗어나서는 생각할 수 없는 특수성을 지니고 있기도 하다. 또한 재일 디아스포라 시문학을 이해하는 데 있어서 해방 이후 재일조선인의 역사적 경험과 모어(母語)와 모국어(母國語)의 갈등이라는 이중언어의 모순은 재일 디아스포라의 의식을 규정하는 본질적인 문제임에 틀림없다. 그런데 여기에서 반드시 경계해야 할 문제는 재일 디아스포라의 실체를 민족 혹은 국가의 범주 안에서 전유하거나 동일화하려는 위험성이다. 즉 국가주의의 호출을 거부하고 '재일'의 독자성을 유지해온 재일 디아스포라의 개별적 특수성마저 민족 혹은 국가의 관념적 테두리 안에서 획일화해서는 안 된다. 식민과 분단을 직접적인 경험으로 내면화한 재일 1세대, 2세대와 민족과 국가의 현실을 경험적 실체로 공유하지 못한 재일 3세대 이후의 지금 세대가 지닌 디아스포라적 사유는 크게 다를 수밖에 없다. 그리고 이러한

것은 결코 쉬운 일이 아니다. 하지만 민족의 정체성 확립과 통일 지향의 신념으로 재일 디아스포라 시문학은 다시 변화의 길목에 서 있다. 필자는 2006년~2008년까지 세 차례 일본 동경을 방문하여 정화수, 김학렬 시인 등을 만나 재일조선인 문학의 주제와 특징에 대해 여러 가지 논의를 하였다. 그들의 증언에 따르면, 지금 재일조선인 시문학은 북한문학의 지도이념과 일방적 영향으로부터 벗어나 사상과 정서를 통합하는 서정시의 새로운 비전을 제시하는 변화를 모색하고 있다. 즉 그동안 재일조선인 시문학이 보여 왔던 이념적 경직성을 넘어서 서정시의 본질에 더욱 가까이 다가가고자 노력하고 있는 것이다. 이러한 그들의 문학적 변화는 시전문 동인지 『종소리』에 수록된 시작품 전반에 아주 충실하게 반영되어 있다. 2000년 1월 창간호를 내고 지금까지 총 39호(2009. 여름)가 발간된 『종소리』에 대해서는, 하상일의 「재일 조선인 시문학 연구—『종소리』를 중심으로」(『한국문학논총』 48집, 한국문학회, 2008.4)에서 자세한 논의를 하였다.

차이를 반영하고 있는 세대간의 문학적 양상 또한 확연하게 다른 지향성을 드러내고 있다. 따라서 재일 디아스포라 문학은 분단조국의 현실로 인해 남과 북 어느 한 국가로의 선택을 강요당했을 뿐만 아니라, 우리말의 명분과 일본어의 실제 사이에서 심각한 갈등을 겪어야만 했던 재일동포 내부의 이질성을 바라보는 열린 시각을 가질 필요가 있다.

현재 일본에 거주하는 우리 민족은 재일동포, 재일교포, 재일 한인, 재일한국인, 재일조선인, 재일한국 · 조선인, 재일코리안, 재일(자이니치) 등 다양한 명칭으로 불린다. 이러한 혼란은 국적, 이념, 정체성을 둘러싼 복잡한 이해관계와 일본에서의 역사적 경험의 차이에서 비롯된 세대적 변별성이 주된 원인이 되었다고 할 수 있다. 물론 이들에게 확정된 명칭을 부여한다는 것은 크게 중요한 문제는 아니다. 더욱 본질적인 문제는 여러 측면에서 이질성과 다양성을 보이는 이들의 문학 활동을 '재일'의 특수성 속에서 통합적으로 인식하고 바라볼 수 있는 관점의 재정립에 있다. 따라서 이들을 일컫는 대부분의 용어에 내재된 이데올로기적 제약과 구속을 벗어나 디아스포라적 주체로서의 관점과 방법론을 정립하는 것이 무엇보다도 중요한 과제이다. 본고에서 여러 가지 명칭 가운데 '재일 디아스포라 문학'이라고 부르고자 한 이유도 바로 여기에 있다. 이 또한 명백한 한계를 지닌 명칭이지만, 현재 일본에 거주하는 우리 민족의 다양성과 이질성을 포괄하는 객관적인 명칭으로는 가장 최선의 것이라고 생각한다.

해방 이후 재일 디아스포라 시문학은 반제반봉건의 민족의식과 민중의식의 토대 위에서 식민과 분단의 상처를 직접적으로 형상화하는 방향으로 전개되어 왔다. 허남기의 시문학은 이러한 성격을 가장 충실히 담아내는 선봉장으로서의 역할을 담당했는데, 민족의 수난사를 주요 제재로 한 서사 정신의 구현은 역사의식의 시적 형상화를 실천하는 미학적 실천의 의미를 지니고 있었다. 허남기는 해방 이후 재일 디아스포라 문학의 형성기를 주도한 대표적인 시인이었다. 그럼에도 불구하고 지금까지 그의 시문학은 동시대에 활동했던 김달수, 김석범 등의 소설가에 비해 그 문학적 의의를 제대로 평가받지 못했다. 이는 일문학계를 중심으로 시작된 재일 디아스포라 문학 연구가 일본어 문학만을 그 대상으로 한정했다는 점과 시문학의 경우 대부분 '총련' 산하 '문예동'의 창작지침에 종속된 이데올로기성이 두드러졌고 일본어가 아닌 우리말로 쓰여졌다는 점 등의 현실적인 이유에서 비롯된 결과이다. 하지만 이러한 문제로 허남기를 비롯한 재일 디아스포라 시문학의 역사와 의미를 제대로 평가하지 않는다는 것은, 이념적으로든 언어적으로든 해방 이후 재일 디아스포라 문학의 한쪽 면만을 보여주는 명백한 한계를 노출하는 것이 아닐 수 없다. 허남기의 시는 1955년 '총련' 결성 이전과 이후의 단층이 너무 뚜렷하여 한 사람의 시세계라고 보기 어려운 혼란의 지점을 보여준다. 이는 민족 분단의 역사를 경험한 재일 조선인으로서 뼈저리게 감수할 수밖에 없었던 내면의 갈등과 상처에서 비롯된 결과이다. 다시 말해 허남기의 시세계는 재일 디아스포라의 역사적 상처와 내면의 고뇌를 시대의 흐름에 따라 펼쳐놓은 상징적 지도와 같은 의미를 지니고 있다. 그의 시문학은 해방 이후 재일 디아스포라의 역사와 의미를 총체적으로 이해하는 가장 의미 있는 길잡이가 되고 있음에 틀림없는 것이다.

재일 디아스포라의 민족정체성과 실존의식

강순론

1. 머리말

해방 이후 재일 디아스포라 시문학은 허남기, 강순, 남시우를 시작으로 김시종, 김윤, 정화흠, 김학렬, 정화수 등으로 이어져 왔다. 특히 해방 이후부터 1950년대까지는 허남기, 강순, 남시우의 3인 시대[1]라고 할 만큼, 세 시인은 재일 디아스포라 시문학의 초석을 닦는 중요한 역할을 했다. 이 가운데 허남기는 애국적이고 혁명적인 시인, 해방 이후 월북 문인들의 빈자리를 메운 사실주의 시인으로 평가받았고, 1959년 결성된 '재일조선

1 김학렬, 「재일 조선인 조선어 시문학 개요」, 와세다대학조선문화연구회 · 해외동포문학편찬사업추진위원회 · 재일본조선문학예술가동맹 공동주최, 『재일 조선인 조선어 문학의 현황과 과제 심포지움 자료집』, 2004.12.11, 와세다대학교, 3~4면.

인 문학예술가동맹('문예동')'의 초대위원장을 맡는 등 '재일조선인총연합'('총련')의 핵심 인물로 활동하면서 북한문학계의 찬사를 한 몸에 받았다. 뿐만 아니라 남한문학계에서도 그의 서사시『화승총의 노래』가 번역 · 출판되면서 동포시인 가운데 제일 문학적 성취가 뛰어난 분[2]이라는 평가를 받기도 했다.[3] 그런데 허남기와 함께 해방 이후 재일 디아스포라 시문학의 형성기를 주도했던 강순, 남시우의 시에 대해서는 그동안 거의 연구가 이루어지지 못했다. 남시우의 경우에는 1979년부터 '총련'에서 세운 조선대학 학장을 역임하며 '총련'계 재일 지식인들과 문인들을 양성하는 데 헌신하였으므로, 남북의 경직된 이데올로기적 상황을 고려할 때 남한 학계나 문단에서 그의 시문학에 직접적인 관심을 보이기는 어려웠을 것으로 짐작된다. 강순 역시 해방 이후부터 1964년 '조선신보사'를 그만두기까지 '총련' 산하 '문예동'을 중심으로 활동한 대표적 시인이었다는 점에서 남한 이데올로기의 폐쇄성으로부터 완전히 자유로울 수는 없었을 것이다. 하지만 그 이후 강순의 활동을 살펴보면, '문예동'을 탈퇴하고 남한과 북한 양쪽 모두와 비판적 거리를 두면서 재일 디아스포라의 사회역사적 실존을 성찰하는 데 주력하였고, 우리말로 시를 창작하면서 재일 디아스포라의 이중언어 현실을 깊이 고민했으며, 1960~70년대 남한의 진보적 시인들의 시집을 일본어로 번역 소개함으로써 1960년대 이후 남한 시문학과 재일 디아스포라 시문학의 교섭에 일익을 담당했다. 그럼에도 불구하고 그동안 남한의 학계나 문단에서는 경직된 반공이데올로기를 앞세워 강순 시인

2 민영, 「허남기 선생에게－역자로부터 저자에게」, 『화승총의 노래』, 동광출판사, 1988, 107면.
3 허남기 시인에 대한 연구로는, 손지원, 「시인 허남기와 그의 작품 연구」(사에구사 도시카쓰 외, 『한국 근대문학과 일본』, 소명출판, 2003); 하상일, 「해방 직후 재일 조선인 시문학 연구－허남기의 시를 중심으로」(『우리말글』 37집, 우리말글학회, 2006.8); 김응교, 「재일 디아스포라 시인 계보, 1945~1979－허남기, 강순, 김시종 시인」(『인문연구』 55호, 영남대인문과학연구소, 2008.12)가 있다.

을 전혀 주목하지 않았다. 이러한 소외와 배제의 지점은 남북한 통일문학사를 넘어서 한민족문학사를 지향하는 우리의 문학사 연구가 비판적으로 성찰해야 할 가장 중요한 과제임에 틀림없다.

강순(1918.2~1987.12.18)[4]은 경기도 강화에서 태어나서 1936년 일본으로 건너가 1937년 와세다대학 불문과에 입학했고, 해방 이후에는 교사 생활을 하다가 '조선신보사' 편집국 기자로 활동하였다. 1964년 '조선신보사'에서 『강순시집』을 내놓고서는 '총련' 내부에서 벌어지기 시작한 좌경적인 비판사업에 반발하여 '조선신보사'를 퇴직하고, 이후 어떤 단체에도 가담하지 않은 채 재일조선인들의 실존을 구체화하는 창작 활동과 김지하, 양성우, 신경림, 김수영, 신동엽, 조태일, 이성부 등 남한의 진보적 시인들의 작품을 일본어로 번역 소개하는 데 남은 생을 다 바쳤다. 그가 낸 시집으로는 한글시집으로 『조선부락』(1953), 『불씨』(등사판, 1956), 허남기, 남시우와 함께 펴낸 3인공동시집 『조국에 드리는 노래』(북한 조선작가동맹출판사, 1957), 『강순시집』(일본 강순시집발간회 편, 조선신보사, 1964), 『강바람』(일본 강순국문시집간행위원회, 梨花書房, 1984), 일본어시집 『날라리[なるなり]』(일본 思潮社, 1970), 『斷章』(일본 書舍かいおん, 1986) 등이 있다.

강순의 시세계는 일본에 거주하는 우리 민족의 근원적 정서인 조국에 대한 그리움을 기조로 하지만, 초기에 발간한 『강순시집』의 시와 '총련' 탈퇴 이후에 발간한 「강바람」의 시는 그 경향에 있어서 일정한 차이를 드러낸다. 즉 『강순시집』에는 일본에서 우리 민족이 겪는 시련과 고통을 다루면서도 북한에 대한 찬양이나 남한에 대한 비판 등 '총

4 강순의 본명은 강면성(姜冕星)이다. 이는 필자가 2009년 1월 일본 동경 외곽 가나가와현 사가미야영원에 있는 그의 묘소를 직접 참배하고 묘비명을 통해 확인한 것이다. 그는 해방 직후 일본에서 발간된 『백민(白民)』의 핵심 인물 가운데 한 사람이었고, 『백민』이 1948년 결성된 '재일조선문학회'의 주축 그룹이었다는 점에서, 해방 이후 재일 디아스포라 시문학의 형성 과정에서 강순이 얼마나 중요한 역할을 했는지를 충분히 짐작할 수 있다.

련' 일꾼으로서의 강한 정치성을 표방한 반면, '총련'을 탈퇴한 이후 창작한 시를 주로 수록한 『강바람』에는 '총련'과 '민단' 어느 쪽에도 가담하지 않은 중립적 위치에서 재일 디아스포라의 실존을 성찰하는 작품세계가 두드러진다. 물론 이러한 구분은 그의 시세계의 변화를 이해하는 하나의 방편일 뿐이므로 절대적인 기준으로 삼을 수는 없다. 또한 그의 시에서 이러한 특징은 명확하게 경계를 나눌 수 있는 것이 아니라 대부분 혼재되어 있음을 간과해서도 안 된다. 다만 이러한 구분은 강순 시의 주제의식의 흐름, 즉 '총련'계 재일 지식인의 입장에서 재일 디아스포라의 민족 정체성과 이데올로기가 어떻게 성숙되고 변화되어 왔는지를 비교적 명료하게 보여준다는 점에서 중요한 의미가 있다.

최근 들어 재일 디아스포라 시문학에 대한 관심이 크게 고조됨에 따라 국문학 분야에서도 강순의 시문학에 대한 연구가 몇 편 제출된 바 있고,[5] 일본에서도 그의 시에 대한 관심이 점점 확산되고 있다.[6] 그는 우리말 시집과 일본어 시집을 동시에 남겼는데, 일본어 시집에 수록된 시의 대부분은 우리말 시집인 『강순시집』과 『강바람』에 이미 수록된 것을 일본어로 옮겨 놓은 것에 불과해 크게 변별성이 없다. 그리고 그가 낸 초기 시집으로 『조선부락』과 『불씨』가 있는 것으로 알려져 있는데 현재까지 시집이 발견된 바 없고, 두 시집에 수록된 시의 대부분이 첫 시집인 『강순시집』에 재수록되어 있으므로, 본고에서는 『강순시집』과 『강바

5 대표적인 것으로, 윤의섭, 「재일동포 강순 시 연구—『강순 시집』을 중심으로」(김학렬 외, 『재일동포 한국어문학의 전개양상과 특징 연구』, 국학자료원, 2007); 김응교, 앞의 논문; 하상일, 「해방 이후 재일 디아스포라 시문학의 역사와 의미」(『한국문학논총』 제51집, 한국문학회, 2009.4)가 있다.

6 김학렬, 「재일 민족시인 강순—시집 『강바람』, 애통과 사랑과 격정의 세계」(이 원고는 재일한국문인협회에서 발간하는 『한흙(大地)』에 2009년 여름호부터 연재되고 있다)와 사이토 마모루, 「望鄕の詩人姜舜」(『植民地と祖國分斷わた生詩人たち』, 일본 토요미술사출판사, 2002)가 있다.

람』을 주요 텍스트로 삼아 논의할 것이다.[7] 또한 명확히 그 경계를 나눌 수 있는 것은 아니라 하더라도, '총련'을 탈퇴한 1964년 전후 그의 시세계의 변화와 연속성을 이해하기 위해서 편의상 두 시집을 구분하여 차례대로 그 주제의식을 서술하고자 한다.

2. 재일 디아스포라의 민족 정체성과 이데올로기

1) 민족적 표상의 내면화와 민족 분단의 극복

재일 디아스포라 시인들에게 민족공동체의 의식과 문화는 자신들의 정체성을 내면화하는 가장 중요한 표상이요 이데올로기였다. 즉 언어, 민속, 풍물, 노래, 놀이 등은 낯선 이역의 땅에서 민족의 정신과 문화를 지켜내는 삶의 원천들이었다. 그러므로 고향 마을의 꽃과 풀, 토속적인 음식과 특산품, 유년 시절의 향수가 고스란히 남아 있는 자연 풍경과 그곳에서의 정겨웠던 놀이에 대한 추억 그리고 민족의 정한을 느낄 수 있는 노래와 악기 등은 재일 디아스포라 시작품에 가장 두드러진 제재로 사용되었다. 이는 조국에 대한 근원적 그리움과 민족 정체성을 관념의 차원이 아닌 실감의 차원에서 형상화한 것으로 이해할 수 있다.[8]

7 현재 재일 디아스포라 시문학에 관한 역사적 자료의 상당수가 소실되어 직접 확인할 수 없는 것이 많다. 민족 정체성의 급격한 약화로 인해 재일 3세대 이후 세대들은 재일 디아스포라와 관련된 자료들의 중요성을 전혀 인식하지 못하고 있기 때문이다. 그 결과 재일 1세대와 2세대들이 남긴 중요 자료들이 무분별하게 버려지거나 일본의 대학 도서관 창고 등과 같은 곳에 제대로 정리되지도 않은 채 방치되어 있는 실정이다.

날나리의 리듬은
한 여름의 강변에서
그이가 심어 주신 나의 랑만!

물에 낚시를 잠근 후
해수병앓이 할아버지는 그 때
날나리를 물고 구슬펐다
기침 소리가 싫다는 녀편네의 괄시가
집나간 큰아들이
먹고 입는 것이 온통으로
그리고 날나리가

절반이 콩인 주먹밥을 들고 나서던
철부지 손자 새끼는
흑흑 그의 가락이 넘을 지음하여
성을 쌓은 머흘 구름에
한가한 채색을 아로새기고……

그 때의 강변의 백양나무가

---

8 이러한 특징은 최근 발표된 재일 디아스포라 시인들의 작품에서 더욱 두드러지게 나타난다. 특히 고향 마을의 토속적인 음식을 제재로 삼아 조국에 대한 향수와 민족적 정체성을 내면화한 시가 상당히 많다. 북한의 평론가 류만은 이러한 특징에 대해, "민속음식과 관련한 여러 시작품에서 풍기는 정서는 동포시인들이 동포들의 생활을 노래한 데서 줄곧 주체성, 민족성을 놓치지 않고 생활체험과 사색을 심화한 결과 이룩된 결실이다"라고 평가했다. 류만, 「민족의 넋이 높뛰는 애국의 『종소리』—시잡지 『종소리』를 읽고」, 『종소리』 제27호, 2006.여름, 50면.

지금쯤 얼마나 죽고

또 얼마나 남아 섰을가!

—「날나리」 전문[9]

날라리는 흔히 태평소라고 불리는 우리의 전통 민속악기로 음색이 아주 거칠고 높아서 대취타(大吹打)나 농악(農樂) 등에서 주로 연주되었는데, 특히 서민들이 즐겼던 남사당놀이의 주요 악기로 풍물굿에서 사용되었다. 아마도 화자는 해방 이전 조국의 어느 강변 마을에서 살았던 소년인 것으로 짐작된다. 한 여름 강변에서 기침병을 앓던 어느 할아버지가 힘겹게 불어대던 날라리 리듬을 떠올리며 화자는 유년의 기억 속에 깊숙이 자리 잡은 고향 마을을 추억한다. 그런데 크고 거친 날라리의 리듬을 가만히 듣고 있자면 구슬픈 감정에 사로잡힐 수밖에 없다는 데서 화자의 예사롭지 않은 정서를 발견할 수 있다. 그것은 날라리의 리듬 안에 "기침 소리가 싫다는 여편네"와 "집나간 큰아들"과 "철부지 손자 새끼"의 이야기가 서사화되어 있기 때문이다. "그 때의 강변의 백양나무가 / 지금쯤 얼마나 죽고 / 또 얼마나 남아 섰을가!"라는 마지막 연에는 날라리의 구슬픔에 새겨진 재일 디아스포라의 깊은 탄식이 내면화되어 있는 것이다.[10] 인용시는 강

9 이하 2장에 인용된 시는 모두 『강순시집』에 수록된 것이므로 따로 출전을 밝히지 않기로 함.

10 강순은 1970년 일본어시집 『날라리[なるなり]』(思潮社)를 발간하면서 이 시를 개작하였으나 발표연도는 원래 창작연도인 1948년으로 그대로 기록하였다. 그런데 『강순시집』에 수록된 시와 『날라리[なるなり]』에 수록된 시는 상당한 차이가 있다. 처음 발표된 것과는 달리 날라리에 얽힌 인물들의 사연이 훨씬 구체적으로 형상화되어 이야기시의 성격이 더욱 두드러진 것이 특징이다. 『날라리[なるなり]』에 수록된 시의 원문과 번역문은 아래와 같다.(번역 : 김학렬 시인) 날나리의 리듬은 / 백양나무 가로수 아름답던 강변에서 / 한여름 오후 할아버지가 / 그의 첫손자에게 심어준 뜨거운 집념 // 섬에 열흘 만에 오는 장날에 할아버지는 / 시장 길가의 언제나 그 돌 우에 앉아 / 오가는 사람들을 지켜만 보고 계셨다 / 할아버지가 심심해 토방에서 / 낚싯대를 꺼내시면 철부지 손자새끼는 / 어머니께서 주신 절반이 콩인 주먹밥을 들고 나섰다 / 그래서 그 뒤를 따랐다 // 물에 잠근 낚시가 움직거리지 않으면 / 손자새끼는 돌멩이를 주어 그 언저리에 던졌다 / 그래도 해수병

화도가 고향인 강순 시인 자신의 실제 경험을 형상화한 것이기도 하면서, 우리 민족공동체의 보편적 이야기를 서사화한 것이기도 하다. 마치 김소월의 시에 내재된 민족의 정한(情恨)을 떠올리거나, 백석의 시에 서사화된 민중들의 이야기를 듣는 듯한, 강물을 따라 흐르는 날라리의 리듬은 조국에 대한 근원적 향수와 더불어 한(恨)의 정서로 응어리진 우리 민족의 정체성을 형상화화한 것으로 볼 수 있다. 이러한 상징성은 "이 피리! / 아버지의 아버지 / 그 할아버지의 할아버지 적부터 / 대대의 감정을 흠뻑 담으며 / 전해 온다는 피리", "이제 매캐하니 콧등을 씰구려 놓고 / 젊다나 젊은 후손의 입설에 물리여 / 한 가닥 새 가락이 잡히는 피리야 / 흐느끼다 마는 피리야 / 그러나 너는 이미 / 우리의 자리에서 떠날 가락이여야 하겠다"(「피리」)와 같이, 그의 시의 밑바탕을 이루는 근원적 정서를 내재화한 것에 다름 아니다. 해방 이후에도 조국으로 돌아가지 못한 디아스포라적 주체로서, 조국에 대한 근원적 그리움을 민족적 표상을 통해 형상화함으로써 재일 디아스포라 시인으로서의 자기정체성을 지켜나가고자 했던 것이다.

해방 당시 일본에 있었던 재일조선인의 수는 조선 총인구의 10퍼센트에 달했다. 이들 대부분은 일본 제국주의 정책의 희생양으로, 아시아 침략을 위한 인적 자원 확보 때문에 일제에 의해 강제 동원되어 주로 탄광이나 군수산업, 토목사업에 혹사당하며 참담한 생활을 했다.

앓이 할아버지는 / 그리 성난 기색을 보이지 않으셨다 / 그래서 품에서 들추어낸 / 날나리를 물고 구슬펐다 // 날나리 음색은 / 노상 슬픔에 겨웠다 / 매미소리 속 구슬픈 울림이 흐르면 / 손자새끼는 할아버지 무릎 위에 머리를 얹어 / 새푸른 하늘가에 성을 쌓은 구름에 / 한가한 채색을 아로새기고 싶었지…… // 그때 벌써 / 나라는 타국의 손에 앗겼었다 / 고구(故旧)의 마음도 거칠어지고 / 할아버지 가슴속은 모진 바람이 불어제꼈다 / 밤새도록 기침에 시달려도 / 곤한 할머니의 잠은 쉬이 깨여나지 않았다 / 할아버지는 몇 번이나 일어서 / 뒤따르는 집요한 추적을 피하기 위해 / 설령(雪嶺)너머 사라진 큰아들 남겨간 편지를 되풀이 읽으셨다 / 전설(傳說)에 차고 의병(義兵)으로 알린 / 내 고향 강변의 백양나무가 / 지금쯤 얼마나 죽고 / 또 얼마나 남아 섰을가

그러므로 재일조선인들에게 일본의 패전, 즉 조국의 해방이란 그 무엇과도 바꿀 수 없는 감격 그 자체로 다가오지 않을 수 없었다. 해방이 되자마자 대부분의 재일조선인들이 귀국선을 타고 서둘러 고향으로 돌아가 자유를 찾고자 했던 이유도 바로 여기에 있다. 하지만 귀국 동포들 가운데 상당수는 국내 정세의 불안과 극심한 생활고를 견디지 못해 일본 땅에서의 차별과 멸시를 무릅쓰면서까지 다시 일본으로 돌아오는 수가 점점 더 늘어났다. 그리고 일본 내에서도 귀국을 포기하고 일본에 남으려는 동포들의 수가 점점 많아지게 되었는데, 이때부터 재일 디아스포라의 역사는 식민지 시기와 거의 다를 바 없는 수난의 세월을 짊어지지 않을 수 없었다. 일본은 패전에도 불구하고 재일조선인들에게 일본인 되기를 강요하는 식민 정책을 결코 포기하지 않았다. 게다가 일본을 간접통치한 연합국(군)최고사령관총사령부(GHQ)는 미국 정부의 비호 아래 재일조선인에 대한 문제를 일본의 권한으로 위임하였는데, 그 결과 일본은 재일조선인을 차별하고 탄압하는 명분을 확보함으로써 식민 정책의 유지를 합리화하는 방패막이로 삼았다. 또한 이 당시 재일조선인들 자체의 이념적 혼란과 갈등도 극에 달해, 각 지역 조선 부락의 협화회(協和會) 조직원들이 해방 이전에는 내선일체를 외쳐놓고서는 해방 이후에는 갑자기 민족 조직의 활동가로 변신하는 등 재일조선인 내부의 이데올로기적 정체성도 급격하게 무너져갔다.

해안선 밝아 오며
산들은 오랜 먼지를 털고 기동한다
삼천만 동포들은
종이 되어 울려 퍼지고
무궁화 강산은 해방으로 흐느낀다

그러나 그 감격
며칠이나 지탱하였던가
의자에 눈이 먼 점성사(占星師)는
잔악한 사냥을 준비하고
신새벽 부엌에서
식도를 먼저 간다

열쇠 같은 지도자가 어데 있는가
자기 원주를 미친 듯 그어대고
다시금 사대주의의 한류는 밀어 닿는다
침입자의 연출로
검은 기가 올랐다

생무덤은 날로 늘어 가고
지혜 있는 입이 찢겨 떨어진다
다시 벙어리 된 남반부에
해산은 너무나 고귀한 진통이다
멀리 동산을 향하여
당나귀 같이 운다 겨레가
대낮에 절통던 어젯날처럼.

—「멀리 동산을 바라보며」 전문

강순은 해방이 분단으로 고착화되는 조국의 현실과 외세에 의존해 권력을 차지하려는 위정자들의 탐욕을 신랄하게 비판하였다. "의자에 눈이 먼 점성사"들의 "잔악한 사냥"과 "침입자의 연출"에 휘둘리는 "사대주의의 한류" 앞에서 속수무책인 조국의 현실은 배반의 역사에 다름 아니었다. 조국 분단의 상황만큼은 막아야 한다는 목숨을 건 민중들의 투쟁이 번번이 수포로 돌아가면서 "생무덤은 날로 늘어 가고 / 지혜 있는 입이 찢겨 떨어"지는 최악의 상황으로 치달았다. 해방이 식민을 극복하는 진정한 해방으로 나아가지 못하고 사실상 또 다른 식민의 현실을 스스로 조장하는 자기모순에 빠져 있었던 것이다. 강순은 이러한 재일조선인들의 절망적 현실을 가슴으로 끌어안으며 '조선 부락 시초'라는 소제목 하에 여러 작품을 남겼다. 재일조선인들이 함께 모여 살던 조선인 집단부락의 모습을 형상화한 이 작품[11]은 당시 재일조선인들이 겪은 가혹한 현실을 공동체적 장소성의 문제로 환기시킨 것이다. 해방 이후에도 여전히 민족적 편견과 차별을 당할 수밖에 없었던 재일조선인들은 대체로 집단부락을 이루어 함께 생활했는데, 대부분 육체노동이나 폐품수집, 음식점 등을 하면서 간신히 생계를 이어나가는 힘겨운 처지였다. "웅덩이를 메운 자리", "시궁창이 넘어 나다 펼쳐 마르는 곳"에 집을 짓고 "한 수도에 / 300여 가호 / 물경 153 명의 목이 매여 달렸"(「수도」)던 재일조선인들의 생활은 말로 표현할 수 없을 정도의 참담함 그 자체였던 것이다. 그럼에도 불구하고 재일조선인들은 민족공동체로서의 동지적 연대를 잃지 않았으며, "도시의 쓰레기로 메운 자리"에 "해바라기"도 피우고 "상추"도 길러서 "낮상에는 집집이 조선 상추쌈"을 먹으면서 통일 조국의 미래에 대한 희망의 끈을 놓지 않았다. 비록 "고양이 이마만한 마당"이지만, 그래도 "기쁨과 설음이 교환되는 마당"(「동네 마당」)이기에, 그들에게 "동네 마당"은 분단의 상처와 재일

11 이러한 공간의식을 총체적으로 드러낸 대표적인 시집으로 김시종의 『이카이노 시집[猪飼野詩集]』(1978)이 있다. 이 시집은 김시종이 1975년 봄부터 1977년 여름까지 10회에 걸쳐 『삼천리』에 연재한 것을 모은 작품집이다. 『이카이노 시집[猪飼野詩集]』은 오사카 재일 조선인 밀집지역인 이카이노의 조선인 민중들의 생활을 제재로 재일조선인들의 모습을 구체적으로 형상화한 재일 디아스포라 시문학의 대표적 시집이다.

디아스포라의 고통을 동시에 극복하는 공동체적 장소로서 중요한 의미를 지니고 있었다.

2) 총련애국사업의 선전선동과 북한에 대한 찬양

1948년 남북한이 각각 단독정부를 수립하자 재일조선인들 역시 두 개의 조직, 즉 북의 노선을 지지하는 재일조선인연맹('조련')과 남의 이념을 추종했던 '재일본대한민국거류민단('민단')으로 이원화되었다. 두 조직은 재일조선인들의 권익을 보호하기 위한 공동의 목적보다는 남북한의 정치적 이해관계에 따르는 서로 다른 목적성을 강조함으로써 재일조선인 사회는 남북의 대립만큼이나 심각한 갈등을 초래하였다. '조련'은 1949년 한신(阪神)교육투쟁으로 미군정에 의해 강제해산당한 이후 일부 맹원들이 '재일조선통일민주전선('민전')'에 가담하여 한동안 명맥을 유지하다가 1955년 '민전'을 해체하고 '재일조선인총연합(총련)'을 결성하였는데, 이때부터 재일조선인들은 자신들의 통일에 대한 열망과는 전혀 다르게 '민단'과 총련으로 분리된 두 조직과 이들 조직이 각각 지지하는 남한과 북한 사이에서 어느 한 쪽에 대한 선택을 강요당하는 분단이데올로기의 희생양이 되고 말았다. 당시 재일조선인들의 문학 활동 역시 이러한 이데올로기적 구속과 제약으로부터 결코 자유로울 수 없었다. 특히 총련은 1959년 북한의 주체문예이론을 실천하는 '문예동'을 결성하여 총련계 재일조선인 문인들의 이념적 조직화를 시도하였다. 이때부터 '문예동'은 북한문학의 노선을 맹종하고 수령형상문학을 주도함으로써 사실상 디아스포라적 주체로서의 자율성과 실존성을 포기하는 지나친 좌경화에 빠져들고 말았다.[12] 또한 민족주체의식을 명분으로 내세워 우리말 글쓰기를 공식화함에 따라[13] 태생적으로 우리말보다는 일본어에 익숙했던 상당수의 재일 디아스포라 문인들이 철저하게 매도당하는 상황에 내몰렸는데, 이러한 극단적 문예정책에 대한 반대로 '문예동'을 중심으로 활동했던 문인들 가운데 일부가 총련을 탈퇴하여 독자노선을 걷는 또 다른 대립과 갈등을 불러오고 말았다.[14]

총련 결성 직후에 발표된 강순의 시는 '문예동'의 노선에 충실히 따

---

12 '문예동'은 북한의 '조선문학예술총동맹'의 창작 지침을 그대로 수용, 마르크스레닌주의에 입각한 사회주의리얼리즘을 북한식의 사회주의 이념에 근거하여 주체사실주의 창작방법론으로 정초해간다. 김일성과 북한에 대한 충성심을 일방적으로 강조하고, 이를 위해 총련애국사업에 적극 나설 것을 주문하였다. 김일성의 교시, 북한노동당의 노선, 그리고 조직 강령 등이 '문예동'의 문학의 준거였다. 이상갑, 「재일조선인 문학비평의 민족문학적 의미 - 조총련 문학비평의 특징과 이중언어에 대한 인식을 중심으로」, 『한국언어문학』 제68집, 한국언어문학회, 2009.3, 413면.

13 당시 '문예동' 초대위원장이었던 허남기는 일본어 시 쓰기를 그만두고 우리말 시 쓰기로 전환하였다. 그는 과거 자신의 일본어 시 쓰기에 대해 상당한 부채의식을 가지고 있어서 죽음을 앞둔 말년에 이르러 일본어로 썼던 자신의 작품을 우리말로 바꾸는 작업에 전념했다. 이러한 노력의 결과물을 한 데 모아 그의 아내 채숙일이 『조국에 바치여』(북한 평양출판사, 1992)를 출간하였다. 이 선집에는 그의 일본어 시작품 『조선 겨울 이야기』, 『선물』, 『화승총의 노래』, 『조선해협』 등이 한글로 번역되어(?) 수록되어 있다.

14 김시종은 1957년 발표한 에세이 「장님과 뱀의 입씨름」과 시 「오사카 총련」을 통해 김일성주의를 맹신하는 총련 조직의 문학적 노선을 비판했다가 조직의 정치적 비판을 받고 이후 총련과는 거리를 둔 채 일본어 시 창작에만 매진하였다. 현재 총련계 재일조선인 문학계에서는 당시의 상황을 다음과 같이 정리하고 있다. "김시종의 창작과 평론의 주된 주장을 종합해보면, ① 사회주의적 사실주의 창작방법은 곧 도식주의, 교조주의를 낳는다. 따라서 재일이라는 상황의 특수성에 맞는 창작방법이 필요하다는 수정주의적 견해를 퍼뜨리고, ② 작품의 내용에서 조선적이고 애국적이고 사실주의적인 것보다 '현실적'이고 '부정적'이고 자연주의적인 것을 더 많이 추구해야 한다는 것이다. 이와 같은 주장을 둘러싸고 당시 재일조선문학회를 중심으로 평론, 좌담회를 통하여 치열한 논전이 전개되었다." 당시 허남기는 「김시종 동무의 일문시집 『지평선』에 관련하여」(『조선문예』 1957.6)에서 김시종의 희망을 잃고 난 공허한 어두운 시세계에 대한 참을 수 없는 저항을 표시하면서 그 요인을 작가 자신의 지향성에서 찾았는데, "일본의 반제반미투쟁을 그려서 안 된다는 것은 아니다. 그러나 일본인의 그것과 조선인 김시종의 그것은 분명히 다른 각도가 있어야 한다. 시에서 가장 중요한 것은 우리가 서 있는 발의 위치고 각도에 있다. 자기 발판을 다시 살펴볼 때가 아닐까? 그리고 발의 위치와 발의 각도를 다시 확실히 점검할 필요가 있지 않을까?"라고 하였다. 맹복실, 「재일 조선문학의 주체확립을 위한 투쟁 - 1955~1959년 평론을 중심으로」, 『조선대학교 학보』 16호, 1999.6.25, 50~51면.

르는 사회주의 리얼리즘의 성격을 강하게 드러냈다. 북한에 대한 일방적 찬양 속에서 남한의 정치현실에 대한 냉소와 비판을 거침없이 토로하였고, 총련애국사업을 적극적으로 지지하는 선전선동의 목적시를 발표하는 등 민중적 서정성에 바탕을 두었던 이전의 시세계와는 상당히 다른 모습을 보였다.[15]

평양은 조선의 수도
평양은 조선 인민의 심장부

평양의 전설은
못 다 길어 낼 샘물
평양은 지금
새로운 전설로 넘쳐 난다

잿더미 속에서도 평양은
날아 날 불사조를 낳았다
평양의 하늘에는 무수히
천리마 무지개 다리가 와 닿는다

15 이와 같은 시세계로의 변화 이전의 강순 시의 전반적 경향에 대해 이경수는, 대체로 재일동포 한국어 시문학에서 허남기의 시가 사회비판적 성향이 강하고 남시우의 시가 전통적 율조에 바탕을 두었다면 강순의 시는 시적 언어에 대한 추구가 남달랐다고 평가했다. "강순의 시는 이념적 지향이 좀 더 앞서는 동시대 다른 시인들의 시와 비교할 때 시적 언어에 대한 고투의 흔적이 보인다. 이러한 특징은 자연주의적, 예술지상주의적 경향이라는 비판을 받기도 하는데, 이념적 지향이 강한 재일동포 한국어 시문학에서 이러한 강순 시인의 존재는 특별한 것으로 평가될 수 있다." 이경수, 「재일동포 한국어 시문학의 전개과정」, 『재일동포 한국어 문학의 전개양상과 특징 연구』, 111면.

평양의 기는
창조와 행복의 표증
평양의 사랑은
거듭나려는 동포들 하나 같이 감싸 안는다

모란봉은 이미
꿈꾸는 이의 보금자리
대동강 흐르는 나루에
끊임없는 축제의 꽃불이 오른다

조선 인민은 주야로 열모한다
평양에로! 평양에로!
남반부는 목타게 기다린다
평양의 큰 날개가 드리워질 그 날을

평양은 다시없는 승리의 참모부
평양이 있음으로 하여 혁명의 격파는 인다

―「평양」 전문

1961년에 발표된 인용시는 강순의 시세계가 총련의 노선과 얼마나 밀접한 관련성을 맺고 있는지를 여실히 보여준다. 평양은 북한의 제유(提喩)로, "평양의 전설은 못 다 길어 낼 샘물", "잿더미 속에서도 평양은 / 날아 날 불사조를 낳았다 / 평양의 하늘에는 무수히 / 천리마 무지개 다리가 와 닿는다"에서처럼, 평양을 신화적 유토피아의 세계로 격상시키려는 선전선동의 목적성을 강하게 부각시켰다. 평양은 "창조와 행복의 표증"이고 "동포들 하나 같이 감싸 안는"평화와 안식의 장소이므로, 재일조선인들은 "평양에로! 평양에로!"를 연달아 외치며 조국(북한)으로의 귀환을 열망하고 있다는 것이다. 또한 남한의 동포들은 가난의 고통과 사대주의의 그늘에서 벗어나 진정한 유토피아로서의 "평양의 큰 날개 드리워질 그 날"을 학수고대한다고 말한다. 1950년대 중반의 북한은 천리마운동에 의한 사회주의 경제의 약진이 두드러졌으며 김일성의 유일 지도체제가 사실상 확립되었던 시기이다. 게다가 남한 정부가 반공(反共)을 국시로 내세우며 재일조선인의 지위와 처우에 무관심했던 것과는 달리, 북한은 재일조선인을 해외공민으로 규정하고 교육 사업을 비롯한 다양한 분야에서 경제적 지원을 아끼지 않았다. 따라서 당시 재일조선인 사회의 분위기는 해방 이후 반공의 틀에 갇혀 자신들을 좌경시하며 철저하게 외면해온 남한보다는 조선인학교를 세워 민족교육에 앞장서는 등 자신들의 민족적 정체성을 지켜주기 위해 노력한 북한을 적극 지지하지 않을 수 없었다. 강순의 장시 「귀국선」은 이러한 역사적 배경하에서 조국(북한)으로 귀환하는 동포들의 희망과 감격을 다소 과장된 어조로 노래하였다.

> 나더러 오라 하시니
> 나 무엇을 서슴하리오
> 나더러 오라 하시니
> 목메여 가슴 설레임이여
> 나더러 날아 오라 하시니
> 온 몸이 나래 되여 퍼덕임이여
>
> 단번에 조국이 지척에 나타나고

마음은 이미 조국에 가 앉은 듯
이 날에 사는 기쁨을
나 무엇에 비할 수 있으며
누구가 다 형용할 수 있으리오

나 오기를 기다린다 하시니
신부의 마음 같이 수접어져라
나 어서 오길 기다린다 하시니
당장 앉은 자리를 수습하여
영원히 안기려 떠날 따름이여서

—「귀국선」 중에서

「귀국선」은 모두 10편으로 묶여진 장시인데, 인용시는 그 가운데 첫 번째 시에 해당한다. 시 전편에 걸쳐 조국으로의 귀환이 "온갖 가난과 굴욕"과 "이 땅의 여독과 낡은 악습들"을 송두리째 벗어던지는, "태양이 어두워지더라도 / 태양이 다시 솟아 날 것을 / 바라지 않고서는 살 수 없"는, "이제 우리에게 비친 태양은 / 서녘이 없는 광명"의 세상이라는 가슴 벅찬 기대와 감동으로 가득 차 있다. 그래서 시의 화자는 "조국을 힘입어 새 사람 되기 원"하고, "제각기 더욱 빛날 / 우리네의 미래를 지어 내"기 위해 온몸 바칠 것을 다짐하며 귀국선에 오르는 재일조선인들의 영광에 절대적 지지와 찬사를 보낸다.[16] 일본의 입장에서 보면,

16 당시 재일조선인 사회의 분위기를 윤건차는 다음과 같이 증언하고 있다. "내 기억으로 볼 때 당시 공화국으로의 귀국은 기쁜 일, 격려해야 할 일, 꿈이 있는 일, 당연한 일이라고 다수의 사람이 받아들였던 것으로 생각된다. 일본사회 전체가 좌익에 호의적인 분위기 속에 있었으며, 일본사회당이나 일본공산당 그리고 일조협회(日朝協會) 등 각종 단체는 총련과 친밀한 관계에 있었다. 재일사회 전체가 '반미', '반키시[岸]정권', '반이승만'이었으

재일조선인들의 귀국은 치안의 대상인 구식민지 출신자들을 합법적으로 국외 추방시키는 실익을 얻으면서 동시에 국제사회에서는 인도주의를 실천한 것으로 평가되는 일거양득의 결과를 가져오는 이점이 있었다. 그리고 남한의 입장에서 보면, 재일조선인들의 북송은 남북의 극단적 대립 상황에서 북한이 우위를 확보하는 결정적 계기가 됨으로써 국제사회에서 북한의 영향력이 강화되는 우려할 만한 결과로 받아들이기에 충분했다. 따라서 당시 북한은 북송정책의 성공을 통해 일본과의 국교정상화와 노동력 확보 그리고 국제사회에서 남한보다 우위를 확보하는 데 충력을 기울였다. 1960년대 초반 강순의 시는 이러한 북한의 정책을 전적으로 지지하면서 '문예동' 활동을 통해 총련애국사업을 선전선동하는 중심적 역할을 담당했던 것이다.[17]

며 동시에 "김일성원수 만세"였다고 말해도 좋다. 차별적인 사회인 일본을 포기하고 전재산을 가지고 귀국하는 일은 일생의 일대 전기는 되어도 결코 모험도 도박도 더구나 악몽도 아니었다. 1962년에 상영되었던 요시나가 사유리[吉永小百合] 주연의 영화 「큐폴라가 있는 거리」에 이 집단귀국의 모습이 묘사되고 있는데, 그 정경은 많은 사람이 서로 기뻐하며 격려하고 이별을 아쉬워하는 장면이었다." 윤건차, 박진우 외 옮김, 『교착된 사상의 현대사—1945년 이후의 한국 · 일본 · 재일조선인』, 창비, 2009, 197~198면.

17 이러한 그의 시적 경향은 "운동이란 난데없는 구속이냐!"(「강바람」)와 같은 탄식을 내뱉으며 총련 조직을 떠나기 전까지 계속된다. 비록 총련 내부의 좌경적인 비판사업에 반발해 조직을 떠나 야인의 길을 선택했지만, 남북 모두에 비판적 거리를 두면서 조국통일과 재일동포들의 권익을 보호하기 위한 노력에 남은 생애를 헌신했다. 이런 점에서 총련의 대표적 시인이자 이론가인 김학렬은 "확실히 그 민족 사랑과 통일 심원의 격정으로, 그 구수한 시어, 진실하고 정서에 넘치는 극적인 생활표상과 생활철학으로 강순 시문학은 재일문학사에 찬연한 빛을 뿌리는 귀중한 보배라 할 수 있다"고 높이 평가하였다. 김학렬, 「재일 민족시인 강순」, 『한흙[大地]』, 169면.

3. 조국 통일에의 염원과 재일 디아스포라의 실존

1) 재일조선인 사회의 이원화와 반통일세력에 대한 비판

1960년대 재일조선인 사회는 1965년 한일국교정상화로 인해 '민단'과 총련 사이의 대립과 갈등이 심해져 극단적 이원화의 양상을 드러냈다. 재일조선인의 법적 지위를 결정하는 '한일법적지위협정'이 체결되면서 일본 내에서 박정희 정권의 반공정책이 관철되었고, 그 결과 '민단'과 총련으로 이원화된 재일조선인의 적대적 태도는 더욱 노골화되었던 것이다. 당시 박정희 정권은 재일조선인의 인권보다는 북한을 지지하는 총련을 타도하는 것이 최대의 목적이었으므로, 일본 정부가 부여하는'협정영주권'을 미끼로 재일조선인들을 남한으로 회유하려 했다. 또한 일본의 자본을 끌어들여 근대화와 경제부흥을 이룸으로써 자신의 권력 기반을 더욱 강화하는 토대를 마련하고자 했다. 그리고 일본은 이 조약을 명분으로 과거 자신들의 침략의 역사에 대한 책임을 회피하려는 태도를 관철시키려 했다. 이와 같은 정략적 한일 관계에 맞서 북한은 한반도의 유일한 합법정부로 인정받으려는 남한의 반통일정책을 비판하는 강경 노선으로 팽팽하게 대립하였다. 총련 역시 북한의 강경 정책을 충실히 이행하면서 재일조선인 사회의 좌경화에 박차를 가했고, '문예동'은 총련의 지침에 따라 재일조선인들의 문학을 북한의 정치적 노선에 종속시키는 제도적 방안을 마련하는 데 치중했다. 해방 이후부터 총련계 재일 지식인들과 밀접하게 사상적 교류를 했던 일본공산당과 총련의 관계가 점점 악화되기 시작한 것도 바로 이 무렵이다. 당시 일본공산당은 김일성주의에 매몰된 총련의 태도를 강하게 비판하였고, 총련에서는 일본공산당이 한일조약을 일본제국주의의 부활이란 측면에서 비판하지 못한 것에 대해 상당히 부정적이었기 때문이다. 결국 '문예동'에 소속된 문인들 중 일부는 총련의 지나친 좌경화 사업에 반발하여 조직을 이탈하는 사태가 벌어졌고, 이러한 총련 내부의 심각한 갈등으로 인해 재일조선인사회의 분열과 대립은 더욱 극단으로 치달았다.

강순의 두 번째 시집 『강바람』은 이와 같은 혼란과 혼동에 휩싸여 있는 재일 디아스포라의 내면을 정직하게 보여주었다. 비록 오랫동안 몸담았던 총련 조직을 떠났지만, 그의 선택은 일본의 이간(離間)정책으로 재일조선인 사회의 이원화가 더욱 노골화된 현실에 대한 비판적 자기 성찰이었음을 간과해서는 안 된다. 또한 총련이든 '민단'이든 정치권력에 지나치게 종속되어, 재일조선인들의 생활현실은 외면한 채 오히려 민족 간의 극단적 대립을 조장하는 태도에 대해 강력한 경고를 보낸 것으로 이해할 수도 있다. 그러므로 강순은 1967년 '조선신보사'를 퇴직한 이후 어떤 조직에도 가담하지 않은 채, 조국 통일을 지향하는 작가적 양심과 신념을 지키며 오로지 창작활동에만 전념하였던 것이다.

이제는 이미
가던 정마저 싸웠으니
남의 눈앞까지 질러막고
입만 살아 너덜거리지 말지라.
너희들은 멀리 떠나라
종시 한낱 티눈에 불과하니
그 지긋지긋도 한 뻔뻔스러움이 사라져서
빤한 餘地라도 갖게 하라.

오늘날의 양식과 물줄기를 더듬어
眼目의 자유를 선선히 갖게 하라.
운동이란 난데없는 구속이냐!
어느 약속도 긍지도 기념도 소용없으니
불어오는 강바람을 쏘이게 하라.
단지 그로써 흡족하리니
자라며 보던 포푸라江邊에서
답답한 가슴을 풀어헤치게 하라.
어린 날이 움질거리며 어머니 소리 들리는
보리밭의 햇빛속을 달려오는 강바람을
온몸으로 쏘이며 蘇生케 하라.
마침내 나역시 다른이와 같이
영문 모를 지청구를 피치 못해
숨통 막혀 말라죽을 것이지만
이제는 그 시끄러운 악다구니를 떠나
心願이 달아오른 강바람을 쏘이게 하라.

—「강바람」 전문[18]

강순은 시집 『강바람』의 「머리시」에서 "지난날 밉던 계절은 흘려보내고 / 새신 끌어내어 한자리를 마련하라"고 하였다. 또한 남북 분단으로 인해 갈라진 재일조선인들만이라도 "버성긴 마음 아우러지어 / 예루화 大明天地 / 우리 쌍피리 불며 맞춤 한번 추어보자"라고 외쳤다. 그는 『강바람』이 '민단'과 총련으로 벌어진 재일조선인들의"버성긴 마음"을

18 이하 3장에 인용된 시는 모두 『강바람』에 수록된 것이므로 따로 출전을 밝히지 않기로 함.

이어 주는 "새신"이 되어주기를 간절히 기대했다. 즉 지난 날 "날라리" 소리에 한마음이 되었던 고향 마을의 정경처럼, '민단'과 총련 모두 이념을 벗어던지고 동네마당에 함께 모여 한바탕 대동놀이를 즐기는 민족 통합의 장을 열어낼 것을 소망했던 것이다. 재일 디아스포라의 생활을 "구속"하는 분단 현실을 극복하고, "어머니 소리" 앞에서는 결코 서로를 외면하지 않았던 그 마음을 되찾아 "강바람을 / 온몸으로 쏘이며 소생"하기를 진정으로 염원했던 것이다. 그가 말하는 "안목의 자유"란 스스로를 억압하는 이데올로기적 구속으로부터 벗어나 남과 북, '민단'과 총련 모두가 한민족의 이름으로 화합과 연대의 삶을 이루는 재일 디아스포라의 미래상을 제시한 것이라고 할 수 있다. 다시 말해 재일조선인 사회의 대립과 갈등이 조국의 분단 현실에 근본적인 이유가 있음을 분명히 자각함으로써, 민족 분단의 극복을 가장 큰 사명으로 하는 재일 디아스포라의 실천적 태도와 의지를 확립하고자 했던 것이다. 이러한 그의 시적 지향은 『강바람』 전편에 걸쳐 형상화되어 있는데, "혈육과 고향을 떠나 수십년 외지에 살며, 그 사는 사정에 의해 왕래도 없다가 별안간 부모의 부고에 접하는 순간, 우리는 사상이니 형편이니 원수니 하기보다 먼저 한없는 일루의 눈물을 머금게 된다"(「遠隔地」), "원수이기 이전에 우리도 형제일 것을 / 미리 정해 놓고 / 무슨 짝으로 묶어세우는가"(「넋두리」)와 같은 표현에서 충분히 엿볼 수 있다.

해방 이후 미국은 GHQ를 통해 일본과 한반도의 남부를 지배하였는데, 한반도가 우리 민족의 의지와는 상관없이 미국과 소련에 의해 분할 점령되어 직접 통치를 받은 반면, 일본은 미국의 단독 점령 하에 친미 성향의 일본인이 GHQ의 승인 아래 정책을 입안하고 결정하는 간접 통치를 받았다. 즉 미국이 소련을 경계해야 한다는 이념적 · 정치적 이유를 앞세워 친미 성향의 일본 정치인들과 전략적 협력관계를 유지함에 따라, 해방은 되었지만 일본 내의 재일조선인들의 실상은 미국의 비호 아래 있었던 일본의 영향력을 완전히 벗어나지는 못했다.[19] 따라서 재일조선인들은 반일, 반미 감정을 직접적으로 드러내면서 조국 분단의 상황을 더욱 조장하고 이를 영구화하려는 일본과 미국의 정략적 야합을 강하게 비판하였다. 또한 식민지 역사에 대한 뼈저린 기억을 송두리째 망각한 채 일본에 영합해버린, 그래서 민족 정체성을 외면하거나 상실해버린 재일조선인 사회의 내부적 갈등과 모순에 대해서도 단호한 입장을 표명했다. 강순의 시는 이러한 반통일 세력에 대한 전면적인 비판을 통해 분단 조국의 현실을 극복하는 재일 디아스포라 지식인의 결연한 의지를 보여주고자 했다.

> 엉버틈하여 찬바람이 왕래하고
>
> 남남들이 다 되어
>
> 정다운 話題는 간데온데가 없다.
>
> 원수쌈 같다가도
>
> 집안에 불이 떨어지는 경황이면
>
> 무더기로 나서서 같이 싸우던
>
> 그 핏줄기의 熱氣는 어데 갔느냐.

---

19 미군은 군정을 실시하면서 조선총독부의 기구를 계승했을 뿐만 아니라, 일본 통치시대의 법률체계를 그대로 사용했으며, 총독부에서 일했던 친일파 조선인 직원 등을 다수 고용하는 등 일본과 밀접한 관계를 유지하였다. 그 결과 한반도는 해방 조국임에도 불구하고 태극기 게양과 애국가 제창이 1946년 1월 14일 경복궁에서 개최된 태극기 게양식 이후에서야 공식적으로 인정되는 어처구니없는 상황이 벌어지기도 했다. 당시 미군은 조선에 대해 아무런 예비지식을 갖고 있지 못했을 뿐만 아니라 조선인의 민족의식, 특히 일본 제국주의에 대한 감정이나 의식을 이해하지 못했으며 이해하려고도 하지 않았으므로, 한반도에서의 정책을 해방 민중과의 연대를 통해 논의하지 않고 오히려 패전국 일본이나 친일 세력과 결탁해 협력하는 모순을 자행하였다. 윤건차, 앞의 책, 37면 참조.

허니 날이 갈수록
저 얼음산 치솟아 오르는
障壁의 안타까움,
서릿발에 武裝力만 거세가는데
그래 기어이 虎視만이 탐탐해야겠는가.

양키의 펀치
일본土種인 삵괭이의 발광
그리고 우리들의 문을 막아선 것이
어떤 안도둑인지를 알면서도
통일국가의 미해의 市民들은
눈물만 머금고 왜 입이 닫혔냐.

—「발밑의 無言」 전문

강순은 두 번째 시집 『강바람』을 묶으면서 "분단의 애통에서 벗어나는 유일한 활로인 조국의 통일을 心願하여 갈팡거리는 摸索과 고통과 투쟁을 그린 것"[20]을 한데 모아 엮었음을 밝혔다. 식민의 고통에서 벗어나 해방은 되었지만 여전히 조국으로 귀환하지 못한 채 집단부락을 이루어 살았던, 그래서 일본의 차별과 멸시 속에서도 한 민족, 한 동포로서 민족적 정서와 유대를 잃지 않았던 재일조선인들의 공동체의식이, 이제는 "엉버틈하여 찬바람이 왕래하고 / 남남들이 다 되어" "호시탐탐" "양키의 펀치 / 일본토종인 삵괭이의 발광" 앞에 무기력해져 가는 현실을 바라보는 시인의 안타까운 심정이 절절하게 형상화되어 있다. 모두가

20 강순, 「詩集을 엮어놓고」, 『강바람』, 317~318면.

한 마음, 한 몸이 되어 "무더기로 나서서 같이 싸우던 / 그 핏줄기의 열기는 어데 갔느냐"라는 회한과 탄식에는, 재일 3세대 이후가 주축이 된 재일동포 사회에서 민족 정체성은 한낱 관념으로 떨어지고 만 것이 아닌가 하는 자괴감이 가슴 깊이 내면화되어 있다. 게다가 민족의 통일을 가로 막는 반통일 세력의 중심에 미국이나 일본과 같은 외세가 아닌 "안도둑"이 있다는 충격적 사실은, 통일을 위한 실천에 헌신해온 시인에게 심한 좌절과 허무를 안겨주는 배반의 상황으로 인식되지 않을 수 없었다. 그래서 시인은 "통일국가의 미래의 시민들은 / 눈물만 머금고 왜 입이 닫혔냐"라는 강한 어조로 "발밑의 無言"으로 일본 체제에 동화되어 가는 재일조선인 사회의 철저한 반성을 촉구했다. "삶은 너무나 고되나 / 억천번 쓰러지는 지경에서도 / 참된 생활을 위하여서는 또한 / 한결같이 일떠서야 하리라"(「삶」)는 결연한 의지가 재일 디아스포라의 삶 속에 구체적으로 뿌리내리기를 진정으로 열망했다. 디아스포라적 주체로서 일본에서 살아가는 재일조선인들에게 통일은 더 이상 관념적이고 당위적인 목표가 아닌 경험적이고 실천적인 문제였음을 간과해서는 안 된다. 따라서 통일의 미래를 열어내지 못하고 "한 없는 향락에 침몰하고 말" 민족의 운명을 무기력하게 지켜보고 있을 수만은 없었다. 비록 통일을 향한 실천이 지독한 무거움이 짓누르는 고통을 안겨주더라도 "자기의 짐을, 우리 모두의 짐을"(「무겁다」) 슬기롭게 짊어지는 실천적 태도를 끝까지 지켜나가야 했던 것이다.

2) 이중언어의 현실과 재일조선인의 실존에 대한 성찰

해방 이후 재일 디아스포라 시문학의 정체성을 이해하는 데 있어서 모어(母語)로서의 일본어와 모국어(母國語)로서의 우리말 사이에서 대립하고 갈등해 온 이중언어의 현실은 상당히 첨예한 모순임에 틀림없다. 특히 현재 재일조선인 사회의 중심 역할을 담당하고 있는 재일 3세대 이후 세대들에게 있어서 모국어로서의 우리말은 민족적 표상으로서의 추상적 관념 상태로 남아 있을 뿐 생활의 언어로는 거의 수용되지 못하고 있다는 사실을 주목하지 않을 수 없다. 게다가 이러한 언어 현실 내부에 은폐된 식민주의 이데올로기에 맞서는 재일조선인들의 공동체의식이 점점 약화되고 있어서, 더 이상 재일조선인으로서의 민족성과 주체성을 언급하기 어려운 상황에 직면한 것도 사실이다. 물론 해방이 되었음에도 불구하고 조국으로 돌아가지 못한 채 여전히 식민지 지배국에 머무를 수밖에 없었던 재일조선인들에게 생활언어로서의 일본어를 완전히 버리는 것은 사실상 불가능한 일이었을 것이다. 이와 같은 현실적 한계 때문에 재일조선인들은 일본어를 직접적으로 쓰면서도 일본인의 시각과 감성과 사유를 깨뜨리는, 그래서 재일 디아스포라의 실존적 언어로 일본어의 의미를 재발견하고자 노력하기도 했다.[21] 하지만 이러한 이중언어 현실에 대한 재일조선인들의 시각은 상당히 부정적이었다. 특히 총련계 지식인들은 일본어 글쓰기를 민족을 배반하는 친일 행위로까지 강하게 매도하였다. 강순은 이러한 재일 디아스포라의 이중언어 현실을 무조건적으로 부정하거나 반민족적 행위로 매도하는 태도에

---

21 최근 김시종은 일본어로 시를 쓰는 자신의 언어의식에 대해 다음과 같이 고백하였다. "나는 언어를 펼치기보다 자신을 형성해온 언어를, 의식의 웅덩이 같은 일본어를 시의 필터로 걸러내는 작업에 몰두합니다. 그렇게 시를 쓰고 있습니다. 따라서 언어는 자꾸만 딱딱하게 굳어지고 문장은 점점 짧아집니다. 그래서 에세이 하나 쓰는 데에도 필요 이상으로 자신을 힘겹게 하여 어깨만 결릴 뿐입니다. 에세이를 쓰면서도 길은 시 쓰기와 비슷합니다. 좀 더 가벼운 마음으로 다변투로 글을 써도 좋으련만, 그러면 단박에 능숙한 일본어를 구사하는 자신으로 되돌아갈까 봐 그럴 수 없습니다. '그렇게 된다면 나의 시는 이미 없다'라고 스스로 만들어 자신에게 강요한 강박관념에 얽매여 있습니다. 이것은 나의 사고 질서에 완고하게 눌러앉은 일본어에 대한 나의 자학적인 대응 방식입니다. 김시종, 「내 안의 일본과 일본어」, 『아시아』, 2008. 봄, 113면.

대해서는 사실상 동의하지 않았다. 다만 그는 "우리말을 쓰는 게 부끄러운 처신"이라는 사대주의적 태도를 공공연하게 드러내며, 식민의 그늘에서 빠져나오지 못한 채 일본어 사용을 자랑스럽게 합리화하는 태도에 대해서만큼은 단호하게 대처하고자 했다.

> 내 역시 오래도록
> 일본말 사태에 묻혀 살아
> 이미 風化가 짙은 폐물이다.
> 그래도 죽은 듯이 나는 덤덤히 앉았다가
> 본국사람을 어쩌다가 만나서
> 대견타는 慰勞를 받을 때
> 어린애처럼 발랄한 기쁨을 참지 못하나
> 잊어먹고 사는 희박한 내 정신이 생각나서
> 슬며시 쥐구멍을 찾아맨다.
>
> 이 부끄럼증에서 겨우 구원의 손을 본다.
> 또는 내 나이가 건져 주던 그 기회도
> 다른 장소에선 말끔히 잊으며
> 그러니만큼 주위의 다른 동배들에게
> 아무말도 않고 점잔히 默過한다.
> 일본말로 생각하고
> 일본말로 물마시듯 하는
> 이 思想史의 패배도
> 국제생활하는 必要惡의 동일성으로
> 자기를 감추는 차양이 된다.

우리말을 쓰는 게 부끄러운 처신
우리말을 아니쓰는 부끄러운 천대
지난날 우리는 내남없이
우리말이 우리의 표적이오, 우리의 소원이오, 우리의 깃발이었다.
우리말이 우리말로 돌아와도
우리의 쓰라림과 자랑과 주장도
우리는 우리말을 아니쓰고 딴말을 쓴다.
그리움도 고동도 추켜셈도 포옹도 없이
일본서의 우리의 문학의 旗는
딴 얼굴로 딴전을 벌린다.
잊어먹고 사는 해는 자꾸 가고
질펀한 외국말 바람만 일으키니
구슬퍼 욕할 입도 아니 열린다.

—「정신이 다 나가서」 전문(『강바람』, 198~199쪽)

"지난날 우리는 내남없이 / 우리말이 우리의 표적이오, 우리의 소원이오, 우리의 깃발"이었지만, 지금 "우리말이 우리말로 돌아와도" "우리는 우리말을 아니쓰고 딴말을 쓴다"라는 당대의 언어적 식민 상황을 향해, 강순은 "정신이 다 나가서"라는 직설적인 비판을 서슴지 않는다. "일본말로 생각하고 / 일본말로 물마시듯 하는" 재일조선인들의 삶은 "사상사의 패배"를 가져다 줄 뿐만 아니라 "자기를 감추는 차양"이 될 뿐이라고 보았던 것이다. 그래서 시인은 "우리말을 쓰는 게 부끄러운 처신"이라고 생각하지 말고 "우리말을 아니쓰는 부끄러운 천대"를 진정으로 부끄러워할 줄 알아야 한다고 했다. 언어는 단순한 표기수단의 차원을 넘어서 민족의 내면을 규정하는 정신과 태도의 산물이라는 확고한 생각이 있었기 때문이다. 이와 같은 강순의 비판적 목소리에 크게 귀 기울이지 않은 탓인지 지금 재일 디아스포라 문학은 일본어 일색으로 변해가고 있는 것이 엄연한 현실이다. 그 결과 현재 일본문학계의 재일 디아스포라 문학 연구에서 우리말로 된 문학은 전혀 연구의 대상이 되고 있지 못한 실정이다. 또한 일본어로 된 문학은 주류이고 우리말로 된 문학은 비주류라는 관점이나, 일본어로 된 문학은 질적 수준이 담보되지만 우리말로 된 문학은 질적 수준이 떨어진다는 편협한 시각이 팽배해 있는 것도 사실이다.[22]

재일 디아스포라 문학에서 우리말 쓰기의 문제는 이데올로기적 관념이 아닌 재일조선인의 실존을 구체화하는 의미 있는 실천이 될 때 더욱 중요한 의미를 갖게 된다. 우리말에 대한 완고한 집착도 의미 있는 문제의식이지만, 그보다 앞서 재일조선인들의 실존적 삶을 형상화하는 언어의 실천적 가치와 지향성에 초점을 두는 것이 더욱 중요하다. 앞에서 언급했듯이 강순은 총련을 떠난 이후부터 남한의 시를 일본어로 번역하는 일에 열정적으로 매달렸다. 아마도 우리말에 익숙하지 못한 재일조선인들에게 조국의 시를 소개하고 알리는 데 가장 우선

22 한국문학 연구자와는 달리, 일본문학 전공자들은 재일조선인 문학 연구라 하면 아예 일본어로 쓰여진 시만을 연구하는 경향이 있다. 대체로 이들은 두 가지 이유로 재일조선인 '조선어 문학'을 거부한다. 첫째는 '문예동' 동인이 갖고 있는 정치 이데올로기를 반대한다. 둘째로 '문예동' 시인들의 시는 작품 수준이 낮다고 외면한다. 가령, 제30회 지구상(地球賞)을 받은 시선집 『재일코리안 시선집[在日コリアン詩選集]』(土曜美術出版販賣, 2005)을 펴낸 사가와 아키[佐川亞紀] 시인은 이 시선집에서 허남기와 강순 등 몇 명의 일본어 시를 제외하고 재일조선인 조선어 시를 한편도 소개하지 않았다. 그녀는 핵문제나 이라크 전쟁을 반대하는 적극적인 진보적인 시인이지만, '문예동'의 조선어 시를 다루지 않는다. 또한 이한창은 재일조선인 문학을 "조선인이 일본어로 조선적인 것이나 조선인의 생활을 그린 것에 한한다"고 제한하기도 하여, 조선어로 쓰여진 문학은 아예 배제하고 있다. 재일한국인 54명의 작가, 600여 편의 작품을 18권에 수록한 『재일문학전집』(勉誠出版, 2006)에서도 조선어 시를 단 한편도 소개하지 않고 있다. 김응교, 앞의 논문, 332면.

적인 목적이 있었던 것으로 짐작된다. 일본어로 쓰든 우리말로 쓰든 무엇보다도 중요한 사실은 분단 조국의 현실을 바라보는 민족 정체성의 확립이 재일조선인의 실존을 규정하는 본질이 되어야 한다는 것이다. 따라서 그의 시는 남과 북, '민단'과 총련으로 이원화된 조직의 이데올로기적 허구성을 과감히 벗어던지고, 여전히 식민의 그늘에서 차별받고 억압당하는 재일조선인들의 사회역사적 상황과 일상적 현실에 한 발짝 더 다가서는 구체적 실천을 보여주고자 했다.

우리는 새 規制의 방책에 따라
해방부터 登錄 하나씩을
지니고 다녀야 하였다.
절대적으로 必需携帶!
번지르르한 강요밑에
허울좋은 收容.

하나의 조국에 건느지 못해
구름다리를 내려, 결국은
두 개 국적의 기명으로 변하여
꾹꾹 따로따로 罪人처럼 지장을 찍고
수속을 치르던 굴욕.

(…중략…)

그런데도 우리는 우리들끼리
서로의 기록을 두고 따져서

까실까실 입장을 세워왔다.
입뿌리와는 版局이 달라
승강이를 부리고
斷罪하며 정분을 가리어
독살을 피우다 피투성이며
탕 문닫고 원수다.

그러나 動亂때 그 지경같이
가린들 무슨 다름이 있을소냐.
다툼은 엉망진창을 이루어
우리 지도자들에겐 사상문젤지 모르나마
일본당국의 교활을 보건데 분간없이
군더더기 단속에 지나지 않는
이 얼마나 개패가 아닌가.
그런데 지는 해는 가도가도
노상 눈초리가 치솟아 있다.

—「개패」 중에서

한일조약의 결과 재일조선인은 일본 내에서의 법적 지위를 얻었지만, 이는 재일조선인들의 권익을 개선하는 데 주된 목적이 있었던 것이 아니라 한일 양국의 정치지도자들이 정치경제적 이권을 확보하기 위한 고도의 전략의 산물이었으므로 사실상 "허울 좋은 수용"에 불과했다. 여기에 재일조선인의 인권과 불평등을 근본적으로 해결하는 제도적 방침은 처음부터 없었다고 해도 틀린 말이 아니다. 분단 조국의 현실에 대한 자기성찰은커녕 각각의 이데올로기를 앞세우기에 급급

했던 재일조선인 사회는 "두 개 국적의 기명으로 변하여 / 꾹꾹 따로따로 罪人처럼 지장을 찍고 / 수속을 치르던 굴욕"을 감내하지 않을 수 없었고, 결국에는 외국인등록표 필수휴대를 강요받으며 마치 주인의 감시와 통제 아래 목줄이 묶여 있는 개와 같은 취급을 당해야만 했다. 그럼에도 불구하고 재일조선인들의 태도는 끝끝내 이데올로기적 폐쇄성으로부터 빠져나올 줄 몰랐다. 일본인들로부터 당한 수모와 굴욕에 맞서 공동의 힘을 모아도 모자랄 판에 "서로의 기록을 두고 따져서 / 까실까실 입장을 세"우며 반목하고 질시하면서 "탕 문닫고 원수"로 살았던 재일조선인들의 행태는 어떠한 변명의 여지도 없는 커다란 과오가 아닐 수 없다. 그 결과 재일조선인들의 삶은 더욱 황폐해질 수밖에 없었고, 재일조선인이라는 민족 정체성과 실존의 자리마저 위협당하는 심각한 결과를 가져오고 말았다. 강순은 그의 시가 "재일생활의 뒤숭숭하고 그만큼 곤혹으로 흔들리는 상황"과 "파문 속에 사는 한 생활자로서의 주저와 갈등과 울화"를 해소하는 하나의 가능성이 되기를 진정으로 기대했다. 재일조선인의 실존은 남북의 이데올로기에 대한 맹목에 있는 것이 아니라, "절박한 동포들의 정직한 심정과 속임없는 내실의 형상"[23]에 있다는 사실을 깊이 각인하고자 했던 것이다.

23 「시집을 엮어놓고」, 『강바람』, 317~318면.

4. 맺음말

해방 이후 재일 디아스포라 시문학은 식민과 분단의 상처를 내면화한 재일조선인의 역사의식과 이데올로기에 근본적 바탕을 두고 있었다. 따라서 대부분의 작품이 개인의 정서를 동일성의 세계로 응축해내는 서정성의 심화에 초점을 두기보다는 정치적이고 사회적인 문제의식을 직접적으로 드러내는 현실주의적 성격을 강하게 표방하였다. 특히 1955년 총련 결성과 1959년 '문예동' 결성 이후에는 조직적인 차원에서 문학의 운동성을 강화함으로써 재일 디아스포라 시문학의 이데올로기 지향성은 더욱 뚜렷하게 형성되었다. 이러한 특성으로 인해 그동안 재일 디아스포라 시문학은 이념의 장막에 가로 막혀 한국문학 연구에 있어서 사실상 논의의 대상으로 삼기 어려운 현실적 한계를 벗어나지 못했다. 또한 일본문학 연구자들에 의해 주도된 재일 디아스포라 문학 연구가 그 연구대상과 범위를 일본어로 창작된 문학작품에 한정했을 뿐만 아니라, 장르에 있어서도 소설문학에 치중함으로써 우리말로 창작된 재일 디아스포라 시문학에 대해서는 거의 언급조차 하지 않았음을 간과해서는 안 된다. 즉 일본문학 연구자들은 재일 디아스포라 문학을 일본문학 안의 소수자 문학으로 규정함으로써 한국문학의 범주로는 전혀 이해하지 않으려 했던 것이다. 게다가 지금까지 김달수, 김석범, 이회성, 이양지, 유미리, 현월, 가네시로 가즈키 등 재일 디아스포라 작가들의 소설작품이 세대를 넘어서 아주 활발하게 우리말로 번역된 것과는 너무도 대조적으로, 시문학의 경우에는 김시종의 작품이 선집 형태로 일부 번역되어 출간되었을 뿐 허남기, 강순, 남시우 등 재일 디아스포라 시인들 대부분의 작품이 아직까지 국내에는 거의 알려지지 않고 있음을 지적하지 않을 수 없다. 본고는 이와 같은 문제의식을 토대로 강순의 시를 주요 텍스트로 해방 이후 재일 디아스포라 시문학의 사회역사적 성격과 흐름을 살펴보는 데 주된 목적이 있었다.

강순의 첫 시집 『강순시집』은 해방 이후 재일 디아스포라의 역사적 변화과정을 고려할 때 총련 결성 이전의 시와 이후의 시로 구분하여 논의할 필요가 있었다. 총련 결성 이전의 경우에도 해방 직후부터 남북한이 각각 단독정부를 수립(1945~1948)하기까지 시의 양상과 그 이후부터 총련이 결성되기 전(1949~1954)까지 시의 모습은 일정한 차이가 있는데, 전자가 해방이 되었음에도 불구하고 조국으로 귀환하지 못한 재일조선인들의 근원적 향수와 민족의 정한을 드러내는 민족적 표상의 형상화에 중점을 두었다면, 후자는 해방이 분단으로 고착화되어버린 현실에 대한 비판과 총련계 재일 지식인으로서 민족 분단의 현실을 극복하기 위한 실천적 모습을 형상화하는 데 강조점을 두었다. 그리고 총련 결성 이후(1955~1964)의 시세계는 총련의 지도자로서 북한에 대한 찬양과 남한에 대한 비판을 목적으로 하는 선전선동의 양상을 두드러지게 표방하였다.

두 번째 시집 『강바람』은 남북의 경직된 이데올로기에 철저하게 종속되어 극단적 대립과 갈등으로 치닫는 재일조선인 사회의 이원화에 대한 비판과, 이러한 대립과 갈등을 오히려 조장하는 반통일세력, 즉 미국, 일본과 같은 외세는 물론이거니와 민족보다 이념을 더 우선시하는 재일조선인 내부의 조직적 폐쇄성에 대한 강한 부정을 담아냈다. 이러한 그의 시의 경향은 그가 1964년 '조선신보사'를 그만두고 총련 조직을 떠난 가장 큰 이유가 된다고도 할 수 있는데, 디아스포라적 주체로서 그의 시가 궁극적으로 지향하는 바가 민족의 통일에 있었음을 명확하게 제시했음에 틀림없다. 그리고 그는 해방 이후 재일 디아스포라 시문학의 민족 정체성을 이해하는 데 있어서 모어로서의 일본어와 모국어로서의 우리말 사이에서 첨예한 갈등을 겪어온 이중언어의 현실을 특별히 주목하였다. 또한 이러한 이중언어의 현실조차 이데올로기적 허구성에 구속되어서는 안 된다는 문제의식으로, 재일조선인들의 실존을 규정하고 민족 정체성을 구현하는 언어의 실천적 가치에 대해 깊이 고민하였다. 그의 시가 이데올로기 중심의 『강순시집』의 경향에서 벗어나 재일 디아스포라의 생활상을 구체화하는 『강바람』의 세계로 변화된 이유도 바로 여기에 있다.

최근 들어 민족과 국가의 경계를 넘어서는 탈민족, 탈국가 담론이 중요한 의제로 부각되면서 '디아스포라'적 관점과 문제의식이 급격한 세계의 변화를 이해하고 분석하는 아주 유효한 담론으로 주목받고 있다. 식민과 분단을 직접적으로 경험한 우리 민족에게 디아스포라는 역사적이고 이념적인 성격을 벗어나서는 생각하기 어려운 특수성을 지니고 있다. 하지만 이러한 이데올로기적 관점은 국가주의의 호출을 거부한 채 독자성과 개별성을 유지해온 재일 디아스포라의 특수한 상황까지도 모두 획일화시켜 버리는 위험성을 안고 있음을 결코 간과해서는 안 된다. 다시 말해 재일 디아스포라의 문제를 민족과 국가의 범주 안에서 전유하거나 동일화하려는 태도는 현재 재일 디아스포라의 현실적 상황과 변화된 흐름을 사실상 무시하는 결과가 될 수 있기 때문이다. 따라서 디아스포라를 국가 혹은 민족 간의 대립과 경계를 허무는 통합적 시각으로 이해함으로써, 문화적 교섭의 차원에서 그 본질적 의미를 재구성하는 새로운 연구 관점과 태도의 정립이 요구된다고 하겠다.

민족교육의 심화와 북한체제에 대한 찬양

남시우론

1. 머리말

해방 이후 재일 디아스포라 시문학은 허남기, 강순, 남시우를 중심으로 형성되었다. 특히 해방 직후부터 1950년대까지는 허남기, 강순, 남시우의 3인 시대[1]라고 평가될 만큼, 세 시인은 해방 이후 재일 디아

1 김학렬은 "해방 직후에는 지식층 속에서 많은 사람들이 시를 쓰려고 나섰으나 그 후 정치분야, 교육분야 등에 진출하여 사회과학분야에 나선 사람들도 있고, 시집을 낸 사람은 강순(『조선부락시초』)과 남시우(『봄소식』), 허남기(일어시 『朝鮮冬物語』)뿐이며, 조국(북한—필자 주)에서 나온 첫 시집 『조국에 드리는 노래』에는 허남기, 남시우, 강순의 3인만이 있었다. 따라서 해방직후 1950년대까지는 엄격히 말해서 허남기, 남시우, 강순의 3인 시대라 해도 무방할 것이다"라고 하였다. 「재일 조선인 조선어 시문학 개요」, 와세다대학조선문화연구회 · 해외동포문학편찬사업추진위원회 · 재일본조선문학예술가동맹 공동주최, 『재일 조선인 조선어문학의 현황과 과제 심포지움 자료집』, 2004.12.11, 와세다대학교, 3~4면.

스포라 시문학의 초석을 닦는 중요한 역할을 했다. 최근 들어 재일 디아스포라 시문학에 대한 연구가 본격화되면서 이들 세 시인 가운데 허남기,[2] 강순[3]에 대한 연구는 비교적 활발하게 진행되고 있다. 하지만 동시대를 살았던 대표적 시인인 남시우에 대한 연구는 거의 이루어지지 않았다.[4] 이러한 결과는 남시우의 정치사회적 이력에서 비롯된 이

2 허남기는 애국적이고 혁명적인 시인, 해방 이후 월북 문인들의 빈자리를 메운 사실주의 시인으로 평가받았고, 1959년 결성된 '재일조선인 문학예술가동맹'('문예동')의 초대 위원장을 맡는 등 '재일조선인총연합'('총련')의 핵심 인물로 활동하면서 북한문학계의 찬사를 한 몸에 받았다. 뿐만 아니라 남한문학계에서도 그의 서사시 『화승총의 노래』가 번역 · 출판되면서 동포시인 가운데 제일 문학적 성취가 뛰어난 분이라는 평가를 받기도 했다. 허남기 시인에 대한 연구로는, 손지원, 「시인 허남기와 그의 작품 연구」(사에구사 도시카쓰 외, 『한국 근대문학과 일본』, 소명출판, 2003); 하상일, 「해방 직후 재일 조선인 시문학 연구—허남기의 시를 중심으로」(『우리말글』 37집, 우리말글학회, 2006.8); 김응교 「재일 디아스포라 시인 계보, 1945~1979—허남기, 강순, 김시종 시인」, (『인문연구』 55호, 영남대 인문과학연구소, 2008.12); 하상일, 「재일 디아스포라 시인 허남기 연구」(『비평문학』 34호, 한국비평문학회, 2009.12) 등이 있다.

3 강순의 본명은 강면성(姜冕星)이다. 이는 필자가 2009년 1월 일본 동경 외곽 가나가와현 사가미야영원에 있는 그의 묘소를 직접 참배하고 묘비명을 통해 확인한 것이다. 그는 해방 직후 일본에서 발간된 『백민(白民)』의 핵심 인물 가운데 한 사람이었고, 『백민』이 1948년 결성된 '재일조선문학회'의 주축 그룹이었다는 점에서, 해방 이후 재일 디아스포라 시문학의 형성 과정에서 강순이 얼마나 중요한 역할을 했는지를 충분히 짐작할 수 있다. 강순은 해방 이후부터 1964년 '조선신보사'를 그만두기까지 총련 산하 '문예동'을 중심으로 활동한 대표적 시인이었다는 점에서 남한 이데올로기의 폐쇄성으로부터 완전히 자유로울 수는 없었다. 하지만 그 이후 강순의 활동을 살펴보면, '문예동'을 탈퇴하고 남한과 북한 양면 모두와 비판적 거리를 두면서 재일 디아스포라의 사회역사적 실존을 성찰하는 데 주력하였고, 우리말로 시를 창작하면서 재일 디아스포라의 이중언어 현실을 깊이 고민했으며, 1960~70년대 남한의 진보적 시인들의 시집을 일본어로 번역 소개함으로써 1960년대 이후 남한 시문학과 재일 디아스포라 시문학의 교섭에 일익을 담당했다. 강순 시인에 대한 연구로는, 윤의섭, 「재일동포 강순 시 연구—『강순 시집』을 중심으로」(김학렬 외, 『재일동포 한국어문학의 전개양상과 특징 연구』, 국학자료원, 2007); 김응교, 앞의 논문; 하상일, 「재일 디아스포라 시인 강순 연구」(『한국문학논총』 제53집, 한국문학회, 2009.12); 김학렬, 「재일 민족시인 강순—시집 『강바람』, 애통과 사랑과 격정의 세계」(이 원고는 재일한국문인협회에서 발간하는 『한흙(大地)』 2009년 여름호와 겨울호에 2회에 걸쳐 분재되었다); 사이토 마모루, 「望郷の詩人姜舜」(『植民地と祖國分斷わた生詩人たち』, 일본 토요미술사출판사, 2002) 등이 있다.

4 남시우 시인에 대한 국내의 연구성과로는 최종환, 「남시우 시 연구—1953년~1960년 시를 중심으로」(『한중인문학연구』 27집, 2009.8)가 유일하다. 이 논문은 남시우의 시를

데올로기적 제약이 가장 큰 이유가 되었음에 틀림없다. 즉 그는 1979년부터 총련에서 세운 조선대학교 학장을 역임하며 총련계 재일 지식인들과 문인들을 양성하는 데 헌신하였을 뿐만 아니라, 1977년 총련 중앙 부의장을 맡는 등 북한 체제에 적극적으로 동조하고 협력하는 교육문화 사업을 주도한 핵심 인물이었기 때문이다.

남시우는 1926년 7월 15일 경상북도 안동군 일직면 망호동에서 태어났다. 그는 유학적 전통이라는 구습에 젖은 안동에서는 민족의 장래를 기약할 수 없다고 판단하여 1940년 친척이 있었던 일본으로 건너가 고학을 했다. 1948년 와세다대학에 입학해 러시아문학을 공부했고, 동경조선고급학교 교원을 거쳐 조선대학교에서 러시아문학과 조선어를 가르쳤으며, 1979년부터 2001년까지 조선대학교 학장을 역임하면서 재일 조선인 교육사업을 주도하였다. 2007년 3월 22일 생을 마감한 그가 남긴 시집으로는, 『길』(1949), 『봄소식』(동경도립조선인학교 어머니회연합회 문화교육부, 1953), 『조국의 품안에로』(재일조선문학회, 1959; 조선작가동맹출판사, 1960), 『조국에 드리는 송가』(평양 문예출판사, 1982), 허남기, 강순과 함께 낸 3인 공동시집으로 『조국에 드리는 노래』(조선작가동맹출판사, 1957)가 있고, 일본어 평론집 『主體的 藝術論』(미래사, 1983)이 있다. 이 가운데 『길』은 현재까지 그 원본을 발견할 수가 없어 이 글에서는 다룰 수 없었음을 미리 밝혀둔다. 따라서 본고에서는 나머지 세 시집을 중심텍스트로 삼고, 3인 공동시집이나 재일조선문학예술가동맹(이하 '문예동')에서 펴낸 작품집 『찬사』(1962) 등에 수록된 그의 시를 보조텍스트로 하여, 남시우의 시세계 전반을 아우르는 총체적 특성과 의미를 밝혀보고자 한다.

초·중기와 후기로 크게 나누고, 북한체제의 이데올로기를 전적으로 수용하기 이전인 1960년까지의 작품을 중심으로 논의하였다.

2. 민족 교육의 심화와 민족 주체의 형성

해방 이후 재일 조선인 사회에서 가장 활발하게 전개된 사업은 당시 남한 인구의 1/10에 해당하는 200만 명이 넘는 재일 조선인들의 조국으로의 송환에 관한 운동이었다. 1945년 8월부터 1946년 3월까지 140만 명 정도가 귀국하고 대략 60만 명 정도가 일본에 잔류하였다. 그토록 간절히 염원했던 해방이 되었음에도 불구하고 남한 사회의 정치적 혼란으로 인해 귀국을 포기하거나, 귀국 후에 조국의 경제적인 어려움을 감당하지 못해 다시 일본으로 돌아온 재일 조선인의 수가 상당히 많았던 것이다. 이들은 '재일본조선인연맹(이하 '조련')'을 중심으로 결집하여 귀국 사업과 더불어 재일 조선인들의 교육 사업에 적극적으로 나섰다. '조련'은 귀국 사업이 어느 정도 일단락된 1946년 무렵부터 각지에 있는 재일 조선인 교육기관을 통합해서 학교 정비를 체계적으로 진행시켰는데, 1946년 10월 통계를 보면, 당시 재일 조선인 학생들을 교육하는 초등학교만 525개교였고 학생수는 4만 명이 넘을 정도로 민족교육 기관의 규모가 방대했었던 것으로 짐작된다. 이들 학교에서는 '조련'이 편찬한 교과서를 쓰고 한국어나 한국의 역사와 지리를 가르침으로써, 재일 조선인 학생들의 민족의식을 일깨우고 민족적 정체성을 내면화하는 민족 교육을 실시하였다.

그런데 일본을 점령하고 있던 연합국총사령부는 재일 조선인들의 관리를 강화할 필요성이 있다는 일본 정부의 제안을 받아들여 1946년 말에 일본에 잔류하는 조선인을 일본 사람으로 간주한다고 공식적으로 발표하였다. 따라서 1948년부터 재일 조선인들의 교육 사업은 심각한 탄압을 받게 되었는데, 일본 문부성은 조선학교에 일본의 교육법규를 준수해야 한다는 지침을 내리더니 급기야는 조선학교폐쇄령을 공표하기까지 했다. 이러한 제국주의적 횡포에 맞서 재일 조선인들은 민족 교육에 대한 권리를 지켜내기 위한 저항 운동을 벌여 나갔는데, 이것이 바로 고베와 오사카 조선인학교를 중심으로 전개된 한신교육투쟁이다. 그 결과 조선학교폐쇄령은 철회되었지만, 1949년 '조련'이 강제 해산된 이후 또다시 제2차 조선학교폐쇄령이 내려지는 등 재일 조선인들의 민족 교육을 반대하는 일본의 탄압과 통제는 끊임없이 계속되었다.[5] 재일 조선인들의 민족 교육을 그대로 방치하면 일본의 국가주의 이데올로기에 비판적인 반대세력을 급격히 확산시키는 아주 위험한 결과를 초래할 수도 있다는 위기의식과 경계의식이 전후 일본 사회에 뿌리 깊게 자리 잡고 있었던 것이다.

'조련'의 민족 교육 사업은 1955년 5월 결성된 재일본조선인총엽합회(이하 총련)가 계승하여 더욱 조직적이고 진취적인 사업을 수행하였다. 총련은 1956년 '학교 규정'을 정하여 전국에 있는 조선학교를 체계적으로 관리하는 기본적 토대를 마련하였고, 1957년부터는 북한의 교육 원조를 받아 다방면에 걸친 민족 교육문화 사업을 강력하게 추진하였다. 초 · 중 · 고등학교 교육에 머물렀던 조선인학교가 비로소 조선대학교라는 고등교육기관을 설립함으로써 민족 교육의 체계를 완성한 것도 바로 이 무렵이었다. 이처럼 총련을 중심으로 활동한 재일 조선인들은 조국을 떠나 일본에서 살아가면서도 민족의 근간만은 잃어서는 안 된다는 강한 신념을 가지고 무엇보다도 교육 사업에 총력을 기울였다. 1949년부터 동경조선고급학교에서 교사 생활을 시작한 남

5 마츠다 토시히코, 정대성 역, 「해방후 민족 교육의 발자취」, 한일민족문제학회 엮음, 『재일조선인 그들은 누구인가』, 삼인, 2003, 145~155면 참조.

시우 역시 민족 교육이야말로 재일 조선인들의 정체성을 올곧게 지켜내는 가장 중요한 정신적 토대라는 사실을 분명하게 인식하였다. 조선인학교를 통한 민족 교육의 심화는 차별과 억압 속에서 살아가는 재일 조선인들에게 민족의 존엄을 일깨워주고 자긍심을 심어줌으로써 재일 조선인으로서의 자기정체성의 확립과 민족적 주체를 정립하는 가장 중요한 원동력이 되었던 것이다.

> 민족 교육은 몇몇의 선각자가 제기한 운동이 아니라 모든 동포들이 자기들의 생활과 처지 속에서 절박한 요구로 제기된 민족적 운동입니다. 돈 있는 자 돈을 내고, 힘 있는 자 힘을 내고, 지식 있는 자 지식을 내자는 구호 아래 하나 같이 떨쳐 일어섰습니다. 초창기에는 교육을 해본 경험도 없다 보니 그저 맨주먹으로 나설 수밖에 없었습니다. 혈기 왕성하게 민족적 열정을 가지고 학교 터를 닦고 기둥을 세웠습니다. 초창기 만해도 건물다운 건물이 어디 있었겠습니까? 동포들이 살던 방 한 칸을 내서 학교를 세웠습니다. 학교라고 해도 지금처럼 번듯한 것이 아니었습니다. 우리말, 우리글을 배우자고 해서 각처에서 우리말 강습소가 생긴 것으로 시작해서 1945년부터 1948년 사이에 일본 전역에 550개의 강습소가 생긴 것이 민족학교의 시작입니다. (…중략…)
>
> 민족주의적 교육, 나라와 민족의 존엄을 지키고 빛내는 것, 민족적 권리를 지키는 것은 과거나 지금이나 마찬가지입니다. 교육내용에 있어서도 이를 구체적으로 해서 우리말, 우리글, 우리역사, 민족교양이 중심으로 진행되고 있습니다.[6]

해방 이후부터 총련이 결성되는 1955년까지 남시우의 문학적 과제

6 남시우(인터뷰), 「민족교육 60년, 우리말과 얼을 지켜냈다」, 『민족 21』, 2005.8, 63~64면.

는 이와 같은 민족 교육에 대한 열망으로부터 비롯되었다. 그의 초기 시가 동시 혹은 동요라는 어린이문학 장르를 전면에 내세우고 있다는 사실을 특별히 주목해야 하는 이유도 바로 여기에 있다. 즉 그는 재일 조선인들의 현실적 상황을 어린이들의 모습에 대응시킴으로써 민족 교육을 위한 중요한 수단으로 그의 시 창작 역량을 최대한 활용하고자 했던 것이다. 주지하다시피 어린이문학이란 어린이를 주요한 독자로 상정하고 창작된 문학작품 전반을 가리키는 장르 명칭이다. 이러한 정의에서 '주요한'이란 단서를 굳이 명시하고 있는 이유는, 어린이문학이 반드시 어린이'만'을 독점적인 향유 주체로 한정할 필요가 없다는 데 있다.[7] 즉 표면적으로는 어린이를 대상으로 한 창작이지만, 어린이의 말과 글을 매개로 어른들의 세계를 직접적으로 성찰하는 성격도 아울러 지니고 있음을 간과해서는 안 되는 것이다. 남시우의 동요집 『봄소식』은 어린이를 주요 독자로 한 시집인 것은 분명하지만, 한편으로는 우리말과 우리글을 전혀 알지 못하는 재일 조선인들의 문맹을 깨우치려는 계몽적 목적을 표방하고 있기도 하다. 『봄소식』의 발행을 '동경도립조선인학교 어머니회연합회 문화교육부'가 책임을 졌던 것도 바로 이러한 의도를 명시적으로 보여주고자 한 것으로 이해할 수 있다.

> 남시우 선생님의 『봄소식』을 내면서 우리들이 느끼는 것은 우리 어머니들과 어린 동무들이 우리 국어에 대해서 다시 한 번 생각해볼 좋은 기회를 얻을 수가 있다는 것입니다. 특히 일본에 있는 우리 어머니들은 누구보다도 비참한 생활을 하여왔고 이러한 생활 속에서 우리나라와 우리말을 배울 생각과 노력조차 할 수가 없었습니다. (…중략…)

7 김상욱, 「어린이문학의 장르론적 특성」, 『어린이문학의 재발견』, 창비, 2006, 85면.

일제의 식민지 정책은 참으로 가혹하였습니다. 동무들 자신이 조선 사람이면서도 조선말을 몰랐지요! 동무들의 어머니들이 글을 못 읽고 못 쓰는 것도 마찬가지 원인이 있었습니다. 그러나 우리들은 언제나 이러한 상태를 계속해서는 안 될 것입니다. (…중략…)

그렇기 때문에 동무들은 꼭 이 책을 한번 읽은 후에는 우리글의 아름다운 점을 모르는 어머니와 할머니들에게 잘 설명하여 주십시오. 그러한 노력을 함으로써 동무들의 어머니와 할머니를 계몽할 수가 있습니다.

중화인민공화국에서는 글 모르는 사람을 없애기 위하여 '소선생'이라는 것이 나타나게 되었던 것입니다. 다시 말하면 동무들과 같이 우리 학교에서 참된 조선 사람다운 공부를 배우고 있는 사람들이 압박과 착취 밑에서 글을 배우지 못한 사람들을 가르쳐주는 것을 '소선생'이라고 불렀습니다. (…중략…) 나는 이러한 것을 생각하면서 일본에 있는 우리 어머니들을 하루라도 속히 조선민주주의인민공화국의 어머니로서 우리글을 읽고 쓸 수 있게 하자면 어린 동무들이 집에서 어머니 손목을 잡아 가르쳐주어야 하겠습니다.[8]

인용문에서 잘 알 수 있듯이, 남시우의 시집 『봄소식』은 재일 조선인 어린이들을 북한의 해외 공민으로서의 독립적 주체로 키워나가겠다는 일차적 의도와, 이러한 어린이들이 각자의 집으로 돌아가 자신들의 어머니에게 우리말과 우리글 그리고 민족의식을 가르치도록 하는 교과서를 만들어보겠다는 이차적 의도를 동시에 지니고 있었다. 이러한 목적의식은 '혁명적 아동문학'으로서의 북한 아동문학의 계몽적 성격에 그대로 부합된다. 『봄소식』에 수록된 시편들의 주제는 크게 두 가지로 요약되는데, 첫째는 고향에 대한 그리움을 매개로 한 민족 주

8 「이 책을 출판하면서」, 『봄소식』, 1953, 81~84면.

체의 형성이고, 둘째는 재일 조선인으로서 겪어야만 했던 차별적 현실에 대한 비판을 토대로 한 혁명 주체의 형성이다.

> 지난밤 뒷동산에 / 눈 나렸는데 / 뜰 앞에 새로 돋은 / 푸른 풀 한 잎 / 웃으면서 산들 산들 / 어깨질 하며 / 정다웁게 봄소식을 / 속삭이고요. // 웃고름 시쳐주며 / 가는 바람 / 산 넘어 언니 소식 / 물어 봤더니 / 새 버선 새 옷 입고 / 춤을 추면서 / 새로 배운 우리노래 / 부른다나요. // 동산에 돋아오는 / 동그란 햇님 / 새봄은 언제 오나 / 묻기도 전에 / 앞창문 문틈으로 / 생긋 웃으며 / 추운 겨울 멀리 멀리 / 쫓고 왔대요.
>
> ―「봄소식」 전문

시집의 표제이기도 한 인용시는 "봄"이라고 하는 아주 보편적이고 낯익은 제재로 재일 조선인들의 미래를 희망적으로 제시하였다. 즉 재일 조선인들의 열악한 현실을 표상하는 "추운 겨울"을 극복하고 "새로 돋은 푸른 풀 한 잎", "새 버선 새 옷", "새로 배운 우리노래"로 "새봄"을 만끽하고자 하는 소망과 의지를 담고 있는 것이다. 또한 "새봄"을 향한 기다림에는 해방이 되었음에도 불구하고 여전히 일본 땅에서 식민의 고통을 안고 살아가는 재일 조선인들의 고향에 대한 근원적 그리움이 깊숙이 내면화되어 있다. 재일 조선인들에게 '고향'은 지리적 공간으로서의 의미를 넘어서 민족의식을 심화하고 내면화하는 민족 주체의 표상으로서의 의미를 아울러 지니고 있기 때문이다. 그러므로 자라나는 어린이들의 마음에 "그립고 / 은근하고 / 자랑스러운 곳"(「여기가 바로 고향입니다」)이 바로 "고향"이라는 민족적 자긍심을 깊이 새겨줌으로써, "그리운 우리나라 / 가고파라 가고파"(「아침」)라는 정겨운 노랫말의 리듬으로 조국을 향한 마음을 자연스럽게 열어주고자 했던 것이다.[9]

그런데 총련이 주도한 민족 교육에서 고향의식은 아버지의 고향이라는 구체적이고 체험적인 장소성에 뿌리를 두지 않고 대부분 이념적 고향으로서의 북한에 대한 찬양으로 일방적으로 귀결되었다는 사실을 주목하지 않을 수 없다. 실제로 재일 조선인들 가운데 80% 이상이 남한 출신이었다는 사실을 고려한다면, 이러한 고향의식에는 민족적 지향성보다는 이데올로기 지향성이 강하게 내재되어 있었다고 할 수 있다. 남시우의 동요 역시 이러한 이데올로기적 목적성을 뚜렷이 견지함으로써 남한/북한을 부정/긍정, 악/선의 이분법으로 재단하였다. 이러한 이분법적 태도는 재일 조선인 어린이들에게 남한의 현실에 대한 부정의식을 깊숙이 주입시키는 명백한 근거로 작용함으로써, 이들을 북한의 혁명 주체로 양성하겠다는 선전선동의 전략에 가장 부합하는 결과를 가져왔다.

> 우리교실 정면 벽에 하나 / 내 책상 바로 앞에 하나 / 김일성 장군의 초상을 걸었습니다. // 검은 양복을 입으신 장군이 / 어머님 품속같은 눈매로 / 집에서나 학교에서나 / 저를 내려다 보십니다. // (…중략…) // 책상앞에 / 교실 정면에 / 밤이나 낮이나 / 봄이나 겨울이나 / 똑같게 입을 물고 / 똑같게 뜨슨 빛을 주시는 / 김일성 장군의 초상처럼 // 저도 / 눈이 오나 비가 오나 / 똑같은 마음씨로 / 학교에 가고 공부하겠어요. // 보지 못한 '조선'이 살드고 그립듯 / 보지 못한 우리의 장군 '김일성' / 이 석 자의 이름도 살드고 그립습니다.
>
> —「김일성장군」 중에서

9 남시우의 동시 혹은 동요풍의 시세계에 대해 김학렬은, '남시우조'라고 불리는 독특한 격조가 있다고 하면서 유순한 음악성을 지닌 멋있는 율조가 섬세한 서정과 맞물린다고 평가하였다. 서사적이며 남성적인 허남기의 시풍가 대조적인 여성적이며 서정적인 시풍을 지녔다는 것이다. 김학렬, 앞의 글, 5면.

북한의 아동문학은 '혁명적 아동문학'으로, 동요와 동시는 "경애하는 어버이 수령 김일성 원수님의 위대한 혁명가적 풍모와 덕성을 노래하며" "새 세대들을 경애하는 수령 김일성 동지께 무한한 충직한 혁명전사로 키우는 데 이바지하는"[10] 데 궁극적 목표를 두었다. 사실상 북한문학의 노선을 추종하는 총련계 재일 조선인 문학에서 어린이문학이 차지하는 기능과 역할 역시 이와 같은 북한 아동문학의 연장선상에 있었다고 해도 과언이 아니다. 인용시에서 알 수 있듯이, 김일성이란 존재를 자애롭고 그리운 대상으로 각인시킴으로써 재일 조선인 어린이들을 사회주의 혁명 주체로 육성시키겠다는 굳은 의지를 직접적으로 드러낸 것이다. 또한 남한 사회가 제국주의의 신식민지라는 사실을 분명하게 이해시킴으로써 재일 조선인들이 돌아가야 할 진정한 고향으로 북한 사회를 이상화하는 뚜렷한 근거로 삼기도 했다. 이런 점에서 남시우는 남한 사회와 미제국주의에 대한 강한 부정을 통해 북한에 대한 찬양을 정당화하는 확고한 의지를 일깨우려는 일관된 시적 지향을 보여주었다고 할 수 있다.

이처럼 남시우의 동요집 『봄소식』은 북한 아동문학의 이데올로기적 특성과 재일 조선인들의 민족적 주체의식을 고취시키기 위한 계몽성을 두드러지게 표방하였다. 또한 어린이들을 대상으로 한 창작이라는 동요의 특성을 이용해 우리말과 우리글을 거의 모르는 재일 조선인들을 교육하는 중요한 수단으로 활용하였다. 이러한 그의 문학적 지향성은 1955년 총련의 결성과 1956년 조선대학교 개교, 그리고 1959년 '문예동'의 결성이 이루어짐에 따라 더욱 조직화되고 체계화되었다.

10 『문학예술사전』, 과학백과출판사, 1972; 김용희, 「북한의 아동시가문학」, 김종회 편, 『북한문학의 이해』, 청동거울, 1999, 149면에서 재인용.

3. 조국(북한)으로의 지향과 북한 체제에 대한 찬양

해방 이후 재일 조선인들은 해방 이전보다 더욱 가혹한 일본의 차별과 통제로 인해 수난의 역사를 이어가지 않을 수 없었다. 특히 한국전쟁 이후에는 남북분단이 고착화됨에 따라 재일 조선인들 역시 남과 북 어느 한쪽으로의 이데올로기 선택을 강요당함으로써 재일 조선인 사회의 대립과 갈등은 점점 더 가속화되었다. 그럼에도 불구하고 당시 남한의 재일 조선인 정책은 민족적 차원에서든 인도주의적 차원에서든 재일 조선인들에 대한 일본의 차별과 억압을 강력하기 비판하기는 커녕, 북한을 지지하는 총련을 타도하는 데 가장 우선적인 목표를 두는 이데올로기적 편협성을 노골적으로 드러냈다. 게다가 일본은 이러한 남한 정부의 정책을 적극적으로 지지하여 남한만을 한반도 내에서 유일한 합법정부로 인정하려는 의도를 드러냄으로써 우리 민족을 분열시키고 이간시키려는 교묘한 태도를 보였다. 따라서 총련계 재일 조선인들은 이와 같은 남한과 일본의 반민족적 영합에 맞서 싸우지 않을 수 없었고, 이를 구체적으로 실천하기 위해서 북한의 정책을 지지하고 충실히 이행하는 좌경화 노선을 더욱 명확히 정립하게 되었다. 결국 재일 조선인 사회는 민족적 정체성을 토대로 한 디아스포라적 주체성을 확립하지 못하고, 남북의 이데올로기에 의해 갈등하고 분열하는 대립적 양상을 전면화하는 극단적인 상황으로 치닫고 만 것이다.

남시우의 시는 이와 같은 정치사회적 혼란 속에서 재일 조선인들이 겪을 수밖에 없었던 역사적 상처와 고통을 특별히 주목하였다. 특히 이러한 수난의 현실이 남한 이데올로기의 경직성과 미제국주의에 종속된 신식민주의적 태도에서 비롯된 것임을 강조함으로써, 재일 조선인들의 조국(북한) 지향을 더욱 가속화하는 확실한 명분을 만들어내고자 했던 것이다.

> 묻노니, 20년 또는 30년 전에 / 아직은 내, 스무살도 안된 소년의 시절 / 눈물 뿌리며 매여달리는 가슴, 발길로 차며 / 홀쳐 오듯, 나를 뱃전에 실어 올 때에, // 석탄을 파라, 굴 속으로 처 넣을 때, / 비행장을 닦으라, 남방으로 몰아 갈 때, / 또, 총을 안겨 죽음터로 끌어 드릴때에 / 묻노니, 나의 '의사'를 너는 들어 보았더냐? // 제국주의 암흑의 구렁 속에서 / 푸른 나의 청춘을 짓밟고 / 침략과 착취에 눈이 뒤집힌 야망이 / 나의 행복을 도적질 해 갈 때 // 20년, 또는 30년의 세월을 / 나라 잃은 류랑의 쓰라림 속에 / 정처없이 이국땅 떠돌아 다닐 때에 / 묻노니, 나의 '희망'을 너는 들어 보았더냐? // (…중략…) // 용서 못하리라! / 가증할 '이민'의 이름밑에 / 나의 형제 노예로 팔려는 원수의 죄행은 / 산천도 분겨워 원한에 치떨거늘 // 다시금 류랑의 밤길에서 / 울며 살기를 우리는 원치 않노니 / 용서 못 하리, 우리의 살길 막으려는 / 어떠한 흉책도 원쑤들의 발악도, // 가고야 말리라 우리는 / 사회주의 조국의 행복한 품안에서 / 보람찬 번영의 언덕길 넘어서며 / 조국 통일의 날 걸음마다 당겨오는 ……// 어서 가자 동포여! 우리 영광의 길 / 이제 오각별 깃발 바람결에 날리며 / 동해의 파도결 세차게 헤치고 / 우리의 귀국선의 북을 울리자!
>
> —「우리는 규탄한다」 중에서

식민지 시절 재일 조선인들은 "제국주의 암흑의 구렁 속에서" "침략과 착취의 눈이 뒤집힌 야망"으로 들끓었던 일본의 군군주의적 야욕에 철저하게 희생당했다. 조선의 청년들을 탄광으로, 비행장으로, 전쟁터로 강제로 내몰았던 일본은 재일 조선인들의 "청춘을 짓밟고" "행복을 도적질 해 갔"던 것이다. 그 속에서 재일 조선인들은 조국으로의 귀환이라는

'희망'도 외면당한 채 "나라 잃은 유랑의 쓰라림 속에 / 정처 없이 이국땅 떠돌아 다닐" 수밖에 없는 비극적 운명을 견뎌야만 했다. 그런데 해방 이후에도 여전히 이러한 비극적 상황과 고통이 계속되었을 뿐만 아니라 오히려 더욱 간계해져 재일 조선인들의 삶을 더욱 황폐하게 만들었다는 데 심각한 문제가 있다. 그래서 인용시의 화자는 이러한 일본의 제국주의를 향해 "용서 못하리라!"며 강한 어조로 규탄한다. 또한 "다시금 유랑의 밤길에서 / 울며 살기를 우리는 원치 않노"라는 외침으로 일본의 차별과 억압을 비판적으로 극복하려는 굳은 의지를 보여주었다.

당시 재일 조선인들의 상당수는 일본의 신식민주의적 야욕을 비판하기보다는 오히려 이러한 태도에 영합하는 남한 정부의 반민족적 입장에 대해 강한 불만을 가지지 않을 수 없었다. 재일 조선인들의 80% 이상이 남한이 고향임에도 불구하고 "사회주의 조국의 행복한 품"에 대한 동경을 가지게 된 이유도 바로 여기에 있다. 재일 조선인들을 '동포'로 여기기보다는 오히려 '적'으로 규정하는 남한의 이데올로기적 태도와는 달리, 북한은 그들을 해외 공민으로 인정하고 민족 교육을 위한 학교 설립을 도와주는 등 인도주의적 정책을 펼쳤던 것이다. 이러한 남북한의 상반된 입장과 태도는, 설령 남한에 고향을 둔 재일 조선인들이라 할지라도 북한을 조국으로 규정하는 결정적 요인이 되기에 충분했다.

재일 조선인들의 조국 지향은 북한 체제에 대한 찬양과 김일성에 대한 신비화라는 두 가지 지향성으로 심화되고 확장되었다. 이러한 태도는 천리마 시대와 주체 시대의 북한문학의 이데올로기적 방향성을 충실히 따르는 것으로, 북한을 공산주의 사회의 지상낙원 이미지로 내면화시킴으로써 북한 체제를 더욱 굳건하게 인식시키는 시전 전략을 드러낸 것이다. 김일성에 대한 우상화를 목적으로 한 수령 형상 창조에 매진한 것도 송가문학의 활성화라는 북한문학의 지도노선을 충실히 따르는 재일 조선인 시문학의 지향성을 반영한 것이라고 할 수 있다. 이러한 흐름 속에서 1950년대 중반 이후 남시우의 시는 재일 조선인들의 민족 정체성 확립과 일본의 차별 정책에 대한 비판이라는 디아스포라적 주체로서의 재일 조선인 시문학의 독자성과 자율성을 사실상 잃어버렸다. 이때부터 그의 시는 사회주의 조국 건설에 이바지하는 북한 시문학의 지향성을 그대로 답습하는 이데올로기적 한계를 뚜렷이 드러내고 만 것이다.

> 나는 지금 / 조국의 땅우에서 / 이 노래를 부르노라 // 한많은 이역에서 / 눈물로 그 이름을 부르며 / 시들은 청춘이 흘러갔기에 / 조국이여! // 조국의 품에서 우리가 누리는 / 이 아침 이 저녁 … / 그러기에 그것은 / 우리의 새 탄생을 고하며 / 새로운 생명을 안겨주는 것이여라 // (…중략…) // 위대한 태양 / 김일성원수님을 높이 우러러 / 혁명의 수도에 이어서고 이어서며 / 희망으로 부르는 저 노래소리 … // 그 사랑, 그 은혜 하도 크기에 / 조국땅우에 이 몸을 두고 / 말을 하여도 노래를 불러도 / 그러기에 마음은 이처럼 / 걷잡을수 없이 높뛰기만 하는것이여라 // (…중략…) // 조국의 품에서 부른 첫 노래 / 고르로운 가락이 되지 못해도 / 그것은 어버이 수령님께 삼가 드리는 / 불타는 충성의 맹세이여라! // 김일성주의 영광의 기치밑에 / 살며 싸우는 이 아들의 / 수령님께 드리는 충성의 선서여라!
>
> —「조국의 품에서 부르는 첫 노래」 중에서

주지하다시피 북한의 시문학은 자유로운 개인의 내면과 정서를 표현하기보다는 인민을 계도하는 역할을 담당하는 데 주력해 왔다. 특히 지도자를 찬양하고 북한 체제의 우수성을 선전하는 데 초점을 맞추어 인민을 '교양'하려는 목적의식 아래 시를 창작했기 때문에 전언(傳言) 중심의 평이한 서술적 어조의 시가 대부분을 차지한다.[11] 인용시에서 조국은 "우리의 새 탄생을 고하며 / 새로운 생명을 안겨주는" "희망으로 부르는 저 노래소리"와 같은 이상적 고향으로서의 의미를 지닌다. 또한 "조국의 품에서 부르는 첫 노래"는 "어버이 수령님께 삼가 드리는 / 불타는 충성의 맹세"로, 화자는 앞으로 펼쳐질 조국에서의 삶이 "한 많은 이역에서 / 눈물로" 살아왔던 세월에 대한 보상의 의미가 될 것이라고 굳게 확신한다. 이러한 믿음과 소망은 "수령님"이라는 절대적 존재를 향한 경외감을 마음 속 깊이 내면화하는 심리적 기제로 작용했다. 이 때 '송가'는 재일 조선인들에게 북한의 이데올로기를 강화하는 가장 이상적인 형식으로 수용되었다. 즉 김일성에 대한 찬양과 북한 체제에 대한 동경은 수난의 역사를 짊어져온 자신들의 삶을 구원해줄 메시아적 존재에 대한 기다림이라는 낭만적 동경으로서의 의미를 지니고 있었기 때문이다.[12]

이와 같은 북한 체제에 대한 동경과 찬양은 남한 사회의 부조리와 모순을 신랄하게 비판하는 전략을 통해 더욱 설득력 있는 논리를 구축하게 된다. 반대자의 체제와 논리를 강력하게 부정함으로써 주체의 이데올로기를 강화하는, 그래서 북한 체제의 이상적 성격을 관념이 아닌 현실로 받아들이도록 하는 선전선동의 효과를 가져왔던 것이다. 이런 직접적 의도를 관철시키기 위해 남시우는 『조국에 드리는 송가』의 마지막 장에서 「남녘이여!」라는 소제목으로 여러 편의 시를 묶어 남한

11 오성호, 「북한시의 형성과 전개－송가, 서사시, 서정시를 중심으로」, 『북한시의 사적 전개과정』, 경진, 2010, 208~209면.

12 김일성을 누구도 넘볼 수 없는 도덕적 권위의 화신이자 진리의 전유자로 찬양하는 송가를 만들어낸 것은, 정치권력이나 권력의 향배에 민감하게 반응한 일부 시인이 아니라 오랫동안 자신들을 질곡 속에서 해방시켜줄 메시아적 존재를 기다려온 민중들의 소박한 꿈과 상상력이었다고 할 수 있다. 송가는 김일성을 새 역사의 주체로 내세움으로써 숱하게 좌절되어 온 민중들의 꿈이 바야흐로 실현되고 있음을 확인시키는 역할을 했던 것이다. 오성호, 위의 글, 218~219면.

사회의 식민지성과 반민족적 행태를 강하게 비판하고 풍자하였다.

거기 창문이 없는곳 / 햇빛을 막은 장막속에서 / 독한 술잔 번갈아나누며 그래도 / 예술을 찾는가, 시를 외치는가 // (…중략…) // 묻노라, 시인이여 / 남조선, 불타는 우리의 향토에서 / 어디냐? 그대가 있는곳 / 그대가 눈을 둔곳 귀 기울이는곳은 // 동포들이 쓰러지는 원통한 땅우에 / 총맞은 영웅이 숨을 거두면서도 / 항거의 횃불 드높이 추켜드는 / 이때에 시인이여 묻노라 // (…중략…) // 어찌하여 겹겹 문장을 치고 / 거리를 향한 창문을 가리우고 / 그대들은 귀를막고 / 죽은듯 입을 다물었느냐? // 지금 숨결 덥게 거리르 휩쓸며 / 항쟁의 대렬이 지나가는 이 길 / 사랑하는 조국의 깃발 찾아 / 청년들이, 학생들이 넘어서는데 // 아, 저 길목이 아니더냐 / 병들어가는 '한국'의 운명앞에 / 우리의 시인들이 피를 쏟으며 / 해방을 부른곳, 자유를 외친곳이 // 혈기청청한 가락가락에 / 총탄인양 멸적의 글발을 쏟으며 / 시 — 이것은 참된 삶이라고 / 온 심장으로 투쟁을 호소하던 것이…… // 분화구처럼 터져오르는 목소리 / 썩어 넘어지는 역적의 무리 물사르고 / 제땅인양 활개치는 미국놈들 쫓아내고 / 찾아내자! 민주와 통일을, 자유와 권리를! / 휘날리게 하자! 공화국의 깃발을! // 불타는 남녘의 하늘밑에 / 오늘은 전세계 이목을 걷어쥐며 / 천추의 원한을 풀어놓으며 / 원수를 심판하나니, 파멸을 선고하나니 // 피흘리여도 일어서라! / 시인이여, 항쟁의 가수로! // 그대 만약 / 비겁한 '방관자' 아니라면 / 싸움의 대렬에 나서라! / 밝아오는 여명을 소리높이 노래하라!

—「남녘땅 시인이여!」 중에서

인용시는 남한의 정치사회적 현실을 직접적으로 비판하지 않고 남한의 시인들에게 전하는 경고와 비판의 형식으로 우회적인 비판을 하고 있어서 상당히 문제적이다. 남한 사회는 "창문이 없는 곳"이고 "햇

빛을 막은 장막 속"이어서 "밝아오는 여명을 소리높이 노래"할 수 있는 북한의 현실과는 전혀 다르다는 주장을, "겹겹 문장을 치고 / 거리를 향한 창문을 가리우고 / 그대들은 귀를 막고 / 죽은듯 입을 다물"고 있는 남한 시인들의 개인주의적 문학관에 빗대어 비판하고 있는 것이다. 즉 전후 모더니즘과 실존주의에 경도된 남한의 시적 경향이 현실과 사회를 비판적으로 성찰하는 역사의식을 철저하게 외면함으로써 개인의 내면성에 갇힌 언어적 비의성에 매몰되고 말았다는 사실을 특별히 강조하려는 것이다. 그런데 이러한 비판은 표면적으로는 문학 작품을 대상으로 한 비평적 성격을 드러내고 있지만, 심층적으로 들여다보면 미국의 간섭 아래 자기 주체를 바로 세우지 못하는 남한의 정치적 불구성을 풍자하는 데 본질이 있음을 간과해서는 안 된다. 다시 말해 남한 사회의 신식민지적 현실에 맞서 투쟁하는 실천적 의지를 전혀 보이지 않는 남한의 시인들은 물론이거니와, 개인성과 내면성에 안주하고 있는 남한의 지식인 사회 전체를 향해 냉소의 시선을 풍자적으로 보여준 것이라고 할 수 있다.

재일 디아스포라 시문학을 문학사적으로 체계화한 손지원의 연구에 따르면, 재일 조선인 시문학의 발전과정은 크게 세 시기로 구분되는데, 공화국 창건 이후 총련이 결성되기 이전까지의 시기(1948.9~1955.4), 총련 결성 이후 위대한 수령님의 교시를 높이 받들고 주체를 확고히 세워 작품 창작에서 일대 개화기를 열어놓은 시기(1955.5~1973), 그리고 위대한 수령님과 친애하는 지도자 동지의 현명한 령도 밑에 높은 사상예술성을 가진 작품을 활발하게 창작한 시기(1970년대 중엽 이후부터 1990년까지)[13]가 바로 그것이다. 남시우의 시는 다른 재일 조선인 시인들과 마찬

13 손지원, 『조국을 노래한 재일 조선 시문학 연구』, 김일성종합대학출판사, 1996, 17면.

가지로 첫째 시기에서 둘째 시기로 넘어가면서 사실상 재일 디아스포라 시문학의 주체적 모습을 거의 잃어버리고 북한문학의 이념과 목표에 충실한 양상을 노골적으로 드러냈다. 이와 같은 이데올로기의 경직성은 그동안 재일 디아스포라 시문학 연구에서 있어서 총련계 시문학의 문제점으로 지적된 과도한 이념성과 획일성을 그대로 보여준다. 남시우의 시문학은 재일 조선인 시문학의 역사적 전개과정과 의미, 즉 디아스포라적 주체를 강화하는 데 집중되었던 초기 재일 조선인 시문학의 양상이 후기로 넘어오면서 북한문학에 종속된 이데올로기성을 강화하는 방향으로 변모되어 가는 과정을 그대로 보여주고 있다. 이는 재일 조선인 문학을 디아스포라의 관점에서 이해하고 분석하는 근거를 희석시키는 결정적인 요인이 될 우려가 있음을 지적해두지 않을 수 없다. 다만 이러한 통시적 전개과정도 엄연히 재일 디아스포라의 내부 안에서 큰 흐름을 형성해 왔다는 점에서 역사적 실재로서의 과정 그 자체를 부정하거나 외면할 수는 없다. 이데올로기적 한계를 무릅쓰고라도 남시우의 시를 비롯한 총련계 재일 조선인 시문학의 문학사적 체계화가 필요한 이유도 바로 여기에 있다.

4. 맺음말

남북 분단의 이데올로기는 재일 디아스포라 시문학의 형성과 전개과정에 상당히 많은 영향을 미쳤다. 식민의 상처를 치유할 만한 시간조차 갖지 못한 상황에서 찾아온 조국 분단의 현실은 재일 조선인들의 수난을 더욱 가혹하게 만드는 결정적 사건이 되지 않을 수 없었다. 특히 굴욕적인 한일회담, 친미, 친남한 정책을 펼치는 일본 정부에 맞서 1955년 총련이 결성되고 그 산하 문예조직으로 '문예동'이 결성된 이후, 재일 조선인 시문학은 개인의 정서를 내면화하는 서정성의 세계보다는 정치적이고 사회적인 문제들을 직접적으로 비판하고 성찰하는 현실주의적 경향을 뚜렷이 하였다. 이런 점에서 1950년대 중반 이후 총련을 중심으로 한 시문학 활동은 북한 시문학의 전개과정과 밀접한 연관관계를 지니고 있다. 사실상 북한 시문학 창작의 지도노선을 그대로 따르면서 재일 조선인들의 민족 정체성을 남한이 아닌 북한의 이데올로기에 맞추어 개조하는 데 모든 역량을 동원했다고 할 수 있는 것이다.

남시우는 허남기, 강순과 더불어 해방 이후 재일 조선인 시단을 이끌었던 대표적인 시인이었다. 허남기, 강순의 시가 문학적 성격이 강했다고 한다면, 상대적이긴 하지만 남시우의 시는 정치적이고 사회적인 성격이 두드러졌다. 즉 그는 재일 조선인들에게 사회주의 이데올로기를 전달하는 가장 유효한 수단으로 시라는 장르를 선택했던 것이다. 그의 초기시가 동요 혹은 동시 형식으로 우리말과 글을 모르는 재일 조선인들의 민족의식과 이데올로기를 강화하는 데 초점을 두었던 것도 바로 이러한 이유에서였다. 그리고 민족 교육의 심화를 통한 민족 주체의 형성 과정은 조국, 즉 북한으로의 지향을 정당화하는 주체적 근거로 자리잡았다. 그 결과 그의 시는 남한 사회에 대한 신랄한 비판 위에서 북한 체제에 대한 찬양으로 점점 더 획일화되어 갔던 것이다.

최근 들어 민족과 국가의 경계에서 발생하는 여러 가지 문제들을 분석하고 이해하는 의미 있는 방법론으로 '디아스포라'적 관점과 문제의식이 상당히 주목받고 있다. 탈민족, 탈국가 담론의 확산은 다양성과 혼종성으로 불리는 전지구적 현실의 단면들을 심층적으로 읽어내는 가장 체계적이고 유효한 가능성을 열어주고 있기 때문이다. 특히 식민과 분단을 직접적으로 경험한 우리 민족에게 디아스포라는 재외 동포들의 이산의 상처와 고통을 현실적으로 불러내고 그것을 치유하는 문제적인 담론으로 부각되기에 충분하다. 물론 민족과 국가의 경계가 점점 더 약화되어 가는 현실에서 디아스포라의 문제의식 역시 역사적 관념의 산물이 될 수도 있다는 사실을 결코 간과해서는 안 된다. 왜냐하면 디아스포라의 문제를 민족과 국가의 경계 안에서 전유하거나 동일화하려는 태도는 상당히 이데올로기적이고 폭력적인 발상이 될 수도 있기 때문이다. 따라서 디아스포라를 민족과 국가의 대립과 경계를 허무는 탈국가적이고 탈민족적인 관점에서 문화적 교섭의 차원으로 그 본질적 의미를 재구성하는 새로운 관점의 정립이 시급히 요구된다고 하겠다. 본고는 이러한 큰 틀에서 재일 디아스포라 시문학사의 종합적 체계를 세우겠다는 목표로, 이념과 언어의 대립과 경계를 넘어선 통합적 지형 안에서 재일 조선인 시문학의 전체적 양상을 서술하는 한 부분으로 남시우의 시세계를 종합적으로 살펴본 것이다.

이단異端의 일본어와 디아스포라적 주체성

김시종론

1. 머리말

지금까지 해방 이후 재일 디아스포라 문학 연구에 있어서 시문학은 소설문학에 비해 상당히 소외된 지점으로 남아 있었다. 소설문학의 경우 김사량, 장혁주와 같은 해방 이전 작가에서부터 김달수, 김석범, 이회성, 김학영, 이양지, 유미리, 현월, 가네시로 가즈키 등 재일 1세대부터 3세대에 이르기까지 그 연구대상과 범위가 상당히 넓을 뿐만 아니라 문학사적 연속성도 확보하고 있는 반면, 시문학의 경우에는 최근에 이르러서야 허남기, 강순 등 재일 1세대 시인들에 대한 연구가 시작되었을 정도로 그동안 재일 디아스포라 문학 연구의 관심권 밖에 있었다고 해도 과언이 아니다. 이러한 결과는 재일 디아스포라 문학이 재일조선인의 역사적 삶의 구체성을 담아내는 정치사회적 특성을 무엇보다도 중요하게 생각하였으므로, 개인의 정서나 감각적 비유로 추상화되는 시문학보다는 역사와 생활의 서사적 구성물로서의 소설문학을 더욱 중요한 논의 대상으로 삼았기 때문이다. 또한 시문학의 경우 '재일본조선인총연합'('총련') 산하 '재일본조선문학예술가동맹'('문예동')이 주도하는 우리말 작품을 중심으로 전개되어 왔기 때문에, 반공이데올로기에 가로막힌 남한 학계의 사정상 거의 접근이 불가능했다는 점도 현실적 이유가 되었다. 게다가 재일 디아스포라 문학 연구가 일본문학 전공자들을 중심으로 일본문학의 한 분야로 시작되었다는 사실도 결정적 요인으로 작용했다. 즉 아쿠타가와상, 나오키상 등 일본의 권위 있는 문학상을 수상했거나 수상 후보에 오른 재일조선인 작가들의 일본어 소설이 주요 연구 대상이 되면서, 우리말로 창작된 시문학 분야는 재일 디아스포라 문학 연구의 주변부로 밀려나게 되었던 것이다. 이런 점에서 현재 재일 디아스포라 문학 연구는 이념적으로든 언어적으로든 장르적으로든 편향된 측면이 두드러져 문학사 전반의 종합적이고 체계적인 연구로까지 심화되거나 확대되지는 못하고 있는 실정이다.

해방 이후 재일 디아스포라 시문학은 허남기, 강순, 남시우로부터 김시종, 정화흠, 김윤, 정화수, 김학렬 등으로 이어져 내려왔다. 특히 해방 이후부터 1950년대까지는 허남기, 강순, 남시우의 3인 시대[1]로 불

1 김학렬은 해방 직후에는 지식층 속에서 많은 사람들이 시를 쓰려고 나섰으나 그 후 정치 분야, 교육 분야 등에 진출하여 시집을 낸 사람은 강순(『조선부락시초』), 남시우(『봄소식』), 허남기(『朝鮮冬物語』) 뿐이었다는 점에서, 이 시기를 일컬어 허남기, 강순, 남시우의 3인 시대라고 하였다. 「재일 조선인 조선어 시문학 개요」, 와세다대학 조선문화연구회・해외동포문학편찬사업추친위원회・재일본조선문학예술가동맹 공동주최, 『재일 조선인 조선어문학의 현황과 과제 심포지움 자료집』, 2004.12.11, 와세다대학교, 3~4면 참조.

려질 만큼, 이들 세 시인은 해방 이후 재일 디아스포라 시문학의 형성기를 주도했다고 볼 수 있다. 허남기는 반제반봉건의 민족의식과 민중의식의 토대 위에서 식민과 분단의 상처를 직접적으로 형상화하는 시를 발표하였는데, 북한문학계로부터는 해방 이후 월북 문인들의 빈자리를 메운 사실주의 시인으로 높이 평가되었고, 남한문학계로부터는 『화승총의 노래』가 번역・출간되면서 동포시인 가운데 제일 문학적 성취가 뛰어난 분이라는 평가를 받았다.[2] 강순은 1964년까지 '총련' 산하 '문예동'을 중심으로 활동하다가 이후 조직을 탈퇴하고 남북한 모두에 비판적 거리를 유지하면서 재일 디아스포라의 사회역사적 실존을 성찰하는 데 주력하였고, 1960~70년대 남한의 진보적 시인들의 시집을 일본어로 번역 소개함으로써 1960년대 이후 남한의 시문학과 재일 디아스포라 시문학의 상호 교섭에 남은 생애를 모두 헌신하였다.[3] 남시우는 1979년부터 2001년까지 '총련'에서 세운 조선대학 학장을 역임하며 '총련'계 재일 지식인들과 문인들을 양성하는 데 주력하였으므로, 남한 연구자들이 연구대상으로 삼기에는 이데올로기적 제약이 가장

---

2 허남기에 대한 논의로는 다음과 같은 것들이 있다. 민영, 「허남기 선생에게－역자로부터 저자에에」, 『화승총의 노래』, 동광출판사, 1988; 손지원, 「시인 허남기와 그의 작품 연구」, 사에구사 도시카쓰 외, 『한국 근대문학과 일본』, 소명출판, 2003; 하상일, 「해방 직후 재일 조선인 시문학 연구－허남기의 시를 중심으로」, 『우리말글』 37집, 우리말글학회, 2006.8; 김응교, 「재일 디아스포라 시인 계보, 1945~1979－허남기, 강순, 김시종 시인」, 『인문연구』 55호, 영남대인문과학연구소, 2008.12; 하상일, 「재일 디아스포라 시인 허남기 연구」, 『2009년도 학회 및 연구소 연합 학술대회 자료집』, 동국대, 2009.10.30.

3 강순에 대한 논의로는 다음과 같은 것들이 있다. 윤의섭, 「재일동포 강순 시 연구－『강순 시집』을 중심으로」, 김학렬 외, 『재일동포 한국어문학의 전개양상과 특징 연구』, 국학자료원, 2007; 김학렬, 「재일 민족 시인 강순－시집 『강바람』, 애통과 사랑과 격정의 세계」(이 글은 미발표원고였으나, 재일한국문인협회에서 발간하는 『한흙[大地]』에 2009년 여름호부터 연재되고 있다); 사이토 마모루, 「望郷の詩人 姜舜」, 『植民地と祖國分斷わた生詩人たち』, 일본 토요미술사출판사, 2002; 하상일, 「재일 디아스포라 시인 강순 연구」, 『2009년도 어문연구학회 전국학술대회 자료집』, 충남대, 2009.9.26.

큰 시인이었다. 그러므로 시, 동시, 평론 등 여러 분야에서 주목할 만한 활동을 했음에도 불구하고 지금까지 그를 대상으로 한 직접적인 연구는 거의 불가능했는데, 최근 그의 시에 대한 연구논문이 처음으로 발표되었다.[4]

본고의 연구대상인 김시종은 1929년 함경도 원산에서 태어나 제주도에서 초등학교를 다녔고, 1949년 6월 일본으로 건너가 8월에 일본공산당에 입당하면서 재일조선인으로서 조직적 운동에 참여하기 시작하였다. 1950년 5월 26일 『신오사카신문』에 일본어 시 「꿈같은 일」을 발표하면서 시 창작 활동을 시작하였고, 1951년 오사카 재일조선인문화협회에서 발간한 종합지 『조선평론』에 참여했으며, 1953년 2월에는 시 전문 동인지 『진달래』 창간을 주도하기도 했다. 그런데 1957년 발표한 에세이 「장님과 뱀의 입씨름」과 시 「오사카 총련」에서 김일성주의를 맹신하는 총련의 지노노선을 비판했다가 조직으로부터 정치적 탄압을 받은 이후 총련 조직과는 거리를 둔 채 일본어 시 창작 활동에만 전념하였다.[5] 그는 1955

4 최종환, 「남시우 시 연구－1953년~1960년 시를 중심으로」, 『한중인문학연구』 27집, 한중인문학회, 2009.8.30.

5 현재 총련계 재일 조선인 문학에서는 당시의 상황을 다음과 같이 정리하고 있다. "김시종의 창작과 평론의 주된 주장을 종합해보면, ① 사회주의적 사실주의 창작방법은 곧 도식주의, 교조주의를 낳는다. 따라서 재일이라는 상황의 특수성에 맞는 창작방법이 필요하다는 수정주의적 견해를 퍼뜨리고, ② 작품의 내용에서 조선적이고 애국적이고 사실주의적인 것보다 '현실적'이고 '부정적'이고 자연주의적인 것을 더 많이 추구해야 한다는 것이다. 이와 같은 주장을 둘러싸고 당시 재일조선문학회를 중심으로 평론, 좌담회를 통하여 치열한 논전이 전개되었다." 당시 허남기는 「김시종 동무의 일문시집 『지평선』에 관련하여」(『조선문예』, 1957.6)에서 김시종의 희망을 잃고 난 공허한 어두운 시세계에 대한 참을 수 없는 저항을 표시하면서 그 요인을 작가 자신의 지향성에서 찾았는데, "일본의 반제반미투쟁을 그려서 안 된다는 것은 아니다. 그러나 일본인의 그것과 조선인 김시종의 그것은 분명히 다른 각도가 있어야 한다. 시에서 가장 중요한 것은 우리가 서 있는 발의 위치고 각도에 있다. 자기 발판을 다시 살펴볼 때가 아닐까? 그리고 발의 위치와 발의 각도를 다시 확실히 점검할 필요가 있지 않을까?"라고 하였다. 맹복실, 「재일조선문학의 주체확립을 위한 투쟁－1955~1959년 평론을 중심으로」, 『조선대학교

년 첫시집 『지평선』을 출간한 것을 시작으로 두 번째 시집 『일본풍토기』(1957)를 발간했고, 세 번째 시집으로 기획되었던 『일본풍토기 II』는 조총련과의 갈등, 「진달래』의 해산 등을 겪는 와중에 중단되었을 뿐만 아니라 그 원고마저 분실되었다고 한다. 그래서 세 번째 시집은 1970년에 와서야 장편시집으로 『니가타[新潟]』를 출간할 수 있었고, 『삼천리』에 연재하였던 『이카이노시집[猪飼野詩集]』은 1978년에 출간하였다. 이후 그는 『광주시편』(1983), 『들판[原野]의 시』(1991), 『화석의 여름』(1998) 등의 시집을 지속적으로 출간함으로써 재일 디아스포라 시인 가운데 가장 활발한 시작 활동을 펼쳤다고 평가할 수 있다.[6]

이상의 김시종 시인의 이력에서 알 수 있듯이, 그는 앞서 언급한 동시대의 시인들과는 같은 길을 걸어오면서도 몇 가지 점에서 분명히 다른 길을 선택하였다. 첫째는 1955년 총련 결성 이후 대부분의 문예동 출신 시인들이 일본어 시 창작을 버리고 우리말로 시 창작을 전환한 반면, 그는 재일 디아스포라의 이중 언어 현실을 깊이 고민하면서 계속해서 일본어로 시 창작을 했다는 점, 둘째는 총련의 지도노선에 종속된 문예동의 창작 지침을 따르지 않고 조직을 떠나서 재일 디아스포라의 실존과 정체성을 구현하는 문학적 방법과 실천을 고민하면서 독자적인 활동을 했다는 점이다. 이러한 두 가지 특성은 김시종의 시를

학보』 16호, 1999.6.25, 50~51면.

6 김시종의 시가 일본어로 창작되었기 때문인지 그에 관한 연구는 다른 시인들에 비해 비교적 많은 편이다. 유숙자, 「민족, 在日 그리고 문학－在日 시인 김시종의 시세계」, 『한림일본학연구』 제7집, 2002; 유숙자, 「재일 시인 김시종의 시세계」, 『실천문학』, 2002.겨울; 호소미 카즈유키, 「세계문학의 가능성－첼란, 김시종, 이시하라 요시로의 언어체험」, 『실천문학』, 1998.가을; 마츠바라 신이치, 「김시종론」, 홍기삼 편, 『재일한국인문학』, 솔, 2001; 유숙자, 「'틈새'의 실존을 묻는다－재일 시인 김시종의 시세계」, 『김시종 시선집 『경계의 시』 해설』, 소화, 2008; 고명철, 「식민의 내적 논리를 내파하는 경계의 언어」, 『문학들』, 2008.여름.

이해하는 핵심적인 문제일 뿐만 아니라, 해방 이후 재일 디아스포라 시문학의 역사적 전개과정을 이해하는 데 있어서도 가장 본질적인 문제가 된다고 할 수 있다.

2. 이중 언어의 현실과 이단(異端)의 일본어

해방 이후 재일조선인들에게 '언어'의 문제는 그들의 삶을 재구성하고 민족적 정체성을 재정립하는 가장 기본적인 요청사항이었음에 틀림없다. 일제의 조선 말살 정책으로 우리말과 우리글을 잃어버렸던 식민의 세월을 치유하는 데 있어서 언어의 해방은 무엇보다도 중요한 선결과제가 아닐 수 없었던 것이다. 또한 해방 이전에는 일본어의 사용이 일제의 강압에 의한 타율적 선택일 수 있었다 하더라도, 해방 이후에도 계속해서 일본어를 사용하는 것은 그 자체로 민족을 배반하는 식민주의적 태도로 낙인찍힐 수도 있었다는 점에서, 일본어의 사용은 가장 먼저 청산해야 할 과제가 되지 않을 수 없었다. 그런데 문제는 해방 당시 우리 민족 구성원들 가운데 상당수가 우리말을 전혀 하지 못한 채 해방을 맞이함으로써, 오로지 일본어로만 사유하고 행동할 수밖에 없는 사람들이 너무나 많았다는 사실이다. 이러한 결과는 1938년 일제가 조선의 중학교 과정에서 조선어 교육을 사실상 폐지하는 교육령을 개정한 이후, 제도 교육을 통해서는 우리말 교육을 전혀 할 수 없었던 것이 결정적인 이유가 되었다고 할 수 있다. 따라서 이러한 사람들에게 있어서 해방은 곧 일본어의 폐기를 의미하는 것이었으므로, 한동안 이들은 어떤 말도 하지 못한 채 침묵의 언어로 살아가는 또 다른 억압적 상황을 견뎌내야만 했다. 해방 조국의 사정이 이런 정도였으니 당시 재일조선인들의 상황이 얼마나 혼란스러웠을지는 충분히 짐작하고도 남음이 있다. 어느 날 갑자기 찾아온 해방의 결과로 생활 언어인 일본어를 송두리째 버리고 조국의 언어라는 민족적 당위성만을 붙들고 더듬더듬 살아간다는 것은 사실상 불가능한 일이었기 때문이다. 이런 점에서 당시 재일조선인들 대부분은 일본어와 조선어의 이중 언어 현실에서 결코 자유로울 수 없었고, 이러한 언어적 갈등과 모순은 해방 이후 재일 디아스포라 문학의 형성 과정에도 상당히 첨예한 문제로 부각되지 않을 수 없었다.

일본이 패함으로써 조선인으로 되돌아가 소위 '해방된' 국민이 되긴 했으나, 종전이 될 때까지 나는 제 나라의 언어 '아'자 하나 쓸 줄 모르는 황국 소년이었습니다. 그러한 내게, 나라를 빼앗길 때도 되찾을 때도 아무런 관련이 없었던 내게 '이것이 너의 나라다'하고서 나라가 주어졌습니다. 그 '나라'에 맞닿을 만한 아무것도 갖추지 못한 내게 말입니다. 무엇보다도 우선 나에게는 조선어, 민족의식을 심화시키고 자각심을 일으킬 만한 모국어가 없었습니다. 간신히 알아들을까 말까 할 정도로, 표준어와는 아주 먼 방언만이 그나마 나의 모어였습니다. 그럼에도 세대적으로는, 시련을 견디어 되살아난 조국의 미래를 짊어진 확실한 젊은이 가운데 한 사람이었던 것입니다.

그야말로 손톱으로 벽을 긁는 심정으로 제 나라의 언어를 '가나다'부터 배우기 시작했습니다. 덕분에 민족적 자각 또는 제 혈관 속에 감춰져 있어 의식하지 못했던 나라를 향한 마음 등이 마침내 깨우쳐졌습니다만, 그 자각을 위한 노력을 통해서도 원초적인 민족의식을 막아온 일본어라는 언어는 익숙해진 지각을 집요하게 부추겨 사물의 옳고 그름을 일일이 자신의 저울에

올려놓으려 합니다. 사고의 선택이나 가치 판단이 조선어에서 오는 것이 아니라, 일본어에서 분광되어 나옵니다. 빛을 비추면 프리즘이 색깔을 나누듯이 조선어가 건져집니다. 이렇게 치환되는 사고 경로가 나의 주체를 주관하고 있습니다. 그 흔들림의 근원에 일본어가 뿌리내리고 있습니다.[7]

김시종은 식민지 시절 자신의 모습을 '황국 소년'이라고 자조적으로 말하였다. 보통학교 2학년까지 일주일에 겨우 한 시간 정도 조선어를 공부했던 것이 그가 배운 우리말 교육의 전부였다. 따라서 그에게 '국어'는 조선어가 아닌 일본어가 될 수밖에 없었으므로, 일본어는 자신의 정신과 의식을 지배하는 언어적 토대로 내면화되지 않을 수 없었던 것이다. 이런 상황 속에서 그는 해방을 맞이했고, 일본인에서 조선인으로 바뀐 자신의 모습에서 정체성의 극심한 혼란을 경험하였다. 이때부터 그는 "그야말로 손톱으로 벽을 긁는 심정으로 제 나라의 언어를 '가나다'부터 배우기 시작했"지만, "사고의 선택이나 가치 판단이 조선어에서 오는 것이 아니라, 일본어에서 분광되어 나"오는 자기모순을 극복해낸다는 것은 결코 쉬운 일이 아니었다. 그에게 있어서 '일본어'는 의식의 존재로서 자리 잡은 최초의 언어였으므로, 일본어를 버리고서 자신의 의식을 형성한다거나 글을 쓴다는 것은 사실상 불가능하였기 때문이다. 결국 그는 일본어를 사용하면서도 일본어를 무너뜨리는 새로운 방법적 전략을 세워야만 했다. 즉 일본인의 시각과 감성과 사유를 깨뜨리는 재일 디아스포라의 실존적 언어로 자신이 사용하는 일본어의 의미를 재발견하고자 했던 것이다.[8]

---

7 김시종, 「내 안의 일본과 일본어」, 『아시아』, 2008. 봄, 101~102면.

8 이러한 문제의식은 해방 이후 재일 디아스포라 문인들에게 보편적인 언어의식으로 작용했다고 볼 수 있다. 김달수는 식민지 정책을 역이용해서 우리들은 일본어를 공격의

김시종은 "애당초 나의 일본어는 일본 사소설에 흔히 볼 수 있는 섬세하고 유려한 문장이 아니다. 시작부터 독자를 버겁게 만드는 꺼끌꺼끌한 일본어"라고 하면서, 자신의 일본어를 "이단의 일본어"[9]라고 명명하였다. 즉 그의 일본어는 과도한 고유성과 순혈주의에 빠져 있는 일본어가 시도하지 못한 새로운 일본어로, "일본어로써 일본어에 보복을 자행하는 독특한 형태"의 일본어라고 할 수 있는 것이다. "잔잔하고 아름다운 일본어임과 동시에 어딘지 삐걱대는 문체", "장중하면서도 마치 부러진 못으로 긁는 듯한 이화감이 배어나오는 문체"[10]가 바로 그것이다.

> 나빠지게 몸에 감춘 야박한 일본의 아집을 쫓아내고, 더듬더듬한 일본어에 어디까지나 사무쳐서 숙달한 일본어에 잠기지 않는 내가 되어야 한다는 것. 그것이 내가 껴안고 있는 나의 일본어에 대한 보복입니다. 나는 일본에 보복할 것을 언제나 생각하고 있습니다. 일본에 익숙한 자기에 대한 보복, 내 의식의 밑천을 차지하는 일본어에 대한 보복, 이런 보복이 결국에는 일본어의 내림을 다소나마 펼쳐서, 일본어에 없는 일본어의 기능을 갖출 수 있을까 모르겠습니다만, 나의 일본에 대한 오랜 보복은 그때야 비로소 완성될 것입니다.[11]

무기로 바꾸어 일본인 독자에게 우리들의 정당성을 주장해야 한다고 말했고, 허남기는 『火縄銃のうた』 후기에서 식민지 백성, 망국민으로서의 괴로운 시련을 일본보다 앞서 겪어 온 조선인민의 한 사람으로서, 조국 조선이 일본제국주의의 독니에 걸려 조국의 독립을 완전히 상실해 온 과정을 일본의 독자 제군에게 알려야 할 필요, 그보다도 오히려 의무에 가까운 것을 느낀다고 밝혔다. 김달수, 「植民地のなかからの作家」, 『わが文學』, 筑摩書房, 1976, 113면; 이소가이 지로, 「'在日'文學の變容と繼承」, 『青丘』 13, 1992 秋, 57면. 본고에서는 이재봉, 「국어와 일본어의 틈새, 재일 한인문학의 자리」, 『한국문학논총』 제47집, 2007.12, 184면에서 재인용.

9 김시종, 유숙자 옮김, 『경계의 시』, 소화, 2008, 8면.

10 호소미 카즈유키, 오찬욱 옮김, 「세계문학의 가능성—첼란, 김시종, 이시하라 요시로의 언어체험」, 『실천문학』, 1998. 가을, 303~304면.

11 김시종, 「나의 문학, 나의 고향」, 『제주작가』, 2006년 하반기호, 88면.

나는 언어를 펼치기보다 자신을 형성해온 언어를, 의식의 웅덩이 같은 일본어를 시의 필터로 걸러내는 작업에 몰두합니다. 그렇게 시를 쓰고 있습니다. 따라서 언어는 자꾸만 딱딱하게 굳어지고 문장은 점점 짧아집니다. 그래서 에세이 하나 쓰는 데에도 필요 이상으로 자신을 힘겹게 하여 어깨만 결릴 뿐입니다.

에세이를 쓰면서도 실은 시 쓰기와 비슷합니다. 좀 더 가벼운 마음으로 다변투로 글을 써도 좋으련만, 그러면 단박에 능숙한 일본어를 구사하는 자신으로 되돌아갈까 봐 그럴 수 없습니다. '그렇게 된다면 나의 시는 이미 없다'라고 스스로 만들어 자신에게 강요한 강박관념에 얽매여 있습니다. 이것은 나의 사고 질서에 완고하게 눌러앉은 일본어에 대한 나의 자학적인 대응 방식입니다.[12]

김시종의 일본어는 일본어의 규범을 위반하는 동시에 일본어의 범위를 확장하는 양면성을 지니고 있다. 일본어의 아름다움을 배격하기 위해 가장 일본어답지 않은 일본어를 사용함으로써 "일본에 대한 오랜 보복"을 실천하고자 했기 때문이다. 즉 해방 이후 황국 소년이었던 자신의 "사고 질서에 완고히 눌러 앉은 일본어에 대한 나의 자학적인 대응방식"이 바로 그가 의식적으로 사용하는 일본어가 아닌 일본어의 실체라고 할 수 있는 것이다. 그래서 그는 "일본어에 없는 일본어의 기능"과 "딱딱하게 굳어지는 짧은 문장"에 대한 고민으로, "자신을 형성해온 언어를, 의식의 웅덩이 같은 일본어를 시의 필터로 걸러내는 작업에 몰두"하였다. 이런 점에서 김시종의 시를 '크레올(cleole)'[13]적 시각에서

12 김시종, 「내 안의 일본과 일본어」, 『아시아』, 2008. 봄, 113면.

13 유럽인, 특히 프랑스인이 카리브해 지역을 식민지로써 경영한 결과 생겨난, 노동과 생활을 위해 만들어진 언어가 피진이다. 식민지에서 태어난 다음 세대들의 생활 전반을 포괄할 만큼 피진은 발전해 왔는데, 이것을 크레올이라고 부른다. 종래 열등 언어로써 여기던 크레올을 새로운 창조물로 파악, 복합문화의 적극적 산물로 평가하고, 나아가서는 아메리카나 유럽은 물론이고 일본에서도 모든 문화는 크레올 문화라고 칭해지기

파악하려는 관점도 있다. 하지만 이러한 관점은 김시종의 시를 주변부의 언어 혹은 식민의 언어로 전제한 상태에서 그의 언어가 가진 가능성과 의의를 평가하려는 것으로, 너무나 일본적인 시각에 치우쳐 있다는 점에서 자칫 일본어에 대한 보복으로서의 그의 언어의식이 실종되거나 희미해지는 결과가 될 수도 있음을 간과해서는 안 된다. 다시 말해 김시종의 시는 주변부 언어로서의 저항성이라는 관점에서 바라볼 것이 아니라, 순혈주의에 빠진 일본어의 중심 언어적 위계의식을 직접적으로 해체하고 전복시키고자 했다는 점에서 평가해야 그 언어의식의 본질에 조금 더 가까이 다가갈 수 있는 것이다.

김시종은 제주 4·3항쟁에 대한 탄압을 피해 일본으로 건너와 오노 도자부로[小野十三郞][14]의 시를 만나면서 그의 내부에 둥지를 틀고 있었던 일본어와 대치할 실마리를 찾았다고 한다. 특히 오노 도자부로가 주장한 '단가(短歌)적 서정의 부정'은 그의 일본어 시가 지향해야 할 목표인 동시에 방법론으로서 상당히 중요한 의미를 제공했다고 할 수 있다. 김시종은 "나에게 닥쳐온 식민지라는 것은, 아주 정다운 일본의 동요였고, 창가(唱歌)"였다고 하면서, "정감이 풍부한 일본의 노래는 내 몸을 완전히 감싸 안아, 아무런 저항도 없이 나를 신생 일본인으로 만들

도 한다. 이 크레올화된 힘은 토착문화와 모국어의 정통성을 기반으로 해서 구축해온 모든 제도와 지식과 논리를 새로운 비제도적인 논리로써 완전히 무력화시켜, 인간을 인간의 내면에서부터 갱신하고 혁신하려는 비전을 창출하는 전략의 가능성을 내포하고 있다고 할 수 있다. 사가와 아키, 「재일시의 크레올성을 둘러싸고」, 전북대 재일동포연구소 편, 『재일 동포문학과 디아스포라 3』, 제이앤씨, 2008, 35면.

14 오사카 출신의 시인. 1926년에 첫 시집 『반쯤 열린 창』을 간행하였고, 1934년에는 『낡은 세계 위에』를 출판했다. 그 후 오사카로 돌아가 『오사카』, 『풍경시초』를 출판하여 아나키스트 시인으로 알려졌으나, 점차 마르크시즘으로 기울어졌다. 시작, 평론을 통하여 끊임없이 주장해 온 것은 '단가적 서정의 부정'이며, 예리한 비판정신을 가진 시인으로 평가받고 있다. 우카이 사토시, 「김시종의 시와 일본어의 미래」, 미우라 노부타카·가스야 게이스케 엮음, 이연숙 외 옮김, 『언어제국주의란 무엇인가』, 돌베개, 2005, 517면 참조.

어 주었습니다"[15]라고 고백하였다. 그러므로 그의 시가 일본 혹은 일본어에 대한 보복이 되기 위해서는 일본시의 전통과 고유성을 위반하고 전복시키는 데서부터 출발하지 않을 수 없었을 것이다. 당시 일본에서는 단시 문학인 단가나 하이쿠의 7・5조 음수율이 아름다운 일본어의 규범으로 인식되었으므로, 대부분의 시인들의 내면에는 이러한 음수율에 통제되는 무의식적 동경이 자리 잡고 있었다. 당시 김시종이 "내게는 운율을 맞춘 음수율 없이는 시가 아니었다. 그 때문에 일본어는 아름다운 언어라고 진심으로 생각했던 것"[16]도 일본시의 무의식적 전통에 깊숙이 침윤되어 있었던 자신의 내면을 솔직히 고백한 것으로 볼 수 있다. 따라서 그는 무엇보다도 가장 아름다운 일본어로 인식되는 일본시의 음률적 전통을 깨뜨리는 데서부터 일본어에 대한 보복을 시도하고자 했다. 이런 점에서 오노 도자부로의 '단가적 서정의 부정'은 그에게 아주 특별한 의미로 다가올 수밖에 없었던 것이다.

3. 재일의 실존성과 디아스포라적 주체성

김시종의 첫 시집 『지평선』은 해방 이후 일본으로 건너가 일본공산당에 가입하고 재일조선인으로서 조직적 활동에 헌신했던 1940년대 후반에서 1950년대 중반까지의 시들을 모은 것이다. '지평선'이란 제

15 우카이 사토시, 위의 글, 516면.
16 김시종, 유숙자 옮김, 『경계의 시』, 소화, 2008, 9면.

목은 조국과 생이별한 자신의 현실에 대한 양가적 감정을 표현한 것으로, "다다를 수 없는 곳"으로의 원초적 그리움과 지금 자신이 "서 있는 그 지점"에서의 새로운 삶에 대한 기대가 공존하는 내면의 공간을 의미한다. 비록 조국을 떠나 식민지 종주국이었던 나라에서 재일조선인으로 살아가지만, 지금 발 딛고 서 있는 곳이 "바야흐로 지평이다"(「자서(自序)」, 『지평선』)라는 현실인식으로 디아스포라적 주체의 형성을 모색했다고 할 수 있는 것이다. 그는 남북 분단의 이데올로기에 갇혀 버린 재일조선인 사회의 이원화에 대해 비판적이었다. 남과 북 가운데 양자택일을 강요한 이데올로기의 관념성은 재일의 실존을 담아내는 올바른 그릇이 될 수 없다고 보았기 때문이다. 또한 민족과 국가를 앞세워 재일의 생활을 그 속에 묶어 두려는 태도 역시 일본 안의 재일조선인의 현실을 간과한 처사라고 보았던 것이다. 따라서 그는 재일의 실존성은 재일이라는 특수한 공간 안에서 남과 북 모두를 수용하거나 동시에 비판할 수 있는 독자적이고 미래지향적인 가능성을 열어갈 필요가 있다고 주장했다.

> 김 군은 / 우울해. / 좋아하지도 않는 나라의 / 선수들을/응원하는 / 자신이 / 우울해. // 김 군은 조선인이고 / 그들 또한 / 조선인이고 / 그 조선 가운데 / 북한 쪽이 / 김 군이고 / 또 하나 조선 / 가운데 / 한국인이 / 그들이고 / 올림픽 출전 예정 / 축구 선수. / 예선을 위해 / 먼 길 찾아온 / 둘도 없는 / 동포들. // 그런데 마침 / 김 군은 / 북한 쪽. / 그런데 마침 / 그들은 / 한국 쪽. / 김 군은 빨갱이이고 / 그들은 / 하양 / 김 군은 / 김일성이고 / 그들은 / 이승만 / 뒤엉킨 머릿속에 / 소용돌이치며 / 와아— 하고 / 함성이 솟는다.// (…중략…) // 기바 군은 / 열렬한 / 조선 팬. // 그것도 그 중 / 북한 팬. / 이승만이 싫고 / 한국을 / 좋아하지 않아 / 그들과 접전을 벌이는 / 일본이 / 신경 쓰

여 / 북한 쪽인 /김 군을 / 같은 생각이려니 / 짐작하고 // (…중략…) // (대체 넌 어느 쪽이냐고?! / 한국을 이기게 할 셈이야? / 아니면 지게 할 셈이야? / 나도 모르겠어. / 다만 '조선'이 이기길 바라. / 무슨 말 하는 거야! / 저들은 한국을 대표한 / 선수단이란 말이야! / 이승만 힘의 과시를 허락하는거야?! // (…중략…) // 너도 잘 / 알다시피 /조선에는 / 나라가 / 두 개나 있고 / 오늘 나간 건 / 그 한쪽이야. / 말하자면 외발로 / 공을 찬 거지. / 오늘은 / 내가 / 한턱낼게. / 두 발이 다 갖춰졌을 때 / 그때 / 그때는 / 네가 / 한턱 써. // 그럼 / 너의 가엾은 / 외발을 위해! / 건배! / 건배! / 한데 걸을 수 있어? / 익숙해졌거든. / 그 익숙함이 / 문제라니까. / 분명. / 분명.

―「내가 나일 때」 중에서(『일본 풍토기』)

인용시에서 "김 군"은 김시종 자신인 동시에 재일조선인 대부분의 모습을 대변하는 퍼소나일 것이다. 북한과 남한, 김일성과 이승만이라는 이원화된 굴레에 너무도 완고하게 갇혀 있어서, 축구 경기를 보면서도 같은 동포가 아닌 일본을 응원해야만 하는 재일조선인 청년의 고뇌가 아주 선명하게 형상화되어 있다. "좋아하지도 않는 나라의/선수들을 / 응원하는 / 자신"의 모습은 마치"외발로/공을 찬" 것과 다름없는 불완전한 상태로 각인된다. "다만 '조선이 이기길 바라"는 마음은 어디까지나 괄호 속에 묶어두고서야 말할 수 있을 뿐, 너무도 완고한 이데올로기의 벽으로 인해 자신의 내면을 뚫고 밖으로 나올 수 없는 금기의 언어가 되지 않을 수 없었다. "고국과 일본 / 나 사이에 얽힌 / 거리는 서로 똑같다면 좋겠지"(「똑같다면」, 『계기음상(季期陰像)』)만, 재일조선인들의 현실에서 이러한 중립은 결코 용납될 수 없었기 때문이다. 결국 재일조선인은 언제나 "가엾은 외발"의 상태로 아슬아슬한 이데올로기의 경계를 걸어가는 존재일 수밖에 없었다. 그 경계를 허물거나 넘어선다는 것은 곧바로 배반의 행동이 되었으므로 한민족으로서의 공동체성을 기대한다는 것도 사실상 불가능한 일이었다. 김시종의 시는 이러한 민족의 모순을 비판적으로 성찰함으로써 재일의 특수성으로 공동체의 역사를 새롭게 쓰는 자리를 마련하고자 했다. 즉 남과 북의 대립과 단절 속에서 갈등하고 고민하는 재일조선인이 아니라, "내가 나일 때"라는 재일의 독자성으로 민족 공동체의 열린 공간을 만들어내고자 했던 것이다. 그의 대표작 『이카이노 시집』은 이러한 문제의식을 집중적으로 드러낸 시집이라고 할 수 있다.

> 없어도 있는 동네. / 그대로 고스란히 / 사라져 버린 동네. / 전차는 애써 먼발치서 달리고 / 화장터만은 잽싸게 / 눌러앉은 동네. / 누구나 다 알지만 / 지도엔 없고 / 지도에 없으니까 / 일본이 아니고 / 일본이 아니니까 / 사라져도 상관없고 / 아무래도 좋으니 / 마음 편하다네. // 거기선 다들 목청을 돋우고 / 지방 사투리가 활개치고 / 밥사발에도 입이 달렸지 ./ (…중략…) // 시끌벅적 / 툭 터놓고 / 호들갑을 떨어도 / 음침한 건 딱 질색 / 한물간 시대가 유유자적 / 관습 고스란히 살아남아 / 되돌릴 수 없는 것일수록 / 중히 여겨 / 한 주에 열흘은 줄줄이 제사 / 사람도 버스도 저만치 돌아가고 / 경관마저 드나들지 못해 / 한번 다물었다 하면 / 열리지 않는 입이라 / 가벼이 / 찾아오기엔 / 버거운/동네. // 어때, 와 보지 않을 텐가? / 물론 표지판 같은 건 있을 리 없고 / 더듬어 찾아오는 게 조건. / 이름 따위 / 언제였던가. / 와르르 달려들어 지워 버렸지. / 그래서 '이카이노'는 마음속. / 쫓겨나 자리 잡은 원망도 아니고 / 지워져 고집하는 호칭도 아니라네. / 바꿔 부르건 덧칠하건 / 猪飼野는 / 이카이노. / 예민한 코라야 찾아오기 수월해. // (…중략…) 으스대는 재일(在日)의 얼굴에 / 길들여지지 않는 야인(野人)의 들녘. / 거기엔 늘 무언가 넘쳐 나 / 넘치지 않으면 시들고 마는 / 일 벌이기 좋아하는 조선

동네. / 한번 시작했다 하면 / 사흘 낮밤. / 징소리 북소리 요란한 동네. / 지금도 무당이 날뛰는 / 원색의 동네. / 활짝 열려 있고 / 대범한 만큼 / 슬픔 따윈 언제나 날려 버리는 동네. / 밤눈에도 또렷이 드러나 / 만나지 못한 이에겐 보일 리 없는 / 머나먼 일본의 / 조선 동네.

—「보이지 않는 동네」 중에서(『이카이노 시집』)

『이카이노 시집』은 『삼천리』[17]에 1975년 봄(창간호)부터 1977년 여름까지 총 10회에 걸쳐 연재한 것을 묶은 것이다. 이카이노는 일본 최대의 재일조선인 거주지로, 재일 1세대들에게는 조국의 원풍경을 간직한 장소로, 재일 2세대들에게는 아직 가보지 못한 조국을 발견하는 장소였다는 점에서 '일본 내의 조국'을 의미하는 곳이었다.[18] 비록 그곳이 재일조선인의 역사와 생활의 고통이 고스란히 묻어나는 상처와 고통의 장소이더라도, 이데올로기의 관념성을 뛰어 넘어 민족이 하나가 되는 자리라는 점에서 문제적 공간이 되지 않을 수 없었다. 이카이노

17 『삼천리』는 1975년 2월 1일 발행인 이철, 편집인 이진희, 편집위원 김달수, 윤학준, 강재언, 박경식, 김석범 등에 의해 창간되어 1987년 5월 1일 제50호를 끝으로 종간한 계간 종합문예지였다. 역사학자와 문학인들로 구성된 편집진들의 면면에서 알 수 있듯이, 『삼천리』는 한국의 역사적 현실을 예의주시하면서 한일관계, 조선의 역사, 문화, 재일조선인들의 생활 등에 대한 실증적인 글들을 지속적으로 소개하였다. 특히 문학의 경우에는 당시 「오적」 필화사건으로 감옥에 있었던 김지하의 문학을 창간호 특집으로 삼은 것을 비롯하여 그의 재판기록과 증언내용, 김지하 구명을 위한 주변 인물들의 호소문 등 그에 대해 상당히 많은 지면을 할애하였다. 이는 7·4남북공동성명의 정신에 입각하여 남북의 평화적 통일에 대한 염원과 한국의 민주화에 대한 열망을 김지하의 문학과 그를 둘러싼 일련의 사건들을 통해 상징적으로 제시하고자 한 것으로 볼 수 있다. 하상일, 「재일 한인 잡지 소재 시문학과 비평 문학의 현황과 의미—『조선문예』, 『한양』, 『삼천리』, 『청구』를 중심으로」, 『한국문학과 역사의 그늘』, 소명출판, 2008, 107면.

18 현재의 오사카 이쿠노구[生野區]와 그 주변을 일컫는 명칭으로, 1920년대 초 이미 '朝鮮町'이라 불릴 정도로 조선인들이 집단을 이루며 살아가는 장소였다. 이곳 출신이거나 이곳을 중심으로 활동한 재일조선인 작가로는 양석일, 김태생, 김창생, 원수일, 현월 등이 있다. 김훈아, 「종추월(宗秋月)의 시와 '재일조선인어'」, 『일본근대문학 4』, 한국일본근대문학회, 2005.10, 233면 참조.

는 "없어도 있는 동네"라는 모순적 장소이다. 지도에도 없고 이름도 없으며 표지판도 없는, 일본의 행정구역에서 이미 사라진 지 오래인, 그래서 오로지 "예민한 코라야 찾아오기 수월"한 곳이 바로 '이카이노'인 것이다. 여기에서 "예민한 코"는 재일조선인의 혈연적 동질성을 의미하는 상징적 표상으로, "밤눈에도 또렷이 드러나 / 만나지 못한 이에겐 보일 리 없는"재일조선인의 공동체적 경험이 감각화된 장소라고 할 수 있다. 그리고 식민의 고통과 해방의 혼란, 그리고 분단의 아픔이 그대로 한자리에 눌러 붙어 버린 그곳은, "한 주에 열흘은 줄줄이 제사"에서 충분히 짐작되는 우리 민족의 역사적 상처와 "전차는 애써 먼발치서 달리고/화장터만은 잽싸게/눌러앉은"것처럼 재일조선인에 대한 일본의 차별과 소외를 직접적으로 경험하게 하는 장소이다.[19] 하지만 김시종은 재일조선인의 어두운 역사와 현실이 고스란히 담겨 있는 이카이노를 부서지고 일그러진 부정적 풍경으로만 표상하려 하지는 않는다. 앞에서 살펴봤듯이, 자신이 서 있는 바로 그 지점이 새롭게 열어가야 할 역사의 지평이라는 인식으로, 이카이노의 역사를 절망의 역사가 아닌 희망의 역사로 변화시키는 인식의 전환을 모색하고자 한 것이다. 그는 이카이노의 모습이 "활짝 열려 있고/대범한 만큼/슬픔 따윈 언제나 날려 버리는 동네"가 되기를 염원했다. 더 이상 역사의 상처 앞에서 머뭇거리거나 움츠러드는 일은 결코 용납할 수 없었다. 따라서 김시종

19 이와 같은 장소에 대한 인식은 재일 디아스포라 시인들의 보편적인 특징이라고 할 수 있다. 그들은 무엇보다도 분단의 상처와 디아스포라의 고통을 동시에 극복하는 공동체적 장소로서 재일의 실존을 성찰하고자 했기 때문이다. 이러한 경향의 대표적인 작품으로 강순의 「조선 부락 시초」가 주목된다. 이 시는 해방 이후에도 여전히 민족적 편견과 차별을 당하며 살아갈 수밖에 없었던 재일조선인들이 집단부락을 이루어 함께 생활하면서 민족공동체로서의 동지적 연대를 잃지 않기 위해 노력했음을 구체적으로 보여주었다. 하상일, 「재일 디아스포라 시인 강순 연구」, 『2009년도 어문연구학회 전국학술대회 자료집』, 163~164면 참조.

은'재일'을 단순히 '일본에 산다[日本です) 또는 '일본에 있다[日本にいる]'의 수동적 차원에서 보지 않고 '재일한다[在日する]'라는 적극적 행동의 의미로 인식[20]함으로써, 재일 디아스포라의 삶을 주체적으로 재구성하려는 적극적 의지를 표명했던 것이다.

> 내가 눌러 앉은 곳은 / 머언 이국도 가까운 본국도 아닌 / 목소리는 잦아들고 소망이 그 언저리 흩어져 버린 곳 / 애써 기어올라도 시야는 펼쳐지지 않고 / 깊이 파고들어도 도저히 지상으로는 내려설 수 없는 곳 / 그럼에도 그럭저럭 그날이 살아지고 / 살아지면 그게 생활이려니 / 해[年]를 한데 엮어 일년이 찾아오는 곳 // 거기선 모든 게 너울거리고 떠들썩한데 / 소란 끊긴 여기는 바람 한 점 없다 / 그런데도 한결 흔들리고 있는 건 바로 나 / 바람은 어쩌면 깊은 사념 속에 살랑댔는지도 모른다 / 나 자신 끝없는 희구의 요람인 것을 / 내가 흔들리고 내가 흔들고 성장하는 나를 내가 기다린다 / 그렇듯 시절은 내게서 멀어 / 유독 내게 멀찍이 동떨어져 머언 현재도 아니다 / 애당초 눌러앉은 곳이 틈새였다 / 깎아지른 벼랑과 나락을 가르는 금 / 똑같은 지층이 똑같이 움푹 패어 마주 치켜 서서 / 단층을 드러내고도 땅금이 깊어진다 / 그걸 국경이라고도 장벽이라고도 하고 / 보이지 않는 탓에 평온한 벽이라고도 한다 / 거기엔 우선 잘 아는 말(언어)이 통하지 않아 / 촉각 그 심상찮은 낌새만이 눈과 귀가 된다//내가 눌러앉아 버린 자리는/백년이 고스란히 생각을 멈춘 곳 / 백년을 살아도 생각에 잠기는 날은 아직 / 어제 그대로 저물어 가는 곳 / 고국에 머얼리 타향에 머얼리 / 그렇다고 그토록 동떨어지지도 않은 / 늘상 되돌아오는 지금 있는 곳

20 이에 대한 자세한 내용은, 이재봉, 「재일 한인문학의 존재 방식」, 『한국문학논총』 제32집, 한국문학회, 2002.12, 365~366면 참조.

—「여기보다 멀리」 중에서(『화석의 여름』)

재일 디아스포라 시문학은 세대의 차이가 문학적 지향의 차이를 분명하게 구분하는 지표가 된다. 즉 재일 1세대와 2세대가 민족 주체성의 확립과 재일조선인의 차별에 대한 저항, 그리고 분단의식과 통일의식을 구체화한 비판적 리얼리즘의 양상을 드러냈다면, 재일 3세대 이후로 오면 민족과 국가의 문제를 관념적이고 당위적인 차원에서만 받아들일 뿐 재일조선인으로서의 민족적 정체성을 자신들의 문학적 원체험으로 인식하지는 않는다. 즉 재일 3세대 이후의 세대에게 있어서 '재일'은 이념의 차원이 아닌 생활의 문제이므로, '재일'의 현실을 민족과 국가의 경계 위에서 사유하지는 않는 것이다. 김시종이 강조하는 '재일한다[在日する]'의 의미 역시 이러한 문제의식과 전혀 무관하다고 볼 수는 없다. 그는 '재일'을 '경계'와 '틈새'[21]의 문제로 인식함으로써 디아스포라적 주체로서의 재일조선인의 모습을 새롭게 정립하고자 했기 때문이다. 인용시에서 화자가 앉은 자리는 "틈새"이다. 그곳은 "머언 이국도 가까운 본국도 아닌", 그래서 "고국에 머얼리 타향에 머얼리 / 그렇다고 그토록 동떨어지지도 않은" 경계의 지점이다. 그리고 그곳은 그가 "늘상 되돌아오는 지금 있는 곳"이라는 점에서 현재적이다. 따라서 재일 디아스포라 시문학은 과거의 역사에 대한 재현을 넘

21 릴라 간디는 제국주의에 의해 강화된 문화와 정체성들이 전지구적으로 혼합되고 있는 현상에 초점을 맞추어 '혼성(hybridity)'과 '이산(diaspora)'이라는 용어의 분석적 다재다능함과 이론적 탄력성을 주목하였다. 그리고 '혼성'이라는 용어에 의해 상정되는 '틈(in-between-ness)'이라는 개념은 이에 수반되는 '이산'이라는 개념에 의해 더욱 정교화된다고 하였다. 이처럼 디아스포라적 사유는 문화적 탈공간(dislocation)의 의미를 생성함으로써 재일의 실존적 상황을 다각적으로 이해하고 생산적으로 모색하는 뚜렷한 방향이 될 수 있을 것이다. 릴라 간디, 이영욱 옮김, 『포스트식민주의란 무엇인가』, 현실문화연구, 2000, 161-167면 참조.

어서서 현재와 미래를 아우르는 연속성을 확보해야 하고, 세대의 변화에 따른 문학사적 지향 또한 새로운 모색 위에 있어야 한다. 역사적이고 민족적인 당위성만을 붙들고 재일 디아스포라 시문학을 이야기한다는 것은 자칫 시대착오적인 것으로 인식될 위험성이 있음을 결코 간과해서는 안 되는 것이다.

4. 맺음말

최근 들어 디아스포라의 문제의식이 크게 주목받고 있다. 민족과 국가의 경계를 넘어서는 탈민족, 탈국가 담론이 지금 우리 사회의 모습을 읽어내는 아주 의미 있는 방법론으로 부각되면서, 초국가적이고 탈민족적인 문학적 양상들에 대한 체계적이고 논리적인 분석의 가능성을 열어주었기 때문이다. 즉 디아스포라는 전지구적인 탈영토화과정, 국적을 초월한 이주와 문화적 혼종성 등을 이해하고 분석하는 복합적이고 중층적인 개념으로 그 유효성이 더욱 확산되고 있는 것이다. 이는 디아스포라를 지역적이고 종교적인 차원에서 그 개념을 협소하게 파악해온 종래의 관점에 대한 비판적 시각을 전제한 것[22]으로, 국외로

22 대문자의 디아스포라(Diaspora)라는 말은 본래 "'이산(離散)'을 의미하는 그리스어"이자 "팔레스타인 땅을 떠나 세계 각지에 거주하는 이산 유대인과 그 공동체를 가리킨다"고 한다. 그러나 그것은 물론 사전상의 의미에 지나지 않는다. 오늘날 '디아스포라'라는 말은 유대인뿐 아니라 아르메니아인, 팔레스타인인 등 다양한 '이산의 백성'을 좀더 일반적으로 지칭하는 소문자 보통명사(diaspora)로 사용하는 경우가 많아졌다. 서경식, 『디아스포라 기행－추방당한 자의 시선』, 돌베개, 2006, 13면 참조.

추방된 소수 집단 공동체라는 제한적 정의와 강요된 분산 등의 역사적 의미를 넘어서 중재하는 문화들(mediating culture)로서의 디아스포라의 건설적 잠재력에 더욱 초점을 맞추고자 한 것이다.[23] 다시 말해 디아스포라의 의미를 국가 혹은 민족 간의 대립적 경계를 허무는 통합적 시각에서 현실적으로 재구성하려는 의도가 더욱 주목받고 있는 것이다.

지금까지 재일 디아스포라 문학을 대상으로 한 연구는 국문학, 일문학계를 중심으로 활발하게 전개되어 왔다. 그런데 일본에 거주하는 우리 민족이 창작한 문학을 명명하는 용어의 통일에서부터 많은 논란이 거듭되었고, 일본어와 한국어의 이중 언어 현실을 바라보는 입장에 있어서도 상당한 격차를 보여 왔다. 현재 일본에 거주하는 우리 민족은 재일동포, 재일교포, 재일한인, 재일한국인, 재일조선인, 재일한국·조선인, 재일코리안, 재일(자이니치) 등 다양한 명칭으로 불린다. 이러한 혼란은 국적, 이념, 정체성을 둘러싼 복잡한 이해관계와 일본에서의 역사적 경험의 차이에서 비롯된 세대적 변별성이 주된 원인이 되었다고 할 수 있다. 물론 이들에게 확정된 명칭을 부여한다는 것은 크게 중요한 문제는 아니다. 더욱 본질적인 문제는 여러 측면에서 이질성과 다양성을 보이는 이들의 문학 활동을 '재일'의 특수성 속에서 통합적으로 인식하고 바라볼 수 있는 관점의 재정립에 있다. 따라서 본고에서는 이들을 일컫는 대부분의 용어에 내재된 이데올로기적 제약과 구속을 벗어나 디아스포라적 관점과 방법의 중요성을 환기시킨다는 점에서 이들의 문학을 '재일 디아스포라 문학'이라고 명명하였다. 이 또한 명백한 한계를 지닌 명칭이지만, 현재 일본에 거주하는 우리 민족의

---

23 Clifford James, "Diaspora", Cultural Anthropology, 9(3), 1994. 본고에서는 임유경, 「디아스포라의 정치학」, 『한국문학연구학회 제2회 국제학술대회자료집』, 2008.7.2, 연변대학교, 138면에서 재인용.

다양성과 이질성을 포괄하는 객관적인 명칭으로는 가장 최선의 것이라고 생각한다.[24]

이러한 문제의식을 놓고 볼 때, 김시종의 시는 재일 디아스포라의 과거와 현재 그리고 미래를 연속적으로 읽어낼 수 있는 가장 중요한 텍스트임에 틀림없다. 남과 북의 이데올로기적 대립을 그대로 답습하였던 재일조선인 사회의 이원화를 바라보면서, 항상 그 경계의 지점에서 양쪽 모두를 비판적으로 성찰했던 그의 태도는 디아스포라적 주체의 모습을 분명하게 보여주었다고 평가할 수 있을 것이다. 또한 그의 시는 우리말과 일본어 사이에서, 즉 모국어(母國語)와 모어(母語) 사이에서 대립하고 갈등해온 재일 디아스포라의 이중 언어 현실에 가장 실천적으로 맞서 자기정체성을 구현해 나갔다는 점도 높이 평가해야 할 것이다. 특히 그의 일본어는 일본어가 아닌 일본어, 즉 일본어의 아름다움을 파괴하는 전복적이고 해체적인 일본어였다는 점에서, 일본어를 무기로 일본과 대결해 온 그의 실천적 언어의식은 앞으로 재일 디아스포라 시문학을 연구하는 데 있어서 상당히 쟁점적인 문제가 될 것임에 틀림없다. 그의 시는 여전히 남북이데올로기에 붙잡혀 있는 재일조선인 사회의 민족적 관념성을 넘어 '재일'의 독자성과 주체성을 새롭게 정립하는 길잡이로서 중요한 의의를 지니고 있는 것이다.

24 하상일, 「해방 이후 재일 디아스포라 시문학의 역사와 의미」, 『한국문학논총』 제51집, 한국문학회, 2009.4, 165면.

'총련'계 재일 디아스포라 시문학의 역사와 주제의식

정화흠론

1. 머리말

최근 들어 민족과 국가의 경계를 넘어서는 탈민족적이고 탈국가적인 관점에서 문학 연구의 새로운 방향이 모색되고, 식민지 시기 동아시아 문학 전반에 대한 비교문학적 관심이 더욱 확산되면서, 일본과 중국을 비롯한 아시아권 재외동포들의 문학 활동에 대한 연구도 중요한 과제로 부각되었다. 특히 식민과 분단의 역사적 상처를 직접적으로 경험했음에도 불구하고 현재까지도 식민지종주국 일본에서 살아가고 있는 재일조선인들의 문학에 대한 관심은, 식민지 역사의 청산과 분단의 극복을 위해서는 물론이거니와 한민족통일문학사의 완성이라는 거시적인 방향에서 상당히 중요한 의미를 지닌다. 하지만 재일 디아스포라 문학[1] 연구의 실상을 들여다보면, 재일조선인 일본어문학, 즉 재일조선인이 일본어로 쓴 문학만을 연구 대상으로 삼는 심각한 자기모순에 직면해 있다. 현재 일본에서 재일 디아스포라 문학은 일본문학 안의 소수자 문학의 한 양상으로 범주화하고 있기 때문이다. 지금까지 국내에 소개된 재일 디아스포라 문학 작품의 경우 재일조선인의 일본어소설을 번역한 것이 주류를 이루었던 이유도 바로 여기에 있다.

재일 디아스포라 문학 연구가 소설문학에 편중되었다는 사실도 문제점으로 지적하지 않을 수 없다. 이는 재일 디아스포라 시문학의 경우 '재일본조선인총연합회'(이하 '총련')을 중심으로 활동하는 시인들의 작품이 대부분이라는 점에서 이념적 거부감이 크게 작용했다는 데 현실적인 이유가 있다.[2] 즉 '총련'계 재일 디아스포라 시인들의 우리말 작품은 사상성에 경도된 나머지 예술성이 부족할 뿐만 아니라 그 수준도

1 현재 일본에 거주하는 우리 민족은 재일동포, 재일교포, 재일 한인, 재일한국인, 재일조선인, 재일한국 · 조선인, 재일코리안, 재일(자이니치) 등 다양한 명칭으로 불린다. 이러한 혼란은 국적, 이념, 정체성을 둘러싼 복잡한 이해 관계와 일본에서의 역사적 경험의 차이에서 비롯된 세대적 변별성이 주된 원인이 되었다고 할 수 있다. 물론 이들에게 확정된 명칭을 부여한다는 것은 크게 중요한 문제는 아니다. 더욱 본질적인 문제는 여러 측면에서 이질성과 다양성을 보이는 이들의 문학활동을 '재일'의 특수성 속에서 통합적으로 인식하고 바라볼 수 있는 관점의 재정립에 있다. 따라서 본고에서는 이들을 일컫는 대부분의 용어에 내재된 이데올로기적 제약과 구속을 벗어나 디아스포라적 관점과 방법의 중요성을 환기시킨다는 점에서 이들의 문학을 '재일 디아스포라 문학'이라고 부르고자 한다. 이 또한 명백한 한계를 지닌 명칭이지만, 현재 일본에 거주하는 우리 민족의 다양성과 이질성을 포괄하는 객관적인 명칭으로는 가장 최선의 것이라고 생각한다. 하상일, 「해방 이후 재일 디아스포라 시문학의 역사와 의미」, 『한국문학논총』 제51집, 한국문학회, 2009.4. 165면.

2 가와무라 미나토는 "조총련계의 문학예술동맹은, 기본적으로 '국어[朝鮮語]'로 창작활동을 하고 있기에, 그들의 문학활동은 조선민주주의인민공화국의 해외공민으로서 재일조선인 문화운동의 일환이고, 명백히 '조선문학' 영역 안에 있다"라고 하였다. 川村湊, 「在日朝鮮人文學とは何か」, 『靑丘』 제19호, 1994. 봄, 29면. 본고에서는 김응교, 「재일조선인 조선어 시전문지 『종소리』 연구」, 『현대문학의 연구』 34집, 한국문학연구학회, 2008.2.29, 238면에서 재인용.

아주 소박한 차원에 머물러 있다고 평가함으로써,[3] '총련'을 중심으로 활동하는 재일조선인 시인들의 우리말 작품은 재일 디아스포라 문학 연구에서 본격적인 검토의 대상이 되지 못하고 있는 것이다. 그 결과 재일 디아스포라 문학은 언어적 측면에서든 이념적 측면에서든 한쪽으로 치우쳐 재일조선인들의 의식과 지향을 총체적으로 반영하지 못하는 결정적 한계를 드러내고 있다.

물론 특정 언어와 이념에 구속된 국가주의 혹은 민족주의의 차원에서 재일 디아스포라 문학을 논의하는 것은 오늘날의 시대적 변화와 흐름에 비추어 볼 때 바람직한 방향은 아니다. 일본어가 아니라는 언어적 이유로, 그리고 친북적 이념을 지녔다는 이유로, '총련'계 문학의 실상을 재일 디아스포라 문학의 범주 바깥에 두는 것은 결코 타당하지 않은 것이다. 따라서 민족과 국가의 경계를 넘어서, 남과 북의 이념적 대립을 넘어서, 재일 디아스포라 문학의 역사적 전개 과정과 그 실상을 모두 인정하는 통합적인 논의가 절실하게 요구된다. 이러한 문제의식으로 본고에서는 '총련'계 시문학을 주된 연구대상으로 삼음으로써 특정 언와 국가에 귀속되지 않은 재일 디아스포라 문학 연구의 총체적 지형을 살펴보고자 한다. 그리고 이러한 연구목적을 구체화하는 방편으로 정화흠의 시세계를 살펴봄으로써 '총련'계 재일 디아스포라 시문학의 역사와 의미를 통시적으로 이해하고자 한다.

정화흠 시인은 1923년 3월 20일 경상북도 영일군 죽장면 석계리에서 태어나 1937년 진학을 위해 일본으로 건너갔다. 1950년 일본 주오

3 이한창은 "〈재일조선인 문학〉은 조선인이 일본어로 조선적인 것이나 조선인의 생활을 그린 것에 한한다"는 일반적인 견해를 제시하면서, '총련'을 중심으로 활동하는 시인들의 "작품활동은 활발하지 않으며 작품수준도 사상성을 앞세우고 있어 그리 높지 않은 편이다"라고 평가절하했다. 「민족문학으로서의 재일 동포문학 연구」, 『일본어문학』 제3집, 한국일본어문학회, 1997.6, 244면, 250면.

[中央]대학 경제학부를 졸업하고, 이바라기현 쯔찌우라 시립 소학교 민족학급 교원을 시작으로 1973년까지 가나가와현 초 · 중 · 고급학교 교원을 역임하면서 재일조선인들의 민족교육에 헌신하였다. 이후 '총련' 가나가와현 본부 교육문화부장으로 '총련' 조직의 전면에서 활동했고, 1981년부터는 조선대학교에서 강의를 하면서 '재일본조선문학예술가동맹'(이하 '문예동') 중앙 부위원장 겸 기관지 『문학예술』 편집장을 역임하였다. 시집으로는 『감격의 이날』(북한 문예출판사, 1980), 『념원』(일본 문예동, 1985), 『민들레꽃』(일본 '종소리시인회', 2000)이 있다. 그리고 2000년 1월 창간하여 현재 45호(2011년 신년호)까지 발간한 『종소리』에 111편의 시를 발표하였다. 본고에서는 그의 시집 세 권과 『종소리』에 발표한 시 모두를 연구대상으로 삼았다.[4]

2. 해방 이후 재일 디아스포라 문학의 전개 양상과 '총련'계 시문학의 흐름

1945년 8월부터 1946년 3월까지 일본에 거주했던 200만 재일동포 가운데 약 140만 명 정도가 귀국하고 60만 명 정도가 일본에 잔류하였다. 식민지 역사를 청산하고 민족 해방을 이루었음에도 불구하고 재일조선인들

4 정화흠 시인에 대한 연구성과로는 김학렬의 「재일조선시문학의 근황」(김학렬 외, 『재일동포 한국어문학의 전개양상과 특징 연구』, 국학자료원, 2007, 21~52면)과 「절절한 망향의 정감, 세련된 시적 형상－정화흠 시집 『민들레꽃』을 두고」(『종소리』 제4호, 2000.10, 39~54면)가 있다.

상당수가 귀국을 선택하지 않은 것은, 해방 이후 좌우 이념 대립으로 정치적 · 사회적 혼란에 빠진 조국의 불안정한 현실에 가장 큰 원인이 있었다. 게다가 이러한 해방공간의 혼란을 수습할 겨를도 없이 한국전쟁이 발발하였고, 그 결과 남북 분단이 고착화되면서 조국으로의 귀환이 사실상 불가능한 상황에 이르게 되었다.[5] 따라서 일본 잔류를 선택한 재일조선인들은 무엇보다도 분단된 조국의 통일과 일본의 차별정책에 적극적으로 대응하는 공동전선을 확보하는 데 총력을 기울였다. '재일조선인연맹중앙위원회'(1945.9)를 시작으로 재일조선인연맹(1945.10), 조선건국촉진청년동맹(1945.11), 신조선건설동맹(1946.1), 재일조선거류민단(1946.10), '재일조선문화단체연합회'(1947.2), '재일본조선민주청년동맹'(1947.3), '재일조선문학회'(1948.1) 등을 잇달아 결성함으로써, 재일조선인으로서 민족의 정체성과 주체적 역량을 지켜나가는 조직적인 활동을 지속적으로 전개해 나갔던 것이다. 또한 이러한 조직의 이념과 주장을 실천하기 위해 신문, 잡지 등을 창간함으로써 재일조선인들의 인권과 생활을 보장하는 다양한 언로를 확보하고자 했다. 그 현황을 대략적으로 살펴보면, 재일조선인연맹에서 발간한 『민중신문』(→ 『우리신문』(1946.8)→ 『해방신문』(1946.9)→ 『조선민보』(1957.1)→ 『조선신보』(1961.1~현재))과 조선건국촉진청년동맹에서 발간한 『조선신문』(1946.3) 등의 신문,[6] 『고려문예』(1946.11), 『조선시』(1946.3), 『조련문화』(1946.4), 『우리문학』(1948.8) 등의 한글잡지, '조선신보사'에서 발간한 종합지 『민주조선』(1946.10)과 문예지 『조선문예』(1947.10), 그리고 『자유조선』(1946) 등의 일본어 잡지가 있다.[7]

---

5 『역사교과서 재일 코리언의 역사』 작성위원회 편, 신준수 · 이봉숙 옮김, 『재일 한국인의 역사』, 역사넷, 2007, 106~115면 참조.

6 1946년 당시 전국지와 지방지를 합해 재일동포들이 주축이 되어 발행한 신문은 무려 170종에 달했다고 한다. 「해방 5년, 동포신문 사정 - ⑤ 170종의 재일동포신문」, 『조선신보』, 2006.4.11.

1948년 남북한이 각각 단독정부를 수립하면서 일본에 거주하는 우리 민족의 구성원들 역시 두 개의 조직, 즉 북의 노선을 지지했던 재일조선인연맹('조련')과 남의 이념을 추종했던 '재일본대한민국거류민단'('민단')으로 이원화되었다. '조련'은 1949년 한신[阪神] 교육투쟁으로 미군정에 의해 강제해산을 당한 이후 일부 맹원들이 일본공산당 산하기관인 '재일조선통일민주전선'('민전')에 가담함으로써 한동안 명맥을 유지하다가 1955년 '민전'을 해체하고 '재일본조선인총연합회'('총련')을 결성하였다. 이때부터 재일조선인 사회는 '민단'과 '총련'의 두 조직과 이들 단체가 각각 지지하는 남한과 북한 사이에서 선택을 강요당하는 이중의 고통에 직면하게 되었다. 게다가 두 조직은 재일조선인의 권익을 보호해야 한다는 본래의 목적보다는 남북의 정치 이데올로기를 선전선동하는 데 집중함으로써 남북의 대립만큼이나 심각한 갈등과 혼란을 유발하였다. 해방 이후 재일 디아스포라 문학은 바로 이 두 조직과의 직접적인 연관 속에서 남북의 정치적 이해관계에 종속된 이데올로기적 성격을 전면화하였다.

---

7 지금까지 조사한 바로는 해방 이후 일본에서 가장 먼저 출간된 문예지는 『고려문예』이다. 1945년 11월 27일 창간호를 냈고, 4호(1946.1.15)까지 한 달에 두 번 간행되었다. 『조선시』(1946.3.1)는 발행인 이화석, 편집인 길원성을 중심으로 창간된 시 전문 잡지이고, 『조련문화』(1946.4.5)는 재일조선인연맹의 기관지로 창간되었으며, 『우리문학』(1948.8.1)은 이은직을 발행인으로 '재일본조선문학회'에서 창간한 잡지이다. 그리고 『민주조선』은 1946년 4월부터 1950년 7월까지 통권 33호에 이르는 일본어 종합지이고, 『조선문예』는 『민주조선』이 14호를 간행하고 15호를 준비하던 무렵인 1947년 10월 창간된 종합문예지로, 박삼문이 발행 · 편집을 맡고, 김달수, 이은직, 허남기, 강순 등을 중심으로 간행되었다. 마지막으로 「자유조선」은 1946년 창간되어 잠시 휴간되었다가 1947년 9월 복간된 잡지로, 『민주조선』, 『조선문예』가 대체로 좌파적 성향의 잡지라면, 『자유조선』은 이와 정반대로 우파적 성향의 잡지였다고 할 수 있다. 호테이 토시히로, 「해방 후 재일 한국인 문학의 형성과 전개－1945년~60년대 초를 중심으로」, 『인문논총』 제47호, 서울대 인문학연구소, 2002, 79~103면 참조.

위대한 수령 김일성대원수님과 친애하는 지도자 김정일원수님의 현명한 령도와 극진한 보살피심속에서 재일조선문학은 조선문학의 한부분으로서 찬란히 개화발전하고 있다.

재일조선문학은 주체적문예사상과 리론에 의거하여 재일동포들의 생활과 투쟁을 진실하게 반영한 주체적이며 혁명적인 문학으로서 총련의 애국과업수행에 크게 이바지하고 있을뿐만 아니라 조선문학의 화원을 특색있게 장식하고 있다. (…중략…)

친애하는 지도자 김정일동지께서는 다음과 같이 지적하시였다.

≪조국을 주제로 한 문학예술작품을 창작하는것은 사람들이 조국을 열렬히 사랑하고 조국의 부강발전을 위하여 헌신적으로 투쟁하도록 하는데서 중요한 의의를 가집니다.≫[8]

'총련'을 중심으로 활동한 재일조선인 시인들은 대부분 '문예동' 소속으로 창작활동을 했다. '문예동'은 1959년 '총련'의 지도노선을 문화예술운동의 차원에서 실천하기 위해 창립한 재일조선인 문예조직으로, 북한문화예술의 지도이념과 창작원리에 입각한 수령형상창조와 '총련'의 애국사업을 선전선동하려는 목적의식을 전면에 내세웠다. 그 결과 '총련'계 재일 디아스포라 문학은 재일조선인의 생활이나 실존에 대한 성찰보다는 사회주의조국 북한에 대한 찬양과 미제국주의에 종속된 남한 현실에 대한 비판에 집중함으로써 '일본 속의 북한문학'의 성격을 노골적으로 드러냈다.[9] 이러한 이념적 경직성에도 불구하고

8 손지원, 앞의 책, 2면.

9 당시 이러한 '총련'의 경직된 이데올로기에 대한 내부의 반발은 상당히 컸다. 1957년 김시종은 에세이 「장님과 뱀의 입씨름」과 시「오사카 총련」을 발표하여 김일성주의를 맹신하는 '총련'의 지도노선을 비판했다가 조직으로부터 정치적 탄압을 받았고, 그 이후 '총련' 조직과는 사실상 거리를 둔 채 일본어 시 창작 활동에만 전념했다. 그리고 강순

식민지종주국에서 살면서 우리말과 민족의 정체성을 지켜온 '총련'의 주체적 정신만큼은 아무리 높이 평가해도 지나치지 않다. '총련'은 강령 4항에서 "우리는 재일동포 자제들에게 모국어와 글로써 민족교육을 실시하며 일반 성인들 속에 남아 있는 식민지 노예사상과 봉건적 유습을 타파하고 문맹을 퇴치하며 민족문화의 발전을 위하여 노력한다"라고 규정하였다.[10] 이는 재일조선인들의 문학예술 창작과 민족교육 운동의 방향을 제시한 것으로, 이때부터 '총련'계 재일 디아스포라 문학은 일본어 창작을 버리고 우리말 창작으로 공식적인 전환을 하였다.[11] 이처럼 '총련'의 문학은 '문예동'을 중심으로 북한문학의 이념과 지도노선을 충실히 이행하는 목적성을 분명하게 드러냈다. 즉 1953년 김일성이 교시한 '주체적 로선전환방침'에 따라 조선노동당과 공화국 정부의 지도 아래 재일조선인들의 주체적 역량 강화와 사회주의조국 북한을 향한 충성 운동에 집중하였다. "주체적 문예사상과 이론"의 구현, "총련의 애국과업수행"이라는 두 가지 목표를 실천하는 목적문학

은 1964년 조선신보사에서 『강순시집』을 발간한 이후 '총련' 내부에서 벌어지기 시작한 좌경적인 비판사업에 반발하여 조선신보사를 퇴직했고, 이후 '총련'을 비롯한 어떤 조직에도 가담하지 않은 채 재일 조선인들의 실존을 구체화하는 창작 활동과 남한의 진보적 시인들의 작품을 일본어로 번역 · 소개하는 일에 남은 생을 바쳤다. 하상일, 「재일 디아스포라 시인 김시종 연구」, 『한국언어문학』 제71집, 한국언어문학회, 2009.12, 515~535면; 하상일, 「재일 디아스포라 시인 강순 연구」, 『한국문학논총』 제53집, 한국문학회, 2009.12, 263~299면 참조.

10 손지원, 『조국을 노래한 재일 조선인 시문학 연구』, 김일성종합대학출판사, 1996, 21~22면.

11 '문예동'의 초대위원장은 허남기 시인이다. 그는 '문예동' 결성 이후 일본어 시 창작을 과감하게 버리고 우리말 시 창작으로 전환하였고, 그의 시세계 역시 식민지의 상처와 고통을 이어온 재일의 실존적 상황을 담아내던 이전과는 확연히 달라진 친북 성향의 이념적 경직성을 드러냈다. 이러한 허남기의 변화는 '총련'의 지도노선에 따른 목적문학을 이끌어 나가는 '문예동' 위원장이라는 중책에서 비롯된 결과이다. 이후 '총련'계 재일 디아스포라 시인들은 '문예동'의 지침에 충실한 시 창작 활동을 조직적으로 전개해 나갔다. 하상일, 「재일 디아스포라 시인 허남기 연구」, 『비평문학』 34호, 한국비평문학회, 2009.12, 369~391면 참조.

으로서의 성격을 전면적으로 부각시켰던 것이다.

'문예동'에서 발간한 매체 가운데 특별히 주목해야 하는 것은 『문학예술』, 『겨레문학』, 『종소리』 등이다. 『문학예술』은 '문예동'의 기관지로 1960년 1월 창간되어 1999년 6월까지 총 109호를 발간했는데, '문예동'의 이념과 성격을 가장 충실히 반영한 한글 잡지이다. 김일성의 교시를 바탕으로 '총련'의 지향성과 '문예동'의 창작 방향을 제시하는 데 집중함으로써, 사실상 북한의 문예이론에 입각한 '총련'계 재일조선인들의 문학 활동 지침서 역할을 했다고 할 수 있다. 창간 당시에는 김석범이 편집을 맡았고, 이후 홍윤표, 소영호, 정화흠 등이 편집을 맡아 '공산주의적 전형' 창조와 '사회주의건설'에 이바지하는 혁명적 작품 창작에 주력하였다.[12] 『겨레문학』은 『문학예술』 휴간 이후 '문예동'의 기관지로 새로 창간된 순수 문예잡지로, 2000년 5월 여름호를 창간호로 2002년 8월 제7호까지 발간하고 종간되었다. 시와 단편소설을 중심으로 게재하였고, 특이한 사항은 재일조선인 문학사를 정리하는 두 가지 기획물[13]을 싣고 있다는 점과 매호 '신인작품' 란을 두어 여러 명의 신인들의 시와 단편소설을 소개하였다는 점이다. 이러한 기획은 2000년대 이후 세계 정치질서의 변화와 남북 관계의 개선에 따라 '총련'의 문학 창작 방침에도 상당한 변화가 있었음을 암시하는 것으로, 『겨레문학』을 통해 『문학예술』의 시대와는

12 '문예동'은 북한의 '조선문학예술총동맹'의 창작 지침을 그대로 수용, 마르크스레닌주의에 입각한 사회주의리얼리즘을 북한식의 사회주의 이념에 근거하여 '주체사실주의' 창작방법론으로 정초해간다. 대부분의 평론은 김일성과 조국(북한)에 대한 충성심을 일방적으로 강조하고, 이를 위해 '총련애국사업'에 적극 나설 것을 주문하는 것도 이 때문이다. 김일성의 교시, 북한노동당의 노선, 그리고 조직 강령 등이 평론의 준거가 되는 것이다. 이상갑, 「재일조선인 문학비평의 민족문학적 의미」, 『한국언어문학』 제68집, 한국언어문학회, 2009.3, 413면.

13 손지원, 「조국을 노래한 재일조선시문학 연구」, 『겨레문학』 1호~4호; 려운산, 「재일조선인연극운동일지」, 5~6호.

다른 재일 조선인 문학의 새로운 방향을 정립하여 다음 세대로 이어나가겠다는 의지를 드러낸 것으로 볼 수 있다.[14]

2000년대에 접어들면서 '총련'계 재일 디아스포라 시문학은 이러한 문제의식을 더욱 분명하게 드러냈는데, 지금까지의 친북 이데올로기의 성격을 일정 부분 완화시키면서 사상성과 예술성의 조화를 모색하는 의미 있는 변화를 보이기 시작한 것이다. 즉 시 창작에 있어서 사상성의 측면도 중요하지만, 시의 본질에 바탕을 둔 예술성의 강화를 외면해서는 안 된다는 비판적 성찰이 제기되었다.

> 시문학의 사상은 서정화된 사상이지 결코 개연적 논리의 그것이 아니다. 주지하는 바와 같이 개념과 논리의 전개는 사회과학의 방법이지 문학예술에서는 금물이다. 시문학의 방법의 기본은 개념과 논리에 의거하는 것이 아니라 생활(자연도 포함)과 표상에 의거하는 것이다. 즉 개념적 설명은 비예술성의 주요 요인이 된다. 시의 사상 감정은 시인의 직설적인 주장에서보다 주로 작품에 표현된 생활적인 표상이 자아낸 정감(서정)에 기초하여 비로소 독자들에게 감명 깊게 감동적으로 전달되는 법이다.[15]

14 『문학예술』 마지막 호의 기획특집으로 마련된 「문예동이 걸어온 자랑찬 40년」이란 좌담회를 통해 이러한 변화와 균열의 지점을 엿볼 수 있다. 이 좌담회에서는 '문예동' 산하 각 예술분야의 원로들이 '총련'계 재일 디아스포라 문학예술 활동의 지난 역사를 회고하면서 앞으로의 '문예동'의 방향성에 대한 솔직한 의견을 제시하고 있어 상당히 주목된다. 특히 "동포들 속에서 민족성을 고수하고 군중적 지반을 강화하는 데서 문학예술이 중요한 힘이 되는 것은 두말할 바 없습니다. 지난 시기의 정확한 총화와 현실분석에 기초하여 21세기를 지향해 나가야 하지만 새 시대는 새세대의 역할을 더 크게 높여야 한다고 봅니다. 새세대의 감각과 요구를 깊이 파악하지 않고서는 오늘과 내일에 대해서 말하기 어렵다고 생각합니다."라는 리동일의 말에서, '총련'계 재일 디아스포라 문학예술 활동 내부의 커다란 인식의 변화를 분명하게 읽어낼 수 있다. 좌담회에 참여한 분야별 토론자의 명단을 보면 다음과 같다. 김희영(사회, 문예동 사무국장), 김학렬(문예동 부위원장 겸 문학부장), 최진욱(음악부장), 리동일(미술부장), 현계광(무용부장), 리영식(영화부장), 김광성(서예부장), 강영세(조선문예사 부사장). 『문학예술』 109호, 문예동중앙상임위원회, 1999.6.29, 22~34면.

"시문학의 사상은 서정화된 사상이지 결코 개연적 논리의 그것이 아니다"라는 인식에는 2000년 이후 '총련'계 재일 디아스포라 시문학의 성찰적 지점과 새로운 방향이 담겨 있다. 즉 "무엇보다도 시의 사상 표현에서 정치 이념적으로 직설적으로 설명하여 인식을 주는 데 조급해 하는 폐단을 극복하고, 독자들에게 먼저 시적인 감동을 안겨주기 위한 공감되는 사상으로, 느껴지는 사상으로 시형상(시화)을 하는 데 힘을 기울여야 한다"[16]는 것이다. 이러한 변화는 김학렬, 정화수, 정화흠 등이 주축이 된 '종소리시인회'에 의해 주도되었다. 김학렬은 재일조선인 문학의 정체성과 지향성을 일제 식민지시기에 빼앗긴 아름다운 우리말을 되찾아 민족어에 담긴 민족정신을 회복하는 것, 식민지 노예상태를 거절하고 일본의 동화정책에 맞서 당당하게 살아가는 재일동포들의 생활상을 표현하는 것, 그리고 통일민족과 통일문학의 미래를 위해 헌신하는 것 등 세 가지로 정리하였는데,[17] 『종소리』는 이러한 입장을 충실히 담아내면서 2000년 이후 재일 디아스포라 시문학의 변화와 갱신을 선도하는 핵심적인 역할을 담당했다.[18] 이런 점에서 '총련'계 재일 디아스포라 시문학은 2000년 『종소리』 창간 이전과 이후 시의 주제와 방법에 있어서 뚜렷한 차이를 드러낸다는 사실을 특별히 주목할 필요가 있다.

---

15 김학렬, 「절절한 망향의 정감, 세련된 시적 형상 – 정화흠 시집 『민들레꽃』을 두고」, 『재일동포 한국어문학의 전개양상과 특징 연구』, 국학자료원, 2007, 47면.

16 김학렬, 위의 책, 20면.

17 김학렬, 「재일조선문학이란?」, 『종소리』 23호, 2005. 여름, 58~62면 참조.

18 『종소리』는 2000년 1월 창간되어 2010년 가을호까지 총 44호를 발간한, 정화수, 김학렬, 홍윤표, 정화흠, 김두권, 김윤호 등 재일 1세대와 2세대 문인들이 주축이 된 시전문지이다. 2004년 11월에는 『종소리』 20호 발간을 기념하여 『종소리 시인집』이라는 시선집을 출간했고, 2008년 2월에는 남한에서 종소리대표시선집 『치마저고리』(김응교 편, 화남)를 출간하기도 했다. 김응교, 「재일조선인 조선어 시전문지 『종소리』 연구」, 『현대문학의 연구』 34호, 한국문학연구학회, 2008. 2, 237~276; 하상일, 「재일 조선인 시문학 연구 – 『종소리』를 중심으로」, 『한국문학논총』 제48집, 한국문학회, 2008. 4, 171~192면 참조.

3. 재일 디아스포라 시인 정화흠의 시세계

1) 남한 사회에 대한 비판과 사회주의 조국 북한 찬양

주지하다시피 '총련'계 시문학의 이데올로기적 방향은 김일성, 김정일로 상징되는 사회주의조국 북한에 대한 찬양으로 일관되어 왔다. 이러한 태도는 곧 남한 사회에 대한 직접적 비판으로 전면화되었는데, 해방 이후에도 여전히 미제국주의에 종속된 남한 사회의 신식민지적 현실에 대한 비판과 군사독재의 강화로 고통 받는 남한 민중들의 현실이라는 정형화된 이미지를 고착화시켰다. 특히 4월혁명, 유신체제, 광주민주화운동, 6월항쟁 등 남한의 역사적 사건들을 직접적으로 거론하면서, 독재자의 횡포와 민중들의 수난이라는 이분법을 선명하게 전달하려는 선전선동의 목적성을 강화해 나갔다. 정화흠의 첫 시집『감격의 이날』에는 이러한 이데올로기를 명시적으로 드러낸 작품이 대부분인데,「철창속에서」,「돌아오지 않는 소년」,「궐기하자, 남녘이여」,「그네들의 '철학'」,「이놈들아 들어라」,「기어이 튀고말리라」,「노호하는 남녘바다」,「고향방문 말도 마오」 등이 있다. 이 시집은 1960~70년대에 쓴 작품을 모은 것으로, 남북한의 이데올로기 대립이 가장 극심했던 시절의 '총련'의 의식과 '문예동'의 창작방향을 여실히 보여준다.

> 어머니 / 사랑하는 어머니이시여 / 이 밤도 벌써 자정을 넘어 / 달도 저 멀리 서산에 기울고 / 무겁게 침묵만이 가슴을 누릅니다 // 철창속에 갇히여 이미 석달 / 채찍소리 울부짖는데 / 어제는 시인이 끌려오고 / 오늘은 또 애젊은 학생들이 / 살인법정으로 끌려갔습니다. // 자유를 말한 것이 / 통일을

원한 것이 / 그것이 '죄'로 되고 '법'에 거슬려 / 숱한 애국자가 끌려오고 끌려가고 / 방금은 건너편 고문실에서 / 아직은 못다핀 꽃나이 녀학생이 / 한많은 이 세상을 떠났습니다 // 어머니 / 나는 똑똑히 보았습니다 / 놈들의 정체를 / 놈들이 부르짖고있는 '유신체제'가 / 무엇을 노리고 있는가를 // …… // 그렇습니다 / 말해서도 안되고 / 보아서도 안되고 / 들어서도 안되고 / 모든 것이 안되는 숨막히는 세상에 / 봄이 온들 무슨 꽃이 피여나리까

—「철창속에서」(『감격의 이날』, 86~88쪽) 중에서

인용시는 1975년에 발표된 작품으로, 유신독재의 매서운 칼날에 고통받던 남한 사회의 모습을 비판적으로 형상화하였다. 유신독재에 항거하다 감옥에 갇힌 한 젊은이가 자신의 어머니에게 보내는 편지글 형식으로 자유와 통일을 염원한 청년들의 억울한 죽음을 풍자적으로 고발하고 있다. "말해서도 안되고 / 보아서도 안되고 / 들어서도 안되고 / 모든것이 안되는 숨막히는 세상에 / 봄이 온들 무슨 꽃이 피여나리까"와 같은 울분을 통해 입과 눈과 귀를 모두 막고서야 간신히 살아갈 수 있는 남한의 현실을 거침없이 비판하고 있는 것이다. 이러한 남한 사회에 대한 전면적인 비판은 궁극적으로 북한 사회를 향한 동경을 정당화하는 논리적 거점을 마련해준다. 봄이 와도 꽃이 필 수 없는 서슬퍼런 독재가 지배하는 남한과는 달리, 북한은 김일성의 영도 아래 따뜻한 봄의 시대를 구가하고 있는 낭만적 동경의 대상으로 신비화하고 있는 것이다.

북한의 시문학은 자유로운 개인의 내면과 정서를 표현하기보다는 인민을 계도하는 계몽성을 실천하는 것을 창작방침으로 삼아왔다. 특히 지도자를 찬양하고 북한 체제의 우월성을 선전하는 데 초점을 맞추어 인민을 교양하려는 목적의식 아래 시를 창작했기 때문에, 북한의 시문학은 전언(傳言) 중심의 평이한 서술적 어조의 시가 대부분을 차지한다.[19] '총련'

계 재일 디아스포라 시문학은 이와 같은 북한문학의 창작 지침을 그대로 이행함으로써, 재일조선인들에게 김일성이 교시한 북한의 주체이데올로기를 실천하는 해외공민으로서의 자세와 역할을 요구했다.

다닥다닥 판자집이 / 즐비한 골목 / 이 밤도 바람은 비를 몰고 / 벽이며 지붕이며 사정없이 치는데 / 숨가쁘게 찾아온 이 동네 분회장 // 《하 할머님! / 조국을 방문한 영철동무가 / 어버이수령님을 만나뵈였습니다》 / 《조선신보》 펼치며 동네분회장 / 위대한 수령님 모시고 찍은 / 영철이의 사진을 손짚는다 // 어디 어디? / 서랍을 연다 / 재봉함을 뒤적인다 / 숨가쁘게 찾아낸 돋보기안경 / 떨리는 두손으로 코허리에 걸고서 / 할머니는 정신없이 사진을 보네 // 할머니는 그만 눈물 짓네 / 주먹같은 눈물을 뚝뚝 떨구며 / 멍하니 한곳을 바라보네 / 팔자를 한탄하며 하늘을 흘기던 / 영철이의 어린 시절 생각하는가 // 무슨짓을 안했으랴 / 새벽마다 배고파 우는 영철이 / 그 작은 창자를 채워주기 위해서는 / 무슨일을 가렸으랴 / 부모를 일찍 여윈 불쌍한 손자 / 영철이를 학교에 보내기 위해서는 // 그러나 모자랐네 / 두팔을 못뻗는 이 땅에서는 / 땅을 치면서 설음도 홀로 / 하늘을 저주하며 눈물도 홀로 / 할머니와 영철이는 / 살아서도 죽음같은 목숨이었네 // 그 목숨 건져주시고 / 영철이를 대학까지 보내주신 / 하늘보다 드높은 수령님의 사랑 / 그 사랑에 목이 메여 / 이 밤도 늦도록 잠못이루는데 / 어찌하여 아, 어찌하여 / 기념사진까지 함께 찍어주시는지 … // 목이 메인다 / 눈앞이 흐려진다 / 이런 사랑, 이런 은정 / 이 세상에 또 어데 있는지… / 할머니는 참지 못해 문을 열고 / 울음을 터뜨리며 밖을 나가네 // 어느덧 비도 멎고 바람은 잠자고 / 하늘엔 휘영청 달이 밝아

19 오성호, 「북한시의 형성과 전개－송가, 서사시, 서정시를 중심으로」, 『북한시의 사적 전개과정』, 경진, 2010, 208~209면.

/ 처마끝엔 은구슬이 진주로 빛나고 / 이 밤의 기쁜 소식 축복하는가 / 어디선가 풀벌레 금방울을 울리네 // 아, 이 세상 모든 행복 / 혼자 지닌듯 / 푸른 광채 속에 몸을 묻고 / 할머니는 밝은 달 바라보네 / 달빛속에 수령님의 영상을 그리면서 / 소리없이 눈물짓네 / 눈물속에 소리없이 수령님을 노래하네

—「어버이사랑」(『념원』 45~48쪽) 전문

'총련'계 재일 디아스포라 시인들에게 김일성과 사회주의조국 북한은 수난의 역사를 살아가는 재일조선인들의 삶을 구원해줄 메시아적 존재와 같은 절대적 위상과 의미를 지녔다. 재일조선인들에게 김일성과 조국은 현실적 삶 속의 실체가 아니라 현실의 결핍을 위무하고 채워주는 심리적 보상 기제로서, 이에 대한 찬양과 동경은 논리적 인식이 개입될 여지가 없는 심정적 차원의 절대성을 지녔던 것이다.[20] 부모를 일찍 여읜 불쌍한 손자를 홀로 키우며 평생을 일본 땅에서 살아온 할머니의 감격을 담은 인용시는, 재일조선인들에게 수령의 의미가 어떻게 각인되어 있는가를 분명하게 보여주는 작품이다. 재일조선인들을 '동포'로 바라보기보다는 오히려 반공이데올로기를 앞세워 '적'으로 규정했던 남한 정부와는 달리, 북한은 재일조선인을 '해외공민'으로 인정하면서 경제적 지원은 물론이거니와 조선인학교를 설립해주는 등 재일조선인으로서의 민족적 정체성을 지켜주는 데 상당히 헌신하였다. 따라서 1960년대 이후 재일조선인의 의식과 지향이 북한을 동경하고 지지했던 것은 너무도 자연스러운 결과가 아닐 수 없었다. "살아서도 죽음같은 목숨"이었던 재일조선인의 상처와 고통을 따뜻하게 감싸주었던 김일성의 존재는 그 자체로 영웅

20 홍용희, 「재일조선인 디아스포라 시의 특성 고찰」, 『한국현대문학연구』 27집, 한국현대문학회, 2009.4, 493면.

의 면모를 가질 수밖에 없었던 것이다. 당시 '총련'의 문학은 천리마시대와 주체시대의 북한문학의 이데올로기를 충실히 이행함으로써 북한을 사회주의적 이상향으로 선전선동하는 것을 가장 중요한 목표로 삼았다. 김일성에 대한 우상화를 목적으로 한 수령 형상 창조는 바로 이러한 전략을 구체적으로 실천한 결과라고 할 수 있다. 다시 말해 송가 문학의 활성화를 통해 사회주의조국 북한을 찬양하고자 했던 '총련'의 지도노선과 이를 충실히 이행했던 당시 '문예동'의 창작 방향과 실제를 분명하게 보여주는 것임에 틀림없다.[21]

2) 분단 현실의 극복과 재일조선인으로서의 시대정신

재일 디아스포라 문학에 있어서 분단된 조국의 통일은 당면한 가장 중요한 과제였다. 특히 '재일조선문학자회' 구성원들을 중심으로 프롤레타리아문학의 정신을 이어온 좌파 계열의 '총련'계 문인들은 분단 현실의 극복을 위한 비판적 현실참여와 저항적 주체의 형성을 재일조선인으로서 반드시 정립해야 할 시대정신으로 인식하였다. 해방 이후 식민지 잔재의 청산을 통해 진정한 민족해방을 실현하려 했던 우리 민족의 역사의식을 거름으로 삼아, 분단의 모순과 상처를 넘어서 통일조국의 미래를 지향하는 주체적 현실인식을 보여주고자 했던 것이다. '총

21 김일성을 누구도 넘볼 수 없는 도덕적 권위의 화신이자 진리의 전유자로 찬양하는 송가를 만들어낸 것은, 정치권력이나 권력의 향배에 민감하게 반응한 일부 시인이 아니라 오랫동안 자신들을 질곡 속에서 해방시켜줄 메시아적 존재를 기다려온 민중들의 소박한 꿈과 상상력이었다고 할 수 있다. 송가는 김일성을 새 역사의 주체로 내세움으로써 숱하게 좌절되어 온 민중들의 꿈이 바야흐로 실현되고 있음을 확인시키는 역할을 했던 것이다. 오성호, 앞의 글, 218~219면.

련'계 재일조선인들 대부분이 북한을 조국으로 생각했지만, 이 가운데 80% 이상이 실제로는 남한을 고향으로 두었다는 사실은 이러한 문제의식을 더욱 투철하게 견지하는 현실적인 이유가 되었다. 즉 '총련'계 재일조선인들 대부분이 고향에 대한 근원적 그리움과 조국을 향한 지향성을 일치시키지 못한 채 살아왔다는 사실에서, 분단 현실의 극복은 재일조선인으로서의 생활과 실존을 근본적으로 해결하는 가장 중요한 과제로 인식되었기 때문이다. 재일조선인들에게 분단과 통일의 문제는 남과 북의 이데올로기 대립을 넘어서 민족공동체의 보편적 염원을 담은 가장 근원적인 동시에 궁극적인 과제였던 것이다.

> 해묵은 갈대숲이 길길이 자라 / 녹쓴 철조망에 뒤엉켰구나 / 저 멀리 흘러가는 림진강도 / 분노에 목메이는가 // 짙어가는 산그늘아래 / 떠도는 산새들을 놀래우며 / 짐승처럼 웅크리고 서있는 / 검은 그림자 // 바로 저놈이 아니냐 / 이렇게 철조망을 치고 장벽을 쌓고 / 한두해도 아닌 30여년간을 / 오도가도 못하게 길을 막아선놈들이
>
> —「군사분계선에서」(『감격의 이날』, 28~31쪽) 중에서

> 저 소리를 듣습니까 / 구호물자 가득 싣고 / 하늘땅을 울리며 / 분계선을 넘어서는 / 저 경적소리를 // 그 누가 말했습니까 / 피는 물보다 진하다고…… // 갈라져살아도 / 우리는 한민족 / 하늘땅을 가르고 바다를 가른대도 / 가를수 없는 피줄입니다
>
> —「피는 물보다 진하다고」(『념원』, 31~33쪽) 중에서

> 바람이 붑니다 / 천리변방에도 / 훈훈한 바람이 붑니다 // 얼마나 기다리던 이날입니까 / 북남을 가로막던 / 두터운 얼음장이 / 쩡쩡 소리치며 깨여지고

// 잠자던 산악들도 / 뿌듯이 허리를 펴고 / 해빙기를 노래하며 일어섭니다

—「해빙기」(『민들레꽃』, 120~121쪽) 중에서

3.8선 / 비무장지대에 / 거적때기 깔아놓고 / 낮잠 한번 자고싶다 // 텁텁한 막걸리 / 얼근히 한잔되여 / 큰 대자로 누워서 / 코를 골며 자고싶다 // 무기없는 공간인데 / 무엇이 겁나겠나 / 뛴들 딩군들 / 벌거벗고 춤을 춘들 // 벌떼에 쏘여도 좋다 / 사슴의 발꿈치에 채여도 좋다 / 총포 없는 내 땅에서 / 낮잠 한번 자고싶다 // 더도 말고 / 덜도 말고 / 단 한번만

—「낮잠 한번 자고싶다」(『종소리』 35호) 전문

정화흠의 시세계는 2000년 『종소리』 창간을 전후하여 획기적인 변화를 보였다. '문예동'의 시가 대부분 그러하듯, '총련'의 지도노선에 입각했던 초기시의 이념적 경향이 『종소리』에 발표된 후기시들에서는 상당히 약화되어 있는 것이다. 즉 『종소리』 이전의 시가 수령 형상 창조와 조국에 대한 찬양 일변도의 획일화된 양상을 보이면서 '총련'애국사업의 성공을 위한 선전선동의 성격을 전면화했던 반면, 『종소리』에 발표한 시를 통해서는 민족분단의 상처에서 비롯된 근원적 고향의식과 통일에 대한 열망을 담아내는 재일 디아스포라의 보편적 의식을 형상화하는 데 초점을 두었다. 이런 점에서 인용시를 순서대로 살펴보면, 해방 이후 남북 관계의 급격한 변화 속에서 분단과 통일 문제를 바라보는 '총련'계 재일 디아스포라 시인의 의식이 어떻게 변모되었는가를 짐작할 수 있다. 말 그대로 꽁꽁 얼어붙었던 군사분계선의 장벽이 구호물자를 싣고 넘어서더니, 이제는 "북남을 가로막던 / 두터운 얼음장이 / 쩡쩡 소리치며 깨여지"는 "해빙기"를 맞이하게 되면서, "3.8선 / 비무장지대에 / 거적때기 깔아놓고 / 낮잠 한번 자고싶다"에서처럼 분

단을 상징하는 극한적 경계인 비무장지대조차 낭만적 동경의 장소로 변용시키는 단계로까지 발전한 것이다.

그동안 재일조선인 사회는 아주 견고한 이념적 대립 속에서 '민단'과 '총련' 두 조직으로 이원화되어 사실상 남북의 대리전을 해왔다고 해도 과언이 아니다. 특히 남북의 정치 논리는 재일 디아스포라의 민족적 정체성을 지켜주기 위한 실제적인 노력보다는, 오직 남과 북의 정치적 입장에 종속된 이데올로기적 선택을 강요하는 데 집중했을 따름이었다. 이러한 이념적 경직성으로 인해 최근 재일 디아스포라 사회는 남한도 북한도 아닌 식민지종주국 일본으로 귀화하는 재일조선인들의 수가 급격하게 늘어나는 결과를 초래하고 있다. 남북한의 이념적 굴레와 속박에 대한 강한 부정과 남북한의 직접적 통제와 간섭을 벗어나기 위해 재일조선인으로서의 민족적 정체성과 의식적으로 단절함으로써, 생활과 현실이 보장되는 일본인으로서의 삶을 적극적으로 선택하고 있는 것이다. 재일조선인 3세 이후의 세대들이 주축이 된 지금의 재일 디아스포라 사회에서 민족적 정체성에 대한 고민은 자신들의 인권이나 생활과 전혀 무관한 추상적 관념의 차원으로 전락하고 말았기 때문이다. 결국 현재 재일 디아스포라 사회는 민족과 국가의 경계를 넘어서 점점 해체되어 가는 심각한 정체성의 혼란을 겪고 있다고 하지 않을 수 없다.

> 세상이 넓다지만 / 나이 먹은 나에게는 / 발붙일 곳이 없네 // 북으로 가면 〈〈귀포〉〉의 딱지 / 남으로 가면 〈〈똥포〉〉란 부름 / 이래서야 내 땅인들 정이 가겠나 / 차마 왜땅귀신은 될수 없고 // 어디로 가야 하나 // 정말 몰랐네 / 고향을 등진 죄가 / 이렇게 무거울줄은 // 삶의 어려움 // 이국의 달빛 아래 / 이밤도 그림자 하나 / 유령같이 / 발붙일 곳을 찾아 얼른거린다
>
> —「어디로 가야 하나」(『종소리』 34호) 전문

인용시는 민족정체성이 사라진 재일조선인들의 현실을 직시하면서, 앞으로 재일조선인으로서의 삶이 어떤 방향으로 나아가야 하는가에 대한 존재론적 질문을 담고 있다는 점에서 상당히 의미심장하다. 즉 급격하게 전개되어 가는 재일 디아스포라의 해체와 변화를 바라보면서, 재일조선인들 스스로가 남북의 이념적 대리전에서 선봉장 역할을 자임하던 과거의 태도를 과감하게 청산하고 오로지 민족의 통일을 향한 순수한 열망에 더욱 헌신해야 한다는 점을 무엇보다도 강조하는 것이다. 다시 말해 재일 디아스포라 사회의 분열과 대립을 무조건 남한과 북한의 탓으로 돌리거나, 조국 통일의 과제를 남북한 정치권의 손에만 맡겨둘 것이 아니라, 지금 자신이 발 딛고 서 있는 재일동포 사회 내부에서부터 진정한 화합과 통일을 이루어내는 구체적인 노력을 보여주어야 한다는 것이다. 이처럼 지금 재일조선인으로서의 시대정신은 남과 북 어디에도 얽매이지 않는 재일 디아스포라의 자율성과 독자성을 구현하는 방향으로 나아가고 있는 것이다.

3) 고향을 향한 그리움과 디아스포라적 상처의 형상화

재일 디아스포라 시문학은 세대의 차이가 문학적 지향의 차이를 가져오는 독특한 양상을 드러낸다. 즉 재일 1세대와 2세대가 민족주체성의 확립과 일본에서의 차별적 지위에 대한 민족적 저항, 그리고 분단의식과 통일의식을 목표로 한 비판적 리얼리즘의 양상을 구체화하고 있는 반면, 재일 3세대 이후의 세대는 민족과 국가에 구속된 혈통의식이나 일본어와 우리말 사이의 갈등에 크게 얽매이지 않음으로써 전혀 다른 문학적 관심과 지향을 보이고 있는 것이다. 사실 재일 3세대 이후의 세대에게 있어서 '재일'은 이념의 차원이 아닌 생활의 문제이므로, 재일 1세대와 2세대가 계승하고자 하는 민족의식과 역사의식은 관념적 이상에 불과할 따름이다. 따라서 이들은 '재일'의 시대정신을 민족과 국가를 뛰어 넘어 일본에서 주체적으로 살아가는 현재적 삶의 방법에 대한 성찰의 문제로 받아들이는 전혀 다른 인식을 지니고 있는 것이다.

이러한 변화 속에서 '총련'계 재일 디아스포라 시문학 역시 1990년대 후반부터 주제나 형식에 있어서 상당히 획기적인 변모를 드러냈다. 김일성, 김정일과 사회주의 조국 북한에 대한 찬양 일변도의 작품 경향을 벗어나 재일조선인들의 일상생활이나 역사적 상처를 주제로 개인적 정서를 형상화는 방향으로 적극적인 변화를 모색했던 것이다. 즉 남과 북의 경직된 이데올로기와 정치적 사건의 직접적 형상화에 집중해왔던 이전의 경향과는 달리, 재일조선인으로서의 생활 현실과 역사적 삶의 과정에 초점을 맞추는 새로운 경향을 보였던 것이다. 정화흠의 시 역시 이러한 변화의 흐름에 맞추어 2000년 『종소리』 창간 이후부터는 민족이나 국가와 같은 거대담론에 경도되어 그동안 크게 관심을 기울이지 못했던 재일조선인의 생활상을 구체적으로 형상화함으로써, 재일조선인으로서의 자기정체성을 되찾고자 하는 주체적 의식과 태도를 분명하게 보여주었다. 언어, 민속, 풍물, 자연, 노래, 놀이, 음식 등 고향의 모습을 떠올리게 하는 민족의 상징물을 통해 재일조선인으로서의 공동체의식과 정서를 시적으로 형상화는 데 초점을 두고자 했던 것도 바로 이러한 이유에서이다.[22]

---

22 『종소리』에 발표된 이러한 경향의 작품들로는, 고향의 정경을 떠오르게 하는 자연물을 제재로 한 「들장미」(김두권, 1호), 「진달래꽃」(김두권, 9호), 「나리꽃」(김두권, 14호), 「단감나무」(정화수, 17호), 고향의 정겨운 음식을 제재로 한 「쑥은 쑥국이요」(정화수, 1호), 「호박찌개」(정화흠, 8호), 애호박(정화흠, 16호), 「상추」(정화수, 18호), 「열무김치」(김학렬, 19호), 「찰강냉이」(정구일, 20호), 「안동소주」(김학렬, 21호), 「호박전」(정화흠, 28호), 「감자부침이」(정구일, 31호) 등이 있다. 하상일, 「재일 조선인 시문학 연구—『종소

고향땅 시골에서 / 편지가 왔습니다 / 할미꽃동산에 할미꽃 피였다고 // 잊지 못할 고향의 / 할미꽃동산 / 올해도 피였다는 할미꽃소식 // 눈감으면 삼삼히 떠오르는― / 슬픔이 웃음보다 많았던 시절에도 / 해마다 피여나는 그 할미꽃 // 젊어서도 할미꽃 / 늙어서도 할미꽃 / 허리가 굽어서 그 이름이런지 // 허리는 굽어서도 / 굽히지 않는 / 조선의 할머님의 그 마음이런지 // 반만년 기구한 세월속에서도 / 열두치마폭에 고이 감싸온 / 먹은 맘 변치 않는 송죽의 절개 // 그 절개 지니고 피였습니다 / 오곡이 열매지는 자지빛 옥토 / 그 빛갈 품고서 피였답니다 // 할미꽃 할미꽃 / 내 고향 할미꽃 / 너를 반겨 나비도 춤을 출테지 // 사람도 변하고 / 세월도 변했건만 / 변함을 모르는 너 할미꽃아

―「할미꽃」(『민들레꽃』, 108~109쪽) 전문[23]

"할미꽃"은 고향의 대표적 상징물이다. 시인은 해마다 어김없이 전해오는 "할미꽃소식"을 들으며 재일조선인으로서 살아왔던 지난 세월을 되돌아본다. "슬픔이 웃음보다 많았던 시절"을 지나 "허리는 굽어서도 / 굽히지 않는 / 조선의 할머님의 그 마음"과 같은 "할미꽃"을 바라보면서, "반만년 기구한 세월" 온갖 상처와 고통을 견뎌온 재일조선인의 "절개"를 떠올린다. "사람도 변하고 / 세월도 변했건만 / 변함을 모르는" "할미꽃"이야말로 재일조선인의 몸과 마음을 온전히 육화한 민족적 상징이라고 보았던 것이다. 그래서 시인은 "올해도 피였다는 할미꽃소식"을 고향으로부터 전해 들으면서, 남과 북, '민단'과 '총련'으로 이원화된 재일조선인 사회의 이데올로기적 허구성을 넘어서 민족공동체의 화합과 통일

리』를 중심으로」, 『한국문학논총』 제48집, 한국문학회, 2008.4, 183~184면 참조.

23 이 시는 원래 『종소리』 창간호(2000.1)에 발표되었는데, 『민들레꽃』을 발간하면서 일부분 수정을 하였다. 『민들레꽃』이 2002년 8월에 발간되었으므로, 시인이 직접 고친 후자의 것을 정본으로 삼았다.

을 지향하는 강한 열망을 드러낸다. 2000년대 이후 정화흠의 시에서 「호박전」, 「호박찌개」, 「김치가 왕」, 「풋고추가 제일이지」, 「애호박」 등 우리 민족의 전통 음식을 재재로 한 시가 상당히 많이 창작된 이유도 바로 이러한 공동체의식을 담아내고자 한 결과였다고 할 수 있다.[24]

해방 이후부터 지금에 이르기까지 재일조선인들은 일본 내에서 온갖 차별과 멸시를 감당하며 살아왔다. 1960년대 한일조약의 결과 일본 내에서의 법적 지위를 얻기는 했지만, 그것은 재일조선인들의 권익을 개선하는 데 주된 목적이 있었던 것이 아니라 한일 양국의 정치지도자들이 정치경제적 이권을 확보하기 위한 고도의 전략적 산물에 불과했다. 따라서 이 조약에는 재일조선인의 인권에 대한 보장과 차별과 불평등의 현실을 근본적으로 해결하는 제도적 방침은 처음부터 없었다. 그 결과 재일조선인의 삶은 현재까지도 과거의 상처와 고통으로 신음하는 수난의 역사를 이어가고 있다고 해도 과언이 아니다.

> 어물상 점포에 / 통대구가 / 딱지를 달고 나와 있다 // 제일 잘 생기고 살찐 놈이 특급 / 그 담 가는 놈이 1급 / 그 담 가는 놈이 2급 / 그 담 가는 놈이 3급 / 못생기고 여윈 놈은 / 구석진 곳에서 딱지도 없다 // 아무리 성실하고 부지런해도 / 못생긴 놈의 처지는 / 물나라 고기들도 같은가 보다
>
> —「통대구의 처지」(『종소리』 13호) 전문

> 수림속에 자라난 / 키 작은 풀 한 포기 / 이름이 무엇인지 / 아무도 모른단

24 북한의 비평가 류만은, "민속음식과 관련한 여러 시작품에서 풍기는 정서는 동포시인들이 동포들의 생활을 노래하는 데서 줄곧 주체성, 민족성을 놓치지 않고 생활체험과 사색을 심화한 결과 이룩된 결실이다"라고 평가했다. 류만, 「민족의 넋이 높뛰는 애국의 『종소리』—시잡지 『종소리』를 읽고」, 『종소리』 제27호, 2006. 여름, 50면.

다 // 길 가는 사람도 / 모른다 하고 / 이름난 〈〈식물학자〉〉도 / 팔짱을 낀채로 답이 없다 // 아는 이 하나 없고 / 고운 꽃 한 송이 피우지 못했어도 / 어둑한 숲 잡목들 속에서 / 제 운명을 제 힘으로 떠메고 자란 / 그 얼굴에 / 웃음이 아름답다 // 이름이 없은들 / 무슨 수치랴 / 떳떳이 고개를 들자꾸나 / 그 목에 / 꽃 목걸이를 걸어 주마

—「무명초」(『종소리』 14호) 전문

높고 반듯한 나무만이 / 나무가 아니다 / 낮고 굽어도 / 나무는 나무인것이다 // 아무리 낮고 굽어도 / 갖출것은 다 갖추어 / 뿌리를 내려서 / 산을 지키고 / 잎을 피워서 / 메마른 땅을 기름지운다 // 그런데도 함부로 / 베어버리는 사람이 있다 / 낮다고 / 굽었다고 / 보잘것 없고 / 쓸모가 없다면서 // 이미 홍수를 만나 / 산도 잃고 / 땅도 잃고 / 집마저 떠나보내고서야 / 그제사 〈〈나무여〉〉 하는 / 사람도 있다

—「나무」(『종소리』 17호) 전문

최근 들어 재일 디아스포라 시문학은 재일조선인이 경험한 역사적 시련과 모순을 비판적으로 성찰하는 디아스포라적 상처의 형상화에 집중하고 있어서 상당히 주목된다. 인용시에서 "통대구"와 "무명초"그리고 "나무"는 못나고 이름 없고 보잘 것 없다는 점에서 소외된 처지로서의 공통점을 지닌다. 자본과 중심의 논리에서는 전혀 주목받을 수 없었던, 그래서 늘 버림받고 외면당해온 이와 같은 사물들을 통해 일본 내의 소수자이면서 주변인으로 살아온 재일조선인의 역사적 상처와 고통을 상징적으로 형상화하고 있는 것이다. 하지만 시인은 이러한 수난의 역사를 한탄하거나 토로하는 감정적 차원에 머무르지 않고, "아무리 성실하고 부지런해도 / 못생긴 놈의 처지"일지라도 "어둑한 숲 잡목들 속에서 / 제 운명을 제

힘으로 떠메고 자란 / 그 얼굴"에서 재일조선인의 강인한 신념을 발견하는 인식의 전환을 보인다. "아무리 낮고 굽어도 / 갖출것은 다 갖추어 / 뿌리를 내려서 / 산을 지키고 / 잎을 피워서 / 메마른 땅을 기름지"게 만드는 재일조선인의 저력을 누구보다도 잘 알고 있기 때문이다. 이처럼 시인은 재일조선인이 뼈저리게 경험해온 지난 역사의 상처와 고통을 결코 잊어서는 안 되겠지만, 그렇다고 해서 과거의 수모에 갇혀 미래의 가능성을 놓쳐버리는 결과를 초래해서도 안 된다는 사실을 직시하고 있다. 2000년 이후 재일 디아스포라 시문학의 주제와 방향이 남북한의 이념을 선전선동하는 데 초점을 두기보다는 재일조선인의 역사와 생활에 더욱 가까이 다가서고자 하는 이유도 바로 이러한 문제의식에서 찾아야 할 것이다. 정화흠의 시는 이와 같은 변화의 중심에서 재일 디아스포라 시문학의 혁신을 이끄는 중요한 역할을 담당했다는 점에서 그 시사적 의의는 상당히 크다고 할 수 있다.

4. 맺음말

'디아스포라'는 본래 팔레스타인 지역을 떠나 세계 각지에 흩어져 거주하는 유대인과 그 공동체를 가리키는 협의적 개념으로 사용되었다. 그런데 지금은 이러한 지역적이고 종교적인 제한성을 넘어서 자신이 속한 공동체로부터 떠남을 강요당한 세계 여러 민족의 구성원들을 두루 포괄하는 확장된 개념으로 받아들여지고 있다.[25] 특히 식민과 분단을 경험한 우리 민족에게 디아스포라는 역사적이고 이념적인 성격을 벗어나서는 생각할 수 없는 특수성을 지니고 있음을 반드시 기억해야 한다. 즉 식민과 분단의 결과물이라고 해도 과언이 아닌 재일조선인의 역사는 개인의 자발적 선택 유무라는 단순 논리로 접근할 수 없는 더욱 중층적이고 복합적인 시대의식을 담고 있음을 간과해서는 안 되는 것이다. 이런 점에서 '총련'계 재일조선인들의 경우에는 북한의 직접적 통제 아래 있었고 강제적이고 자발적인 이주가 아닌 경우가 많으므로 '디아스포라'의 시각으로 접근해서는 안 된다고 보는 견해는 지나치게 편협한 사고가 아닐 수 없다. 식민과 분단의 역사만큼 개인의 삶을 억압하고 통제한, 그래서 개인의 의사와는 무관하게 재일조선인으로서의 삶을 강제로 부여받은 경우는 없다는 점에서, 재일조선인으로서의 역사는 그 자체로 디아스포라적이었다고 보지 않을 수 없기 때문이다. 다만 그동안 '총련'의 지도노선이 재일 디아스포라의 생활과 실존에 무게를 두기보다는 북한의 정치 이데올로기를 강화하는 데 너무 집중되었기 때문에, 재일조선인으로서의 자기정체성이 '디아스포라적 주체'로서의 모습을 분명하게 드러내지 못했다는 한계는 지적하고 넘어가야 할 것이다.

앞서 살펴본 대로 재일 디아스포라 문학에서 세대의 차이는 문학적 지향의 차이를 분명하게 구분하는 지표가 된다. 특히 오늘날 재일 3세대 이후의 세대에게 있어서 '재일'은 민족과 국가 그리고 이념의 차원에서 바라볼 문제가 아니라 일본에서 어떻게 정착하고 동화되어 살아갈 것인가와 같은 생활의 문제이므로, 재일 디아스포라 문학에 대한

25 대문자의 디아스포라(Diaspora)라는 말은 본래 "'이산(離散)'을 의미하는 그리스어"이자 "팔레스타인 땅을 떠나 세계 각지에 거주하는 이산 유대인과 그 공동체를 가리킨다"고 한다. 그러나 그것은 물론 사전상의 의미에 지나지 않는다. 오늘날 '디아스포라'라는 말은 유대인뿐 아니라 아르메니아인, 팔레스타인인 등 다양한 '이산의 백성'을 좀더 일반적으로 지칭하는 소문자 보통명사(diaspora)로 사용하는 경우가 많아졌다. 서경식, 「디아스포라 기행—추방당한 자의 시선」, 돌베개, 2006, 13면.

인식 역시 이미 세대 간에 상당한 차이를 보이고 있음을 간과해서는 안 된다. 따라서 역사적이고 민족적인 당위성만을 붙들고 재일 디아스포라 문학을 이야기하는 것은 시대착오적인 관념의 허위성을 드러내는 결과가 됨으로써 오히려 더 많은 부정과 비판에 직면할 위험성이 있다. 이런 점에서 앞으로 재일 디아스포라 문학은'재일'을 단순히 '일본에 산다[日本ですむ]' 또는'일본에 있다[日本にいる]'의 수동적 차원으로 보는 데 머물러서는 안 되고 '재일한다[在日する]'라는 적극적 행동의 의미로 인식[26]함으로써, 재일 디아스포라의 삶을 주체적으로 재구성하려는 적극적 의지를 표명할 필요가 있다. 재일 디아스포라 문학은 재일조선인들의 지난 역사에 대한 재현을 넘어서 지금 재일조선인이 발딛고 서 있는 지점에서부터 과거의 역사와 현재의 경험을 통합하는 새로운 지형을 만들어 가야하고, 이러한 현실인식이 미래를 아우르는 연속성도 확보할 수 있어야 한다. 다시 말해 '재일'을 상처와 모순의 의미로만 해석하는 차원을 넘어서 '경계'와 '틈새'[27]의 문제로 새롭게 인식함으로써, 디아스포라적 주체로서의 재일조선인의 위상과 의미를 재정립하려는 현실적인 노력이 절실하게 요구되는 것이다.

---

26 이에 대한 자세한 내용은, 이재봉, 「재일 한인문학의 존재 방식」, 『한국문학논총』 제32집, 한국문학회, 2002.12, 365~366면 참조.

27 릴라 간디는 제국주의에 의해 강화된 문화와 정체성들이 전지구적으로 혼합되고 있는 현상에 초점을 맞추어 '혼성(hybridity)'과 '이산(diaspora)'이라는 용어의 분석적 다재다능함과 이론적 탄력성을 주목하였다. 그리고 '혼성'이라는 용어에 의해 상정되는 '틈(in-between-ness)'이라는 개념은 이에 수반되는 '이산'이라는 개념에 의해 더욱 정교화된다고 하였다. 이처럼 디아스포라적 사유는 문화적 탈공간(dislocation)의 의미를 생성함으로써 재일의 실존적 상황을 다각적으로 이해하고 생산적으로 모색하는 뚜렷한 방향이 될 수 있을 것이다. 릴라 간디, 이영욱 옮김, 『포스트식민주의란 무엇인가』, 현실문화연구, 2000, 161~167면 참조.

재일 디아스포라 시문학과 '총련'의 시대정신

정화수론

1. 머리말

재일 디아스포라는 식민지 조선이라는 근대의 상처 안에서 파생된 우리 민족의 뼈아픈 역사 가운데 한 부분을 차지한다. 따라서 경술국치 이후 100년의 역사는 고스란히 재일 디아스포라의 역사와 겹쳐지는데, 식민지, 해방, 분단으로 이어진 우리 역사의 격변에 따른 한일 관계의 변화는 재일 디아스포라의 현실을 직접적으로 규정하고 통제하는 정치사회적인 문제가 되어 왔다. 특히 해방 이후 분단 현실의 고착화는 남과 북의 단절뿐만 아니라 재일조선인 사회의 이원화마저 가속화함으로써 재일 디아스포라의 역사는 남과 북의 이념적 대리전 양상으로 치달았다고 해도 과언이 아니다.

재일 디아스포라 문학 가운데 '재일본조선인총연합회(이하 '총련')'의 문학은 바로 이러한 이념적 대립의 중심에서 북한의 이념과 정책을 선전하고 고무 찬양하는 일관된 노선을 추구해 왔다. 특히 1959년 '총련' 산하 문학예술조직인 '재일본조선문학예술가동맹(이하 '문예동')'을 결성한 이후부터는 사실상 '일본 안의 북한문학'으로서의 성격을 전면화 함으로써, '총련'의 문학적 정체성은 북한의 정치적 노선에 철저하게 종속되는 양상을 드러냈다. 이러한 이념적 경직성은 그동안 재일 디아스포라 문학 연구에서 '총련'의 문학 작품이 주요 연구대상으로 부각되지 못한 결정적 이유가 되었다. 즉 1948년 남한만의 단독정부 수립 이후 반공주의 정책을 국가 이념으로 표방했던 남한 사회에서 북한문학의 아류로 평가되는 '총련'의 문학을 연구대상으로 삼는다는 것 자체가 금기의 영역이 되지 않을 수 없었던 것이다.

재일 디아스포라 문학 연구가 대체로 일본문학 전공자들을 중심으로 일본문학 내의 소수자문학의 한 양상으로 인식되었다는 점도 '총련'의 문학이 재일 디아스포라 문학의 한 부분으로 인정받지 못한 주된 이유 가운데 하나였다. 지금까지 재일 디아스포라 문학 연구가 아쿠타가와상, 나오키상 등 일본의 권위 있는 문학상을 수상했거나 수상 후보에 올랐던 일본어 소설 작품을 중심으로 논의되었던 이유도 바로 여기에 있다. 일본문학 전공자들에게 "재일 동포문학이란 일본에서 우리 동포들이 일본어로 쓴 문학"[1]에 한정된 영역이었으므로, 일본어가 아닌 한글로 창작된 '총련'계 재일조선인 문학작품은 재일 디아스포라 문학이 될 수 없다고 보았던 것이다.

1 이한창, 「머리말」, 전북대학교 재일동포연구소 편, 『재일 동포문학과 디아스포라 1』, 제이앤씨, 2008, 1면.

이런 점에서 현재까지 재일 디아스포라 문학은 이념적으로든 언어적으로든 한쪽으로 치우친 한계를 극복하지 못하고 있는 것이 사실이다. 물론 탈민족적이고 초국가적인 문제틀로 세계를 새롭게 인식하고 바라보아야 한다는 전지구적 담론들이 급부상하는 지금, 재일 디아스포라 문학에 대한 관점 역시 특정 국가나 민족의 경계 안에 머무르는 국가주의 혹은 민족주의의 폐단을 그대로 답습해서는 안 된다. 다시 말해 재일 디아스포라 문학을 언어와 이념을 기준으로 구분하고 차별하는 경직된 태도로부터 벗어나야 한다는 시대적 요구를 결코 외면해서는 안 되는 것이다. 그렇다면 이제는 '총련'의 문학 역시 이념적, 언어적 제약을 넘어서 재일 디아스포라 문학의 중요한 한 양상으로 적극적으로 수용할 필요가 있다. 재일 디아스포라 문학을 특정 민족과 국가의 범주 안에서가 아닌 재일조선인들 그 자체의 역사 안에서 체계화 하고 의미화 하려는 객관적인 인식과 노력이 절실하게 요구되는 것이다.

본고는 이러한 문제의식에서 해방 이후 재일조선인 조직의 변화 과정을 통해 '총련'계 재일 디아스포라 시문학의 전개 양상을 개괄적으로 살펴보고, 이를 토대로 재일 디아스포라 시인 정화수의 시세계를 '총련'계 재일조선인의 의식 변화를 중심으로 분석하는 데 목표를 두고자 한다.

정화수 시인은 1935년 부산 기장 출생으로 조선대학교 어문학부 노문과를 졸업했고, 도쿄조선학교 중급부 교원을 하다가 1961년부터 1983년까지 '조선신보사' 기자, 부국장을 지냈으며, '총련' 산하 문학예술조직인 '문예동' 위원장을 역임하였다. 특히 2000년 결성된 '종소리시인회'의 대표를 맡아 시전문지 『종소리』의 발행과 편집을 책임지면서 '총련'계 재일 디아스포라 시문학의 변화를 주도적으로 이끌었다. 시집으로 북한에서 출간된 『영원한 사랑 조국의 품이여』(문예출판사, 1980)가 있다. 생전에 『종소리』에 수록된 시를 모아서 자신의 고향 남한에서 한 권의 시집을 출간하겠다는 뜻을 간직하고 있었으나 결국 이 소망을 이루지 못한 채 2009년 12월 동경에서 타계하였다.[2] 본고에서는 그의 시집과 『종소리』에 발표된 시 전편을 모두 연구대상으로 했음을 밝혀둔다.

2. 재일조선인 조직의 변화와 '총련'계 재일 디아스포라 시문학의 전개

재일 디아스포라 문학의 역사는 1882년 조선 정부 사절단의 일원으로 일본에 갔던 이수정으로부터 시작하여 일본 유학생들의 문학 활동으로 확대되어 오늘에 이르렀다고 보는 시각이 있다.[3] 실제로 식민지 시기 우리 문인들의 상당수가 일본에 유학하면서 일본어 글쓰기를 했었다는 사실로 미루어 볼 때 이러한 관점은 일면 타당한 주장이라고 볼 수도 있다. 문제는 이들 대부분이 일본에 정착하며 살았다기보다는 공무나 학업 등의 이유로 일시적 체류를 했던 것이므로, 이들에게 디아스포라 의식이 있었다고 보기는 어렵다는 점이다. 디아스포라의 의미를 팔레스타인 지역을 떠나 세계 각지에 흩어져 거주하는 유대인과 그 공동체를 가리키는 협의적 개념(Diaspora)을 넘어서 자신이 속한 공동체로부터 떠남을 강요당한 세계 여러 민족의 구성원들을 두루 포괄하는 확장된 개념(diaspora)[4]으로 규정한다고 하더라도, 식민지 시기 이

2 이 논문을 작성하는 중에 '종소리시인회' 오홍심 시인으로부터 정화수 시인의 두 번째 시집이 지인을 통해 국내에서 발간되었고, 그의 시비(詩碑)도 고향에 세워질 예정이라는 소식을 들었다. 두 번째 시집의 제목은 『쑥은 쑥국이요』이고, 부산의 '삼아'라는 출판사에서 2010년 8월 20일 발간되었다.

3 이한창, 「재일 동포문학의 역사와 그 연구 현황」, 앞의 책, 8~9면.

들의 문학 활동에서 디아스포라 의식을 찾는다는 것은 사실상 무리이다. 이들의 일본행은 대부분 강제성보다는 자발성에 토대를 두고 있었다는 점에서 디아스포라 의식이 형성될 기본적인 토대를 갖추고 있지 못했기 때문이다. 그러므로 식민지 시기 우리 문인들의 일본어 문학 활동은 한일 간의 근대적 문화 교류의 차원에서 이해해야지 디아스포라의 차원에서 접근할 문제는 아니다.

이러한 관점에서 본다면 재일 디아스포라 문학의 역사는 해방 이후에 이르러서야 본격적으로 시작되었다고 보는 것이 타당하다. 1945년 8월부터 1946년 3월까지 약 200만 명에 달하던 재일조선인 가운데 140만 명 정도만이 귀국하고 대략 60만 명 정도가 일본에 잔류했는데, 이들 재일 1세대들이 바로 지금의 재일조선인 사회를 형성한 디아스포라적 주체들이다. 조국이 해방되었음에도 불구하고 귀국을 선택하지 못한 채 식민의 땅에 그대로 머무를 수밖에 없었던 이들의 현실은 재일조선인들의 내면에 디아스포라 의식이 각인되는 역사적 상황으로 작용했던 것이다.

해방 이후 재일조선인들은 일본 사회에서 주권을 확보하고 일본의 차별 정책에 맞서 싸우기 위한 공동전선을 마련하는 것이 가장 시급한 과제라고 보았다. 따라서 '재일조선인연맹중앙위원회'(1945.9)를 시작으로 '재일본조선인연맹'(1945.10, 이하 '조련'), '재일본조선거류민단'(1946.10, 이하 '민단'), '재일조선문화단체연합회'(1947.2), '재일본조선민주청년동맹'(1947.3), '재일본

4 대문자의 디아스포라(Diaspora)라는 말은 본래 "'이산(離散)'을 의미하는 그리스어"이자 "팔레스타인 땅을 떠나 세계 각지에 거주하는 이산 유대인과 그 공동체를 가리킨다"고 한다. 그러나 그것은 물론 사전상의 의미에 지나지 않는다. 오늘날 '디아스포라'라는 말은 유대인뿐 아니라 아르메니아인, 팔레스타인인 등 다양한 '이산의 백성'을 좀더 일반적으로 지칭하는 소문자 보통명사(diaspora)로 사용하는 경우가 많아졌다. 서경식, 『디아스포라 기행—추방당한 자의 시선』, 돌베개, 2006, 13면.

조선문학회'(1948.1), '재일조선통일민주전선'(1951.1, 이하 '민전') 등을 잇달아 결성함으로써 재일조선인의 주체적 역량을 강화하는 조직 활동을 지속적으로 전개하였다. 이 가운데 '조련'은 재일조선인의 권익을 보호하는 초당파적인 조직으로 출발하려 했으나 일부 공산주의자들이 친일파 척결을 주장하며 민족파 세력을 총퇴진시킴으로써 좌파의 장악 아래 출발하였다. 그리고 1946년 10월 '조련'이 신탁통치에 대한 지지를 선언하자 이에 대한 반대 입장을 밝히면서 '조련'의 대항 조직으로 결성된 것이 바로 '민단'이다. 1948년 남북한이 각각 단독정부를 수립하는 과정에서 '조련'은 북한을 '민단'은 남한을 지지하였는데, 이때부터 재일조선인 사회는 '조련'과 '민단'으로 양분되는 결과를 초래하였다. 그런데 당시 '조련'은 일본정부와 민족교육 문제로 계속해서 갈등을 하다가 급기야는 한신(阪神)교육투쟁[5]을 일으켰는데, 이 사건을 이유로 미군정에 의해 강제 해산당하는 극심한 탄압을 받았다. 따라서 '조련'에 속한 재일조선인들은 일본공산당 산하기관인 '민전'에 가담하였다가, 1955년 북한 정부의 전폭적인 지원 하에 '총련'을 결성하여 조직 활동을 이어나갔다. 이후 재일조선인 사회는 '민단'과 '총련'을 중심으로 한 남북의 이념적 대리전 양상을 노골적으로 드러냄으로써

5 일본에 남은 재일조선인의 다수는 언젠가는 조국에 돌아갈 것이라는 강한 의지를 갖고 있었다. 그 때문에 일본에서 태어나 자라면서 '협화회'에 의한 황민화 교육을 받고 강요된 일본어밖에 알지 못하는 자녀들에게 우리말을 가르칠 필요가 있다고 생각했다. 그래서 일본 전국 600개소에 달하는 국어강습소를 만들어, 약 6만 명의 자식들이 공부하도록 했다. 그러나 일본 정부는 조선학교에 대하여 '공산주의 온상'이라는 이유를 붙여 연합군최고사령부(GHQ)가 제재 조치를 취하도록 했다. 1948년 1월 '조선인 설립 학교의 취급에 대하여'라는 문부성 학교교육국장 이름의 통지를 내려 재일조선인의 자주교육을 부정했다. 이에 반발하여 재일조선인들은 민족교육을 지키기 위한 조직적인 운동을 전개해 나갔는데, 당시 재일조선인이 가장 많이 살았던 오사카, 고베를 중심으로 일어났던 교육운동이 바로 한신교육투쟁이다. 그 결과 1949년 10월 조선인학교폐쇄령이 내려져 재일조선인 학생들은 일본학교로 전학하거나 배움을 중단하는 사태를 겪고 말았다. 재일본대한민국민단중앙 민족교육위원회, 신준수 · 이봉숙 옮김, 『재일 한국인의 역사』, 역사넷, 2007, 118~123면 참조.

재일조선인들의 인권이나 생활보다는 남북한의 이해관계에 종속된 정치 조직으로 점점 변질되어 갔다.

'총련'의 결성은 재일조선인들의 생활과 민족운동에 획기적인 전환을 가져왔다. '총련'은 강령 4항에서 "우리는 재일동포 자제들에게 모국어와 글로써 민족교육을 실시하며 일반 성인들 속에 남아 있는 식민지 노예사상과 봉건적 유습을 타파하고 문맹을 퇴치하며 민족문화의 발전을 위하여 노력한다"라고 규정하였다.[6] 이는 재일조선인들의 문학예술 창작과 민족교육 운동의 구체적 지침과 방향을 제시한 것으로, 이후 '총련'계 재일조선인 문학예술 운동은 북한과의 조직적인 연대 위에서 혁명적 문예전통과 주체적 사실주의창작방법론을 확립하는 방향으로 나아갔다. 이때부터 '총련'계 재일 디아스포라 문학은 일본어 창작을 버리고 우리말 창작으로 공식적인 전환을 하였으며, '문예동'의 창작 지침에 따라 조직에 복무하는 문학 활동을 전개하는 이념적 양상을 전면화하였다.[7] 이처럼 해방 이후 '총련'계 재일 디아스포라 문학은 재일조선인 조직의 변화와 밀접한 연관 속에서 전개되었다. 이러한 조직의 이념과 실천적 방안은 재일조선인이 주체가 되어 발간한 신문과 잡지 등의 창간[8]으로

---

6 손지원, 『조국을 노래한 재일조선 시문학 연구』, 김일성종합대학출판사, 1994, 21~22면.

7 '문예동'의 초대위원장은 허남기 시인이다. 그는 '문예동' 결성 이후 일본어 시 창작을 과감하게 버리고 우리말 시 창작으로 전환하였고, 그의 시세계 역시 식민지의 상처와 고통을 이어나가는 재일의 실존적 상황을 담아내던 이전과는 확연히 달라진 친북 성향의 이념적 경직성을 드러냈다. 이러한 허남기의 변화는 '총련'의 지도노선에 따른 목적문학을 이끌어 나가는 '문예동' 위원장이라는 중책에서 비롯된 결과이다. 이후 '총련'계 재일 디아스포라 시인들은 '문예동'의 지침에 충실한 시 창작 활동을 조직적으로 전개해 나갔다. 하상일, 「재일 디아스포라 시인 허남기 연구」, 『비평문학』 34호, 한국비평문학회, 2009.12, 369~391면 참조.

8 1946년 당시 전국지와 지방지를 합해 재일조선인들이 주축이 되어 발행한 신문은 무려 170종에 달했다.(「해방 5년, 동포신문 사정 — ⑤ 170종의 재일동포신문」, 『조선신보』 2006.4.11) 그 주요 현황을 살펴보면, '조련'에서 발간한 『민중신문』(1946.8 → 『우리신문』) → 『해방신문』(1946.9) → 『조선민보』(1957.1) → 『조선신보』(1961.1) 등이 있다.

구체화되었는데, 이와 같은 매체의 확대는 재일조선인 문학 활동을 활성화하는 중요한 계기가 되었다고 할 수 있다.

'총련'계 재일 디아스포라 문학 활동은 『문학예술』, 『겨레문학』, 『종소리』 등을 중심으로 이루어졌다. 『문학예술』은 1960년 1월 창간되어 1999년 6월까지 '문예동'의 이념과 정체성을 가장 충실하게 반영하고 실천한 '총련'계 재일 디아스포라 문학의 가장 대표적인 잡지이다. 김일성의 교시를 토대로 '총련'의 이념적 지향성과 '문예동'의 창작 방향을 제시하는 데 집중함으로써, 사실상 북한의 문예이론에 입각한 '총련'계 재일 디아스포라 문학 활동의 지침서이자 대표적인 발표 지면으로서의 역할을 했다. 그런데 『문학예술』은 1999년 109호를 끝으로 휴간함으로써 '문예동'의 문학적 노선에 어떤 변화가 있음을 예감하게 했다. 1990년대 말에서 2000년대로 넘어오면서 '문예동'의 창작 방향은 '총련'의 지도노선에 종속된 이념적 경직성을 극복하여 변화된 재일 디아스포라의 현실을 객관적으로 담아내는 자기성찰의 모습을 보여주고자 했기 때문이다. '문예동' 결성 이후 '총련'계 재일 디아스포라 문학 활동의 중심에 있었던 『문학예술』의 휴간은 이러한 변화를 모색하기 위한 중대 결단이었다고

그리고 해방 이후 일본에서 가장 먼저 출간된 문예지는 『고려문예』인데, 1945년 11월 27일 창간호를 냈고, 4호(1946.1.15)까지 한 달에 두 번 간행되었다. 『조선시』(1946.3.1)는 발행인 이화석, 편집인 길원성을 중심으로 창간된 시 전문 잡지이고, 『조련문화』(1946.4.5)는 '조련'의 기관지로 창간되었으며, 『우리문학』(1948.8.1)은 이은직을 발행인으로 '재일본조선문학회'에서 창간한 잡지이다. 그리고 『민주조선』은 1946년 4월부터 1950년 7월까지 통권 33호에 이르는 일본어 종합지이고, 『조선문예』는 『민주조선』이 14호를 간행하고 15호를 준비하던 무렵인 1947년 10월 창간된 종합문예지로 박삼문이 발행·편집을 맡고, 김달수, 이은직, 허남기, 강순 등을 중심으로 간행되었다. 마지막으로 『자유조선』은 1946년 창간되어 잠시 휴간되었다가 1947년 9월 복간된 잡지로, 『민주조선』, 『조선문예』가 대체로 좌파적 성향의 잡지였다면, 『자유조선』은 이와 정반대로 우파적 성향의 잡지였다고 할 수 있다. 호테이 토시히로, 「해방 후 재일 한국인 문학의 형성과 전개—1945년~60년대 초를 중심으로」, 『인문논총』 제47호, 서울대 인문학연구소, 2002, 79~103면 참조.

할 수 있다.[9]

『문학예술』의 휴간 이후 '총련'계 재일 디아스포라 문학은 『겨레문학』과 『종소리』를 통해 이어나갔다. 『겨레문학』은 2000년 5월 여름호를 창간호로 2002년 8월 제7호까지 발간하고 종간된 잡지로, 『문학예술』에 이어 '문예동'의 기관지 역할을 하였다. 다만 『문학예술』의 이념적 경직성을 극복하고 새로운 시대의 목소리를 담아내고자 "젊은 문필가들에게 발언하는 마당을 제공"[10]하겠다고 공언하면서 『문학예술』과의 차별화를 시도했다는 점을 주목할 필요가 있다. 하지만 실제로는 『문학예술』과 별다른 차이를 보이지 못함으로써 '총련'계 재일 디아스포라 문학에서 크게 호응을 얻지 못한 채 단명하고 말았다.[11]

---

9 『문학예술』 마지막 호의 기획특집으로 마련된 「문예동이 걸어온 자랑찬 40년」이란 좌담회를 통해 이러한 변화와 균열의 지점을 엿볼 수 있다. 이 좌담회에서는 '문예동' 산하 각 예술분야의 원로들이 '총련'계 재일 디아스포라 문학예술 활동의 지난 역사를 회고하면서 앞으로의 '문예동'의 방향성에 대한 솔직한 의견을 제시하고 있어 상당히 주목된다. 특히 "동포들 속에서 민족성을 고수하고 군중적 지반을 강화하는 데서 문학예술이 중요한 힘이 되는 것은 두말할 바 없습니다. 지난 시기의 정확한 총화와 현실분석에 기초하여 21세기를 지향해 나가야 하지만 새 시대는 새세대의 역할을 더 크게 높여야 한다고 봅니다. 새세대의 감각과 요구를 깊이 파악하지 않고서는 오늘과 내일에 대해서 말하기 어렵다고 생각합니다"라는 리동일의 말에서, '총련'계 재일 디아스포라 문학예술 활동 내부의 커다란 인식의 변화를 분명하게 읽어낼 수 있다. 좌담회에 참여한 분야별 토론자의 명단을 보면 다음과 같다. 김희영(사회, 문예동 사무국장), 김학렬(문예동 부위원장 겸 문학부장), 최진욱(음악부장), 리동일(미술부장), 현계광(무용부장), 리영식(영화부장), 김광성(서예부장), 강영세(조선문예사 부사장). 『문학예술』 109호, 문예동중앙상임위원회, 1999.6.29, 22~34면.

10 「진실한 재일동포상의 창조를 위하여—『겨레문학』을 내면서」, 『겨레문학』 창간호, 2000.5, 2면.

11 『겨레문학』은 시와 단편소설을 중심으로 작품을 게재하였고, 재일 조선인 문학사를 정리하는 두 가지 기획물(손지원, 「조국을 노래한 재일조선시문학 연구」, 1호~4호; 려운산, 「재일조선인연극운동일지」, 5~6호)을 연재하였으며, 매호 '신인작품' 란을 두어 여러 명의 신인들의 시와 단편소설을 소개하였다. 이러한 기획은 2000년 이후 세계 정치질서의 흐름과 남북 관계의 진전에 따라 '총련'의 문학 창작 방침에도 상당한 변화가 있었음을 보여주는 것으로, 『겨레문학』을 통해 『문학예술』의 시대와는 다른 재일조선인 문학의 새로운 방향을 정립하여 다음 세대로 이어나가겠다는 의지를 드러낸 것으로 볼

2000년 이후 '총련'계 재일 디아스포라 문학에서 특별히 주목해야 할 부분은 바로 『종소리』[12]의 창간이다. 2000년 이전까지 재일조선인 시문학의 발전과정은 재일조선인 사회운동의 발전 단계와 특성에 따라 크게 세 단계로 나눌 수 있는데, 첫째는 공화국 창건 이후 '총련'이 결성되기 이전까지의 시기(1948.9~1955.4)이고, 둘째는 '총련' 결성 이후 김일성 주체사상을 바탕으로 창작의 기치를 드높이던 시기(1955.5~1973)이며, 셋째는 재일조선인들의 조국방문을 시작으로 사상예술성의 강화가 이루어진 시기(1974~1990년대)이다.[13] 이러한 재일조선인 시문학의 흐름에서 『종소리』의 창간은 넷째 시기의 시작을 의미한다고 해도 과언이 아닐 정도로 급격한 변화의 지점으로 받아들여진다. 즉 시 창작에 있어서 사상성을 강조했던 이전의 경향을 완전히 벗어났다고 볼 수는 없지만, 사상성과 예술성의 조화를 모색하는 뚜렷한 변화를 보여주었다는 점에서, 『종소리』의 출현은 '총련'계 재일 디아스포라 시문학의 획기적인 전환점이 되었다고 할 수 있는 것이다.[14]

수 있다. 하상일, 「해방 이후 재일 디아스포라 시문학의 역사와 의미」, 『한국문학논총』 제51집, 한국문학회, 2009.4, 172면.

12 『종소리』는 2000년 1월 창간되어 2010년 여름호까지 총 43호가 발간되었다. 1호부터 40호까지는 정화수 시인이 대표를 맡아 『종소리』의 편집 및 발행 전반을 책임졌고, 2009년 12월 정화수 시인의 타계로 2010년 신년호(41호)부터는 정화흠 시인이 대표로 잡지 및 동인회를 이끌어가고 있다. 『종소리』에 대한 연구 성과로는 김응교의 「재일조선인 조선어 시전문지 『종소리』연구」(『현대문학의 연구』 34호, 한국문학연구학회, 2008.2, 237~276면)와 하상일의 「재일 조선인 문학 연구－『종소리』를 중심으로」(『한국문학논총』 제48집, 한국문학회, 2008.4, 171~192면)가 있다.

13 손지원, 앞의 책, 17면.

14 이러한 관점에서 김학렬은 2000년 이후 '총련'계 재일 디아스포라 시문학의 창작방법론을 다음과 같이 제시하였다. "시문학의 사상은 서정화된 사상이지 결코 개연적 논리의 그것이 아니다. 주지하는 바와 같이 개념과 논리의 전개는 사회과학의 방법이지 문학예술에서는 금물이다. 시문학의 방법의 기본은 개념과 논리에 의거하는 것이 아니라 생활(자연도 포함)과 표상에 의거하는 것이다. 즉 개념적 설명은 비예술성의 주요 요인이 된다. 시의 사상 감정은 시인의 직설적인 주장에서보다 주로 작품에 표현된 생활적인 표상이 자아낸 정감(서정)에 기초하여 비로소 독자들에게 감명 깊게 감동적으로 전

『종소리』를 중심으로 '총련'계 재일 디아스포라 시문학의 변화를 중심에서 이끌었던 시인이 바로 정화수이다. 1980년 북한에서 출간된 그의 시집 『영원한 사랑 조국의 품이여』에 수록된 시편들과 2000년 이후 『종소리』에 발표된 그의 시편들 사이에는 내용과 형식면에서 상당한 차이가 있다. 시집에 수록된 시들에서는 수령 형상 창조와 조국(북한)에 대한 찬양 일변도의 작품이 대부분이었던 반면, 『종소리』에서는 이러한 경향을 직접적으로 형상화한 작품은 사실상 전무하고 근원적 고향의식에 바탕을 둔 통일에 대한 열망이나 재일조선인의 생활상을 통해 민족공동체의 모습을 형상화한 작품이 대부분이다.[15] 본고에서는 이러한 그의 시세계의 변화를 주목함으로써 '총련'계 재일 디아스포라 시문학의 전개 양상을 통시적으로 살펴보고자 한다.

달되는 법이다." 「절절한 망향의 정감, 세련된 시적 형상—정화흠 시집 『민들레꽃』을 두고」, 『종소리』 제4호, 2000.10, 47면.

15 필자는 2006년과 2007년 두 차례 일본 동경에 있는 정화수 시인의 집을 방문하여 '총련'계 재일 디아스포라 시문학을 주제로 여러 가지 논의를 한 바 있다. 그는 2000년 이후 '총련'계 재일 디아스포라 시문학은 북한문학의 일방적 통제와 영향을 벗어나 시의 본질에 충실한 새로운 변화를 모색하고 있는데, 『종소리』는 이러한 변화를 선도하는 매체로 발전시켜 나갈 것임을 밝혔다. 즉 지금까지 '총련'계 재일 디아스포라 시문학이 보여 왔던 이념적 경직성을 벗어나 서정시의 본령에 더욱 가까이 다가가고자 노력하고 있다는 것이다. 이러한 그의 입장은 『종소리』에 수록된 시 작품 전반에 걸쳐 아주 충실하게 반영되어 있다.

3. 재일 디아스포라 시인 정화수의 시세계

1) 수령 형상 창조와 조국(북한)에 대한 찬양

정화수의 시집 『영원한 사랑 조국의 품이여』는 1960년대 초부터 1970년대 말까지 창작한 작품을 모은 것으로, 「수령님의 안녕은 온 겨레의 념원」, 「어머니조국이여」, 「이겼다, 조선」, 「공화국공민」, 「귀국의 배길이여」, 「너희들의 마당으로」, 「아들을 기다리시는 어머니」, 「폭풍은 인다」 등 총 8개의 장으로 구성되어 있다. 주제와 내용의 측면에서 보면 크게 두 가지 경향으로 집중되는데, "인민의 영원한 어버이수령 김일성원수님! / 수령님의 안녕은 / 온 겨레의 간절한 념원이오며 / 수령님의 만수무강은 / 온 인류의 행복이옵니다"(「수령님의 안녕은 온 겨레의 념원」)에서처럼 공화국 해외공민으로서 김일성에 대한 우상화를 목표로 한 수령 형상 창조와, "어버이수령님의 크나큰 사랑을 / 찾아다니며 따라다니며 안겨주는 / 어머니조국이여!"(「어머니조국이여」)에서처럼 김일성과 동일시되는 사회주의 조국 북한에 대한 찬양을 주된 내용으로 하고 있다. 이러한 경향은 1960~70년대 '총련'계 재일 디아스포라 시문학의 일반적 특성을 반영한 것으로, 천리마시대와 주체시대의 북한문학의 이데올로기를 충실히 이행함으로써 북한을 사회주의적 이상향으로 선전선동하려는 시적 전략에서 비롯된 것이다. 이처럼 김일성에 대한 우상화를 목적으로 한 수령 형상 창조는 송가 문학의 활성화를 통해 사회주의조국을 찬양하고자 했던 북한문학의 지도노선[16]과 이를 충실히 따르고자 했던 '문예동'

16 김일성을 누구도 넘볼 수 없는 도덕적 권위의 화신이자 진리의 전유자로 찬양하는 송

의 창작 방향이 자연스럽게 만나는 지점을 보여준다.

총련회관 높은 집에 찾아올 때면 / 언제나 숭엄하게 안겨오는 그 모습 / 만경대의 추녀낮은 마음의 고향집 // 사위에 온갖 꽃이 다 피여도 / 조국땅에 산악같은 집채들이 솟아올라도 / 언제나 나직이 앉은 그 모습 / 수령님께서 혁명의 길에 나서시던 / 그때의 추녀낮은 그 초가집 // 초가집의 력사가 있었기에 / 오늘의 우리 집들 / 하늘을 찌르며 솟아나거니 / 우리의 피가 흘러스민 이 땅에 // 괴나리보짐에 설음을 담아지고 / 류랑의 거리를 헤맬 때는 / 지친몸 맞아줄 방 한칸이 없었더라 / 낮에는 낮이 없는 천길지하에 몰리우고 / 밤에는 통나무목침에 노그라졌거니 // 만경대초가집의 력사가 있었기에 / 오늘의 조국을 생각할수 있어라 / 구름을 뚫고 솟아난 집채들이 / 초가집에 뿌리박고 뻗어났더라 / 전야를 달려가는 기계군단도 / 농쟁기에 깃든 그 념원 담아 달리는가 // 곳곳에 쏟아지는 비단의 폭포도 / 실물레, 베틀의 구슬픈 노래 씻어흐르고 / 집집마다 소복소복 넘치는 뒤주에 / 돌절구, 항아리의 념원을 담았더라 // 조선의 모든 가난, 고역을 다 겪으며 / 찌그러진 독에다 장을 담던 초가집 / 많은 식구 비좁은 방에 / 찾아오는 혁명가마다 때식을 마련하며 / 숭고한 애국의 넋을 키워온 / 그 사랑, 그 정성, 그 념원이 / 오늘의 사회주의대가정을 펼치였나니 // 5천년 유구한 인민의 력사에 / 위대한 태양을 받들어 / 새시대의 려명을 가져다준 / 혁명의 요람, 유서깊은 만경대의 초가집 // 총련회관 높은 집 찾아올 때마다 / 잊을 수 없어라 / 일본 땅

가를 만들어낸 것은, 정치권력이나 권력의 향배에 민감하게 반응한 일부 시인이 아니라 오랫동안 자신들을 질곡 속에서 해방시켜줄 메시아적 존재를 기다려온 민중들의 소박한 꿈과 상상력이었다고 할 수 있다. 송가는 김일성을 새 역사의 주체로 내세움으로써 숱하게 좌절되어 온 민중들의 꿈이 바야흐로 실현되고 있음을 확인시키는 역할을 했던 것이다. 오성호, 「북한시의 형성과 전개－송가, 서사시, 서정시를 중심으로」, 『북한시의 사적 전개과정』, 경진, 2010, 218~219면.

> 곳곳에 / 하늘을 찌르며 솟아오른 총련의 집들 / 어디서 줄기찬 뿌리를 이어 온것인가를 // 총련회관 높은 집을 찾아올 때마다 / 내 언제나 엄숙히 다지고 다지노라 / 만경대의 고향집 모습 심장에 새겨 / 오늘의 이 행복, 이 영광 / 영원히 지켜가리라
>
> —「초가집의 력사가 있었기에」 전문

인용시는 "일본 땅 곳곳에 / 하늘을 찌르며 솟아오른 총련의 집들 / 어디서 줄기찬 뿌리를 이어온것인가"에 대한 문제의식으로부터 '총련'계 재일조선인과 사회주의조국 북한의 역사적 동일성을 강조하는 데 주된 목적이 있다. 즉 '총련'계 재일 디아스포라의 역사적 근원이"만경대 초가집의 력사"로부터 시작되었다는 점을 부각시킴으로써 일본 땅에서 살아가는 공화국 해외공민으로서의 명예와 자부심을 이어나가는 '총련'계 재일조선인의 자세와 역할을 다시 한 번 가다듬고자 한 것이다. 그래서 화자는 "만경대의 고향집 모습 심장에 새겨 / 오늘의 이 행복, 이 영광 / 영원히 지켜가리라"고 굳게 다짐한다. 특히 화자의 시선은 "만경대의 추녀낮은 마음의 고향집", "조국땅에 산악같은 집채들이 솟아올라도 / 언제나 나직이 앉은 그 모습"과 같은 표현을 통해, 민중의 행복을 최우선으로 생각하면서 낮은 자세로 세상을 감싸 안는 김일성이라는 절대적 신념을 내면화하는 데 집중한다. 즉 식민지 근대의 상처와 제국주의의 횡포에 맞서 민족과 민중을 구원하는 일에 헌신한 김일성, "5천년 유구한 인민의 력사에 / 위대한 태양을 받들어 / 새시대의 려명을 가져다준 / 혁명의 요람"으로서의 김일성을 우상화하는 데 총력을 기울였던 것이다.

이러한 수령 형상 창조는 "어머니조국"의 형상으로 비유되면서 김일성과 재일조선인의 관계는 육친 간의 사랑으로 이어진 무조건적인

관계로 신비화된다. 이는 김일성과 북한에 대한 찬양이 이데올로기의 차원을 넘어서 보다 근원적인 세계 인식에서 비롯되었음을 강조하려는 것이다.

> 조국이여 / 그대의 품에 안기여 / 꿈같은 나날을 보내건만 / 그대의 품 얼마나 넓고 / 그대의 사랑 얼마나 뜨거운지 / 아직도 저희들은 헤아릴길 없습니다. // 해외에서 저희들이 무슨 일을 했기에 / 그처럼 꽃물결 이루어 맞아주고 / 뜨거운 눈물로 껴안아주며 / 저희들의 자그마한 일도 / 그대의 자랑처럼 기뻐해줍니까 // (…중략…) // 아, 조국이여! / 산천의 아름다움은 금수강산이라 하지만 / 그대의 류다른 사랑은 / 무슨 말과 노래로 표현하겠습니까 / 부모의 심정을 다 아는 자식이 없건만 / 그대의 품, 넓이와 그대의 사랑, 뜨거움은 / 더욱 헤아릴길 없습니다 // 조국이여! / 자애로운 어머니조국이여! / 저희들의 몸은 비록 이역에 있어도 / 그대의 자장가와 그대의 숨결속에서 / 그대의 아들딸로 자라왔거니 / 그대, 세기를 주름잡아 내닫는 오늘의 숨결을 / 어찌 저희들이 간직하지 못하겠습니까 // 어제도 오늘도 / 어버이수령님의 사랑의 품 / 사회주의대가정 그대의 품에서 / 저희들은 가슴깊이 새깁니다 / 이제 다시 / 저 검은 구름이 무거운곳으로 가게 되지만 / 그대 위해 싸워갈 혁명의 초소 / 더욱 튼튼히 다져가리라고 / 가슴깊이 새깁니다 / 그대 분렬의 고통 하루빨리 가시기 위해 / 위대한 김일성주의의 기치 더욱 높이 추켜들고 / 어버이수령님께 해와 달이 다하도록 / 충성해가리라고.
>
> ―「어머니조국이여」 중에서

화자와 조국의 관계를 자식과 어머니의 만남으로 표현하면서 사회주의조국을 향한 열정과 감격을 형상화한 작품이다. 여기에서 "어머니조국"은 김일성의 다른 명명이라는 점은 명백하다. 그래서 화자는 조국을 "그대"라는 친근한 호칭으로 부르면서 "그대의 품 얼마나 넓고 / 그대의 사랑 얼마나 뜨거운지 / 아직도 저희들은 헤아릴길 없습니다"라고 말한다. 혁명과 투쟁이라는 남성성의 세계를 자연의 조화로움과 어머니의 따뜻한 품이라는 여성성의 세계로 치환시킴으로써, "위대한 김일성주의"를 대중들의 가슴 속에 깊이 각인시키는 정서적 감동을 불러일으키고자 한 것이다. 이는 재일조선인들의 조국 지향을 더욱 가속화시키기 위한 선전선동의 목적성을 드러낸 것이라고 할 수 있다. 따라서 이 작품은 "조국이자 곧 어버이수령님의 따사로운 품이라는 사상적 알맹이를 쥐고 해외에서 느끼는 조국에 대한 서정적 주인공의 감정을 성격과 생활의 논리에 맞게 훌륭히 펴나"[17]간 것으로 평가할 수 있다.

주지하다시피 북한의 시문학은 자유로운 개인의 내면과 정서를 표현하기보다는 인민을 계도하는 직접적 계몽성을 실현하는 데 주력해왔다. 특히 지도자를 찬양하고 북한 체제의 우월성을 선전하는 데 초점을 맞추어 인민을 '교양'하려는 목적의식 아래 시를 창작했기 때문에, 북한의 시문학은 전언(傳言) 중심의 평이한 서술적 어조의 시가 대부분을 차지한다.[18] '총련'계 재일 디아스포라 시문학 역시 이와 같은 북한문학의 창작 지침을 그대로 이행함으로써 재일조선인들에게 북한의 이데올로기를 실천하는 해외공민으로서의 역할을 다해 줄 것을 요구했다. 따라서 '총련'계 재일 디아스포라 시인들은 김일성과 조국(북한)을 수난의 역사를 살아가는 재일조선인들의 삶을 구원해줄 메시아적 존재와 같은 낭만적 동경과 절대적 신비화의 대상으로 내면화하지 않을 수 없었다. 재일조선인들에게 김일성과 조국은 현실적 삶 속

17 손지원, 앞의 책, 97~98면.
18 오성호, 앞의 글, 208~209면.

의 실체가 아니라 현실의 결핍을 위무하고 채워주는 심리적 보상 기제로서, 이에 대한 찬양과 동경은 논리적 인식이 개입될 여지가 없는 심정적 차원의 절대성을 지니게 된 것이다.[19]

2) '총련'의 귀국 사업과 민족교육에 대한 신념

1950년대 중반 이후 북한은 천리마운동에 의한 사회주의 경제의 약진이 두드러졌고, 김일성의 유일지도체제가 사실상 확립되면서 가장 안정적인 시대를 구가했다. 그리고 반공을 국시로 내세우며 재일조선인의 지위와 처우에 무관심했던 남한과는 달리, 재일조선인을 해외공민으로 규정하고 교육 사업을 비롯한 다양한 분야에서 경제적 지원을 아끼지 않음으로써 재일조선인 사회의 전폭적인 신뢰를 얻고 있었다. 즉 당시 재일조선인들은 반공의 틀에 갇혀 자신들을 좌경시하며 철저하게 외면하는 남한보다는 조선학교를 세워 민족교육에 앞장서는 등 재일조선인들의 민족적 정체성을 지켜주기 위해 노력하는 북한을 적극 지지했던 것이다. 이러한 우호적 분위기에 힘입어 북한은 취직과 취학, 차별 없고 풍요로운 생활을 보장하겠다고 선전하며 재일조선인들의 북한으로의 귀국을 강력하게 추진했다. 하지만 재일조선인들 가운데 상다수가 북한이 아닌 남한 출신이었으므로 선뜻 북한을 조국으로 받아들이지 못하는 경우가 대부분이었다. 이에 북한은 1955년 9월 김일성이 직접 '재일동포 귀국희망자 승낙 성명'을 발표하고, 일본 정부에 재일조선인들의 귀국 문제, 교육원조금 승낙 문제에 대한 요청서를 제출하는 등 재일조선인들의 귀국

19 홍용희, 「재일조선인 디아스포라 시의 특성 고찰」, 『한국현대문학연구』 27집, 한국현대문학회, 2009.4, 493면.

사업을 위해 국가가 직접 나서서 전력을 다하는 적극적인 노력을 아끼지 않았다. 그 결과 일본은 인도주의를 실천한다는 명목 하에 일본적십자사를 통해 재일조선인들의 북한 귀국을 허용하였고, 1959년 12월 니카타항에서 제1차 북조선귀환선이 출발하게 되었다.[20]

> 노래가 환호되고 / 환호가 노래되고 / 꽃묶음파도우에 넘치는 노래 / 노래속에 터지는 만세와 환호 // 하늘 땅 바다로 울려퍼진다 / 『위대한 수령 김일성원수님 만세!』 / 『영광스러운 우리 조국— / 조선민주주의인민공화국 만세!』 // 고조되는 노래속에, 터지는 환호속에 / 꽃속을 누벼온 귀국동포들 / 귀국선 타랍을 밟고 오른다 / 조국의 대지에 첫발을 내딛는듯 / 한발자국 한발자국 감격에 북받쳐 / 기발만 세차게 흔들며 오른다 // 절절한 념원을 어깨띠마다 새겨매고 / 걷고 또 걸으며 찾아온 배길이였다 / 남의 땅에 끌려온 그때로부터 / 칼부림, 채찍질속을 헤매던 기나긴 걸음 / 이 선창에 남기는 / 마지막발자국에 끝장을 맺고 / 사회주의 내 나라로 첫발을 내딛는다 // 꽃물결 세게 일어라 / 오색테프 배우로 높이 날아올라라 / 설음받던 이국살이 영원히 벗어나 / 락원으로 가는 길에 무지개를 걸어라 / 노래여, 환호여, 부두를 넘쳐라 // 항일의 수십만리길우에 / 오늘의 락원이 그려져있었고 / 오늘의 배길도 시작되고있었으니 / 흩어져나간 겨레들을 다 찾으시기전에는 / 한순도 못잊으시는 어버이수령 김일성원수님 / 그 사랑, 그 은혜, 온 세상에 전해야 하리

20 이후 1984년까지 약 93,000명의 재일조선인이 북한으로의 귀국을 선택하였다. 연도별 귀국자 통계를 보면, 1959년 2,942명, 1960년 49,036명, 1961년 22,801명, 1962년 3,495명 등 1960년대까지는 매년 2천명 내외의 동포들이 귀국사업에 동참했으나, 1977년에는 귀국자가 180명에 불과할 정도로 1970년대 후반에 이르러서는 사실상 귀국사업이 유명무실해졌다. 이는 북한 체제에 대한 재일조선인들의 인식의 변화를 반영하는 결과라고 할 수 있다. 이에 대한 자세한 내용은, 전북대학교 재일동포연구소 편, 박성태 · 서태순 역, 『재일한국인백년사』, 제이앤씨, 2010, 216~222면 참조.

—「다시 열린 귀국의 길」 중에서

귀국선에 오른 재일조선인들의 감격과 흥분을 사실적으로 형상화한 작품이다. 당시 재일조선인 사회에서 북한으로의 귀국은 "고조되는 노래속에, 터지는 환호속에 / 꽃속을 누벼온 귀국동포들"의 모습에서 알 수 있듯이, 가난과 차별로 얼룩진 식민의 땅 일본으로부터 벗어나 "사회주의 내 나라로 첫발을 내딛는" 희망의 순간이었다.[21] 이러한 북한의 귀국 사업은 일본의 입장에서 보면 골치 아픈 치안의 대상이었던 구식민지 출신자들을 합법적으로 국외 추방시키는 실익을 얻는 동시에 국제사회로부터 인도주의를 실천한 것으로 평가되는 일거양득의 이점이 있었다. 그리고 남한의 입장에서 보면 재일조선인들의 북송은 재일조선인 사회에서 북한을 지지하는 '총련'의 절대적 우위가 결정되는 계기로 작용함으로써 국제사회에서 북한의 영향력이 강화되는 우려할 만한 결과로 받아들여질 수밖에 없었다. 따라서 당시 북한은 이러한 점을 정치적으로 잘 이용하여 북송정책을 일본과의 국교정상화와 북한의 노동력 확보 그리고 국제사회에서 남한보다 우위를 확보하는 핵심 전략으로 삼았던 것이다. '총련'은 이러한 북한의 정책을 전적

21 당시 재일조선인 사회의 분위기를 윤건차는 다음과 같이 증언하고 있다. "내 기억으로 볼 때 당시 공화국으로의 귀국은 기쁜 일, 격려해야 할 일, 꿈이 있는 일, 당연한 일이라고 다수의 사람이 받아들였던 것으로 생각된다. 일본사회 전체가 좌익에 호의적인 분위기 속에 있었으며, 일본사회당이나 일본공산당 그리고 일조협회(日朝協會) 등 각종 단체는 총련과 친밀한 관계에 있었다. 재일사회 전체가 '반미', '반키시[岸]정권', '반이승만'이었으며 동시에 "김일성원수 만세"였다고 말해도 좋다. 차별적인 사회인 일본을 포기하고 전재산을 가지고 귀국하는 일은 일생의 일대 전기는 되어도 결코 모험도 도박도 더구나 악몽도 아니었다. 1962년에 상영되었던 요시나가 사유리[吉永小百合] 주연의 영화 「큐폴라가 있는 거리」에 이 집단귀국의 모습이 묘사되고 있는데, 그 정경은 많은 사람이 서로 기뻐하며 격려하고 이별을 아쉬워하는 장면이었다." 윤건차, 박진우 외 옮김, 『교착된 사상의 현대사—1945년 이후의 한국 · 일본 · 재일조선인』, 창비, 2009, 197~198면.

으로 지지하면서 '문예동'을 중심으로 귀국 사업을 선전선동하는 창작 활동을 더욱 적극적으로 펼쳐나갔다.

귀국 사업과 병행하여 '총련'이 주도한 가장 중요한 정책은 민족교육에 관한 것이었다. '총련'은 1956년 '학교 규정'을 정하여 전국에 있는 조선학교를 체계적으로 관리하는 기본적 방침을 마련하였고, 1957년부터는 북한의 교육 원조를 받아 다방면에 걸친 민족교육 사업을 강력하게 추진하였다. 조선대학교라는 고등교육기관을 설립함으로써 초 · 중 · 고등학교 교육에 머물렀던 민족교육의 체계를 비로소 완성한 것도 바로 이 무렵이었다. 이러한 바탕 위에서 '총련'을 중심으로 활동한 재일조선인들은 조국을 떠나 일본에서 살아가면서도 민족의 뿌리만큼은 잃어서는 안 된다는 강한 신념으로 민족교육 사업에 총력을 기울였다. 조선학교를 통한 민족교육의 심화는 차별과 억압 속에서 살아가는 재일조선인들에게 민족의 존엄과 자긍심을 일깨워주고 재일조선인으로서의 자기 정체성의 확립과 민족적 주체를 정립하도록 하는 가장 중요한 원동력이었던 것이다.

> 우리 학교 운동장 / 새로 지은 교실에 / 한창 뛰놀며 공부하는 아이들아 / 오늘은 또 무엇을 배웠느냐 // 몸들은 얼마나 더 컸고 / 빨간 입술들은 / 또 어떤 우리 노래 부르게 되었느냐 // 할아버지, 아버지들의 어린시절 그 고생 / 똑똑히 배웠느냐 / 그리고 너희들의 이 학교를 / 누가 또 뺏으려드는가도 똑똑히 알았느냐 // 오늘도 아버지, 어머니들은 / 찬바람 세찬 거리로 나섰단다 / 이 마당, 이 교실 지키기 위해 / 귀여운 너희들을 돌볼 겨를도 없이 / 삽과 괭이밖에 못쥐여본 아버지들이 / 수만장 삐라를 종일토록 뿌리시고 / 갓난애기 업고나선 어머니들도 / 바람받이 골목길을 바쁘게 다니신다 // 너희들의 가슴에 이제야 싹튼 / 조선사람의 넋 앗길 수 없고 / 사람대접 못받던 지난날처럼 / 또 말과

글을 빼길수는 없다고 // 그래, 아버지 어머니들이 / 무엇을 찾으려고 숱한 피도 흘렸느냐 / 너희들을 못먹여서 가슴을 앓고 / 잠자리에 누덕 한 장 못덮어주어도 / 통일된 우리 땅에 찾아가서는 / 나라의 기둥되여 원풀이하리라고 // 그래 / 전쟁의 상처도 가시지 않은 때부터 / 경애하는 원수님께서는 / 너희들의 교육원조비를 보내주셨고 / 우리는 멸시와 해침을 이겨내고 / 땀밴 돈과 지혜를 모았다 // 아이들아 / 한시인들 품에서 뗄수 없는 너희들을 / 그 어떤 손아귀에 맡긴단말인가 / 우리 말도 모르고 / 조국도 모르고, 원수도 모르는 / 그런 너희들로 키울수는 없구나 // 아이들아 / 거리에서 웨치는 아버지 어머니들은 / 오늘도 해지는줄 모를것이니 / 기특한 너희들 먼저 집에 돌아가서 / 오늘 배운 그 공부 더 잘 익혀두자 / 그래서 래일은 / 우리 말 우리 노래 더 우렁차게 울리자 // 찬바람이 세찬데도 / 우리 노래 씩씩히 부르며 가는 / 미더운 아이들아!

—「아이들아」 전문

인용시는 민족의 정체성을 지켜내기 위해 설립한 조선학교가 일본의 탄압에 의해 강제 폐교되는 현실에 맞서 싸우는 재일조선인들의 교육 투쟁의 모습을 보여주고 있다. 화자인 부모는 자신의 아이들에게 일본에서 재일조선인이 겪고 있는 민족 차별의 현실을 직시해야 한다는 점과, 우리말과 조국의 참의미를 올바르게 깨우쳐야 한다는 사실을 주지시키고자 한다. 그리고 이러한 민족의 정체성을 올곧게 이어나가기 위해서는 조선학교 만큼은 반드시 지켜내야 한다는, 그래서 재일조선인 2~3세들을 "우리 말도 모르고 / 조국도 모르고, 원수도 모르는" 아이들로 자라게 해서는 안 된다는 강한 의지를 드러낸다. "할아버지, 아버지들의 어린시절 그 고생 / 똑똑히 배웠느냐 / 그리고 너희들의 이 학교를 / 누가 또 빼으려드는가도 똑똑히 알았느냐"라는 질문을 통해 재일조선인의 역사적 상처와 고통을 직시해야 한다는 점을 강조하고,

"너희들의 가슴에 이제야 싹튼 / 조선사람의 넋 앗길 수 없고 / 사람대접 못받던 지난날처럼 / 또 말과 글을 뺏길수는 없다"는 다짐을 통해 재일조선인들의 민족적 정체성을 훼손하는 일에 대해서만큼은 결코 용납해서는 안 된다는 강한 의지를 드러냈다. 재일조선인들에게 민족교육은 자신들의 정체성을 지켜나가는 가장 근본적인 토대이자 궁극적인 목표가 아닐 수 없었다. 민족의 말과 글, 민족의 전통과 문화를 가르치고 배우는 일은 재일조선인들이 디아스포라적 주체로서 당당하게 살아가기 위한 통과의례와 같은 의미를 지녔던 것이다.[22]

3) 근원적 고향의식과 통일에 대한 열망

정화수의 시세계는 2000년 『종소리』 창간을 전후하여 획기적인 변화를 보였다. 앞에서 살펴봤듯이 그의 시집에서 두드러졌던 이념적 경향은 『종소리』에 발표한 시들에서는 거의 드러나지 않는다는 점을 특별히 주목할 필요가 있다. 『종소리』 이전의 시가 수령 형상 창조와 조국에 대한 찬양 일변도의 획일화된 양상을 보이면서 총련애국사업의 성공을 위한 선전선동을 전면화했던 반면, 『종소리』에 발표한 시를 통해서는 민족분단의 상처에서 비롯된 근원적 고향의식과 통일에 대한 열망을 담아내는 재일 디아스포라의 보편적 의식을 형상화 하는 데 주력했다. 즉 재일 디아스포라 3세대 이후 급격하게 해체되어 가는 민족정체성의

22 '총련'계 재일조선인 가운데 민족교육 문제에 가장 많은 관심을 보인 시인은 남시우이다. 그는 1979년부터 2001년까지 조선대학교 학장을 역임하면서 재일조선인들의 교육사업을 실질적으로 주도하였다. 이에 대한 자세한 내용은, 하상일의 「재일 디아스포라 시인 남시우 연구」(『한민족문화연구』 제33집, 한민족문화학회, 2010. 5, 291~313면)를 참조할 것.

약화를 심각하게 우려하면서, 민족공동체의 정신을 이어나가는 재일조선인의 생활에 대한 자기성찰의 세계를 열어나갔던 것이다.

우선 '총련'계 재일조선인에게 있어서 근원적 고향의식과 조국으로의 지향은 전혀 다른 곳을 바라보고 있다는 사실을 초점화 할 필요가 있다. 이는 분단시대를 살아가는 우리 민족의 역사적 상처가 재일조선인들에게 그대로 전가된 것으로, 태어난 곳으로의 고향과 이념적 지향으로서의 조국을 함께 공유할 수 없는 분단 현실의 모순과 상처를 극단적으로 보여준다.

> 쑥은 쑥국이요 / 냉이는 냉이찌개 // 안해가 량팔 걷고 / 솜씨를 부릴 때 / 나는 전화 걸며 / 이웃들을 부른다오 // 해마다 봄이 오면 / 강가에 가서 / 안해와 더불어 캐오는 / 고향향기 / 맛보자고 // 야들야들 쑥들이 / 키돋움하며 기다린다오 / 오복소복 냉이들이 / 무더기지어 기다린다오 // 캐고 또 캐면 / 무거운 짐이지만 / 고향산천 다 / 걸머지고온다오 / 저녁무렵 한가득 둘러앉으면 / 맥주요 막걸리요 / 이야기도 푸짐해서 / 가슴속도 한가득 // 언제나 묻네 / 고향에서 이런 맛 볼 때는 / 그 언제인가
>
> —「쑥은 쑥국이요」 전문(『종소리』 창간호, 2000.1)[23]

해방 이후 재일 디아스포라의 현실에서 민족과 국가는 개인의 의식을 규정하고 지배하는 가장 중요한 기준이었다. 식민지 망국민으로서 해방의 감격을 누리지도 못한 채 일본에 남았다는 이유로 영구적으로 일본인 되기를 강요받았던 재일조선인들에게 있어서, 민족과 국가는

---

23 이하 인용시는 모두 『종소리』에 수록된 것이므로, 출전을 밝히지 않고 호수와 연도만 밝히기로 함.

비록 관념적인 실체로 남아 있더라도 절대 놓쳐서는 안 되는 신념이요 이데올로기가 되지 않을 수 없었다. 따라서 그들은 언어, 민속, 풍물, 자연, 노래, 놀이 등 모든 분야에서 우리 민족의 정신과 문화를 지켜내기 위한 노력을 아끼지 않았다. 재일 디아스포라 문학에서 고향 마을의 꽃들과 풀들, 토속적인 음식들,[24] 지역의 특산물 등을 주요 제재로 민족공동체의 이미지를 상징적으로 표상한 작품이 두드러진 이유도 바로 여기에 있다.[25] 인용시 역시 "해마다 봄이 오면 / 강가에 가서 / 안해와 더불어 캐오는 / 고향향기", 즉 "쑥"과 "냉이"를 매개로 고향사람들이 함께 모여 고향의 정취를 마음껏 누려보자는 소박한 바람을 담았다. 하지만 이를 두고 소박하다고만 할 수 없는 것이 재일조선인들에게 있어서 이러한 삶의 모습은 고향을 향한 근원적 그리움을 치유하는 일종의 의식과도 같은 의미를 지니고 있었기 때문이다. 즉 고향의 정겨운 음식을 제재로 재일조선인들의 일상생활 깊숙이 내면화되어 있는 민족정서를 일깨우고자 한 것으로, 민족의 고유한 풍속과 전통을 공유함으로써 고향에 대한 그리움을 해소하려는 디아스포라 의식을 상징적으로 보여준다고 할 수 있다. "쑥국"과 "냉이찌개"를 함께 먹으며 "고향에서 이런 맛 볼 때는 / 그 언제인가"를 묻고 또 묻는 재일조선

24 북한의 비평가 류만은, "민속음식과 관련한 여러 시작품에서 풍기는 정서는 동포시인들이 동포들의 생활을 노래하는 데서 줄곧 주체성, 민족성을 놓치지 않고 생활체험과 사색을 심화한 결과 이룩된 결실이다"라고 평가했다. 류만, 「민족의 넋이 높뛰는 애국의 『종소리』 — 시잡지 『종소리』를 읽고」, 『종소리』 제27호, 2006. 여름, 50면.

25 『종소리』에 발표된 이러한 경향의 작품들로는, 고향의 정경을 떠오르게 하는 자연물을 제재로 한 「들장미」(김두권, 1호), 「진달래꽃」(김두권, 9호), 「나리꽃」(김두권, 14호), 「단감나무」(정화수, 17호), 고향의 정겨운 음식을 제재로 한 「쑥은 쑥국이요」(정화수, 1호), 「호박찌개」(정화흠, 8호), 애호박(정화흠, 16호), 「상추」(정화수, 18호), 「열무김치」(김학렬, 19호), 「찰강냉이」(정구일, 20호), 「안동소주」(김학렬, 21호), 「호박전」(정화흠, 28호), 「감자부침이」(정구일, 31호) 등이 있다. 하상일, 「재일 조선인 시문학 연구 — 『종소리』를 중심으로」, 『한국문학논총』 제48집, 183~184면 참조.

인들의 모습에서, 국가와 이념의 경계를 넘어 우리 민족공동체가 함께 나아가야 할 통일의 길을 분명하게 보여주고자 했던 것이다.

이런 점에서 '총련'계 재일조선인들에게 근원적 고향의식은 분단현실의 모순을 넘어서는 통일에 대한 열망으로 자연스럽게 이어진다.

> 어머니 / 이제야 고향을 방문할수 있다니 / 오히려 가슴이 미여집니다 // 온갖 고문과 수모를 당하면서도 / 남편과 아들의 행처를 숨기며 / 꿋꿋이 살아 오신 우리 어머니 // 고향의 그 바다가인가요 / 흰 저고리치마 단정히 입으시고 / 큰 돌 우에 앉아 멀리를 보시는 모습 // 내 오늘도 조용히 우러러 보며 / 고개 숙여 사죄합니다 / 이 불효자를 용서해 주시라고요 // 인편으로 이따금 당부도 하셨지요 / 살아 생전에 단 한번이라도 / 만나 볼수는 없겠는가고 // 그 때마다 그랬습니다 / 겨레가 다 만날 때면 만나리라고 / 그것이 어머니의 아들이라고 // 너무나 늦었습니다 / 반나절이 못되여 가닿을 고향을 / 반세기나 넘어서야 가게 되다니 // 참으로 억울합니다 / 어머니 안계시는 고향을 이제야 가다니요 / 나에게 고향은 어머니 품이 아닌가요 // 풀이 성성할 어머니 묘 앞에 / 머리 푹 숙이며 엎어 져야 하겠습니까 / 가슴을 떨고 떨기만 해야 하겠습니까 // 어머니, 어머니 // 내 갔을 그럴 때만이라도 잠시 / 되살아 주실수는 없겠습니까, 어머니
>
> —「이제야 고향을」(7호, 2001.7)

부산광역시 기장군이 고향인 정화수 시인은 재일조선인으로 살면서 북한을 지지하고 북한의 문예정책을 선두에서 이끌어나간 '총련' 산하 '문예동' 위원장을 맡았던 전력으로 인해 남한에 있는 자신의 고향을 방문하는 일이 누구보다도 어려웠다. 그에게 있어서 고향 방문은 "살아 생전에 단 한번이라도 / 만나 볼수는 없겠는가"라는 어머니의 간

절한 목소리마저 거역할 수밖에 없는 민족 분단의 상처가 깊이 새겨져 있다. "겨레가 다 만날 때면 만나리라"고 너무도 담담하게 말하는 자식의 목소리에는, 고향에 대한 그리움은 민족 분단의 모순을 넘어서 통일을 이루지 않고서는 결코 해결될 수 없다는 비판적 현실인식이 가슴 깊이 각인되어 있는 것이다. 다시 말해 이제는 조국과 고향의 단절을 극복하고 통일의 길을 열어나감으로써 "반나절이 못되여 가닿을 고향을 / 반세기나 넘어서야 가게 되"는 "참으로 억울"한 현실을 후손들에게 물려주어서는 안 된다는 통일을 향한 의지와 신념을 노래하고 있는 것이다. 이처럼 『종소리』에 발표된 정화수의 시는 대립과 갈등으로 굴곡진 이념의 시대를 뒤로 하고 남과 북이 민족의 이름으로 하나가 되는 통일의 세계를 지향했다. 이러한 역사의식과 현실인식은 2000년 이후 '총련'계 재일 디아스포라 시문학의 변화된 지형을 이해하는 길잡이와 같은 역할을 한다는 점에서, 정화수의 시는 재일 디아스포라 시문학의 흐름과 변화를 문학사적으로 정리하는 데 있어서도 상당히 중요한 의미를 지닌다고 평가할 수 있다.

4. 맺음말

이상에서 해방 이후 '총련'계 재일 디아스포라 문학의 전개과정을 개괄적으로 정리하면서 정화수의 시를 통해 그 구체적 양상을 실증적으로 살펴보았다. 2000년 이후 『종소리』에 발표된 정화수의 시를 통해서 볼 때, 앞으로 '총련'계 재일 디아스포라 시문학의 변화는 더욱 가속화될 것으로 보인다. 조국을 노래하든, 고향을 노래하든, 통일을 노래하든, 경직된 이념과 구호로 사상성을 강화하는 데 주력했던 '문예동'의 창작 방법론은 재일조선인 사회에서 더 이상 설득력을 확보하기 힘든 것이 사실이다. 지금 북한문학 내부에서도 "'친일반동작가'일지라도 작품본위로 평가되어야 한다는 각도에서 이광수의 「개척자」라든지 최남선의 새 형식의 시작품의 긍정면에 대하여 언급"하고 있고, "종래 부르죠아 문학으로서 배제되었던 작가"들도 『현대조선문학선집』에 수록함으로써 새로운 시대의 흐름에 맞추어 뚜렷한 변화를 보이고 있음을 주목해야 한다.[26] 따라서 재일 디아스포라 문학 역시 '민단'과 '총련', 한국어와 일본어의 대립과 갈등을 넘어서 남북한의 이념적 모순과 대립을 중재하고 남북한의 문학을 통합하는 완충지대로서의 역할을 새롭게 인식할 필요가 있다.

2000년 이후 '총련'계 재일 디아스포라 시문학은 서정시의 본질에 충실한 경향을 두드러지게 드러냈다. 이러한 사실은 지금까지 재일 디아스포라 문학 연구에 있어서 '총련'의 문학에 대해서는 거의 언급조차 하지 않았던 연구 태도에 대한 전면적인 반성을 촉구한다. 시 작품의 질적 수준을 논하기에 앞서 우리말과 우리글을 지금까지 지켜온 재일 조선인들의 민족적 신념에 대해서만큼은 높이 평가하지 않을 수 없다. 그리고 우리말로 창작을 하는 '총련'계 재일 디아스포라 시인들 대부분이 현재 60세를 훨씬 넘긴 노년층이라는 사실을 간과해서는 안 된다. 이들의 민족의식과 주체의식이 재일 3~4세대들에게 이어지지 못한 지도 이미 오래되었다. 사실 이들 이후의 문학 활동을 두고 과연 재일 디

26 이러한 양상에 대해서는, 김학렬, 「조선문학 평가에서의 변화」, 『종소리』 제17호, 2003. 겨울, 32~40면 참조.

아스포라 문학으로 보는 것이 가능한가 하는 점에 대해서는 회의적인 의견이 훨씬 많다. 하지만 현재 재일 디아스포라의 현실이 그렇다고 해서 지난 역사의 의미까지 지금의 시각으로 재단하는 것은 더더욱 문제가 아닐 수 없다. 지금 재일 디아스포라의 현실에서 '재일'의 의미가 약화되었다고 해서 재일 디아스포라의 역사가 결코 지워지는 것은 아니기 때문이다. 그렇다면 이러한 재일 디아스포라의 역사를 정리하고 체계화하는 것은 민족과 이데올로기, 언어와 국가의 차원을 넘어서 후손들이 반드시 이루어내야 할 역사적 과제임을 명심해야 한다. 앞으로 '총련'계 재일 디아스포라 문학에 대한 전면적인 연구가 필요한 이유도 바로 여기에 있다. 비록 이념적 경직성과 언어미학의 수준에서 함량미달의 작품이 많다고 하더라도, '총련'계 재일조선인의 시문학 활동은 해방 이후 재일 디아스포라 시문학의 대표적 양상 가운데 한 부분을 차지했었다는 사실 자체를 부정할 수는 없다. 이러한 역사적 사실을 인정하는 데서부터 '총련'계 재일 디아스포라 문학에 대한 객관적인 연구의 필요성이 제기되는 것이다.

재일 디아스포라의 실존과 비판적 현실인식

김윤론

1. 머리말

최근 들어 재일 디아스포라 문학을 비롯한 재외 디아스포라 문학에 대한 연구가 활발하게 전개되고 있다. '한민족문학'이라는 거시적 틀에서 남한과 북한 그리고 재외 디아스포라 문학을 모두 포괄하는 진정한 의미에서 통일문학사를 완성하려는 큰 목표를 세우고, 일본, 중국, 미국, 구소련권을 중심으로 시작하여 현재는 남미, 유럽 등의 권역으로 점점 연구의 범위를 확대하고 있는 것이다. 아직까지는 대부분의 연구가 1차 자료를 소개하는 정도에 머무르는 한계가 뚜렷한 것이 사실이지만, 재외 디아스포라 문학에 대한 1차 자료를 정리하는 것만으로도 현재로서는 상당히 중요한 의미를 지닌다고 하지 않을 수 없다.

이러한 자료의 수집과 정리를 체계화한 토대 위에서 재외 디아스포라 문학은 문학사적 연구의 가능성을 더욱 넓혀 갈 것이고, 그 결과들이 모여 한민족통일문학사의 완성이라는 큰 성과를 이루어낼 수 있을 것으로 기대된다.

재일 디아스포라 문학 연구는 재외 디아스포라 문학 연구 가운데 상대적으로 앞선 분야이다. 재일 디아스포라 문학은 식민지 조선이라는 근대의 상처 안에서 파생되었다는 점에서, 우리의 근대문학 연구가 일본과의 영향관계를 주목할 때 반드시 언급해야만 하는 과제이기도 하다. 특히 '언어'의 문제는 재일 디아스포라 문학 창작에 있어서 가장 민감한 문제로 인식되어 왔다. 일본어와 우리말의 이중어 글쓰기라는 재일 디아스포라 문학의 특수성에 대해 연구자들마다 입장 차이가 너무도 뚜렷했기 때문이다. 재일 디아스포라 문학 연구는 일본문학 전공자들이 일본문학 내의 소수자 문학의 한 양상으로 연구하면서 시작되었다. 따라서 일본문학 전공자들은 "재일 동포문학이란 일본에서 우리 동포들이 일본어로 쓴 문학"[1]에 한정된다는 범주 설정을 일반화하고 있는 것이 사실이다. 그 결과 지금까지도 재일동포들의 우리말 문학은 재일 디아스포라 문학 연구의 중심 대상이 되지 못한 채 변방으로 내몰려 있는 실정이다.

재일 디아스포라 문학 연구가 소설 장르에 편중되었다는 점도 문제가 아닐 수 없다. 일본문학 전공자들을 중심으로 아쿠타가와상, 나오키상 등 일본의 권위 있는 문학상을 수상한 소설 작품에 대한 번역 소개가 활발했고, 식민과 분단의 상처를 안고 살아온 재일동포들의 역사

---

1 이한창, 「머리말」, 전북대학교 재일동포연구소 편, 『재일 동포문학과 디아스포라 1』, 제이앤씨, 2008, 1면.

적 현실을 서사화한 김달수, 김석범, 이회성, 양석일 등의 소설이 재일 디아스포라 문학 연구의 중심에 있었던 것이다. 이러한 결과는 현재 일본 내에 거주하는 우리 민족의 실상과 재일 디아스포라의 역사적 현실을 올바르게 반영하지 못한 것으로, 이념적으로든 언어적으로든 한 쪽 면만을 보여주는 한계가 뚜렷하다. 또한 장르에 있어서도 식민과 분단 그리고 재일의 상처와 고통을 직접적으로 형상화한 소설문학에 너무 압도된 나머지, 디아스포라의 실존과 정체성을 고민해온 시문학을 소외시킨 측면이 있음을 간과해서도 안 된다.[2]

이런 점에서 본고는 지금까지 재일 디아스포라 문학 연구에 있어서 상대적으로 소외되어 있었던 시문학 분야를 주목하여, 그 대표적 시인 가운데 한 사람인 김윤의 시세계를 살펴보고자 하는 데 목적이 있다. 김윤(1932~)은 경남 남해에서 태어나 진주에서 성장하면서 진주농림고등학교를 졸업했고 동국대학을 중퇴했다. 1950년대 전쟁 중에 부산에 모여 있었던 대학생들을 중심으로 결성되었던 『신작품』의 동인(고석규, 천상병, 송영택, 김재섭, 김소파, 이동준)으로 활동했고,[3] 1951년 한국전쟁 중에 일본으

---

2 하상일, 「해방 이후 재일 디아스포라 시문학의 역사와 의미」, 『한국문학논총』 제51집, 한국문학회, 2009.4, 166면.

3 『신작품』은 1952년 3월부터 1954년 12월까지 총 8권이 발간되었다. 이 가운데 김윤은 2집에 「호수」, 3집에 「나무」, 4집에 「가을」을 발표했고, 5집부터는 동인 명단에서도 그의 이름을 찾을 수 없다. 당시에 그는 본명인 김동일(金棟日)로 활동했다. 필자는 이러한 사실을 2006년 1월 일본 동경에서 그를 직접 만나 인터뷰를 하는 가운데 알게 되었다. 『신작품』에 관한 연구로는 송창우의 「경남지역 문예지 연구」(경남대 석사논문, 1995)가 있는데, 이 논문에서도 김윤(김동일)에 대한 언급은 전혀 없다. 김윤 시인에 관한 논문으로, 김은영의 「김윤 시 연구」(김학렬 외, 『재일동포 한국어문학의 전개 양상과 특징 연구』, 국학자료원, 2007)가 있다. 그런데 이 논문에는 김윤 시인이 "1947년 부산에서 발행된 동인지 『신작품』에 「등불」로 등단, 작품 활동을 시작"했다고 잘못 기술되어 있다. 김윤 시인이 1932년생이므로 1947년이면 진주에서 고등학교를 다니고 있을 무렵이었고, 당시에는 『신작품』이 발간되지도 않았다. 필자가 생각하기에 김윤 시인이 진주 지역 고등학교 학생 문단 활동을 한 것을 두고 잘못 기술한 것이 아닌가 짐작된다.

로 건너가[4] 명치[明治]대학 농학부를 졸업했으며, '재일대한민국거류민단'(이하 '민단') 중앙본부 선전국장 및 기관지 『한국신문』 편집국장을 역임했고, 『현대문학』의 일본지사장을 맡기도 했다. 그의 시집으로는 『멍든 계절』(현대문학사, 1968)과 『바람과 구름과 태양』(현대문학사, 1971)이 있다. 그는 '재일본조선인총연합회'(이하 '총련') 소속이 아니면서도 지금까지 우리말로 시를 쓰고 있는데, 이러한 그의 특이한 이력은 북한문학의 노선을 충실히 반영한 '총련'의 문학과도 분명 다르고, 일본어 글쓰기를 통해 재일의 독자성을 드러낸 '민단'에 소속된 대부분의 재일동포 문학과도 다르다는 점에서, 해방 이후 재일 디아스포라 시문학의 독특한 지점을 보여준다고 할 수 있다. 본고에서는 김윤의 두 권의 시집과 『신작품』, 『한양』에 발표한 시 전체를 연구대상으로 했음을 밝혀둔다.

2. 해방 이후 재일 디아스포라 시문학의 형성과 전개

해방 이후 재일 디아스포라 문학 활동의 중심에는 『민주조선』, 『조선문예』 등의 잡지와 김달수, 이은직 등의 소설가, 그리고 허남기, 강

4 김윤의 첫 시집 『멍든 계절』의 서문을 써준 조연현의 증언을 들어보면 당시 김윤의 상황을 추정할 수 있다. "金潤兄을 내가 처음 만난 것은 6 · 25事變 중의 釜山에서였다. 몇 사람의 젊은 青年들과 함께 東國大學에의 入學을 상의하기 위하여 나를 찾아왔었다. 나는 金兄의 東國大學에의 入學을 그때 알선해준 것 같다. 文學의 傳統이 강한 東大에 入學한 金兄은 곧 이형기, 박재삼, 송영택 諸兄들과 그룹이 되어 여러 가지 文學活動에 參加하고 있었다. 그때는 本名인 金棟日로 通해 있었다. 收復과 함께 나는 金兄의 消息을 몰랐고, 그에 대한 記憶도 아주 희미해졌다. 金兄이 日本으로 건너간 것이 그 무렵이었다는 것을 나중에야 알았다." 조연현, 「序」, 김윤, 『멍든 계절』, 현대문학사, 1968, 8면.

순 등의 시인이 있었다. 『민주조선』[5]은 일본어 종합지였지만 문학 지면이 전체의 반 이상을 차지할 정도로 문학지로서의 성격을 두드러지게 드러냈다. 이 잡지는 일본인들에게 식민지로 인해 왜곡된 조선의 역사와 문화적 전통을 올바르게 인식시키기 위한 목적으로 창간되었다. 『조선문예』[6]는 『민주조선』이 14호를 간행하고 15호를 준비하던 무렵인 1947년 10월 창간된 종합문예지로, 주요 필자들 대부분이 '재일조선문학자회'에 소속되어 있었고, 이 가운데 김달수, 허남기 등은 일본 프롤레타리아문학 계열의 『신일본문학』과도 깊은 유대관계를 맺고 있었다. 이처럼 『민주조선』과 『조선문예』는 해방 이후 재일 디아스포라 문학의 이념적 지향성과 구체적 활동 양상을 살펴볼 수 있는 중요한 잡지이다.[7] 그리고 김달수, 이은직, 허남기, 강순 등은 이러한 잡지를 중심으로 활동하면서 해방 이후 재일 디아스포라 문학의 토대를 마련한 재일 디아스포라 1세대라고 할 수 있다.

해방 이후 재일 디아스포라 시문학의 경우에는 허남기, 강순, 남시우를 중심으로 형성되어[8] 김시종, 김윤, 그리고 정화흠, 정화수, 김학

---

5 1946년 창간되어 1950년 7월까지 통권 33호 간행되었다. 발행인은 조진용을 시작으로 한석철, 윤병옥 등으로 이어졌고, 10호의 경우에는 제호를 『문화조선』으로 변경하여 발행하였다. 출판사 역시 여러 번 바뀌었는데, 민주조선사(1－3호), 조선문화사(4－9호), 문화조선사(10호), 조선문화사(11－22호)로 잦은 교체를 거듭하다 23호부터 민주조선사에서 종간호까지 발간하였다. 잡지의 발행 책임은 김원기(1호), 김달수(2－24호)가 맡았고, 25호부터는 발행인 윤병옥이 편집을 겸하였다. 하상일, 『한국문학과 역사의 그늘』, 소명출판, 2008, 101면.

6 박삼문이 발행과 편집을 맡고 김달수, 이은직, 허남기, 강순 등이 필자로 참여하였다. 이 잡지는 1948년 11월까지 발간된 것으로 알려져 있지만, 필자가 일본 동경 소재 근대문학관에서 입수한 자료는 모두 4권에 불과하고 1권의 목차만 추가로 확인하였다.(1947.10(창간호), 1947.11, 1948.2, 1948.4, 1948.7) 하상일, 위의 책, 101~102면.

7 해방 이후 재일조선인들이 발간한 주요 매체에 대한 전반적인 논의는 호테이 토시히로의 「해방 후 재일 한국인 문학의 형성과 전개－1945년~60년대 초를 중심으로」(『인문논총』 제47호, 서울대 인문학연구소, 2002)에 잘 정리되어 있다.

8 김학렬은 "해방직후에는 지식층 속에서 많은 사람들이 시를 쓰려고 나섰으나 그 후 정

렬 등 '종소리시인회' 소속 시인들로 이어져 왔다. 대체로 재일 디아스포라 시문학은 언어의식과 주제의식의 두 가지 문제를 중심으로 그 특성을 살펴볼 수 있다. 특히 모어(母語)인 일본어와 모국어(母國語)인 우리말 사이에서 갈등하고 대립하는 이중언어의 현실은 재일 디아스포라 시인들의 정체성 형성에 상당히 중요한 문제의식을 던졌다. '총련'의 결성 이후 재일 디아스포라 시인들 상당수가 일본어가 아닌 우리말 창작을 해야 한다는 민족적 요구에 따라 우리말 시 쓰기로 전환했던 상황[9]과, 식민지 교육을 받은 데서 비롯된 일본어의 자연스러움과 우리말의 부자연스러움 사이의 격차를 해소하지 못해 결국 일본어 시 쓰기를 선택할 수밖에 없었던 시인들의 현실[10]이 충돌하면서, 재일 디아스

치분야, 교육분야 등에 진출하여 사회과학분야에 나선 사람들도 있고, 시집을 낸 사람은 강순(『조선부락시초』)과 남시우(『봄소식』), 허남기(일어시 『朝鮮冬物語』) 뿐이며, 조국(북한－필자 주)에서 나온 첫시집 『조국에 드리는 노래』에는 허남기, 남시우, 강순의 3인만이 있었다. 따라서 해방직후 1950년대까지는 엄격히 말해서 시문학역량이 형성되기 시작했으나 그 핵심에는 단 3인밖에 없었다는 점에서 이 시기를 허남기, 남시우, 강순의 3인 시대라 해도 무방할 것이다."라고 하였다. 김학렬, 「재일 조선인 조선어 시문학 개요」, 와세다대학 조선문화연구회 · 해외동포문학편찬사업추진위원회 · 재일본조선문학예술가동맹 공동 주최, 『재일 조선인 조선어문학의 현황과 과제 심포지움 자료집』, 2004년 12월 11일, 와세다대학교, 3~4면.

9 이에 대해 김학렬은, "1955년 민족적 주체를 지키려 '총련'이 결성된 후 비로소 우리 작가도 일본어문학이 아니라 모국어 문학 창조에 나서야 한다는 자각을 가슴 깊이 가다듬게 되었다. 당시 일본문단의 총아로 이름이 높았던 시인 허남기(초대 '문예동' 위원장)도 일본말 창작에서부터 우리말 창작으로 전환하였다. (…중략…) 우리 작가가 우리 민족어로 문학을 한다는 '정상'의 일이 그러나 '이상'의 우경화 바람이 휩쓰는 여기 일본 땅에서는 역풍을 뚫고 나가야 할 힘든 투쟁의 매 시각을 새기지 않으면 안 되는 것이었다. 때문에 우리는 재일조선문학, 그 본질적 특징은 첫째로 일제 식민지시기 빼앗긴 우리말을 도로 찾고 민족어에 담긴 민족정신과 민족의 숨결로 살려는, 즉 재일동포들의 '자기회복'의 문학이라고 간주하고 있다"라고 하였다. 김학렬, 「시지 『종소리』가 나오기까지－재일조선시문학이 지향하는 것」, 『치마저고리』, 219~220면.

10 김시종은 식민지 시절 자신의 모습을 '황국 소년'이라고 자조적으로 말하였다. 보통학교 2학년까지 일주일에 겨우 한 시간 정도 조선어를 공부했던 것이 그가 배운 우리말 교육의 전부였다. 따라서 그에게 '국어'는 조선어가 아닌 일본어가 될 수밖에 없었으므로, 일본어는 자신의 정신과 의식을 지배하는 언어적 토대로 내면화되지 않을 수 없었

포라의 언어 현실은 갈등과 혼란을 부추기는 이중언어의 상황을 그대로 노출하고 말았던 것이다. 따라서 해방 이후 재일 디아스포라 시문학은 언어와 이념을 기준으로 극단적 이원화가 가속화되었고, 이후 언어와 이념 그리고 세대를 넘어서 재일 디아스포라의 현실에 조금 더 가까이 다가서야 한다는 현실적인 이유로 일본어 창작이 점점 더 유효성을 확보하면서 오늘날에 이르게 되었다.

재일 디아스포라 시문학을 언어의식의 측면에서 바라보면 김윤의 시는 상당히 특수한 위치에 있다고 할 수 있다. 그는 남한에서 대학을 다니다 일본으로 갔기 때문에 이미 우리말에 능통했고, 대학 재학 시절 동인지를 통해 문학 활동을 했으므로 우리말 시 창작에 익숙했다. 그러므로 김시종을 비롯하여 당시 일본어로 창작을 했던 시인들 대부분이 우리말을 자유롭게 구사하지 못했기 때문에 어쩔 수 없이 일본어로 시 창작을 했던 것과는 완전히 다른 상황이었다. 따라서 김윤은 다른 시인들처럼 우리말 시 쓰기를 중단하고 일본어로 시 창작 활동을 할 이유가 전혀 없었다. 또한 그는 '민단' 소속이었으므로 '총련'의 강령에 종속된 이념적 태도와도 사실상 무관했다는 점에서, 그의 우리말 시 쓰기는 조직의 강령에 구속된 강요된 선택도 아니었다. 이런 점에서 그는 재일

던 것이다. 이런 상황 속에서 그는 해방을 맞이했고, 일본인에서 조선인으로 바뀐 자신의 모습에서 정체성의 극심한 혼란을 경험하였다. 이때부터 그는 "그야말로 손톱으로 벽을 긁는 심정으로 제 나라의 언어를 '가나다'부터 배우기 시작했"지만, "사고의 선택이나 가치 판단이 조선어에서 오는 것이 아니라, 일본어에서 분광되어 나"오는 자기모순을 극복해낸다는 것은 결코 쉬운 일이 아니었다. 그에게 있어서 '일본어'는 의식의 존재로서 자리 잡은 최초의 언어였으므로, 일본어를 버리고서 자신의 의식을 형성한다거나 글을 쓴다는 것은 사실상 불가능하였기 때문이다. 결국 그는 일본어를 사용하면서도 일본어를 무너뜨리는 새로운 방법적 전략을 세워야만 했다. 즉 일본인의 시각과 감성과 사유를 깨뜨리는 재일 디아스포라의 실존적 언어로 자신이 사용하는 일본어의 의미를 재발견하고자 했던 것이다. 하상일, 「재일 디아스포라 시인 김시종 연구」, 『한국언어문학』 제71집, 한국언어문학회, 2009.12.20, 521면.

디아스포라 시인 가운데 우리말을 가장 자유롭게 구사했을 뿐만 아니라, 이념적으로도 상당히 자유로운 시인이었다고 할 수 있다.

김윤과 마찬가지로 우리말 창작을 했던 시인들의 대다수가 작품을 발표한 매체가 『한양』[11]이다. 『한양』의 창간은 해방 이후 재일 디아스포라 시문학 활동이 그 양과 질의 측면에서 동시에 두드러진 면모를 보이는 중요한 계기가 되었다. 『한양』은 1962년 3월 일본 동경에서 창간되어 1984년 3·4월호(통권 177호)로 종간된 우리말 잡지였다. 『한양』의 편집인 겸 발행인은 김인재였고, 잡지의 구성을 살펴보면 시, 소설, 수필, 평론 등의 문학작품과 당대의 정치사회적 쟁점에 대한 논문 및 시론(時論) 등 재일동포들의 의식과 정서를 총체적으로 담아내는 종합지였다. 게다가 『한양』은 당시 남한에서 활동했던 시인들과 재일동포로 추정되는 시인들 그리고 일본 외에 거주하는 재외동포들의 시 작품까지 모두 포함하고 있어서 한민족 시문학의 총체적 모습을 확인할 수 있었다. 20여 년 동안 『한양』에 발표된 시 작품의 수는 약 2천여 편에 달했고, 이 가운데 『한양』 발행 전 기간에 걸쳐 최소 5편 이상 시를 발표한 재일 디아

---

11 지금까지 발표된 『한양』 관련 연구목록을 제시하면 다음과 같다. 허윤회, 「1960년대 참여문학론의 도정-『비평작업』, 『청맥』, 『한양』을 중심으로」, 『희귀잡지로 본 문학사』, 상허문학회 편, 깊은샘, 2002; 박수연, 「1960년대의 시적 리얼리티 논의-장일우의 『한양』지 시평과 한국 문단의 반응」, 『한국언어문학』 50집, 한국언어문학회, 2003; 하상일, 「1960년대 문학비평과 『한양』」, 『어문논집』 50호, 민족어문학회, 2004; 하상일, 「1960년대 현실주의 문학비평 연구-『한양』, 『청맥』, 『창작과비평』, 『상황』을 중심으로」, 부산대 박사논문, 2005; 이헌홍, 「『한양』 소재 재일 한인문학의 연구 방향과 과제」, 『한국민족문화』 25집, 부산대 한국민족문화연구소, 2005; 하상일, 「재일 한인 잡지 소재 시문학과 비평문학의 현황과 의미」, 『한국문학논총』 42집, 한국문학회, 2006; 고명철, 「민족의 주체적 근대화를 향한 『한양』의 진보적 비평정신-1960년대 비평 담론을 중심으로」, 『한민족문화연구』 제19집, 한민족문화학회, 2006; 한승우, 「『한양』지에 드러난 재일지식인들의 문제의식 고찰」, 『어문론집』 제36집, 중앙어문학회, 2007; 하상일, 「1960년대 『한양』 소재 재일 한인 시문학 연구」, 『한국문학논총』 제47집, 한국문학회, 2007; 조현일, 「『한양』지의 장일우, 김순남 평론에 나타난 민족주의 연구」, 『한국문학이론과 비평』 제43집, 한국문학이론과 비평학회, 2009.

스포라 시인만 살펴보더라도 21명 정도, 발표작품 수는 대략 640여 편 정도 되는 것으로 추정된다.[12]

『한양』에 발표된 시문학의 주제적 특성을 분석해보면 크게 네 가지로 정리할 수 있다. 첫째, 고향 상실의 비애와 조국을 향한 근원적 그리움을 노래한 것, 둘째, 조국의 역사적 현실에 대한 비판적 성찰을 통해 참여시의 성격을 표방한 것, 셋째, 재일 한인으로서의 민족적 정체성에 대한 고민을 담아낸 것, 넷째, 이국의 땅에서 자연을 통해 내면화한 자기성찰과 내적 의지를 구현한 것이 바로 그것이다. 이 가운데 특별히 주목할 부분은 첫째와 둘째 경향으로, 재일 디아스포라의 근원적 의식과 4월혁명을 비롯한 한국의 정치사회적 상황에 대한 비판적 참여의식을 아주 두드러지게 쟁점화 했다.[13] 이러한 특성은 재일 디아스포라 시문학의 특수성을 이해하는 핵심적 주제일 뿐만 아니라, 1960년

---

12 『한양』은 1974년 2월 '문인간첩단사건'에 연루되어 국내로의 유입이 금지되었고, 국내에 소장된 잡지 대부분이 불온서적이란 이유로 소실되어 지금까지도 국내에서는 『한양』의 전모를 확인할 수가 없다. 필자는 2006년 1월 일본 동경 소재 화광대학 도서관 서고에서 『한양』 전체를 확인하고 모든 자료를 입수하였다. 그리고 당시 발행과 편집을 주도했던 김인재 선생을 만나 『한양』의 실체에 대해 자세히 확인하려 했으나, 모든 상황을 알고 있는 유일한 사람인 김인재 선생이 끝끝내 침묵함으로써 여전히 『한양』의 주요 필자 및 관련 사항은 미궁 속에 있다. 다만 당시 김인재 선생의 말을 통해 조심스럽게 추정해 보면, 『한양』에 수록된 시, 소설, 비평의 고정 필자들 가운데 상당수가 박정희 정권의 검열을 피해 필명으로 활동한 남한 문인일 가능성이 많은 것으로 생각된다. 하상일, 「재일 한인 잡지 소재 시문학과 비평문학의 현황과 의미」, 『한국문학논총』 제42집, 한국문학회, 2006.4, 396~398면.

13 『한양』의 창간정신은 근본적으로 4월혁명의 시대정신에 바탕을 둔 현실참여의 태도를 직접적으로 표방하는 데 있었다. 1960년대 한국 사회의 정치적 상황에 민감하게 반응하면서 민족주체의 정신과 민주주의 실현을 위한 지식인의 실천을 담아내는 공기(公器)로서의 역할을 담당하고자 했던 것이다. 게다가 『한양』은 이러한 시대정신을 토대로 한국문학의 현실주의적 성격을 올곧게 정립하는 데 있어서도 상당히 중요한 역할을 담당하였다. 이 때문에 당시 군사정권은 『한양』에 직간접적으로 관여한 일부 문인들을 좌경시하면서 급기야는 간첩 혐의까지 씌워 억압하는 소위 '문인간첩단사건'을 날조해 내기도 했던 것이다. 하상일, 『1960년대 현실주의 문학비평과 매체의 비평전략』, 소명출판, 2008, 35~42면 참조.

대 남한의 시문학과 재일 디아스포라 시문학의 관련성을 이해하는 데 있어서도 중요한 문제의식을 담고 있다.[14]

김윤의 시는 두 권의 시집에 수록된 시를 제외하고는 거의 대부분 『한양』에 발표되었다. 그는 『한양』에 53편의 시를 발표했는데, 두 번째 시집 『바람과 구름과 태양』이 출간된 1971년 이전까지는 『한양』에 발표된 시와 두 권의 시집에 수록된 시가 많이 겹치고, 『한양』에 발표한 시를 개작해서 시집에 수록한 것이 대부분이다. 그러므로 『한양』에 발표한 시의 경우에는 대체로 1971년 이후의 작품만을 신작으로 볼 수 있다. 주제와 내용의 측면에서 보면, 민족의식의 과잉이나 정치적 이념의 획일화를 거부하고 재일 디아스포라의 현실에 대한 실존적 인식과 자기성찰의 시선이 두드러진다. 또한 '민단' 내에서 진보적 성향을 지녔지만 '총련'과는 일정한 거리를 둠으로써, 서정성에 바탕을 둔 언어 미학의 가능성을 넓혀 나갔다는 점에서 중요한 의미를 지닌다. 이런 점에서 김윤의 시는 "재일동포 한국어 문학을 북한문학으로부터 독립된 독자적인 성격의 문학으로 이해하는 데 중요한 역할을 한다"[15]라고 평가할 수 있다.

14 하상일, 위의 책, 205면.
15 김은영, 앞의 책, 193면.

3. 재일 디아스포라 시인 김윤의 시세계

1) 재일 디아스포라의 실존과 자연을 통한 성찰

해방 직후인 1945년 8월부터 1946년 3월까지 약 200만 명에 달했던 재일동포 가운데 140만 명 정도가 귀국하고 대략 60만 명 정도가 일본에 잔류하였다. 조국의 광복에도 불구하고 60만 명 이상의 재일동포들이 귀국을 선택하지 않았던 것은 당시 조국의 사정이 이념적으로든 경제적으로든 상당히 혼란스러웠기 때문이다. 즉 귀국 후의 생활에 대한 불안과 경제적 궁핍에 대한 걱정으로, 식민지 종주국에서 이방인으로 살아오면서 받았던 온갖 차별과 억압에도 불구하고 수십 년 동안의 생활터전이었던 일본 땅을 쉽게 떠날 수 없었던 것이다. 게다가 조국으로의 귀환 이후 정치적 · 경제적 문제에 부딪쳐 다시 일본으로 돌아오거나, 한국전쟁의 와중에 혼란을 피해 일본으로 밀항을 한 사람들도 많았다. 결국 지금의 재일 디아스포라 사회는 해방 이후의 잔류 동포들과 귀국 후 다시 일본으로 돌아온 동포들, 그리고 전쟁 을 피해 일본으로 밀항한 동포들을 중심으로 형성되었다고 할 수 있다.

해방 이후 재일동포의 삶은 36년간의 식민 통치의 역사가 우리 민족에게 준 상처 못지않은 고통의 연속이었다. 신분, 직업, 교육, 결혼 등과 같은 일상생활의 모든 부분에서 일본인과는 다른 극심한 차별을 겪었을 뿐만 아니라, 남한을 지지하는 '민단'과 북한을 지지하는 '총련' 조직 사이에서 대립하고 갈등하면서 남한도 북한도 아닌 '조선'의 민족 정체성을 지켜내기 위한 삶의 투쟁을 전개하였다. 즉 재일 디아스포라의 현실에서 남한과 북한, '민단'과 '총련'은 어디까지나 기호일 뿐이었으므로, 어느 한 쪽을 선택한다는 것은 분단이데올로기의 폭력에 다름 아니었던 것이다. 그럼에도 불구하고 이방인으로서의 현실적 삶을 유지하기 위해서는 이러한 조직 가운데 한 곳에 가담하는 불가피한 선택을 하지 않을 수 없었다. 그 결과 재일 디아스포라 사회는 재일동포의 인권이나 경제적 불평등과 같은 생활의 문제보다는 조직과 이념에 복무하는 양상에 치중함으로써, 재일동포 사회는 남한과 북한의 이념적 대리전 양상을 양극화하는 결과를 초래하고 말았다.

김윤의 시는 이와 같은 재일 디아스포라의 현실을 "헛된 공간"에 스스로를 가두는 자기모순의 결과라고 말했다. 또한 국가와 이념을 앞세운 재일동포들의 이원화된 목소리는 "이름조차 알 수 없는 벌기떼들이 / 시끄럽게 난무하는 것"으로 폄하될 뿐이라고 보았다. 결국 "헛된 공간만이 / 벌기떼들을 / 안고 / 늘어져있"(「헛된 공간」, 『멍든 계절』)[16]는 패배적인 모습에서 재일 디아스포라의 미래를 생각한다는 것은 사실상 불가능한 일이었다. 따라서 그는 "숨가쁜 / 異域에서의 멍든 사철만이 / 셋방살이라는 무거운 지붕 아래서 / 염치없이 궁글고" 있는 이방인의 현실을 넘어서기 위해서는, "나는 / 잃어버린 말과 풍습을 / 외워보는 / 시간이 / 무엇보다도 귀중할 수밖에 없었다"(「멍든 계절」 I)라는 민족정체성에 대한 올바른 인식과 주체적 태도를 정립해야 한다고 보았다.

> 낯선 데서 // 풍습도 그러했고 / 말도 서투른데 / 서로 어깨를 비벼가며 / 사는 사람들 // 언제부터 / 그러했는지는 지금은 아랑곳 없어지고 / 그렇게 해서 살 수밖에 없는 / 사람들 // 몽땅 까먹어버린 / 선조의 유산은 / 흔적마

16 이하 김윤의 시를 인용할 때는 『멍든 계절』은 Ⅰ, 『바람과 구름과 태양』은 Ⅱ, 『한양』에 발표한 시는 Ⅲ으로 표기한다. 그리고 『한양』의 경우는 발표년월을 따로 밝혀둘 것이다.

저 희미해지고 // 異邦살이의 / 지치인 표정들만 / 구슬알처럼 / 몽글몽글해져 / 고향은커녕 / 오늘의 위치조차 종잡을 수 없는 / 희한한 사람들 // 피로한 / 얼굴에는 / 고향을 찾아야 한다는 / 그런 愁心들이 / 함빡 담긴 채 // 이 사람들은 / 정말 / 어디로 가야 할 것인지

—「異邦人」 전문(I)

인용시에는 민족과 고향의 동질성을 안고 살아가는 재일동포의 삶이 점점 그 "흔적마저 희미해지고", "고향은커녕 / 오늘의 위치조차 종잡을 수 없는" 이방인의 생활에 흠뻑 젖어가는 것에 대한 비판적 시선이 담겨 있다. "異邦살이의 / 지치인 표정들", "피로한 / 얼굴", "함빡 담긴" "愁心들"로는 "정말 / 어디로 가야 할 것인지"에 대한 해답을 찾을 수 없다고 보았던 것이다. 게다가 "낙엽은 굴러 또 굴러서 / 옛뿌리 밑으로 모여든다는데 / 마음 아프고나 어디로 가느냐 / 여기 자란 어린것들아"(「낙엽」, I)에서처럼, 재일 3세대 이후로 가면 민족의식이나 역사의식은 급격히 약화되어 재일 디아스포라의 정체성 자체를 근본적으로 위협하는 상황에까지 이르렀음을 심각하게 우려했다. 따라서 김윤은 "오늘보다 나은 내일을 / 잡아당기는 信念을 다짐하며 / 뽑아야 할 잡초무뎅이를 바라보며 / 나는 나설 수박에 없다"(「雜草」 I)라는 단호한 결심을 한다. "비바람속에서도 늠름"한, "뇌성벽력마저 四圍를 울렸으나" "굴하지 않고 / 하늘을 찌르는 듯 서있"(「古木」, I)는 고목처럼, 민족적 차별로 고통 받는 재일 디아스포라의 현실에 맞서 싸우는 독립적인 주체로 살아갈 것을 다짐하는 것이다. 그래서 그는 자신의 아들들에게 "이방인이 떠주는 밥술에 / 배를 불리잔 생각만은 / 말고 // 황금으로 만들어도 / 사슬은 사슬 / 남이 주는 세월에 기대지 말고 // 너를 낳은 땅에서 / 네가 디디고 선 거기에서 / 헐벗고 동강나고 / 뼈빠지고 / 눈

물마저 말라버린 어버이들이 / 보내는 말을 / 잊지말라"(「아들에게」 II) 라고 간곡히 당부하는 것이다.

이처럼 김윤의 시는 재일 디아스포라의 현실을 어떻게 인식하고 실천할 것인가에 대한 문제의식을 가장 중요한 시적 토대로 삼았다. 그리고 이러한 문제의식을 "낙엽", "잡초", "고목" 등과 같이 자연의 속성으로부터 인간의 삶을 정직하게 돌아보는 성찰적 시선을 통해 구체화해 나갔다.

> 칼칼하게 말라붙은 / 우수수 나뭇잎이 / 저녁노을을 함뿍 받고 진다. // 곁에서는 / 悲愁와 絶望과 背反과 / 온갖 허무한 풀레('풀벌레'의 오기-필자 주)들이 / 마구 옷깃을 당기는 / 그런 風景이 이루어져 있고 // 슬픈 景致와 빛깔이 / 아까운 나날을 좀먹는 / 그러한 暮景을 등지고 / 해는 지는데 // 그래도 고함쳐 볼라치면 / 한없는 기쁨이 / 목을 감아붙이는 충동을 / 누를 수 없고 / 싯퍼렇게 갈아세운 / 칼날처럼 / 은근히 노리기도 하는 / 딩굴어진 世相의 꼬락서니가 / 겹쳐서 風景을 오려내는 落葉의 季節 // 해가 / 저물어 가는데 / 반가운 마중은 아직도 멀고 / 잡잡한 땅바닥에서는 / 아직도 사라지지 않은 / 그사람들의 발자욱이 나를 / 쳐다만 보고 있다.
>
> -「暮景」 전문(I)[17]

김윤 시인은 저물녘의 풍경에 특별한 애착을 가지고 있다. 대체로 그의 시의 시간적 배경은 어스름이 깔리는 저녁 무렵이다. 하루의 일상에 쫓겨 살아가는 인간이 자연의 풍경을 바라보며 비로소 자신의 삶

17 『한양』(1966.12)에 발표할 때의 제목은 「얄궂은 暮景」이었으나, 일부 구절을 고쳐서 첫 시집에 수록하였다.

을 되돌아보는 시간이 바로 저물녘이기 때문이다. 그런 점에서 저물녘은 서정시가 탄생하는 가장 필수적인 시간으로 자기성찰로서의 서정적 비전을 열어낸다. 인용시에서 저물녘의 모습은 "슬픈 景致와 빛깔이 / 아까운 나날을 좀먹는 / 그러한 暮景"으로 묘사됨으로써, 인간의 욕망과 부정이 자연의 세계를 어떻게 왜곡하는지를 보여주는 성찰적 시공간으로서의 의미를 지닌다. 이는 "싯퍼렇게 갈아세운 / 칼날", "딩굴어진 世相의 꼬락서니", "찹찹한 땅바닥"과 같이 자연을 마주하고 서 있는 인간 사회의 모순에 대한 분명한 인식을 내포하고 있는 것이다. 특히 이 시에서 자연의 왜곡은 미래에 대한 희망을 갖지 못한 채 점점 더 무기력하게 변해가는 재일 디아스포라의 현재적 모습을 알레고리화 하고 있다는 점에서 상당히 문제적인 시공간이 된다. "해가 / 저물어 가는데 / 반가운 마중은 아직도 멀"었다는 데서, 그리고 "아직도 사라지지 않은 / 그사람들의 발자욱이 나를 / 쳐다만 보고 있다"는 데서, 해방은 되었지만 여전히 식민의 세월을 살아가고 있는 재일 디아스포라의 어두운 현실을 발견하고 있는 것이다.

이처럼 김윤의 시는 재일 디아스포라의 현실을 객관적으로 인식함으로써 앞으로 이들의 삶이 어떤 방향으로 나아가야 할지를 모색하는 길 위에 있다. 그의 시에서 자연을 통한 자기성찰의 세계가 두드러진 이유도 바로 여기에 있다. 그는 "고통과 눈물이 지금을 노리지마는 / 군데군데 박힌 든든한 里程標를 굽어보며 / 쉴새없이 / 탐탐히 / 갈수록 웃음이 가차와지고 / 따뜻한 마중이 기다리는 / 거기로 통하는 / 이 길을 또 걸어가야 할 것이다"(「길」 I)라고 다짐한다. 인간이 삶의 길 위에서 만나는 온갖 자연의 풍경과 사물들의 모습에서 재일 디아스포라의 현재를 깊이 성찰하는 뚜렷한 방향성을 찾고자 했던 것이다.

2) 전통과 역사의 현재화와 비판적 현실인식

해방 이후 재일 디아스포라의 현실에서 민족과 국가는 개인의 의식을 규정하고 지배하는 가장 중요한 기준이었다. 식민지 망국민으로서 고통의 세월을 뚜어 넘어 해방의 감격을 채 누릴 겨를도 없이, 여전히 일본에 남았다는 이유로 영구적으로 일본인 되기를 강요받았던 재일동포들에게 있어서, 민족과 국가는 비록 관념적인 실체로 남아 있더라도 절대로 놓쳐서는 안 되는 신념이요 이데올로기였다. 따라서 그들은 언어, 민속, 풍물, 자연, 노래, 놀이 등 모든 분야에서 우리 민족의 정신과 문화를 지켜내기 위해 전력을 다했다. 이러한 역사의식과 현실인식을 밑바탕으로 재일 디아스포라 문학은 고향 마을의 꽃들과 풀들, 토속적인 음식들,[18] 지역의 특산물 등을 주요 제재로 선택하여 민족공동체의 역사성을 상징적으로 표상하는 데 주력하였다.[19]

이러한 의식은 김윤의 시에서 민족적 전통을 표상하는 사물과 장소를 통해 상징적으로 형상화되었다. 그 대표적인 시가 『청자(青磁)』(III, 1971.8 · 9), 『청자(青瓷)』(III, 1975.6 · 7), 『촉석루(矗石樓)』(III, 1977.2 · 3) 등이다.

> 부드러운 / 그 青磁빛깔은 / 오랜 시련의 표징이었고 / 平和이기도 했다. // 가슴 깊이 / 간직해 온 / 겨레의 심정이기도 했다. // 더운 날 / 어제와 내일을 생각는 것은 / 퍽으나 고달픈 일이기도 했고 / 즐거운 일이기도 했다. // 뻐저

18 북한의 평론가 류만은, "민속음식과 관련한 여러 시작품에서 풍기는 정서는 동포시인들이 동포들의 생활을 노래한 데서 줄곧 주체성, 민족성을 놓치지 않고 생활체험과 사색을 심화한 결과 이룩된 결실이다."라고 평하기도 했다. 류만, 「민족의 넋이 높뛰는 애국의 『종소리』—시잡지 『종소리』를 읽고」, 『종소리』 제27호, 2006. 여름, 50면.

19 하상일, 「해방 이후 재일 디아스포라 시문학의 역사와 의미」, 『한국문학논총』 제51집, 한국문학회, 2009.4, 194~195면.

> 린 아픔을 견디어 온 나날이 / 옛날 같기도 하고 어제 같기도 하는 / 어쩔 수 없는 역사의 실마리를 풀어 보는 것은 // 내일을 위한 결심이기도 했고 / 오늘을 사는 보람이기도 했다. // 오랜 세월 / 가슴 깊이 / 간직해 나갈 / 부드러운 빛깔 속에는 / 겨레의 우렁찬 / 고함소리와 / 한결같은 염원이 / 깃들어 // 그것은 내일에로의 외침이기도 했고 / 내일에로의 희망이기도 할 것이다.
>
> ─『青磁』 전문

주지하다시피 "청자"는 우리 민족의 역사와 전통을 상징하는 대표적인 유산 가운데 하나이다. "청자"는 우리 민족의 "오랜 시련의 표징이었고 / 평화이기도 했"으며, "가슴 깊이 간직해 온 / 겨레의 심정"이었다. 뜨거운 가마에서 며칠을 견디어 나온 청자의 아름다움은 "뼈저린 아픔을 견디어 온 나날"이라는 우리 민족의 역사를 고스란히 담고 있는 것이다. 비록 지난 역사의 상징물이긴 하지만, 그 속에는 "내일을 위한 결심"과 "오늘을 사는 보람"이 오롯이 새겨져 있다. 다시 말해 "청자"는 우리 민족이 걸어온 과거의 유산이기 이전에 오늘을 살아가고 내일을 모색하는 데 있어서 뛰어난 자부심과 자랑으로 동포들의 가슴에 깊이 내면화되어 있었던 것이다. 그래서 시인은 "청자"를 두고 "오랜 세월 / 가슴 깊이 / 간직해 나갈 / 부드러운 빛깔 속에는 / 겨레의 우렁찬 / 고함소리와 / 한결같은 염원이 / 깃들어 // 그것은 내일에로의 외침이기도 했고 / 내일에로의 희망이기도 할 것"이라고 말한다. "저 항아리 속엔 / 조상들의 숨결이 / 샘물처럼 고여 있고 / 맑은 삶을 담아 안을 / 굳세고 아름다운 意志가 / 세월의 무늬처럼 수 놓아져 있다"(『青瓷』)라는 표현을 통해, 재일 디아스포라의 과거와 현재를 이어주고 미래를 열어주는, 그래서 재일동포들에게 전통과 역사의 현재화를 통해 우리 민족공동체의 정신을 이어나가는 방향성을 제시했다고 할 수 있다.

이러한 전통의식과 역사의식은 재일 디아스포라의 현재에 대한 비판적 현실인식으로 심화된다.

> 이국에서의 / 노래는 / 먼 하늘에서 / 얼음 금가는 소리 // 실낱같은 시간이 / 물방울처럼 / 굴러 떨어지면 / 작년은 이젠 없고 / 또 한해가 어김없이 다가선다. // 아픔인지 그리움인지 / 가슴에 그늘져있는 / 파돗소리 소란한 / 그 산 밑 마을에서도 // 지금쯤은 / 백발된 마을 영감들이 / 서글픈 웃음으로 한숨지우며 / 빛없이 자라는 어린것들의 / 서러운 세배를 받고 있겠지 // 쓰디쓴 송년 / 고향은 마디마디에서 고이는데 / 차라리 활활 불탈 수나 있었으면 하는 / 쑥스런 이치도 생각해본다. // 시간의 분수령 위에 / 기류는 노도처럼 휘감겨 // 방랑은 서러운 것 / 몸부림치는 거리에서는 / 새해의 축배도 싱거워 / 어서 가버려라 지루한 나날
>
> ―「가버려라 지루한 나날」 전문(II)

인용시에서 "이국에서의 / 노래는 / 먼 하늘에서 / 얼음 금가는 소리"라는 표현은 재일 디아스포라의 현재적 상황을 상징적으로 드러낸 것이다. "얼음 금가는 소리"에는 오늘을 살아가는 재일동포의 상실과 아픔이 응축되어 있다. 조국과 고향에 대한 그리움을 간직한 채 "실낱같은 시간"을 이어가고 있기에, 재일동포의 내면에는 "작년은 이젠 없고 / 또 한 해가 어김없이 다가"서는 현실의 무상함만이 가득 차오를 뿐이다. 오늘도 재일동포의 삶 가운데에는 식민의 세월과 마찬가지로 "아픔인지 그리움인지 / 가슴에 그늘져있"을 뿐이므로, "차라리 활활 불탈 수나 있었으면 하는" 바람조차 부질없는 소망에 지나지 않는다. 따라서 시인은 이처럼 답답하고 막막한 재일 디아스포라의 현실을 향해 "어서 가버려라 지루한 나날"이라고 냉담하게 외치는 것이다. 즉 "남의 땅에서 / 낯선 생활에 부대껴 / 모없는 돌멩이처럼"(「글소리」, II) 굳어가

는 재일 디아스포라의 무기력한 현실을 냉정하게 꾸짖고자 했던 것이다. 세월이 더해갈수록 민족과 역사를 까마득히 잊은 채 점점 일본 사회에 동화되어 가는 재일 디아스포라의 암담한 미래를 향한 시인의 준엄한 비판은 "바위"처럼 단단하다. 그는 지금 재일동포 모두가 "오랜 전설들을 / 푸른 이끼처럼 몸에 감고 / 노래와 기쁨이 누리에 가득 찰 / 내일을 향하여" 당당하게 서있는 "바위"(「바위」, II)와 같은 존재가 되기를 진정으로 소망하는 것이다.

이런 점에서 시인은 지금 자신이 발 딛고 서 있는 일본 동경의 문명적 생활과 그 속에 깊숙이 안주하는 재일 디아스포라의 현실에 결코 행복해하지 않는다. 그는 "고층빌딩들이 죽순처럼 솟은 곳"인 일본의 수도 동경에서 경험하는 문명 세계야말로, 재일동포들이 디아스포라적 주체를 올바르게 정립하는 데 있어서 걸림돌이 되는 허위적 실체라는 점을 분명하게 인식하고 있었던 것이다.

> 뽀얀 / 灰빛 하늘이 / 무겁게 눌리듯 흐리고 // 豪華와 悲哀를 / 마구 안고 / 알을 밴 / 高層빌딩들이 죽순처럼 솟은 곳 // 현대라는 / 첨예한 쟁투속에서 얼빠져 / 멋없이 부푼 都市 // 사람들은 / 로보트마냥 / 計算된 版圖위에서 / 그저 기계처럼 늙어간다. // 사람이 自動車를 피해야 할 / 아슬아슬한 洪水 복판에서 / 하루에도 수백명의 인명이 / 그냥 운이 없었다는 망칙한 구실로서 / 사라져가고 // 거기서 벗어난 / 일천만의 각색 인종들이 / 깜짝깜짝 놀래가며 살아가는 / 희한한 都市 // 궁글어가는 메커니즘의 / 웅대하고 무자비한 수레바퀴에 매달려 / 나날이 사정없이 / 저가는 / 여기 / 東京. // 文明은 / 國籍不明의 進步를 자랑하고 / 洋의 東西가 테두리도 없이 뒤섞여 / 꿀렁거려대는 華麗한 都市 // 낮밤이 豪華와 悲哀를 서로 등지고 / 밤이면 뒷골목이 絶望과 酒色과 流行歌로 / 출렁거리는 뼈아픈 樂園으로 / 변하고 // 동양 제일 /

세계 제일이 / 사람들의 살을 깎아먹는 판국에 / 눈물은커녕 웃음조차 말라버린 / 황막한 울안에서 / 그래도 어쩔수없이 / 부풀어가는 都市. // 이악한 이 나라의 / 겨레들이 오려내는 / 세계수준의 생활版圖위에서 / 流行의 最先端을 이유없이 바라보며 / 어쩔수없는 / 나도 / 그속에 파묻혀 / 살고 있다.

—「東京」 전문(Ⅰ)

동경은 "낮밤이 豪華와 悲哀를 서로 등지고 / 밤이면 뒷골목이 絶望과 酒色과 流行歌로 / 출렁거리는 뼈아픈 樂園"이다. 게다가 "일천만의 각색 인종들이 / 깜짝깜짝 놀래가며 살아가는 / 희한한 都市"이기도 하다. 그럼에도 불구하고 재일동포들은 세대를 넘어갈수록 "화려한 도시"의 문명에 길들여져 간다. "사람들은 / 로보트마냥 / 計算된 版圖위에서 / 그저 기계처럼 늙어"가고, "눈물은커녕 웃음조차 말라버린 / 황막한 울안"의 현실에 아무런 비판의식 없이 안주하고 있을 따름이다. 이처럼 "멋없이 부푼 도시", "희한한 도시"에 파묻혀 민족정체성을 은폐하거나 외면하는 재일 디아스포라의 현재를 바라보는 시인의 심경은 절망적이다. 그럼에도 불구하고 그 역시 "어쩔 수없는 / 나도 / 그 속에 파묻혀 / 살고 있다"라고 자조적인 태도를 보일 수밖에 없었다. 그만큼 현재 재일 디아스포라의 현실은 민족성과 역사성을 잃어버린 채 세계대국 일본의 문명에 철저하게 동화되는 급격한 변화를 보이고 있는 것이다. 그래서 시인은 이와 같은 현실에 정직하게 맞섬으로써 재일 디아스포라의 과거와 현재 그리고 미래를 역사적으로 사유하는 비판적 현실인식의 방향을 찾고자 하였다. 이제는 재일 디아스포라에게도 민족과 국가의 범주를 넘어서는 탈민족적 세계인식의 가능성이 필요하다는 점을 충분히 인정하면서도, 그렇다고 해서 민족과 국가의 역사성을 전혀 도외시하는 방향으로 나아가서도 안 된다는 딜레마에 빠져 있었던 것이다. 그가 "동경"이라는 세계 문명의 첨단 아래에서 살면서도 고향과 조국에 대한 근원적 의식을 결코 버려서는 안 된다고 생각한 이유도 바로 이러한 양가적 태도와 의식 때문이라고 할 수 있다.

3) 근원적 고향의식과 분단 조국의 통일을 향한 열망

해방 이후 재일 디아스포라 문학에서 식민과 분단의 상처를 경험한 조국의 현실은 가장 본질적이고 궁극적인 주제였다. 따라서 작품의 성격이나 주제가 개인의 정서나 내면성의 확대로 구현되기보다는 정치적이고 사회적인 문제의식을 초점화하거나 심화하는 방향으로 집중되었던 것이 사실이다. 특히 북한의 문예이론에 토대를 두고 '총련'의 애국사업에 대한 선전선동을 목적으로 한 '총련'계 재일 디아스포라 시문학의 경우에는 이러한 특징이 더욱 보편화되어 있었다. 김윤의 시 역시 이와 같은 성격으로부터 전혀 벗어나 있다고 할 수는 없지만, 분단과 통일에 대한 직접적인 논평이나 주장을 제시하기보다는 잃어버린 고향을 향한 그리움의 정서를 담아내는 서정적 특징을 두드러지게 보여주었다는 점에서 특이성이 있다. 이러한 근원적 고향의식은 어머니라는 형상을 통해 구체화되는데, 「어머니의 목소리」(Ⅰ), 「한 어머니의 노래」(Ⅰ), 「어머니(Ⅰ)」(Ⅱ), 「어머니(Ⅱ)」(Ⅱ) 등 그의 시 전편에 걸쳐 지배적인 심상으로 자리 잡고 있다.

> 몇 번이나 / 불러보았는지 / 허나 무슨 고함을 친들 / 소용은 없었다. // 어미 잃은 / 송아지떼 무리처럼 / 어디를 가야 할지 / 텅빈 벌판을 / 와글와글 법석이는 / 이상한 異域 // 언제까지 / 그럴것이라는 것도 / 알 수는 있었으

나 // 여기는 고향이 / 멀리 보이는 / 곳 // 거기가 그리워 / 용써보는 수도 / 이제는 지쳐 // 반겨줄 / 고향은 자꾸만 / 멀어지는 것만 같고 // 어머니의 목소리만은 / 그래도 끊임없이 / 가늘게나마 / 하늘에서 / 메아리친다.

—「어머니의 목소리」 전문

해방 이후 재일 디아스포라의 역사와 현실은 "어미 잃은 / 송아지떼 무리처럼 / 어디를 가야 할지 / 텅빈 벌판을 / 와글와글 법석이는 / 이상한 異域"에 있었음에 틀림없다. 재일동포들은 일본 사회에서 주권을 확보하고 일본의 차별 정책에 맞서 싸우기 위한 공동전선을 마련하기 위해 '민단'과 '총련'을 중심으로 한 조직적인 활동을 전개해 왔지만, 그 역사적 실상을 살펴보면 동포들의 인권이나 생활보다는 남북한의 이해관계에 종속된 이념적 대리전 양상을 노골적으로 드러내는 데 치중했기 때문이다. 그 결과 재일동포 사회는 남북의 대립과 단절만큼이나 갈등의 골이 깊어져서, 분단 조국의 통일에 대한 희망은 점점 멀어져 가는 허상이 되지 않을 수 없었다. 이처럼 "반겨줄 / 고향은 자꾸만 / 멀어지는" 아픔 속에서 유일하게 자신들의 민족정체성을 지켜주는 대상이 바로 "어머니"였다. 그래서 시인은 "어머니의 목소리만은 / 그래도 끊임없이 / 가늘게나마 / 하늘에서 / 메아리친다"라고 고백하는 것이다. "오늘 / 보름달 / 둥근 달속에서 / 어머니가 부른다"(「보름달」, I)라는 환청을 듣거나, "어머니는 보름달 속에 계신다 / 어머니는 버드나무 그림자를 비쳐주는 / 박우물 속에 계신다"(「어머니(I)」)라는 상상에 잠기거나, "어머니를 그리는 / 웃음과 울음과 / 絶叫와 / 그런 것들은 / 모두 한덩어리로 되어 / 하나의 결심으로 익어져 가는 것"(「하나의 결심」, II)이라고 결심하는 것은, 모두 어머니로 표상되는 고향을 그리워하는 근원적 의식이 내재된 결과라고 할 수 있다.[20]

이러한 근원적 고향의식은 분단 조국의 통일을 향한 열망을 직접적으로 드러냄으로써 더욱 깊어진다. 재일 디아스포라 사회마저 "언제까지나 / 서로 웃고 지내야 할 그런 사이임에도 / 그와 나 사이에는 길다란 검은 그림자가 / 가로놓여져 있"(「꿈」, I)는 또 다른 분단의 현실로 방치해서는 안 된다는 강한 결의를 보여주는 것이다.

어김없이 / 수천년 수만년을 두고 가고오는 해 // 지난해들로 죽순마디처럼 얽혀진 / 역사의 수레바퀴 아래서 / 사람들은 한없는 내일에의 / 기약을 가다듬는다. // 기쁨과 슬픔이 깃든 해들로 꾸려진 / 겨레의 머리말에서는 / 오늘도 다함없는 삶의 절규가 / 하늘을 향하여 울어터지고 // 남해바다 출렁거리는 파도속에서 / 익어솟는 금빛햇살은 유난히도 뻰쩍이는데 / 겨레의 목청을 뚫고 울어터지는 염원은 / 오늘도 길게 강토위에서 메아리친다. // 벅차고 찬란한 여명을 맞기 위하여 / 어머니 당신의 정다운 젖꼭지를 안고 / 버티어온 겨레의 뜻을 안으소서 // 우리들 비록 어두운 하늘아래서 / 고달픈 나날을 등지고 살더라도 / 조국 당신의 훈훈한 흙김이 / 애타게 코를 찌르는 이역에서의 노래를 보내오니 // 잘라진 허리를 / 마음과 마음을 / 산천과 하늘을 / 접붙일 새해를 맞을 날을 위한 노래를.

---

20 이러한 의식은 그가 국내 문예지에 발표한 수필에 직접적으로 나타나 있다. "맑은 하늘이 유달스리 가까이 느껴질 때마다 나는 故鄕이 가까이로 밀려오는 듯한 감동을 느끼곤 한다. 유달스리 고향이 가깝게 다가온다는 것은 다만 고향이라는 그런 어쩔 수 없는 뜻에서의 감동에서도 그렇거니와 거리적인 면에서 느끼는 고향의 그리움을 나는 더욱 뼈저리게 느낀다는 말이다. 말하자면 퍽으나 가까운 것 같으면서도 멀게 느껴질 때의 고향, 또는 엎어지면 코가 닿을 정도로 가까이 느껴질 때의 고향, 이런 것을 나는 나대로의 異國생활에서 분간해낸 셈이 된 것같다. 누구나가 다 가졌고 貧富貴賤의 구별없이 만사람 어디에 있던들 지닐 수 있는 것은 고향이다. 나도 그렇거니와 日本에 사는 우리 동포들은 고향이라는 그립고도 아쉬운 짐을 지쳐 피로한 生活이라는 바랑에 담아 매고 나날을 치러내고 있다. 수십만의 사람들, 소위 재일동포라고 불리워지고 있는 이 사람들은 슬프면 슬픈대로, 또 즐거우면 즐거운대로 고향이라는 무거운 짐을 풀지 못하는 슬픔과 분함을 품고 살고 있는 것이다. 특히 一世들은 고향이란 자기의 뼈를 묻어야 할 뫼터라는 절실감을 지니고 살고 있다." 김윤, 「한 노인의 죽음과 故鄕」, 『현대문학』, 1968.9, 274~275면.

―「新年頌 ②―1968년을 맞으며」(Ⅰ)[21]

"겨레의 목청을 뚫고 울어터지는 염원"은 재일동포 모두가 자유롭게 고향을 방문할 수 있는 통일된 세상에 대한 간절한 염원을 담고 있다. "비록 어두운 하늘 아래서 / 고달픈 나날"을 살아왔지만, 어머니 당신의 정다운 젖꼭지를 안고 / 버티어 온 겨레의 뜻"은 오로지 통일에 대한 열망이었던 것이다. 이 작품이 발표된 1968년은 남북한의 이념 대립이 최고조에 달했던 시기였고, 재일동포 사회 역시 '민단'과 '총련'의 대립과 갈등이 극심했던 때였다. 하지만 시인의 마음에서 드러나듯, 재일동포의 내면에는 그때나 지금이나 어떠한 경계나 구분 없이 오로지 민족의 화합과 단결만이 자리 잡고 있을 뿐이었다. 그래서 시인은 "잘라진 허리를 / 마음과 마음을 / 산천과 하늘을 / 접붙일 새해를 맞을 날 위한 노래를" 부르고 있는 것이다. 그럼에도 불구하고 남북의 정치 논리는 재일 디아스포라의 자기 정체성에 대한 신념은 아랑곳하지 않고, 오직 남과 북의 이념에 종속된 선택을 강요하는 데 치중할 뿐이었다. 지금 재일 디아스포라 사회에서 남한도 북한도 아닌 식민지 종주국 일본으로의 귀화가 급속하게 전개되는 이유도 바로 이러한 이념의 굴레와 속박에 대한 강한 부정 때문이다. 다시 말해 남한과 북한의 통제와 간섭을 벗어나기 위한 현실적 선택의 결과로 재일 디아스포라 사회는 급격히 해체되어 가고 있으며, 재일동포들의 민족의식은 자신들의 인권이나 생활과 전혀 무관한 추상적 관념의 차원으로 전락하고 만 것이다.

이런 점에서 시인은 재일 디아스포라의 해체와 변화를 직시하면서,

21 이 시는 원래 1966년 1월 『한양』에 「새해를 맞아」라는 제목으로 발표되었다. 시집을 엮으면서 상당히 긴 산문시였던 원작을 전면적으로 개작하여 다시 발표하였다.

재일동포 스스로가 남북의 이념적 대리전의 선봉장 역할을 과감하게 청산하고 오로지 통일을 향한 과제에 더욱 헌신해야 한다는 점을 무엇보다도 강조했다. 다시 말해 재일 디아스포라 사회의 분열과 대립을 무조건 남한과 북한의 탓으로 돌리기거나, 조국 통일의 과제를 남한과 북한 정치권의 손에만 맡겨둘 것이 아니라, 지금 자신이 발 딛고 서 있는 재일동포 사회 내부에서부터 진정한 화합과 통일을 위한 구체적인 노력과 실천을 열어가야 한다고 인식했던 것이다.

> 서로 정다운 / 사이이면서 // 서로 외면을 하고 / 살아야 할 술법만 / 늘어가고 // 누구를 위한 / 상반인지 / 이 꼴. // 허수아비처럼 / 조롱받다가 / 헌신짝처럼 / 버림받을 / 신세 // 한낮이 무서워 / 어둠만 찾는 올빼미 망신쟁이들 // 무엇이 / 무서워 / 낮이 싫어서 / 어둠 속으로만 어둠 속으로만 / 기어드는 분열쟁이들 // 서로 / 정답게 살아야 할 사람들끼리 / 서로 웃음꽃을 피우며 / 해와 함께 / 살 날. // 구름낀 하늘이 / 개일 날을 위하여 / 서로 아껴서 / 사는 / 사람들 // 서로 정다운 / 사이를 / 웃으며 / 꽃피울 그날을 위하여 // 사람들은 / 낮이나 밤이나 / 도깨비떼들과 맞서고 / 있다.
>
> —「그리운 사람들」 전문(II)

해방이 되었음에도 불구하고 조국으로 귀국하지 못한 채 온갖 차별과 멸시를 당하면서 지금까지 일본 땅에서 함께 살아온 동포들을 향해 "그리운 사람들"이라고 표현하는 것 자체가 너무나 역설적이다. 그리고 이러한 역설은 민족 분단의 상처가 재일동포들의 가슴에 그대로 전가되어 더 큰 상처를 남기고 있는 현실을 안타깝게 보여준다. 시인은 "서로 정다운 / 사이이면서 // 서로 외면을 하고 / 살아야 할 술법만 / 늘어가"는 재일동포 사회의 이원화는 도대체 "누구를 위한 상반인지"를 정직하게 묻는다.

계속해서 "이 꼴"로 살아간다면, "허수아비처럼 / 조롱받다가 / 헌신짝처럼 / 버림받을 / 신세"가 되고 말 것이라는 엄중한 경고도 한다. 따라서 그는 "낮이 싫어서 / 어둠 속으로만 어둠 속으로만 / 기어드는 분열쟁이들"에 맞서 재일 디아스포라의 자율성과 독자성을 지켜내는 길을 적극적으로 찾아야 한다는 점을 무엇보다도 강조한다.[22] 그는 진정으로 재일 디아스포라 사회가 나아가야 할 방향은, "서로 / 정답게 살아야 할 사람들끼리 / 서로 웃음꽃을 피우며 / 해와 함께 / 살 날. // 구름낀 하늘이 / 개일 날을 위하여 / 서로 아껴서 / 사는 / 사람들 // 서로 정다운 / 사이를 / 웃으며 / 꽃피울 그날"이라고 하였다. 재일 디아스포라 사회에서 조국의 통일에 대한 열망은 바로 이러한 노력과 실천으로부터 이루어지는 것이지, 남북의 이데올로기를 앵무새처럼 되뇌이는 이념의 강요에 의해서 이루어지는 것이 결코 아니라는 사실을 강력하게 주지시키고자 하는 것이다.

4. 맺음말

재일 디아스포라 시문학은 세대의 차이가 문학적 지향의 차이를 가져오는 독특한 양상을 드러낸다. 즉 재일 1세대와 2세대가 민족주체성

22 이러한 김윤의 시적 태도와 입장에 대해 송면은 다음과 같이 평가하였다. "日本의 僑胞社會를 나는 韓國社會의 畸形的인 縮圖라고 생각하고 있습니다만, 이러한 畸形的인 縮圖으 密室에서 그 어떤 脫出口를 發見하려는 努力도 喪失하고 自己의 理念的인 座標만을 쳐다보면서 自虐的인 態度가 아니면 그저 딩굴어 올 僥倖만을 바라보는 在日 知性들에 대하여 당신은 적지 않는 失望과 義憤을 느끼고 있는 줄로 疑心치 않습니다." 송면, 「詩人으로서의 姿勢－詩人 金潤兄에게」, 『한양』 1966.9, 184면.

의 확립과 일본에서의 차별적 지위에 대한 민족적 저항, 그리고 분단의식과 통일의식을 목표로 한 비판적 리얼리즘의 양상을 구체화하고 있는 반면, 재일 3세대 이후의 세대는 민족과 국가에 구속된 혈통의식이나 일본어와 우리말 사이의 갈등에 크게 얽매이지 않음으로써 전혀 다른 문학적 관심과 지향을 보이고 있는 것이다. 사실 재일 3세대 이후의 세대에게 있어서 '재일'은 이념의 차원이 아닌 생활의 문제이므로, 재일 1세대와 2세대가 계승하고자 하는 민족의식과 역사의식은 관념적 이상에 불과할 따름이다. 따라서 이들은 민족과 국가를 뛰어 넘어 '재일'의 현실을 일본에서 살아가는 현재적 삶의 방법이나 태도와 별개의 문제로 생각하지 않는다. 이는 민족을 상상의 공동체로 사유함으로써 민족과 국가의 경계를 넘어선 문화의 '틈새(in-between-ness)'[23]를 창조하려는 디아스포라적 사유의 확대로 나타난다. 하지만 이러한 탈민족 혹은 탈국가 담론을 무조건 추종하는 태도 역시 반드시 경계해야 한다. 자칫 재일 디아스포라의 현재적 상황에 대한 과도한 인식이 재일 1세대부터 지금에 이르는 재일 디아스포라 사회의 연속성마저 부정하거나 깨뜨려버리는 단절된 양상으로 심화될 위험성이 있기 때문이다.

현재 일본에 거주하는 우리 민족은 재일동포, 재일교포, 재일 한인, 재일한국인, 재일조선인, 재일한국·조선인, 재일코리안, 재일(자이니치) 등 다양한 명칭으로 불린다. 이러한 혼란은 국적, 이념, 정체성을

23 릴라 간디는 제국주의에 의해 강화된 문화와 정체성들이 전지구적으로 혼합되고 있는 현상에 초점을 맞추어 '혼성(hybridity)'과 '이산(diaspora)'이라는 용어의 분석적 다재다능함과 이론적 탄력성을 주목하였다. 그리고 '혼성'이라는 용어에 의해 상정되는 '틈(in-between-ness)'이라는 개념은 이에 수반되는 '이산'이라는 개념에 의해 더욱 정교화된다고 하였다. 이처럼 디아스포라적 사유는 문화적 탈공간(dislocation)의 의미를 생성함으로써 재일의 실존적 상황을 다각적으로 이해하고 생산적으로 모색하는 뚜렷한 방향이 될 수 있을 것이다. 릴라 간디, 이영욱 옮김, 『포스트식민주의란 무엇인가』, 현실문화연구, 2000, 161~167면 참조.

둘러싼 복잡한 이해관계와 일본에서의 역사적 경험의 차이에서 비롯된 세대적 변별성이 주된 원인이 되었다고 할 수 있다.[24] 물론 이들에게 확정된 명칭을 부여한다는 것은 크게 중요한 문제는 아니다. 더욱 본질적인 문제는 여러 측면에서 이질성과 다양성을 보이는 이들의 문학 활동을 '재일'의 특수성 속에서 통합적으로 인식하고 바라볼 수 있는 관점의 재정립에 있다. 따라서 이들을 일컫는 대부분의 용어에 내재된 이데올로기적 제약과 구속을 벗어나 디아스포라적 주체로서의 관점과 방법론을 정립하는 것이 무엇보다도 중요한 과제이다. 본고에서 여러 가지 명칭 가운데 '재일 디아스포라 문학'이라고 부르고자 한 이유도 바로 여기에 있다. 이 또한 명백한 한계를 지닌 명칭이지만, 현재 일본에 거주하는 우리 민족의 다양성과 이질성을 포괄하는 객관적인 명칭으로는 가장 최선의 것이라고 생각한다.

이런 점에서 김윤의 시는 재일 디아스포라 시문학 연구에서 상당히 중요한 자리에 있다. 그는 '총련' 소속 시인이 아니면서도 지금까지 줄곧 우리말 시 창작을 해왔고, '민단' 소속이면서도 남한의 보수 이념에 대한 비판적인 입장을 표명하며 '총련' 사람들과도 밀접한 관계를 유지했던 것으로 짐작된다. 따라서 그의 시는 '민단'과 '총련'의 이념과 우리말과 일본어의 경계에 휘둘리는 재일 디아스포라 시문학의 정체성의

24 이에 대해 김윤 시인은 다음과 같이 밝힌 바 있다. "일본에 사는 동포들에게 '재일'이라는 두 글자가 붙은 것은 8 · 15 해방 그날부터이다. '재일동포'라고 할 때 그것은 일본에 살고 있는 동포 전체를 가리키는 말이다. 한편 일본에서는 '재일 한국인', '재일 조선인' 혹은 '귀화 한국인 · 조선인'으로 나누어 부르고 있는 것이 관례화되어 있다. 이것은 조국의 분단에서 빚어진 정치적 상황과 깊이 관련되는 호칭으로, 밖(한국, 북한)에서도 그런 뜻에서 재일동포를 갈라 불러 왔다. (…중략…) 재일동포 사회에서 '민단'과 조총련이 존재하는 한 이 호칭은 없어지지 않을 것이며, 또 분단이 끝나는 그날까지 우리를 괴롭힐 것 같다." 김윤, 「민족분단과 이념의 갈등 : 재일본 동포문단」, 『한국문학』 제204집, 1991.7~8 합병호, 112~113면.

혼란으로부터 비교적 자유롭다. 다시 말해 그의 시는 이념과 언어에 의해 이원화된 재일 디아스포라 시문학의 공통분모를 모두 갖추고 있다는 점에서, 앞으로 재일 디아스포라 시문학이 지향해야 할 가장 보편적이면서도 개성적인 지점을 보여준다고 할 수 있다. 비록 '민단'에 소속되어 있었지만, 처음부터 그의 시는 이와 같은 통일된 재일 디아스포라 사회를 지향했고, 그 속에서 한 목소리로 나오는 통일문학으로서의 재일 디아스포라 시문학의 가능성을 추구해 왔다. 이런 점에서 김윤의 시는 앞으로 재일 디아스포라 시문학 연구가 이념과 언어의 한계를 넘어서 민족과 국가 그리고 조직 모두를 통합하는 새로운 관점과 방향을 열어나가는 데 있어서 상당히 중요한 역할을 할 것임에 틀림없다.

'총련'계 재일 디아스포라 시문학의 변화와 의미

김학렬론

1. 머리말

재일 디아스포라 문학 연구는 일본문학 전공자들이 일본문학 가운데 소수자문학의 한 양상으로 재일동포들의 문학을 연구하면서 비로소 시작되었다. 이 때 재일 디아스포라 문학은 일본어 창작에 한정되었으므로, "재일 동포문학이란 일본에서 우리 동포들이 일본어로 쓴 문학"[1]이라는 일본문학으로서의 개념과 범주 규정 안에서 논의되었다. 그런데 이러한 왜곡된 정의 속에는 재일동포들이 쓴 우리말 문학

1 이한창, 「머리말」, 전북대학교 재일동포연구소 편, 『재일 동포문학과 디아스포라 1』, 제이앤씨, 2008, 1면.

은 재일 디아스포라 문학이 아니라는 기본적인 전제가 바탕에 깔려있다는 점에서 문제가 아닐 수 없다. 이러한 점 때문에 지금까지 국내에 알려진 재일 디아스포라 문학의 양상은 김달수, 김석범, 이회성, 양석일, 이양지, 유미리, 현월 등 재일동포 소설가들의 일본어 소설을 번역한 것이 주류를 이루었다.

이러한 결과는 재일동포의 우리말 문학이 거의 대부분 '재일본조선인총연합회(이하 '총련')'을 주축으로 한 친북 이데올로기에 종속되어 있었다는 사실도 중요한 요인이 되었다. 즉 1955년 해외동포로서 북한의 이데올로기 정책을 충실히 이행하기 위해 조직된 '총련'과, 이러한 '총련'의 지도노선을 문예활동으로 구체화하려는 목적으로 1959년 결성된 '재일본조선문학예술가동맹(이하 '문예동')'의 성격이, '일본 안의 북한문학'이라고 해도 과언이 아닐 정도로 북한문학의 정치적 노선을 맹목적으로 추종하는 경향이 뚜렷했기 때문이다. 그리고 이러한 이념적 경직성은 재일 디아스포라 문학에서 언어와 정체성의 혼란을 가져오는 결정적 이유가 되었다고 해도 과언이 아니다. 즉 재일 디아스포라 문학에서 우리말 글쓰기는 정치적 · 이념적 이유로 철저하게 외면당함으로써, 오히려 일본어 글쓰기가 재일의 실존과 민족적 정체성을 반영하는 가장 유효한 수단이 되는 자기모순을 초래하고 말았던 것이다. 결국 재일 디아스포라 문학은 이데올로기의 편협성과 한계를 넘어서 재일 디아스포라의 독자성과 자율성을 구체적으로 실현하는 방향을 가장 중요시했다는 점에서, 친북 이데올로기에 종속된 우리말 글쓰기보다는 일본어 글쓰기를 더욱 보편적으로 받아들이는 왜곡된 결과를 가져왔던 것이다.

이러한 점에서 지금까지 재일 디아스포라 문학은 언어적 측면에서든 이념적 측면에서든 한쪽으로 치우쳐 재일동포들의 의식과 지향을 총체적으로 반영하지는 못했던 것이 사실이다. 물론 특정 언어와 이념에 구속된 국가주의 혹은 민족주의의 차원에서 재일 디아스포라 문학을 논의하는 것은 오늘날의 시대적 변화에 비추어 볼 때 결코 바람직하지 않다. 따라서 일본어가 아니라는 언어적 이유로, 그리고 친북적 이념을 지녔다는 이유로, '총련'계 문학의 실상을 재일 디아스포라 문학의 범주 바깥에 두는 것은 결코 올바르지 않은 것이다. 그렇다면 이제는 민족과 국가의 경계를 넘어서, 남과 북의 이념적 대립을 넘어서, 재일 디아스포라 문학의 전체적 양상을 인정하는 통합적 지형 위에서 전면적인 고찰이 필요한 시점에 이르렀다. 본고는 이러한 문제의식에서 재일 디아스포라 문학 가운데 '총련'계 문학의 역사적 전개과정과 작품의 변화 양상에 대해 살펴보고자 한다. 특히 그동안 재일 디아스포라 문학 연구가 소설문학에 압도되었다는 점에서, '총련'계 시인들의 우리말 시쓰기 작업을 주목하여 '총련'계 재일 디아스포라 시문학의 전개 양상과 시론의 특성을 논의하는 데 초점을 둘 것이다. 그리고 이러한 연구목적을 실증적으로 이해하기 위해 현재 일본에서 활동하고 있는 김학렬의 시세계를 중심으로 논의를 구체화하고자 한다.

김학렬은 1935년 1월 3일 일본 교토에서 태어났고, 5살 때 아버지가 돌아가셔서 유골을 들고 일시 귀국했다가 다시 일본으로 돌아가 지금까지 일본에서 살고 있는 '총련'계를 대표하는 비평가이자 시인이다. 그는 초등학교와 중학교를 일본학교에서 마치고 고등학교도 일본학교에 입학했다가 오사까조선고등학교가 설립되자 그곳으로 옮겨 졸업했고, 조선대학교 문학부를 졸업했다. 1962년 『조선신보』에 「일어나라, 한강 사나운 물결아!」가 당선되면서 시인으로서 활동을 시작했고, 1996년 「조선프롤레타리아문학운동연구」로 조선민주주의인민공화국 교수 칭호와 문학박사 학위를 받았다. 1963년부터 조선대학 문학부 교수를 역임하면서

'문예동' 중앙 문학부장, '문예동' 부위원장, 『문학예술』 편집장 등을 맡으면서 '총련'계 재일동포들의 문학예술교육과 문예사업 전반을 활성화시키는 데 평생을 헌신하였다. 시집으로 『삼지연』(일본 문예동, 1979), 『아, 조국은』(평양 문예출판사, 1990)이 있고, 2000년 1월 창간하여 현재 45호(2011년 신년호)까지 발간한 『종소리』에 75편의 시를 발표하였다.[2] 본고에서는 그의 시집 두 권과 『종소리』에 발표한 시 모두를 대상으로 김학렬의 시세계 전반을 통시적으로 접근함으로써, '총련'계 재일 디아스포라 시문학의 전개 양상과 의미를 총체적으로 살펴보는 데 의의를 두고자 한다.[3]

2. '총련'계 재일 디아스포라 시문학의 전개 양상과 시론의 특성

'총련'계 재일 디아스포라 시문학의 전개 양상은 크게 3기로 구분된다. 손지원의 연구에 따르면, 제1기는 공화국 창건 이후 '총련'이 결성되기 이전까지의 시기(1948.9~1955.4), 제2기는 '총련' 결성 이후 위대한 수령님의 교시를 높이 받들고 주체를 확고히 세워 작품창작에서 일대 개화기를 열어놓은 시기(1955.5~1973), 제3기는 위대한 수령님과 친애하는 지도자

---

2 김학렬의 삶과 문학에 대해서는 그가 직접 쓴 「재일조선인시문학, 체험적 문학사」(『요산문학100년, 21세기 생명과 평화를 찾아서』, 제11회 요산문학제 자료집, 부산작가회의, 2008.10.17, 339~369면)에 상세하게 서술되어 있다.

3 지금까지 국내에서 김학렬의 시세계를 연구한 성과로는 다음과 같은 것이 있다. 홍용희, 「재일 조선시와 조국의 노래－김학렬의 시세계를 중심으로」, 『시작』, 2005.가을, 220~231면; 김응교, 「1980년대 자이니치 시인 연구－종추월, 최화국, 김학렬을 중심으로」, 『민족문학사연구』 통권39호, 민족문학사학회, 2009.4.30, 229~257면.

동지의 현명한 영도 밑에 높은 사상예술성을 가진 작품을 활발하게 창작한 시기(1970년대 중엽 이후부터 1990년까지)로 나누어 볼 수 있다.[4] 이러한 시대구분은 해방 이후 재일 조선인 시문학의 전체적 양상을 월 단위로까지 구분하여 통시적으로 정리했다는 점에서 의의가 있지만, 북한문학과 재일 디아스포라 문학의 차이를 간과한 채 북한문학의 일방적 흐름 위에서 시대구분을 하고 있다는 점에서 명백한 한계가 있다.

이에 대해 김학렬은 재일 디아스포라 문학의 통시적 전개 양상을 정리하는 데 있어서 북한문학사의 흐름을 전혀 도외시할 수는 없지만, 그렇다고 해서 재일 디아스포라 문학의 독자적 성격을 무시한 채 오로지 북한문학사에 기대어 서술해서는 안 된다는 점을 강조했다. 따라서 그는 재일 디아스포라 시문학사의 전개과정을 해방 이후부터 1960년대까지, 1970년대부터 1980년대까지, 1990년대부터 현재까지의 3기로 크게 구분하였다. 그리고 각 시대별 세부 특징으로, 1950년대까지는 '시문학 역량의 형성기', 1960년대는 '시문학 역량의 정비기', 1970년대는 '시문학 역량의 확대기', 1980년대는 '창작의 앙양 · 발전기', 1990년대는 '시련 속의 창작의 심화기', 그리고 2000년대는 '새로운 전환 지향기'로 명명하였다.[5] 하지만 이러한 시대구분 역시 북한문학과의 관련성을 비껴선 자리에서 재일 디아스포라 시문학의 독자적 위상을 체계화하려 했다는 점에서는 의의가 있지만, '총련'계를 중심으로 한 우리말 시문학만을 대상으로 했다는 점, 10년 단위의 시대구분이 지닌 적합성의 여부, 각 시기별 시인들에 대한 평면적인 서술 등의 한계를 지적하지 않을 수 없다.

---

4 손지원, 『조국을 노래한 재일 조선인 시문학 연구』, 김일성종합대학출판사, 1996, 17면.
5 김학렬, 「재일 조선인 조선어 시문학 개요」, 와세다대학조선문화연구회 · 해외동포문학편찬사업추진위원회 · 재일본조선문학예술가동맹 공동 주최, 『재일 조선인 조선어 문학의 현황과 과제 심포지움 자료집』, 2004.12.11, 와세다대학교, 1~2면.

해방 이후 '총련'계 재일 디아스포라 시문학은 허남기, 강순, 남시우를 시작으로 김시종, 김윤, 정화수, 김학렬, 정화흠 등으로 이어져 왔다. 특히 허남기, 강순, 남시우는 1세대 시인으로 재일 디아스포라 시문학이 정화수, 김학렬, 정화흠 등 다음 세대 시인들로 이어지도록 함으로써 재일 디아스포라 시문학의 역사적 연속성을 마련하는 데 기여했다는 점에서 상당히 중요한 위치를 차지한다. 그런데 이 가운데 강순은 1964년 '조선신보사'에서 『강순시집』을 발간한 이후 '총련' 내부에서 벌어지기 시작한 좌경적인 비판사업에 반발하여 '조선신보사'를 퇴직하였고, 이후 '총련'을 비롯한 어떤 조직에도 가담하지 않은 채 재일 조선인들의 실존을 구체화하는 창작 활동과 김지하, 양성우, 신경림, 김수영, 신동엽, 조태일, 이성부 등 남한의 진보적 시인들의 작품을 일본어로 번역·소개하는 일에 남은 생을 모두 바쳤다.[6] 그리고 김시종은 1957년 발표한 에세이 「장님과 뱀의 입씨름」과 시 「오사카 총련」에서 김일성주의를 맹신하는 '총련'의 지도노선을 비판했다가 조직으로부터 정치적 탄압을 받았고, 이후 '총련' 조직과는 사실상 거리를 둔 채 일본어로 시 창작 활동에만 전념하였다.[7] 이처럼 '총련'과 '문예동'의 결성은 재일 디아스포라 시문학의 성격을 북한문학의 지도노선에 입각한 정치적 문학으로 획일화시켜 버렸다. 그 결과 '총련'계 재일 디아스포라 시문학 내부

6 하상일, 「재일 디아스포라 시인 강순 연구」, 『한국문학논총』 제53집, 한국문학회, 2009.12, 263~299면 참조.

7 현재 '총련'계 재일 조선인 문학에서는 당시의 상황을 다음과 같이 정리하고 있다. "김시종의 창작과 평론의 주된 주장을 종합해보면, ① 사회주의적 사실주의 창작방법은 곧 도식주의, 교조주의를 낳는다. 따라서 재일이라는 상황의 특수성에 맞는 창작방법이 필요하다는 수정주의적 견해를 퍼뜨리고, ② 작품의 내용에서 조선적이고 애국적이고 사실주의적인 것보다 '현실적'이고 '부정적'이고 자연주의적인 것을 더 많이 추구해야 한다는 것이다. 이와 같은 주장을 둘러싸고 당시 재일조선문학회를 중심으로 평론, 좌담회를 통하여 치열한 논전이 전개되었다." 맹복실, 「재일조선문학의 주체확립을 위한 투쟁 – 1955~1959년 평론을 중심으로」, 『조선대학교학보』 16호, 1999.6.25, 50~51면.

에서조차 이러한 이념과 언어의 강요와 통제를 받아들일 수 없어 스스로 조직을 떠나는 분열과 갈등 양상을 첨예화하고 말았던 것이다.

'총련'은 강령 4항에서 "우리는 재일동포 자제들에게 모국어와 글로써 민족교육을 실시하며 일반 성인들 속에 남아 있는 식민지 노예사상과 봉건적 유습을 타파하고 문맹을 퇴치하며 민족문화의 발전을 위하여 노력한다"라고 규정하였다.[8] 이는 재일조선인들의 문학예술 창작과 민족교육 운동의 구체적 지침과 방향을 제시한 것으로, 이후 '총련'계 재일조선인 문학예술 운동은 북한과의 조직적인 연대 위에서 혁명적 문예전통과 주체적 사실주의창작방법론을 확립하는 방향으로 나아갔다. 이때부터 '총련'계 재일 디아스포라 문학은 일본어 창작을 버리고 우리말 창작으로 공식적인 전환을 하였으며, '문예동'의 창작 지침에 따라 조직에 복무하는 이데올로기적 문학 활동을 전면화하였던 것이다.[9]

'총련'계 재일 디아스포라 문학 활동에서 가장 주목해야 할 잡지는 『문학예술』이다. 『문학예술』은 1960년 1월 창간되어 1999년 6월까지 '문예동'의 이념과 정체성을 가장 충실하게 반영하고 실천하였다. 김일성의 교시를 토대로 '총련'의 이념적 지향성과 '문예동'의 창작 방향을 제시하는 데 집중함으로써, 사실상 북한의 문예이론에 입각한 '총련'계 재일 디아스포라 문학 활동의 지침서이자 대표적인 발표 지면으로서의 역할을 했던

8 손지원, 앞의 책, 21~22면.

9 '문예동'의 초대위원장은 허남기 시인이다. 그는 '문예동' 결성 이후 일본어 시 창작을 과감하게 버리고 우리말 시 창작으로 전환하였고, 그의 시세계 역시 식민지의 상처와 고통을 이어나가는 재일의 실존적 상황을 담아내던 이전과는 확연히 달라진 친북 성향의 이념적 경직성을 드러냈다. 이러한 허남기의 변화는 '총련'의 지도노선에 따른 목적문학을 이끌어 나가는 '문예동' 위원장이라는 중책에서 비롯된 결과이다. 이후 '총련'계 재일 디아스포라 시인들은 '문예동'의 지침에 충실한 시 창작 활동을 조직적으로 전개해 나갔다. 하상일, 「재일 디아스포라 시인 허남기 연구」, 『비평문학』 34호, 한국비평문학회, 2009.12, 369~391면 참조.

것이다. 그런데 『문학예술』은 1999년 109호를 끝으로 휴간함으로써 '문예동'의 문학적 노선에 어떤 변화가 있음을 예감하게 했다. 1990년대 말에서 2000년대로 넘어오면서 '문예동'의 창작 방향은 '총련'의 지도노선에 종속된 이념적 경직성을 극복함으로써 변화된 재일 디아스포라의 현실을 객관적으로 담아내는 자기성찰의 모습을 보여주고자 했던 것이다. '문예동' 결성 이후 '총련'계 재일 디아스포라 문학 활동의 중심에 있었던 『문학예술』의 휴간은 이러한 변화를 모색하기 위한 중대 결단이었다고 할 수 있다.[10] 그리고 2000년 이후 '총련'계 재일 디아스포라 시문학에서 특별히 주목해야 할 부분은 바로 『종소리』[11]의 창간이다. 시 창작에 있어서 사상성을 강조했던 이전의 경향을 완전히 벗어났다고 볼 수는 없지만, 사상성과 예술성의 조화를 모색하는 뚜렷한 변화를 보여주었다는 점에서, 『종소리』의 출현은 '총련'계 재일 디아스포라 시문학의 획기적인 전환점이 되었다고 할 수 있다.

---

10 『문학예술』 마지막 호의 기획특집은 「문예동이 걸어온 자랑찬 40년」이란 좌담회다. 이 좌담회에서는 '문예동' 산하 각 예술분야의 원로들이 '총련'계 재일 디아스포라 문학예술 활동의 지난 역사를 회고하면서 앞으로의 '문예동'의 방향성에 대한 솔직한 의견을 제시하고 있어 상당히 주목된다. 특히 "동포들 속에서 민족성을 고수하고 군중적 지반을 강화하는 데서 문학예술이 중요한 힘이 되는 것은 두말할 바 없습니다. 지난 시기의 정확한 총화와 현실분석에 기초하여 21세기를 지향해 나가야 하지만 새 시대는 새세대의 역할을 더 크게 높여야 한다고 봅니다. 새세대의 감각과 요구를 깊이 파악하지 않고서는 오늘과 내일에 대해서 말하기 어렵다고 생각합니다."라는 리동일의 말에서, '총련'계 재일 디아스포라 문학예술 활동 내부의 커다란 인식의 변화를 분명하게 읽어낼 수 있다. 『문학예술』 109호, 문예동중앙상임위원회, 1999.6.29, 22~34면.

11 『종소리』는 2000년 1월 창간되어 2011년 신년호까지 총 45호가 발간되었다. 1호부터 40호까지는 정화수 시인이 대표를 맡아 『종소리』의 편집 및 발행 전반을 책임졌고, 2009년 12월 정화수 시인의 타계로 2010년 신년호(41호)부터는 정화흠 시인이 대표로 잡지 및 동인회를 이끌었으며, 2011년 신년호(45호)부터는 오홍심 시인이 대표를 맡고 있다. 『종소리』에 대한 연구 성과로는 김응교의 「재일조선인 조선어 시전문지 『종소리』 연구」(『현대문학의 연구』 34호, 한국문학연구학회, 2008.2, 237~276면)와 하상일의 「재일 조선인 문학 연구—『종소리』를 중심으로」(『한국문학논총』 제48집, 한국문학회, 2008.4, 171~192면)가 있다.

'총련'계 재일 디아스포라 시문학에 반영된 시론의 방향과 성격은 북한 시문학의 이념적 지향성과 그대로 일치한다. 1953년 김일성이 교시한 '주체적 로선전환방침'에 따라 재일조선인운동은 조선노동당과 공화국 정부의 지도 아래 재일조선인들의 주체적 역량 강화와 사회주의 조국 북한을 향한 충성 운동에 집중되었다. 그 결과 '총련'계 재일 디아스포라 시문학은 사실상 북한 시문학과의 변별성 없이 동일한 목표와 의식을 지닌 이데올로기성을 더욱 강화해 나갔다.

> 위대한 수령 김일성대원수님과 친애하는 지도자 김정일원수님의 현명한 령도와 극진한 보살피심속에서 재일조선문학은 조선문학의 한부분으로서 찬란히 개화발전하고 있다.
>
> 재일조선문학은 주체적문예사상과 리론에 의거하여 재일동포들의 생활과 투쟁을 진실하게 반영한 주체적이며 혁명적인 문학으로서 총련의 애국과업수행에 크게 이바지하고 있을뿐만 아니라 조선문학의 화원을 특색있게 장식하고 있다. (…중략…)
>
> 친애하는 지도자 김정일동지께서는 다음과 같이 지적하시였다.
>
> ≪조국을 주제로 한 문학예술작품을 창작하는것은 사람들이 조국을 열렬히 사랑하고 조국의 부강발전을 위하여 헌신적으로 투쟁하도록 하는데서 중요한 의의를 가집니다.≫[12]

인용문에서처럼 '총련' 결성 이후 재일 디아스포라 문학은 "조선문학", 즉 북한문학의 한 부분으로서의 성격을 분명히 하였다. 따라서 "주체적 문예사상과 이론"의 구현, "총련의 애국과업수행"이라는 두 가

12 손지원, 앞의 책, 2면.

지 목표를 구체적으로 실천하는 목적문학으로서의 성격을 전면적으로 부각시켰다. 즉 "시란 생활에서 받은 충격과 체험한 사상 감정을 정서적으로 그려내는 문학인 것만큼 가사를 시화하는데서 중요한 것은 말하려는 사상적 내용을 풍부한 정서 속에 담는 것"[13]이라는 사상성의 강화를 가장 중요한 목표로 삼았던 것이다. 결국 '총련'계 재일 디아스포라 시문학은 북한 시문학의 주체문학 노선에 입각하여 당성, 계급성, 인민성의 구현과 종자론, 속도전 등의 창작방법론[14]을 자신들의 시 창작 원리로 정립하였다.

그런데 2000년대에 접어들면서 '총련'계 재일 디아스포라 시문학은 지금까지의 친북적 이데올로기의 성격을 일정 부분 완화시키면서 사상성과 예술성의 조화를 모색하는 의미 있는 변화를 보였다. 즉 시 창작에 있어서 사상성의 측면도 중요하지만 무엇보다도 시의 본질에 바탕을 둔 예술성의 강화를 외면해서는 안 된다는 비판적 성찰이 제기되었던 것이다. 이러한 변화는 김학렬, 정화수 등이 주축이 된 '종소리시인회'에 의해 주도되었다.

> 시문학의 사상은 서정화된 사상이지 결코 개연적 논리의 그것이 아니다. 주지하는 바와 같이 개념과 논리의 전개는 사회과학의 방법이지 문학예술에서는 금물이다. 시문학의 방법의 기본은 개념과 논리에 의거하는 것이 아니라 생활(자연도 포함)과 표상에 의거하는 것이다. 즉 개념적 설명은 비예술성의 주요 요인이 된다. 시의 사상 감정은 시인의 직설적인 주장에서보다 주로 작품에 표현된 생활적인 표상이 자아낸 정감(서정)에 기초하여 비로소

13 손지원, 위의 책, 4면.

14 이에 대한 자세한 내용은 홍용희, 「재일 조선인 디아스포라 시의 특성 고찰」, 『한국현대문학연구』 27집, 한국현대문학회, 2009.4, 479~507면 참조.

독자들에게 감명 깊게 감동적으로 전달되는 법이다.[15]

"시문학의 사상은 서정화된 사상이지 결코 개연적 논리의 그것이 아니다"라는 인식에는 2000년 이후 '총련'계 재일 디아스포라 시문학의 성찰적 지점과 새로운 방향이 담겨 있다. 즉 "무엇보다도 시의 사상 표현에서 정치 이념적으로 직설적으로 설명하여 인식을 주는 데 조급해 하는 폐단을 극복하고 독자들에게 먼저 시적인 감동을 안겨주기 위한 공감되는 사상으로, 느껴지는 사상으로 시형상(시화)을 하는 데 힘을 기울여야 한다"[16]라는 것이다. 이런 점에서 '총련'계 재일 디아스포라 시문학은 2000년 『종소리』 창간 이전과 이후 시의 주제와 방법에 있어서 뚜렷한 차이를 드러낸다. 이러한 시적 경향의 급격한 변화는 김학렬의 시에도 그대로 반영되어 있는데, 90년대 이전에 발간된 두 권의 시집에 수록된 시들과 2000년 이후 『종소리』에 발표한 시들 사이의 편차는 상당히 크다. 즉 『종소리』 이전의 시에서는 김일성, 김정일에 대한 직접적인 찬양과 사회주의조국 북한에 대한 충성 그리고 '총련'의 애국사업에 대한 찬사 등이 주류를 이루었다면, 『종소리』 이후의 시에서는 재일동포의 생활상과 고향에 대한 그리움 등 인간의 내면에 근원적으로 자리 잡고 있는 개인적 정서의 육화에 주력하면서 분단현실의 극복과 통일을 향한 신념 등을 형상화하는 양상을 드러냈다. 본고에서는 이러한 차이와 변화를 주목하면서 김학렬의 시세계를 통시적으로 살펴보고자 한다.

---

15 김학렬, 「절절한 망향의 정감, 세련된 시적 형상—정화흠 시집 『민들레꽃』을 두고」, 『종소리』 제4호, 2000.10, 47면.

16 김학렬, 「재일조선시문학의 근황」, 김학렬 외, 『재일동포 한국어문학의 전개양상과 특징 연구』, 국학자료원, 2007, 20면.

3. '총련'계 재일 디아스포라 시인 김학렬의 시세계

1) 김일성에 대한 찬양과 사회주의조국 북한 지향성

김학렬의 첫 시집 『삼지연』은 1962년 등단 이후 1970년대 후반까지의 시를 모은 것이다. 이 당시를 그는, "1959년 갑자기 나는 급비생으로 조선대학에 입학하게 되었다. 이 해 말에는 사회주의 조국에로의 귀국의 길이 트이고 1960년 4·19도 맞은 문자 그대로 격동의 시대에 비통의 방황길에 울상이던 나의 가슴은 마침내 매진의 하늘 나는 비약의 나날을 맞어 하루하루 순간마다 환희와 흥분의 도가니로 들끓지 않을 수 없었다. 사실 조대를 입학한 후 문학관이 180도로 전환되었다 해도 과언이 아니며 창작도 우리 국문으로 해야만 한다는 목적의식성이 가슴깊이 뿌리박게 되었다"[17]라고 회상하였다. 이를 통해 볼 때 김학렬의 문학은 조선대학에 들어가 본격적인 문학수업을 받으면서, 민족과 국가 이데올로기를 중심에 놓고 사유하고 실천하는 목적의식을 분명하게 정립하게 되었던 것으로 보인다. '총련'계 재일조선인들은 식민지종주국 일본에서 살아가면서도 민족의 뿌리만큼은 반드시 지켜내야 한다는 강한 신념으로 무엇보다도 교육사업에 총력을 기울였는데 그 중심에는 바로 조선대학이 있었다. 조선대학을 통해 민족교육을 위한 인재들을 양성하고, 이들을 조선학교 교원으로 배치하여 민족교육을 강화하는 토대로 삼고자 했던 것이다. 이러한 민족교육의 심화는 차별과 억압 속에서 살아가는 재일 조선인들에게 민족의 존엄을 일깨

17 김학렬, 「재일조선인시문학, 체험적 문학사」, 위의 책, 347면.

워주고 자긍심을 심어줌으로써 재일 조선인으로서의 자기정체성의 확립과 민족적 주체성을 확고히 하는 중요한 원동력이 되었다.

북한에서 수령은 신화적인 상징적 인물로서 사회 구성의 가장 정점에 놓인다. 북한은 복잡한 혁명투쟁을 승리로 능숙하게 조직 영도하는 최고 영도자가 필요하며 수령이 바로 그러한 역할을 하는 것으로 보고 있다.[18] '총련'은 이러한 북한의 수령관을 그대로 받아들일 뿐만 아니라, 해외공민으로서 재일 조선인들의 인권과 교육, 복지까지도 직접 챙겨주시는 따뜻하고 자애로운 조국의 지도자라는 더 큰 상징적 존재로 절대화한다. 김학렬의 초기 시편은 이러한 수령 형상 창조에 상당히 기울어져 있었던 것으로 보인다.

> 펑펑 / 하염없이 눈이 내리는 / 깊은 산 이역의 이 설 아침 // 흰눈 쌓인 저 산 너머 / 저 먼 하늘너머 / 이 해도 눈이 시도록 / 조국의 설 그려만 보오나 // 아, 이 아침 / 경애하는 수령님 계시는 / 우리 수도 평양에로 / 이 가슴은 줄곧 달리옵니다 // (…중략…) // 비록 이곳은 / 머나먼 이국도 북변의 산간 / 자그마한 도시의 자그마한 집에서 / 수수하게 차린 설맞이연회마당이오나 / 우리의 잔에 / 웃음이 넘치고 자랑이 넘치옵니다 / 희망이 넘치고 신심이 넘치옵니다 // 창밖에 / 펑펑 눈은 하염없이 내리고 / 바람이 눈가루 묻은 창문을 때리오나 / 수령님의 새해 가르치심으로 / 여기 모인 우리들 가슴가슴은 / 오히려 후덥사옵니다 // (…중략…) // 펑펑 / 눈은 하염없이 내리고 / 차디찬 바람 스쳐지나가는 / 이곳 이역의 설날 아침 // 오히려 우리는 / 이 가슴의 뜨거운 지향으로 / 새봄의 노래를 듣사옵니다 / 춤추는 봄바람을 느끼옵니다 / 통일의 새 다짐으로 높이 든 / 우리의 잔에 / 우리의 가슴에 / 고향의 산, 고향의 구름이 / 삼

---

18 홍용희, 『통일시대와 북한문학』, 국학자료원, 2010, 80면.

삼히 비껴옵니다 // 귀 기울이면 / 봄꽃 피는 기슭을 흐르는 / 고향의 물소리 / 철렁철렁 들리여옵니다 // 아, 수령님! / 통일의 새봄을 부르시는 / 우리 민족의 위대한 태양 우러르는 / 신심의 꽃바람 / 충성의 열풍을 안습니다.

—「충성의 잔을 올리옵니다」 중에서(『삼지연』 8~15쪽)

인용시는 새해를 맞이하여 공화국 해외공민으로서 김일성 수령에게 충성을 다짐하는 재일 조선인들의 마음을 담은 작품이다. "우리 민족의 위대한 태양"으로 내면화된 김일성에 대한 찬양은 사실상 부연설명이 필요 없는 절대적인 영역이다. 특히 1960~70년대 반공주의에 갇혀 재일동포들을 이념적으로 내몰기에 급급했을 뿐 어떠한 현실적 도움도 주지 않은 남한과는 달리, 경제 원조와 해외공민으로서의 신분 보장, 민족교육 사업에 대한 헌신 등으로 재일동포들을 적극적으로 보호해준 북한의 태도는 김일성을 조국의 영도자로 인식시키기에 충분했다고도 할 수 있다. 이러한 점에서 당시 '총련'의 문학은 천리마시대와 주체시대의 북한문학의 이데올로기를 충실히 이행함으로써 북한을 사회주의적 이상향으로 선전선동하려는 전략을 세웠다. 김일성에 대한 우상화를 목적으로 한 수령 형상 창조는 바로 이러한 전략을 구체화한 것으로, 송가 문학의 활성화를 통해 사회주의조국 북한을 찬양하고자 했던 '총련'의 지도노선과 이를 충실히 이행하려 했던 '문예동'의 창작 방향이 자연스럽게 만난 결과라고 할 수 있다.[19] 이러한 경향의 작품으로, 첫 시

19 김일성을 누구도 넘볼 수 없는 도덕적 권위의 화신이자 진리의 전유자로 찬양하는 송가를 만들어낸 것은, 정치권력이나 권력의 향배에 민감하게 반응한 일부 시인이 아니라 오랫동안 자신들을 질곡 속에서 해방시켜줄 메시아적 존재를 기다려온 민중들의 소박한 꿈과 상상력이었다고 할 수 있다. 송가는 김일성을 새 역사의 주체로 내세움으로써 숱하게 좌절되어 온 민중들의 꿈이 바야흐로 실현되고 있음을 확인시키는 역할을 했던 것이다. 오성호, 「북한시의 형성과 전개—송가, 서사시, 서정시를 중심으로」, 『북

집에 수록된 것만 보더라도 「어머니 차려입은 치마저고리」, 「무한한 행복, 흥분의 도가니로」, 「만경봉」, 「꽃피는 4월의 그날」, 「맹세」, 「여기에 돌이 있도다」, 「친선의 꽃」 등이 있고, 두 번째 시집 『아, 조국은』에도 「4월의 신념」, 「보물」, 「봄꽃의 마음으로」, 「대동강반의 축전」, 「9월의 노래」 등이 있으며, 그리고 김정일에 대한 찬양을 담은 시로는 「2월의 맹세」가 있다.

> 저 높은 산과 하늘 / 빛밝은 거리를 우러러 / 만세소리도 높이 / 첫발 디디여보는 내 나라땅 // 혈육들의 뜨거운 손과 손 / 뜨거운 이 가슴으로 잡아보는 / 여기는 내 조국 // 이곳 원산 온 거리를 메운 / 수만 겨레들의 환영의 꽃다발은 / 정녕 / 동포애 물결치는 꽃바다여라 // 이 가슴의 이 꽃묶음은 / 조국의 흙내, 그윽한 꽃향기로 / 뜨겁게 안겨오는 / 어버이수령님의 크나큰 사랑 / 조국의 고마운 포옹 // 수령님께서 계시고 / 수령님께서 이끄시는 / 사회주의 꿈같은 락원우에 / 나는 바로 지금 / 감격의 첫발을 내디디노라 // 원한의 피땀으로 얼룩진 / 그 지긋지긋한 이국의 거리가 아닌 여기 / 불신으로 그늘진 / 그 배덕의 뒤골목도 아닌 여기 / 내 조국, 공화국의 거리에 / 뜨거운 눈물로 나는 첫발을 디디노라 // 이국살이 수십해의 날에 날마다 / 아, 얼마나 내 마음 달려오던 이곳인가 / 얼마나 꿈꾸던 / 조국땅에 첫발 내디디는 이 순간인가 // 이 몸이 조국땅우에 / 두발 든든히 딛고서서 / 이 가슴에 조선의 하늘 안고서 / 그 몇 번이나 외워보는 공화국의 이름인가
>
> —「조국땅에 첫발을 내디디노라」 중에서(『삼지연』, 51~55쪽)

김일성에 대한 찬양은 사회주의조국 북한에 대한 지향과 사실상 같

한시의 사적 전개과정』, 경진, 2010, 218~219면.

은 의미를 지닌다. 이는 당시 재일동포 사회가 북한으로의 귀국을 무한한 영광으로 받아들일 정도로 북한에 대한 인식이 우호적이었다는 점도 충분히 고려해서 생각해야 할 문제이다. 즉 재일 조선인들의 북한으로의 지향성은 적어도 당시의 상황에서 볼 때는 강요된 정책이라기보다는 자발적인 선택의 결과로 이루어진 측면이 더욱 많았다는 점을 간과해서는 안 되는 것이다.[20] 이러한 시대적 흐름 속에서 김학렬의 시는 김일성에 대한 찬양을 사회주의조국 북한을 향한 지향성으로 이어나가는 목적성을 분명하게 드러냈다. 인용시에서 북한은 "사회주의 꿈같은 락원"으로 묘사되어 있다. 조국땅에 첫 발을 내디딘 재일 조선인의 감격이 그대로 노출되어 있다. 특히 "원한의 피땀으로 얼룩진 / 그 지긋지긋한 이국의 거리", "불신으로 그늘진 / 그 배덕의 뒤골목" 일본 땅을 벗어나 "내 조국, 공화국의 거리에 / 뜨거운 눈물로 난 첫발을 디디노라"에서, 재일 조선인의 조국 지향이 어떠한 역사적 상처와 고통을 거쳐 이루어낸 것인가를 분명하게 보여준다. 이처럼 '총련'계 재일 디아스포라 시문학은 김일성과 사회주의조국 북한을 수난의 역사를 살아온 재일 조선인들의 삶을 구원해줄 메시아적 존재와 같은 낭만적 동경의 대상으로 내면화하지 않을 수 없었다. 재일 조선인들에게

20 당시 재일조선인 사회의 분위기를 윤건차는 다음과 같이 증언하고 있다. "내 기억으로 볼 때 당시 공화국으로의 귀국은 기쁜 일, 격려해야 할 일, 꿈이 있는 일, 당연한 일이라고 다수의 사람이 받아들였던 것으로 생각된다. 일본사회 전체가 좌익에 호의적인 분위기 속에 있었으며, 일본사회당이나 일본공산당 그리고 일조협회(日朝協會) 등 각종 단체는 총련과 친밀한 관계에 있었다. 재일사회 전체가 '반미', '반키시[岸]정권', '반이승만'이었으며 동시에 "김일성원수 만세"였다고 말해도 좋다. 차별적인 사회인 일본을 포기하고 전재산을 가지고 귀국하는 일은 일생의 일대 전기는 되어도 결코 모험도 도박도 더구나 악몽도 아니었다. 1962년에 상영되었던 요시나가 사유리[吉永小百合] 주연의 영화 「큐폴라가 있는 거리」에 이 집단귀국의 모습이 묘사되고 있는데, 그 정경은 많은 사람이 서로 기뻐하며 격려하고 이별을 아쉬워하는 장면이었다." 윤건차, 박진우 외 옮김, 『교착된 사상의 현대사—1945년 이후의 한국 · 일본 · 재일조선인』, 창비, 2009, 197~198면.

김일성과 조국은 현실적 삶 속의 실체가 아니라 현실의 결핍을 위무하고 채워주는 심리적 보상기제로서, 김일성에 대한 찬양과 사회주의조국 북한으로의 지향성은 논리적 인식이 개입될 여지가 없는 심정적 차원의 절대성을 지니게 된 것이다.[21]

2) 남한 현실에 대한 비판과 통일에 대한 염원

'총련'계 재일 조선인들에게 조국은 북한이었지만, 80% 이상이 남한을 고향으로 둔 사람들이었다. 즉 '총련'계 재일 조선인들 대부분이 고향에 대한 근원적 그리움과 조국을 향한 지향성을 일치시키지 못한 채 분단의 상처를 그대로 안고 살아왔던 것이다. 이러한 조국과 고향의 불일치는 재일 조선인들을 '동포'로 바라보기보다는 오히려 '적'으로 규정했던 1960년대 이후 남한 정부의 반공이데올로기에 가장 큰 원인이 있었다고 할 수 있다. 따라서 '총련'을 중심으로 한 재일 조선인 사회는 남한의 현실에 대한 강한 비판을 통해 사회주의조국 북한으로의 통일을 염원하는 친북 이데올로기를 전면화하였다. 특히 일본의 식민지 상태를 벗어났음에도 불구하고 여전히 미국이라는 또 다른 식민지의 그늘에 종속되어 있는 남한의 반주체적 상황에 대한 비판에 초점을 두면서 반미의식을 노골적으로 드러냈다. 김학렬의 등단작 「일떠서라, 한강 사나운 물결아!」는 바로 이러한 문제의식을 직접적으로 형상화한 작품이다.

---

21 홍용희, 「재일조선인 디아스포라 시의 특성 고찰」, 『한국현대문학연구』 27집, 한국현대문학회, 2009.4, 493면.

고목 가지 스치는 회오리바람도 / 원한에 찬 울부짖음마냥 / 이 나라 엄한 깊은 야밤에 / 참지 못해, 참지 못해 울어예는데 / 총총 속삭이듯이 비치는 별빛아래 / 원한의 한숨마냥 / 찬 어름판에 억눌리며 감싸인 한강의 줄기여 // 학정에 시달리는 / 신음과 통곡과 규환을 / 찬란한 문화 자랑하여 울리는 / 거문고의 고매한 선율을 / 그리고 / 정기폐공(旌旗蔽空)하여 / 룡같이 구름같이 영용히 / 왜구 무찔러낸 그 기백을 품고 // 갑오(甲午)의 세찬 규탄의 파도소리도 치며 / 언제나 민족의 운명을 목격하며 / 조선인민의 원망과 분노와 예지와를 / 속삭이며 웨치며 흘러흘러 내리는 한강 // (…중략…) // 오, 너 한강이여 들어라! / 3천만의 목소리, 3천만의 부르짖음— / ≪전체 조선인민의 념원을 저버린 매국노 / 을사오적을 릉가하는 원쑤 / 천추에 잊지 못할 박정희깡패들을 처단하라!≫ / ≪미제 야수들아, / 아름다운 우리 강토에서 썩 나가라!≫ // 남조선의 고아도 / 농민도, 로동자도, 학생도 / 수령님의 호소 받들고 / 전체 3천만이 이 웨침의 메아리소리 울리니 / 오, 한강 노도여 / 너도 일떠서라!

—「일떠서라, 한강 사나운 물결아!」 중에서(『삼지연』, 186~192쪽)

김학렬의 시에는 특정 지역과 장소를 의인화하여 민족의식의 각성을 촉구하는 작품들이 많다. 「남대문, 그대여!」, 「노한 거리」, 「아, 한강」 등이 대표적인 경우인데, 대체로 남한을 대표하는 상징적 장소에 이데올로기를 투사시켜 남한 민중들에게 반제국주의의 목소리를 더욱 높여줄 것을 요구하는 선전선동의 성격을 드러낸다. 인용시 역시 이러한 문제의식의 연장선상에 있는 작품으로, "찬 어름판에 억눌리며 감싸인 한강의 줄기"로 상징화된 남한 사회의 반민주적이고 신식민지적인 현실을 강하게 비판한 것이다. 특히 반공을 국시로 내세운 1960년대 박정희 정권과 한반도 평화라는 명목으로 남한에 상주했던 미국을 향해 적대적이고 파괴적인 말들을 거침없이 토로하였다. 그리고 남한의 민중들을 향해서는

"농민도, 로동자도, 학생도 / 수령님의 호소 받들"라고 직접적으로 선동함으로써, 남북한을 북한 주도의 사회주의국가로 통일시키고자 하는 목적성을 강하게 부각시켰다. 이러한 문제의식은 북한을 사회주의낙원으로 형상화하는 시에서 더욱 선명하게 드러나는데, 「금강산의 돌」, 「아, 백두산」, 「삼지연」 등의 작품에 구체적으로 형상화되어 있다.

이처럼 '총련'계 재일 디아스포라 시문학은 남한 현실에 대한 신랄한 비판을 통해 사회주의조국 북한에 대한 찬양을 정당화하는 논리적 거점을 마련하고자 했다. 그리고 외세의 압력으로부터 완전히 벗어나 남북 당사자가 주체가 되어 진정한 의미에서의 통일을 이루어낼 것을 강력하게 촉구했다.

> 판문점 / 군사분계선을 덮은 / 이 한그루 나무가 / 물어보자 / 두나무냐, 한나무냐? // 말은 못하여도 / 분노로 하늘 찌르는듯 / 주먹같은 가지를 뻗치여 / 분계선 참나무여, 너는 / 도대체 몇 년을 살았는디? / 몇십년 이곳을 지켜섰는지? // 나의 이 가슴의 상처인듯 / 불그스름히 깍히운 산등성이 / 바로 이곳에까지도 바람 타고 / 은은히 울려오는 남녘의 신음소리 / 펑펑 눈이 내리는 밤에도 / 불더위 이글거리는 대낮에도 / 너는 그 설레이는 가슴으로 / 똑똑히 듣기 마련이었지? // 때로는 / 그 푸른 잎사귀를 한들거리며 / 북으로부터 울려오는 복된 노래되여 너는 / 서울 그 어느 뒤골목길을 흐느끼며 걸어가는 / 고아의 여윈 등어리를 / 살짝 쓰다듬어도 주었지? // 아니, 너는 / 그 년륜에다 또렷또렷 / 하나도 놓침없이 새겨놓았지, / 이곳을 도대체 그 어느 외국군대가 / 몇십년을 함부로 도사리고앉았는가를 / 분계선 표말너머 / 내 고향에로 잇닿은 / 사랑하는 내 나라땅, 이남땅을 / 나는 이 두발을 딛고 서본다 … // (…중략…) // 너는 한그루의 나무 / 결단코 두나무일수는 없다 / 하물며 미국놈의 나무도 아니며 / 한나무, 우리 조선의 나무다 // 철갑모 깊이 쓰고 / 벌벌 떠는

미국놈의 저 흉측한 꼬락서니 / 두번 다시 보기 싫다, 썩 나가라! / 저놈의 상판대기를 노리며 우리는 / 연방 분노에 찬 구호의 주먹을 준다 // 참나무여, 너도 그 팔을 내밀고 / 저놈의 무거운 엉덩이를 / 되게 후려쳐라! / 실컷 후려쳐라!

—「분계선우에 선 한그루 나무」 중에서(『삼지연』, 106~110쪽)

"판문점 / 군사분계선"이라는 분단의 상징물과 그 경계에서 자란 나무의 대비를 통해 남북한의 인위적인 단절에 맞서 통일의 세계를 열어가는 자연의 모습을 보여주고 있다. "말은 못하여도 / 분노로 하늘을 찌르는듯 / 주먹같은 가지를 뻗치여" 군사분계선의 중심에서 남북 모두를 아우르는 통일의 의지를 발산하고 있는 나무를 통해, 정치와 이데올로기의 허구성으로 인해 상처와 고통을 겪고 있는 남북 동포들의 슬픈 마음을 읽어내고자 했던 것이다. 다만 "은은히 울려오는 남녘의 신음소리"와 "북으로부터 들려오는 복된 노래"라는 극단적인 이분법에서 충분히 알 수 있듯이, 북한 체제의 우월성과 북한 주도의 통일을 이루어야 한다는 편향된 관점이 전제되어 있음을 지적하지 않을 수 없다. 이는 '총련'계 재일 디아스포라 시문학의 통일 지향성에 내재된 일관된 관점인데, "너는 한그루의 나무 / 결단코 두나무일수는 없다"라는 단호한 목소리에는 "미국놈의 나무도 아니"라는 반미의식이 가장 우선시되고 있는 것이다. 이처럼 '총련'계 재일 디아스포라 시문학에서 통일을 향한 염원은 통일 그 자체의 의미에 초점을 두고 있기보다는 반공을 국시로 내세운 남한 정부와 미제국주의에 대한 직접적인 비판으로 형상화되는 것이 대부분이다. 이러한 경직된 통일관은 2000년 이후 남북 관계가 적극적인 대화와 소통의 관계로 진전되기까지 거의 변함없이 유지되었다. 1980년대 남한에서의 노동자 운동이나 광주민주화운동 등을 주요 소재로 남한 현실에 대한 강도 높은 비판을 수행한 것도 바로 이런 맥락에서였다고 할 수 있다. 두 번째 시집 『아, 조국은』에 수록된 「광주는 누리에 고한다!」, 「무장한 광주의 부르짖음」, 「광주는 우리 분노의 도시」, 「리소선 어머니의 말」, 연작시 「싸우는 광주」 등은 바로 이러한 문제의식을 직접적으로 담은 작품이다.

3) 재일 디아스포라의 생활상과 고향에 대한 그리움

'총련'계 재일 디아스포라 시문학은 1990년대 후반부터 주제나 형식에 있어서 상당한 변화를 보인다. 김일성, 김정일과 북한에 대한 찬양 일변도였던 작품 경향을 조금은 벗어난 자리에서, 재일 조선인들의 일상적 생활과 역사적 상처를 담은 내용이 점점 더 확대되어 갔던 것이다. 즉 남과 북의 이데올로기와 정치적 문제에 집중해왔던 이전의 경향과는 달리, 자신들이 발 딛고 서있는 생활 현실에 초점을 맞춤으로써 재일 디아스포라의 실존을 탐구하는 데 주력했던 것이다. 김학렬의 시 역시 2000년 『종소리』 창간 이후에는 이와 같은 경향을 더욱 본격적으로 구현해 나갔다. 다시 말해 지금까지 민족이나 국가와 같은 거대 담론에 경도되어 사실상 크게 관심을 기울이지 못했던 재일 조선인의 생활상을 구체적으로 형상화함으로써 재일 조선인으로서의 자기정체성을 되찾고자 하는 민족의식을 분명하게 보여주었던 것이다. 따라서 언어, 민속, 풍물, 자연, 노래, 놀이, 음식 등 고향의 모습을 떠올리게 하는 민족의 상징물을 통해 재일 조선인으로서의 공동체의식과 정서를 시적으로 형상화는 데 초점을 두었다.

> 먼 고향 푸른 하늘에 뜬 / 한점의 흰구름과도 같구나 / 한없이 깨끗도 하고 / 부드러운 빛의 저고리 // 하얀 저고리에는 / 마을어귀 배나무밭 꽃잎과 /

아늑한 아침안개도 숨을 쉬지 / 백자의 빛을 뿌리며 / 금수의 산야를 흐르는 / 계곡의 맑은 물결도 춤추지 // 그 하얀 저고리에 / 먹칠을 하다니 / 금방 이께부꾸로에서 / 저 쯔루하시 긴떼쯔(近鐵) 선에서 / 입학실날 누나의 웃음이 깃들고 / 김치맛 제일의 우리 어머니 솜씨랑 / 할머니 긴 담배대 연기도 엿보이는 / 그 하얀 저고리에 칼질을 하다니 // 3 · 1의 산천에 메아리친 / 그 하얀 두루마기에 / 마구 총질하고 먹칠을 한 / 검은 제복들의 검은 속심으로 / 오늘 다시 칼질을 하다니 // 8월의 기쁨이 빛나고 / 공민된 긍지가 넘치는 / 우리 청춘들의 가슴에 칼질을 하다니 // 저고리는 / 검은 칼질 그때마다 이겨내고 / 더 깨끗이 희여지네 // 그리운 조국의 푸른 하늘물로 / 씻어 입은듯 / 저고리는 언제나 하얗다네 / 언제나

―「하얀 저고리」 전문(『종소리』 창간호, 34~35쪽)

일본에서 살아가는 재일 조선인 여학생의 모습을 통해 민족의 정서를 환기시키는 작품이다. 주지하다시피 하얀 저고리, 까만 치마는 조선학교를 다니는 여학생의 교복이다. 비록 화려한 의상은 아니더라도 흑백의 순수함은 재일 조선인의 마음을 상징적으로 표상한다. 그런데 식민지종주국에서 치마저고리는 스스로가 재일 조선인임을 알리는 명백한 기표였으므로 일본 우익들의 표적이 되기 십상이었다. 실제로 일본은 자국의 이익에 반하는 대내외적 사건이 발생할 때마다 재일 조선인 여학생들의 치마를 찢는 등 반인권적인 폭력을 행사해 왔다. 그럼에도 불구하고 재일 조선인 여학생들은 민족의 상징으로서의 치마저고리를 결코 벗어던지지 않았다. "한점의 흰구름과도 같"은 "하얀 저고리"에는 고향 마을의 풍경과 반만년 민족의 정신이 오롯이 새겨져 있을 뿐만 아니라, 일본 땅에서 살아가는 재일 조선인들의 긍지와 자부심이 깊숙이 담겨 있음을 각인하고 있었기 때문이다. 따라서 그들은

"우리 청춘들의 가슴에 칼질을 하"더라도 끝끝내 "저고리는 / 검은 칼질 그때마다 이겨내고 / 더 깨끗이 희여지"는, 재일 조선인으로서의 강인한 민족성을 더욱 투철하게 다지는 결연한 태도를 보였다.

이처럼 해방 이후 재일 조선인들의 역사는 식민지 시절의 설움과 고통보다도 더 악랄한 차별과 멸시의 세월을 살아왔다고 해도 과언이 아니다. 관동대진재로 재일조선인들이 겪어야 했던 고통의 역사를 담은 「9월의 증언」, 식민지 시절 재일 조선인들이 감당해야 했던 멸시와 차별을 역도산이라는 인물을 통해 보여준 「불승비감」, 재일 조선인들에게 황국신민 되기를 강요하는 일본 위정자들을 비판한 「백로 보고 까마귀 되라는가」는 바로 이와 같은 비판적 역사의식을 담은 작품들이다.

2000년 이후 '총련'계 재일 디아스포라 시문학에서 고향을 제재로 한 시가 두드러진다는 점도 주목할 만한 사항이다. 2000년 이전의 작품에서는 고향보다는 조국이 우선시된 측면이 있었고, 이 때 조국은 사실상·경험적 고향과는 무관한 이념적이고 추상적인 기호의 차원에 머물러 있었다. 즉 고향과 조국이 한 가지 지향점으로 귀착되지 못하는 민족 분단의 뼈아픈 상처를 무겁게 짊어지고 있었던 것이다. 특히 남한을 고향으로 둔 '총련'계 재일 조선인들에게 이념의 장막은 고향 방문 자체를 불가능하게 만드는 결정적 원인이 되었다는 점에서, 고향에 대한 그리움은 통일을 향한 염원과 분리해서 생각할 수 없는 근본적 문제로 남지 않을 수 없었다. 김학렬의 두 번째 시집에 수록된 「설날, 어머니의 사설」은 바로 이러한 문제를 형상화한 것인데, "죽음보다 더 엄한 경계선을 / 부정히도 그은 원한의 세월!"로 인해 평생 동안 가족과 고향을 등지고 살다 돌아가신 어머니의 뼈저린 한을 감동적으로 담아냈다.

파란 잎사귀에 / 새끼돼지 꼬리만한 / 가느다란 뿌리가 달린 열무 / 엊그저

께 고향에서 보내왔네 // 내 고향 경상도의 / 시퍼런 기질인가 / 두메산골 산과 들의 / 토배기 숨결인가 // 바쁜 솜씨로 담가도 / 풋고추에 딱 맞는 열무김치 / 저녁 밥상우에서 / 어서 들라 인사를 하니 / 컬컬한 탁배기도 청하고 싶네 // 쩝쩝 입맛을 다시니 / 내 눈앞에 / 그리운 고향산천이 / 와락 달려 온다

—「열무김치」 전문(『종소리』 19호, 5쪽)

북한의 비평가 류만은 『종소리』에 수록된 작품을 평가하면서 "민속음식과 관련한 여러 시작품에서 풍기는 정서는 동포시인들이 동포들의 생활을 노래하는 데서 줄곧 주체성, 민족성을 놓치지 않고 생활체험과 사색을 심화한 결과 이룩된 결실이다"[22]라고 하였다. 『종소리』 전체를 통해서 볼 때 이러한 경향의 작품들로는, 「쑥은 쑥국이요」(정화수, 1호), 「호박찌개」(정화흠, 8호), 「애호박」(정화흠, 16호), 「상추」(정화수, 18호), 「찰강냉이」(정구일, 20호), 「안동소주」(김학렬, 21호), 「호박전」(정화흠, 28호), 「감자부침이」(정구일, 31호) 등이 있다.[23] 인용시 역시 이러한 경향의 작품으로, 고향에서 보내온 열무김치를 맛보고서 "그리운 고향산천이 / 와락 달려 온다"라고 느낄 만큼 감격에 젖어 있다. 이념의 장막에 가로막혀 고향을 향한 그리움만 간신히 안고 살아가는 재일 조선인들의 근원적 향수의식을 그대로 보여주는 것이다. 김학렬은 2008년 10월 평생의 한이었던 고향을 방문하고 쓴「고향집 작은어머니」, 「고향길」 두 편의 시를 통해, "68년만에 / 고향집 비좁은 뜰악에 들어서"면서 "어린날 오던 이 길 / 마치 어제일 같은 / 꿈길 같은 이 길 / 백발이 되어"서야 올 수밖에 없었던 시대와 역사의 아픔을 노래하였다. 그리고 그토

22 류만, 「민족의 넋이 높뛰는 애국의 『종소리』를 읽고」, 『종소리』 제27호, 2006. 여름, 50면.
23 하상일, 「재일 조선인 시문학 연구—『종소리』를 중심으로」, 『한국문학논총』 제48집, 183~184면 참조.

록 가고 싶어했던 고향길을 결국 함께 걷지 못하고 "억울하게 타향에서 눈 감으신 / 어머니와 함께 달려간다"라고 가슴 아픈 고백을 하였다. 시인에게 "풋고추에 딱 맞는 열무김치"가 소중하게 다가올 수밖에 없는 이유는, 그것에는 남과 북을 가르는 어떠한 이데올로기도 들어설 자리가 없기 때문이다.

2000년 이후 '총련'계 재일 디아스포라 시문학이 새롭게 나아가야 할 지향성은 바로 이러한 문제의식에서 출발해야 한다. 민족 분단의 상처와 고통을 넘어 재일 조선인의 생활과 실존을 담아내는 민족정체성의 확립이야말로 재일 디아스포라 시문학이 궁극적으로 지향해야 할 목표가 되어야 한다고 할 수 있는 것이다. 김학렬을 비롯한 '종소리시인회' 소속 시인들의 시가 특별히 중요한 의미를 지니는 이유도 바로 여기에 있다. 2000년 이후 『종소리』의 시로부터 재일 디아스포라 시문학은 비로소 제4기를 맞이하여 새롭게 나아가고 있는 것이다.

4. 맺음말

최근 들어 민족과 국가의 경계에서 발생하는 여러 가지 문제들을 분석하고 이해하는 의미 있는 방법론으로 '디아스포라'적 관점이 상당히 주목받고 있다. 이와 같은 탈민족, 탈국가 담론의 확산은 전지구적 차원에서 현실의 단면들을 심층적으로 읽어내는 가장 체계적이고 유효한 가능성을 열어주고 있기 때문이다. 특히 식민과 분단을 직접적으로 경험한 우리 민족에게 디아스포라의 문제의식은 재외동포들의 이산의 상처와 고통을 이해하고 분석하는 문제적인 담론으로 부각되기에 충분하다. 물론 민족과 국가의 경계가 점점 약화되어 가는 현실에서 디아스포라의 문제의식은 추상적 관념에 불과할지도 모른다. 왜냐하면 디아스포라의 문제를 민족과 국가의 경계 안에서 전유하거나 동일화하려는 태도는 상당히 이데올로기적이고 폭력적인 발상이 될 수도 있기 때문이다. 따라서 디아스포라의 문제의식은 이러한 위험성을 경계하면서 민족과 국가의 대립과 경계를 허무는 탈국가적이고 탈민족적인 관점에서 그 본질적 의미를 재구성하는 새로운 방법론의 정립이 시급히 요구된다고 하겠다.

최근 들어 '총련'계 재일 디아스포라 시문학이 급격한 변화를 보인 것은 바로 이러한 시대적 상황과 문제의식을 반영한 결과라고 할 수도 있다. 2000년 이후 '총련'계 재일 디아스포라 시문학은 서정시의 본질에 충실한 경향을 두드러지게 드러냈다. 이러한 사실은 지금까지 재일 디아스포라 문학 연구에 있어서 '총련'의 문학에 대해서는 거의 언급조차 하지 않았던 연구 태도에 대한 전면적인 반성을 촉구한다. 현재 우리말로 창작을 하는 '총련'계 재일 디아스포라 시인들 대부분이 70세를 훨씬 넘긴 노년층이다. 이들의 민족의식과 주체의식이 재일 3~4세대들에게 이어지지 못한 지도 이미 오래되었다. 따라서 이들 이후의 문학 활동을 두고 과연 재일 디아스포라 문학으로 볼 수 있을지 회의적인 생각이 앞서는 것도 사실이다. 하지만 현재 재일 디아스포라의 현실이 그렇다고 해서 지난 역사의 의미까지 지금의 시각으로 재단하는 것은 더더욱 문제가 아닐 수 없다. 지금 재일 디아스포라의 현실에서 '재일'의 의미가 약화되었다고 해서 재일 디아스포라의 역사가 결코 지워지는 것은 아니기 때문이다. 그렇다면 이러한 재일 디아스포라의 역사를 정리하고 체계화하는 것은 민족과 이데올로기, 언어와 국가의 차원을 넘어서 반드시 이루어내야 할 당면 과제가 아닐 수 없다. 앞으로 '총련'계 재일 디아스포라 문학에 대한 전면적인 연구가 필요한 이유도 바로 여기에 있다. 비록 이념적 경직성과 언어미학의 수준에서 함량미달의 작품이 많다고 하더라도, '총련'계 재일 조선인의 시문학 활동은 해방 이후 재일 디아스포라 시문학의 대표적 양상 가운데 한 부분을 차지했었다는 사실 자체를 부정할 수는 없다. 이러한 역사적 사실을 그대로 인정하는 데서부터 '총련'계 재일 디아스포라 문학에 대한 객관적인 연구의 필요성이 제기되는 것이다.[24]

현재 일본에 거주하는 우리 민족은 재일동포, 재일교포, 재일 한인, 재일한국인, 재일조선인, 재일한국 · 조선인, 재일코리안, 재일(자이니치) 등 다양한 명칭으로 불린다. 이러한 혼란은 국적, 이념, 정체성을 둘러싼 복잡한 이해관계와 일본에서의 역사적 경험의 차이에서 비롯된 세대적 변별성이 주된 원인이 되었다고 할 수 있다.[25] 물론 이들에게 확정된 명칭을 부여한다는 것은 크게 중요한 문제는 아니다. 더욱 본질적인 문제는 여러 측면에서 이질성과 다양성을 보이는 이들의 문학 활동을 '재일'의 특수성 속에서 통합적으로 인식하고 바라볼 수 있는 관점의 재정립에 있다. 따라서 이들을 일컫는 대부분의 용어에 내

---

24 하상일, 「'총련'계 재일 디아스포라 시문학 연구－정화수의 시를 중심으로」, 한국문학회 추계 전국학술발표대회 자료집, 부산대학교, 2010.10.23, 208~209면.

25 이에 대해 김윤 시인은 다음과 같이 밝힌 바 있다. "일본에 사는 동포들에게 '재일'이라는 두 글자가 붙은 것은 8 · 15 해방 그날부터이다. '재일동포'라고 할 때 그것은 일본에 살고 있는 동포 전체를 가리키는 말이다. 한편 일본에서는 '재일 한국인', '재일 조선인' 혹은 '귀화 한국인 · 조선인'으로 나누어 부르고 있는 것이 관례화되어 있다. 이것은 조국의 분단에서 빚어진 정치적 상황과 깊이 관련되는 호칭으로, 밖(한국, 북한)에서도 그런 뜻에서 재일동포를 갈라 불러 왔다. (…중략…) 재일동포 사회에서 '민단'과 조총련이 존재하는 한 이 호칭은 없어지지 않을 것이며, 또 분단이 끝나는 그날까지 우리를 괴롭힐 것 같다." 김윤, 「민족분단과 이념의 갈등 : 재일본 동포문단」, 『한국문학』 제204집, 1991.7 · 8, 112~113면.

재된 이데올로기적 제약과 구속을 벗어나 디아스포라적 주체로서의 관점과 방법론을 정립하는 것이 무엇보다도 중요한 과제이다. 본고에서 여러 가지 명칭 가운데 '재일 디아스포라 문학'이라고 부르고자 한 이유도 바로 여기에 있다. 이 또한 명백한 한계를 지닌 명칭이지만, 현재 일본에 거주하는 우리 민족의 다양성과 이질성을 포괄하는 객관적인 명칭으로는 가장 최선의 것이라고 생각한다.